# 大漠烽烟急
## ——隆美尔非洲军团征战录

潘学基 著

 上海社会科学院出版社

# 前　言

> 在所有战区的作战行动中，最为现代化的恐怕要属交战双方均拥有完整摩托化建制的北非战役。广袤无阻的沙漠环境不仅造就了那种梦寐以求的无尽可能性，也是唯一可以真正通过实战检验战前装甲战理论的绝佳战场。
>
> 埃尔温·隆美尔，1942 年

从实质上讲，1940 年至 1943 年的北非战役起初并没有一个清晰明确的战略目标。要不是意大利第 10 集团军 1941 年初在昔兰尼加战败，纳粹德国根本不可能那么早就决定介入北非战事。那个时候希特勒正在积极准备入侵苏联，他却始终担心一旦墨索里尼丧失所有北非属地，轴心国间的同盟关系将会破裂并直接导致意大利退出战争。由此一来，协助意大利保住非洲殖民地便成了德国的当务之急。战后不少战史学者认为德国派遣德意志非洲军远征北非是为了从地中海方向包抄中东以配合德军对苏联的全面入侵，但从当时轴心国的整体后勤能力来看，这种说法显得相当不合理。无论是德国还是意大利，都没有足以控制中东地区的实力。德军高层不仅从未制定过任何与之相关的作战方案，更不用说放手去实现这一计划，让它变成现实了。

相对而言，英国对北非的兴趣主要在于它是一个完全自由的战场。英联邦国家可以通过这场战役打击轴心国的地中海航线，缓解苏联的东线战场压力，或者说服美国把规模不大的陆军投入北非获取实战经验。简而言之，就是益处多多。

在这场耗时 3 年的拉锯战中，诞生了两位举世瞩目的名将：埃尔温·隆美尔和伯纳德·蒙哥马利。关于他们，自然少不了各种添油加醋的闲闻轶事。大英帝国更是不惜放下身段去盛赞隆美尔，以此来凸显蒙哥马利的才干。正如英国首相温斯顿·丘吉尔于 1942 年 1 月向英国议会所讲的那样："我们面对的是一位大胆且战技高超的对手，尽管我们在战争浩劫中相互厮杀，请准许我说，他是一位伟大的将领。"

不过话说回来，隆美尔虽然拥有过人的军事天赋，他在后期却经常被错误的情报信息蒙蔽，以致两度受阻于阿拉曼。而蒙哥马利这位被丘吉尔称作"阿拉曼之星"的第 8 集团军司令，直到"超级机密"密码破译机构在 1973 年被公开曝光后，公众才得知英军其实早已洞悉轴心国的一切弱点。所以说，情报战在第二次阿拉曼战役中所起的作用同样不容小觑。

同时，到北非战役后期，美军也参与其中。随着美国的参战，同盟国一方不但得到了大量装备，而且在后勤补给方面更是得到了极大改善。反观轴心国一方，由于补给线经常遭到袭击，后勤补给不继。在北非本质就是后勤决定胜负的情况下，轴心国的失败也就在所难免了。

本书从实际出发，通过数百张照片和数十幅作战地图，意图向读者展示"二战"期间这场使盟军部队逐步从失败迈向胜利之路的漫长战役。毕竟经过20世纪70年代各种粉饰和拔高交战双方的战史书籍"洗礼"之后，现在到了该静下心来重新审视北非沙漠战的时候了。

# CONTENTS 目录

**前　言 /1**

## 第 1 章　北非沙漠战的开端（1940 年 6 月至 1941 年 2 月）/1

西部沙漠战役爆发 /2

意大利入侵埃及 /12

韦维尔的反击 /20

攻占托卜鲁克 /29

格拉齐亚尼被赶出昔兰尼加 /34

远程沙漠集群 /44

## 第 2 章　德军介入北非（1941 年 2 月至 1941 年 9 月）/53

"太阳花"行动（Operation Sonnenblume）/53

隆美尔征服昔兰尼加 /59

托卜鲁克攻防战 /74

英联邦军在埃及边境发动攻势 /96

"战斧"行动 /106

英联邦高层人事变动及交战双方的新战略 /119

英联邦军的补给状况得到改善 /122

突袭隆美尔司令部 /131

# 第 3 章　德军的反攻（1941 年 10 月至 1942 年 5 月）/145

"十字军"行动 /145

"十字军"行动首日的战况（11 月 18 日）/147

第一次比尔埃尔古比之战和在西迪雷泽、加布尔萨利赫等地的战况（11 月 19 日）/148

在加布尔萨利赫的战况（11 月 20 日）/154

在托卜鲁克和西迪雷泽的战况（11 月 21 日）/156

在西迪雷泽和西迪奥马尔附近的战况（11 月 22 日）/159

在西迪雷泽和塞卢姆附近的战况（11 月 23 日）/163

隆美尔冲向埃及边境（11 月 24 日）/170

在西迪奥马尔附近的战况（11 月 25 日）/174

在托卜鲁克突出部和西迪阿柴兹附近的战况（11 月 26 日）/177

在托卜鲁克突出部和西迪阿柴兹附近的战况（11 月 27 日）/179

在卡普佐小径附近的战况（11 月 28 日）/182

在 175 号高地和杜达岭附近的战况（11 月 29 日）/184

西迪雷泽 – 贝尔哈梅德攻防战（11 月 30 日）/185

新西兰步兵师撤离贝尔哈梅德（12 月 1 日至 12 月 3 日）/186

隆美尔决定从昔兰尼加撤军 /196

第二次比尔埃尔古比之战（12 月 3 日至 12 月 6 日）/198

漫漫归途 /201

隆美尔发动第二次昔兰尼加攻势 /229

加扎拉战役 /245

**本书参考资料 /268**

# 第1章　北非沙漠战的开端（1940年6月至1941年2月）

北非，就是非洲大陆北部地区的简称，地理上习惯把撒哈拉沙漠以北的广大地区称为北非，包括埃及、利比亚、突尼斯、阿尔及利亚、摩洛哥、苏丹六个国家，总面积大约837万平方千米。

北非的地理位置非常重要，北隔地中海与欧洲遥遥相望，南接南部非洲，西临大西洋，东邻红海。西北部的直布罗陀海峡扼守地中海与大西洋的通道；东北部的苏伊士运河扼守地中海与红海通道，从而使北非地区成为连结印度洋与大西洋的战略通道，也是陆上交通亚欧非三洲间的重要中转站，战略地位极为重要。

北非地形以高原地形为主，地势基本上是比较平坦，由于气候干旱，所以大部分地区是沙漠，形成世界上最大的沙漠地区——撒哈拉沙漠。地中海沿岸有狭小的沿岸冲积平原，主要是尼罗河的贡献为主。西北分布有阿特拉斯山脉。地中海沿岸地区的气候属于典型的地中海气候，夏季炎热干燥，冬季温和多雨，而且终年降水很少。气温年温差较大，日温差反而比较小。其余地区基本上都是高温干燥的热带沙漠气候。

第二次世界大战中的北非战场，主要是指在地中海沿岸的埃及、利比亚和突尼斯三个国家土地上进行的战争，是欧洲战场的一个分支战场，也是地中海战区的南翼。

作战的双方早期是英国和意大利，随后德军派出了非洲军团，和意大利共同与英军作战。美国参战后，美军也参与了北非战事，和英军并肩作战。最终到1943年5月，德意轴心国军队在北非遭到彻底失败，这也

▲1940年6月，为稳定中东地区政局，原英军第7步兵师师长理查德·奥康纳少将从巴勒斯坦飞抵埃及，接替亨利·梅特兰·威尔逊中将担任驻埃及英军部队司令官。6月17日，第7装甲师、第22步兵旅、印度第5步兵旅和新西兰步兵师的部分单位被重新整编为西部沙漠军，并对意属利比亚展开了一系列军事进攻。图为英军多位高级指挥官在英国驻埃及使馆花园里会面时拍摄的照片。从左至右依次为：皇家海军地中海舰队司令安德鲁·坎宁安海军上将，皇家空军驻中东地区司令阿瑟·朗莫尔空军元帅，英军驻中东地区司令阿奇博尔德·韦维尔陆军中将。

成为战争期间,同盟国阵营取得完全胜利的第一个战场。

北非战场,从突尼斯、利比亚西部到埃及,整个战线绵延约 2 000 千米,在这里大部分是沙漠荒原,只有一条海岸公路将众多的城镇串联了起来,很多战斗都是围绕着这条公路展开。而漫长的海岸线所面临的地中海,也是陆地战场的延伸,因为海上运输线其实就是陆地战场的补给线和生命线,所以围绕地中海和马耳他岛,同样也爆发了激烈的战斗,这也是北非战场的重要组成部分。

在这个战争的舞台上,上演了一出出铁马金戈、风云激荡的大戏。

## 西部沙漠战役爆发

1940 年 5 月 10 日,即"假想战争"6 个月后,德军在西线突然发起了策划已久的全面攻势。仅仅 6 周时间,荷兰和比利时先后投降,英国远征军则被打得溃不成军,从敦克尔刻经海路丢弃所有重装备狼狈撤回英国本土。意大利法西斯党魁墨索里尼见时机已到,于 6 月 10 日正式向英法宣战。至 6 月 17 日为止,法军尽管击退了意军对阿尔卑斯山脉和地中海沿岸的进攻,却始终无法抵挡德军向法国内地的迅猛进军。6 月 22 日,法国被迫与纳粹德国签订了停战协定,双方在 3 天之后实现全面停火。

自意大利对英宣战之日起,英国皇家海军驻地中海舰队司令安德鲁·坎宁安海军上将为了惩罚意大利的"背信弃义",派遣一支由 2 艘战列舰、1 艘航空母舰、5 艘巡洋舰和 9 艘驱逐舰组成的特混舰队从埃及亚历山大港出发,配合皇家空军第 202 大队对利比亚的托卜鲁克港(Tobruk)实施空中和海上打击,炸伤 1 艘老旧的意大利巡洋舰"圣乔治"号(San Giorgio)。然而意大利方面对此完全没有反应,特混舰队只得于 6 月 14 日提前返回亚历山大港。同日,由土伦港南下的法国海军巡洋舰炮击了热那

▲ 1940 年 2 月至 5 月,澳大利亚第 6 步兵师的 2 个步兵旅陆续开赴埃及。图为 5 月 17 日在苏伊士运河坎塔拉港下船的澳军第 2/23 步兵营。

第 1 章　北非沙漠战的开端（1940 年 6 月至 1941 年 2 月）

亚的军事设施，法国空军则空袭了威尼斯的油库。6 月 21 日，1 艘法国战列舰和 4 艘巡洋舰再次离开亚历山大港，炮击了位于利比亚东部巴蒂亚（Bardia）的一系列军事目标。

法国签署停战协定后，英国首相温斯顿·丘吉尔担心法国舰队随时会落入德军之手。他于 7 月 3 日下令由詹姆斯·萨默维尔海军中将指挥的 H 舰队向阿尔及利亚凯比尔港内的法国军舰开火，造成 3 艘法国战列舰和 1 艘驱逐舰丧失战斗力。面对英国方面的巨大压力，停泊在亚历山大港的法国战列舰和巡洋舰被迫倾空所有燃油并自行解除了武装。7 月底，一支从马耳他岛启程的英国护航舰队曾与意大利舰队发生短暂的远距离交火，很快便将对手赶跑。

对于意大利而言，距西西里岛以南约 400 千米的利比亚具有至关重要的战略意义。以利比亚为根据地的意军集团东可威胁埃及和苏伊士运河，西可进军法属突尼斯。1940 年时，意军在利比亚全境共有 25 万驻军，其中约 3.5 万人为利比亚殖民地士兵。自 1934 年起就任利比亚总督及意军总司令的伊塔洛·巴尔博元帅将全军整编为 9 个正规步兵师、3 个黑衫军师和 2 个利比亚殖民地步兵师。到 1940 年 6 月时，这些步兵师被编入 2 个集团军。其中由伊塔洛·加里波第上将指挥的第 5 集团军下辖 3 个军

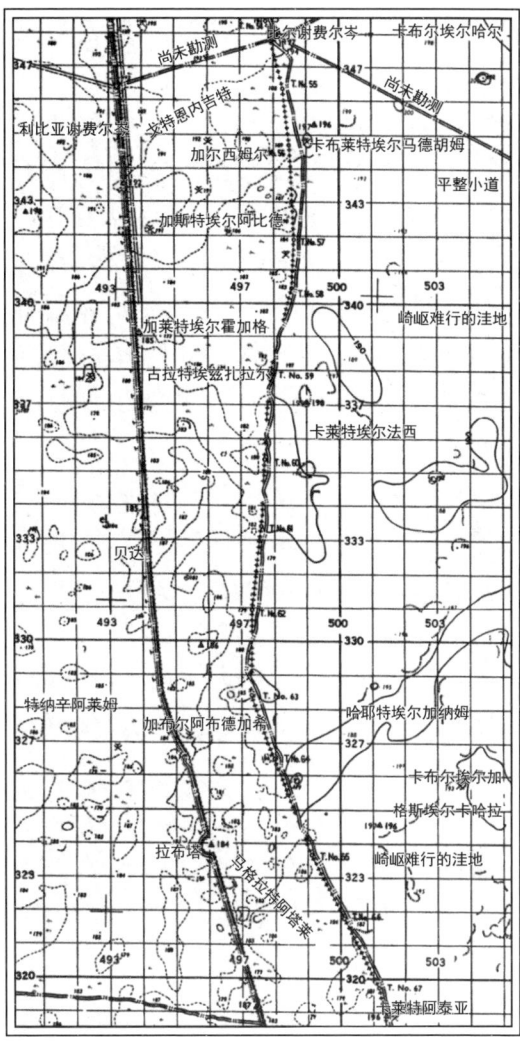

▲ 1916 年第一次世界大战期间，利比亚塞努西人的世袭贵族首领穆罕穆德·伊德里斯·阿尔·马赫迪为摆脱意大利的殖民统治发起了昔兰尼加独立运动。20 世纪 20 年代，意大利政府承认他为昔兰尼加的塞努西部族长老。但在 1922 年墨索里尼上台后，穆罕穆德·伊德里斯的长老头衔随即被撤销，其本人被迫流亡埃及。1931 年，意军开始在利比亚边境设置 4 道 1.7 米高的铁丝网以切断昔兰尼加塞努西地下抵抗组织的后勤补给线。这片铁丝网自地中海沿岸一路延伸到加拉布绿洲，总长约 280 千米，沿途建有卡普佐堡、马达纳堡、加拉布堡等 3 座大型防御工事和 6 座小型防御工事。图为比尔谢费尔岑南面的意军铁丝网工事地图。

3

共 8 个师，驻扎在靠近法属突尼斯边境的的黎波里塔尼亚。由马里奥·贝尔蒂上将指挥的第 10 集团军下辖 2 个军共 6 个师，驻扎在靠近埃及边境的昔兰尼加。除此之外，意军在利比亚还拥有 7 个轻型坦克营和 1 个独立喷火坦克连，共 339 辆 L3 快速坦克（包括 15 辆喷火型 L3 和托卜鲁克港的 2 辆库存 L3）。这种小型装甲作战车辆仅具备有限的装甲防护，主要用来执行步兵师下达的各种警戒、侦察、巡逻任务。

随着德法停战，来自法属突尼斯的威胁也随之结束，意大利立即将第 5 集团军主力调往昔兰尼加支援第 10 集团军。巴尔博元帅本打算用手头的 2 个集团军实施防守反击，先阻止英军夺取巴蒂亚和托卜鲁克港，等对方溃败之后再调过头来进攻埃及。

意大利的突然参战无疑极大地刺激了英国政府。埃及首相阿里·马赫认为这是动摇英国统治的良机，国王法鲁克一世更是公开表示亲意。6 月 12 日，阿里·马赫在演讲中提及，除非意大利主动入侵埃及领土，否则他不会指示埃及军队采取任何行动。为防止埃及爆发骚乱，英军驻中东地区总司令阿奇博尔德·珀西瓦尔·韦维尔上将甚至秘密制定了派遣英军突袭开罗和亚历山大港的作战计划。好在埃及局势并未像英国担心的那样发展下去，阿里·马赫于 6 月 23 日被迫辞去首相职务，由原埃及驻英大使，著名的亲英派代表人物哈桑·萨布里接任。一场政治危机就这么过去了。

当时驻扎中东的英联邦部队主要分布在埃及和巴勒斯坦。韦维尔在埃及约有 3.5 万人，但缺乏弹药、火炮和运输车辆等装备。例如第 7 装甲师编有 2 个坦克数量不足的装甲团，印度第 4 步兵师编有 2 个步兵旅及部分师属炮兵单位。新近抵达埃及的新西兰步兵师同样缺人，全师只有 1 个步兵旅、1 个骑兵团（缺 1 个中队）、1 个机枪营和 1 个炮兵团。除上述 3 个师外，韦维尔还拥有 14 个步兵营和 2 个炮兵团的预备队兵力。

与埃及相比，驻巴勒斯坦的英联邦部队约有 2.75 万人。主要包括 1 个马匹不足的骑兵师、2 个骑兵团、1 个步兵旅、2 个步兵营和 2 个澳大利亚步兵

▲ 1940 年 6 月 11 日晚，英军第 11 轻骑兵团的 2 个装甲侦察车中队冲破西迪奥马尔近郊的意军铁丝网，成功突袭了利比亚边境的多座意军防御工事，标志着西部沙漠战役正式爆发。图为穿越意军铁丝网的第 11 轻骑兵团所属莫里斯 C9A 装甲侦察车。

旅。尽管当时伊拉克的反英势头高涨，但巴勒斯坦的英联邦部队却从未出动镇压过暴动。照韦维尔的说法，巴勒斯坦"相当平静安宁，完全不像埃及那么纷乱"。

撇去埃及和巴勒斯坦这两个大头，英军在肯尼亚也驻有2个东非步兵旅和2个西非步兵旅，在苏丹驻有3个步兵营和20个连的当地征募兵，在索马里驻有1个非洲步兵营和5个连的当地征募兵。

由于之前英国的大部分主力部队和武器装备都消耗在了法国战场，所以很难做到向埃及快速增兵。皇家空军同样独木难支，几乎所有本土的飞行中队都要留在英国，用以抗击德国空军随时可能发动的大规模空中打击。

从地理环境上看，西部沙漠位于利比亚和尼罗河三角洲之间，总长约380千米。然而这片沙漠并非纯粹字面意义上的沙海，它主要由两种地貌构成：外围是高低起伏的狭长海岸线，内陆则是平均海拔约150米的沙砾石灰岩高原。距海岸约30千米至50千米的断崖一直延伸至埃及境内的塞卢姆（Sollum），将高原和海岸分隔开来。对交战双方来说，这条断崖的存在极具战术价值。这是因为利比亚边境上只有少数几个隘口可供轮式车辆或履带车辆通过断崖，任何一方均可利用这点严密设防，阻止对方通过塞卢姆至卡普佐堡（Fort Cappuzzo）的海岸公路以及距塞卢姆以南约10千米的哈勒法耶隘口（Halfaya Pass）。

▲ 西部沙漠，也称埃及西部沙漠，主要由两种地貌构成：外围是高低起伏的狭长海岸线，内陆则是平均海拔约150米的沙砾石灰岩高原。距海岸约30千米至50千米的断崖一直延伸至埃及境内的塞卢姆，将高原和海岸分隔开来。这片沙漠的最南端是锡瓦绿洲和加拉布绿洲，此外还有位于锡瓦绿洲东北角的盖塔拉洼地。

西部沙漠常年干旱少雨，植被多以针刺叶类矮树为主。当地夏季白天的气温酷热难忍，到了夜里又会变得冰冷刺骨，冬季夜晚更是经常暴雨成灾，泥泞遍地。春夏季节时，来自撒哈拉沙漠的沙暴极大地妨碍了摩托化部队行军。无论是人还是机械，都得采取必要的防风防沙措施。意大利元帅巴尔博为此在利比亚大力修筑公路，将巴蒂亚、班加西、卡普佐堡、托卜鲁克和德尔纳（Derna）连

▲6月14日，英军地面部队在皇家空军第33中队的"角斗士"战斗机和第211中队的"布伦海姆"式轰炸机配合下向利比亚边境地区发起猛攻，先后攻陷卡普佐堡和马达莱纳堡，俘虏意军约200人。图为7月29日，意军战俘在埃及亚历山大港的阿巴沙兵营接受英军讯问时的情景。

接起来，大大改善了利比亚落后的交通状况。他同时还在托卜鲁克、巴蒂亚和利比亚边境打造了11座防御工事并拉起了4道1.7米高的铁丝网，随时准备应对英军的入侵。

面对意大利方面咄咄逼人的备战行动，韦维尔打算以马特鲁港（Mersa Matruh）为防御核心，先放意军进入无水沙漠地带，然后利用马特鲁周围完善的铁路系统迅速向西迪巴拉尼（Sidi Barani）和塞卢姆等地展开反击，将缺少淡水补给的意军赶出埃及。尽管这个策略获得了大多数参谋的认可，但埃及动荡不安的政局最终促使英国政府驳回了韦维尔的防御计划，要求驻埃及英军主动采取攻势。6月8日，驻巴勒斯坦的原第7步兵师师长理查德·奥康纳少将带着师部人员飞抵埃及，从亨利·梅特兰·威尔逊中将手里接管了埃

▲7月5日，皇家海军第813中队的"剑鱼"式鱼雷轰炸机从西迪巴拉尼的机场起飞奔袭托卜鲁克港，击沉意军"泽菲罗"号驱逐舰（Zeffiro）和2艘渡轮。7月20日，6架"剑鱼"再次袭击托卜鲁克港，击沉"奥斯特罗"号（Ostro）、"南博"号驱逐舰（Nembo）和"塞雷诺"号渡轮（Sereno）。8月3日，皇家空军轰炸德尔纳港，击沉、击伤3艘船只。图为德尔纳港内被炸毁的"洛多莱塔"号渡轮（Lodoletta）。该船是英国在1904年为匈牙利设计建造的轮船，满载排水量为2 939吨，1918年作为战争赔偿转让给意大利使用。

及地区所有英联邦部队的指挥权。6月11日，奥康纳派遣英军第11轻骑兵团的2个装甲侦察车中队夜袭距塞卢姆西南约30千米的西迪奥马尔（Sidi Omar），摧毁当地的意军防御工事，由此打响了西部沙漠战役的第一枪。6月14日，第11轻骑兵团攻占马达莱纳堡（Fort Maddalena），前来支援第11轻骑兵团的第7女王属轻骑兵团轻松夺取卡普佐堡，打通了通往巴蒂亚的公路。6月15日，第11轻骑兵团继续西进至托卜鲁克和巴蒂亚之间的海岸公路，并在那里设下埋伏。6月16日，一支沿海岸公路行进的意军车队遭到第11轻骑兵团伏击，共有21人阵亡，40辆运输车被毁，包括第10集团军工兵参谋长罗莫洛·拉斯特鲁奇（Romolo Lastrucci）少将在内的88人当了俘虏。

6月17日，英军第7装甲师、第22步兵旅（原马特鲁驻军）、印度第5步兵旅及新西兰步兵师的部分单位被统一整编为西部沙漠军，第7步兵师师部升格为西部沙漠军军部，由奥康纳中将任司令。

英意开战之初，皇家空军自然也是不甘落后，积极配合地面部队打击意大利的各种军事设施。6月10日当天，"布伦海姆"式轰炸机出动轰炸了阿代姆机场（El Adem Airfield）上的意军战机。6月11日，皇家空军首次空袭托卜鲁克港，此后便一直不断地反复光顾此地直至月底。6月28日，利比亚总督巴尔博元帅乘坐的SM.79型轰炸机在托卜鲁克上空被友军防空炮火误击击落，全体机组乘员不幸身亡。鲁道夫·格拉齐亚尼（Rodolfo Graziani）元帅因此继任利比亚总督一职。

鉴于对法作战毫无成效，墨索里尼原本期望从德国那里分享萨瓦省、尼斯、科西嘉岛、法属索马里和突尼斯的美梦也就落了空。自向英国宣战后，意大利的麻烦事情更是接连不断：巴尔博的意外死亡，再加上英军在利比亚边境的持续骚扰，墨索里尼愤怒之下命令格拉齐亚尼立即率军入侵埃及。

格拉齐亚尼在接到领袖的电报后吃惊不已。他向罗马方面回电说，虽然利比亚目前拥有22万驻军，但他们大多训练

▲6月28日，利比亚总督伊塔洛·巴尔博元帅乘坐的SM79轰炸机在皇家空军"布伦海姆"式轰炸机空袭托卜鲁克港数分钟后背阳飞临港口上空，却被停泊在港内的意军装甲巡洋舰"圣乔治"号和意军机场周围的高射炮群误击击落，所有12名机组乘员全部身亡。图为7月3日在的黎波里皮亚扎堡为巴尔博等人举行的隆重葬礼。

▲ 由于巴尔博生前在西方航空界享有盛名，他的意外离世让全世界都为之痛惜。就连皇家空军驻中东地区总司令、空军元帅朗莫尔也曾下令向托卜鲁克空投慰问传单以示深切哀悼。图为巴尔博元帅的送葬队伍正通过的黎波里的棱堡滨海大道前往意大利战争纪念堂。

不足，且严重缺乏反坦克炮、高射炮、摩托化炮兵、运输车辆和无线电设备。意大利战前拥有的L3快速坦克只装备有2挺机枪，其装甲防护甚至抵挡不住英军装甲车的机枪火力攻击。墨索里尼对此不置可否，仅在7月间将本土第132"攻城锤"装甲师第32装甲团的第1、第2中型坦克营转调给驻利比亚的新建第4装甲团，以此提升意军装甲部队的战斗力。

1940年时意军的M11/39中型坦克营编制为2个坦克连共36辆M11/39中型坦克，M13/40中型坦克营编制为2个坦克连共37辆M13/40中型坦克，L3轻型坦克营编制为3个坦克连共46辆L3快速坦克。但当第32装甲团的72辆M11/39中型坦克于7月1日运抵班加西后，其中的45辆被配属给第4装甲团第1中型坦克营，剩下的27辆被配属给其第2中型坦克营。

格拉齐亚尼十分清楚自己军队的沙漠战经验根本无法和驻埃及英军的相提并论，于是一再拖延进攻日期，试图延缓灾难降临。墨索里尼的女婿，时任意大利外

▲ 巴尔博去世后，墨索里尼一方面委派鲁道夫·格拉齐亚尼元帅（左图）继任利比亚总督职务，另一方面命令格拉齐亚尼尽快率军向埃及发动进攻。然而格拉齐亚尼始终担心意军战斗力敌不过驻埃及英军，于是一再故意推迟进攻日期。右图为1940年夏在利比亚边境执行巡逻任务的意军狙击兵摩托车手。当时驻利比亚的意军共编有2个精锐狙击兵连，其中一个在第23军，另一个在利比亚第1"西比莱"步兵师。

长的加莱亚佐·齐亚诺在8月3日的日记中写道:"7月、8月都已经过去了,可格拉齐亚尼却还是没有半点动静,我看他这是要拖到明年春天才会发动进攻。"8月8日,格拉齐亚尼亲自飞抵罗马面见齐亚诺,并一再声称:"我们这次如果贸然进攻,必然会演变成一场全面溃败。"9月7日,墨索里尼的忍耐达到顶点,他严厉地斥责格拉齐亚尼,下令部队必须在2天之内完成所有战备。9月9日,齐亚诺的日记写道:"据我所知,以前从未出现过像攻打埃及这样完全违背指挥官意愿的军事行动。这全都是领袖的个人意志,指挥官也只能按令行事。"

希特勒一直都在密切关注地中海地区的局势变化。除7月16日下达的第16号元首令提及登陆英国本土外,德军高层也曾计划利用西班牙、苏联和日本从其他次要战场上削弱英国。7月22日,一份由陆军总司令瓦尔特·冯·布劳希契元帅主导的《地中海战区五点方案》出炉,其主要内容包括以下5种选择:a)从西班牙取道攻击直布罗陀;b)出动装甲部队支援意大利的埃及攻势;c)进攻驻守海法的英军;d)直接夺取苏伊士运河;e)策动苏联攻打波斯湾。

经过慎重考虑,德国方面决定优先保障意大利在非洲的势力范围不受英军侵犯。8月21日,国防军陆军总司令部组织处的瓦尔特·布勒少将向布劳希契报告说,德军目前富余的作战车辆和武器足以装备一个装甲军。为此,布劳希契将从第3、第5装甲师和第13摩托化步兵师中抽调作战人员来组建这个装甲军。

8月底,国防军陆军总司令部指派掌管陆军摩托化部队的威廉·冯·托马(William von Thoma)少将前往利比亚进行实地视察,以考量德军是否真的需要出兵协助意大利进攻埃及。9月中旬,德国驻罗马武官恩诺·冯·林特伦少将接到

▲ 左图为在卡普佐堡受检阅的意军沙漠部族仪仗队。卡普佐堡建于1930年代,以1925年2月在视察利比亚边境时神秘失踪的驻昔兰尼加意大利皇家空军司令费鲁乔·卡普佐上尉的名字命令。事后调查发现卡普佐的座机当时因突发机械故障降落在了埃及边境,但机上的4人却不知所踪。直到4个月后,他们的遗体才在迫降地点以东约40千米处被发现。右图为1942年遭战火严重破坏的卡普佐堡,由一架飞临当地的德军容克88轰炸机机组乘员拍摄。

冯·托马发来的电报，后者表示意大利军队不仅装备低劣，缺少重型火炮，他们的装甲部队主力甚至尚未离开意大利本土前往利比亚。所以冯·托马认为意军根本不该在这个时候对埃及发动一场全面攻势，任何冒险企图都注定会失败。

与此同时，德国海军同样对地中海局势进行了预测。他们始终认为单靠意大利的力量无法攻占苏伊士运河，德国只有派遣地面部队去利比亚才能实现这个目标。9月6日和9月26日，德国海军总司令埃里希·雷德尔海军上将在会见希特勒时一再重申，英国一直都把地中海地区作为帝国的战略核心，光登陆英国本土是不够的，德国必须尽快占领直布罗陀、加那利群岛和苏伊士运河，将势力范围扩大到土耳其边境，切断英国的中东地区生命线并迫使英国政府屈膝求和。然而希特勒在听完雷德尔的陈述之后生气地反驳说，当前最要紧的事情是空袭英伦以及正在秘密筹划中的侵苏作战，他不可能把全部精力都用来支持墨索里尼在北非的军事行动。一个月后，由于不列颠空战陷入僵局，希特勒被迫推迟了入侵英国本土的"海狮"计划，打算等到来年春天再作决断。

**"罗盘"行动中的轴心国作战序列（1940年12月）**

北非意军总司令鲁道夫·格拉齐亚尼元帅

意军第20军（费尔迪南多·科纳中将）
　第60"萨布拉塔"步兵师（圭多·德拉·博纳少将）
　　第85、第86步兵团
　　第42炮兵团（摩托化）

意军第22军（恩里科·皮塔西－马内拉中将）
　第22军直属单位
　第4装甲团第1中型坦克营（M11/39中型坦克）
　第21、第60轻型坦克营（L3快速坦克）
　第22军属炮兵团

　第61"苏尔特"步兵师（温琴佐·德拉－穆拉少将）
　　第69、第70步兵团
　　第43炮兵团（摩托化）

驻托卜鲁克要塞守军及炮兵部队

**意军第 10 集团军（伊塔洛·加里波第上将）**

    第 10 集团军直属单位

        特别装甲旅／"巴比尼"装甲集团（瓦伦蒂诺·巴比尼少将）

        装甲集群支援单位（1 个装甲侦察车中队，2 个反坦克连，1 个炮兵团，1 个工兵连，2 个卡车连及附属后勤单位）

        第 12、第 21、第 26 和第 55 炮兵团（摩托化）（加强自第 5 集团军）

        第 17、第 25、第 27、第 55 步兵师的师属机枪营（加强自第 5 集团军）

**意军第 23 军（安尼巴莱·贝尔贡佐利中将）**

    第 23 军直属单位

        第 61、第 62 轻型坦克营（L3 快速坦克）

    黑衫军第 1 "3 月 23 日"师（弗朗切斯科·安东内利少将）

        第 219、第 223 黑衫军团

        第 201 集团军属炮兵集团

    黑衫军第 2 "10 月 28 日"师（弗朗切斯科·阿尔真蒂诺少将）

        第 203、第 231 黑衫军团

        第 202 集团军属炮兵集团

    第 62 "马马瑞卡"步兵师（鲁杰罗·特拉基亚少将）

        第 115、第 116 步兵团

        第 44 炮兵团（摩托化）

意军驻巴蒂亚要塞守军及炮兵部队

**意军第 21 军（卡洛·斯帕托科中将）**

    第 21 军直属单位

        "马莱蒂"机械化集团（彼得罗·马莱蒂少将）

        机械化集团支援单位（原有 7 个利比亚步兵营和 1 个非洲步兵营，12 月时减少为 4 个利比亚步兵营和 1 个非洲步兵营，另外还有 1 个 65 毫米野战炮群，1 个 75 毫米野战炮连，1 个 105 毫米野战炮连，2 个反坦克连，1 个迫击炮连，2 个轻型防空连）

第 20、第 63 轻型坦克营（L3 快速坦克）

第 63 "奇雷内"步兵师（亚历山德罗·德·圭蒂少将）
　　第 157、第 158 步兵团
　　第 45 炮兵团（摩托化）

第 64 "卡坦扎罗"步兵师（朱塞佩·阿米科少将）
　　第 141、第 142 步兵团
　　第 203 炮兵团（摩托化）

意军"利比亚师"集群（塞巴斯蒂亚诺·加利纳中将）
　　"利比亚师"集群直属单位
　　　　第 9 轻型坦克营（L3 快速坦克）

利比亚第 1 "西比莱"步兵师（乔瓦尼·切里奥少将）
　　利比亚第 1、第 2 步兵团
　　利比亚第 1 炮兵集团

利比亚第 2 "佩斯卡托里"步兵师（阿尔曼多·佩斯卡托里少将）
　　利比亚第 3、第 4 步兵团
　　利比亚第 2 炮兵集团

黑衫军第 4 "1 月 3 日"师（法比奥·梅尔扎里少将）
　　第 250，第 270 黑衫军团
　　第 204 集团军属炮兵集团

## 意大利入侵埃及

9 月 7 日，墨索里尼不顾格拉齐亚尼元帅的强烈反对，执意下令驻利比亚意军在 2 天之内做好攻打埃及的一切准备工作。面对来自领袖的巨大压力，格拉齐亚尼被迫作出让步，开始匆忙制定作战计划。在意军参谋部最新的修正案中，对埃及沿海断崖北部的攻势将由黑衫军第 4 "1 月 3 日"师，利比亚第 1 "西比莱"步兵师和利比亚第 2 "佩斯卡托里"步兵师负责，对埃及沿海断崖南部的攻势将由彼得罗·马莱蒂（Pietro Maletti）少将指挥的"马莱蒂"机械化集团（下辖第 4 装甲团第 2 中型坦克营、第 60 轻型坦克营的 1 个连及各种支援单位）负责。除上述部队外，黑衫军第 1 "3 月 23 日"师、第 62 "马马瑞卡"步兵师、第 63 "奇雷内"步兵师、第 64 "卡坦扎罗"步兵师、"阿雷斯卡"坦克集团（下辖第 4 装甲团第 1 中型坦克营，第 21、第 62、第 63 轻型坦克营，指挥官为阿雷斯卡上校）、"特里沃利"坦克集团（下辖第 4 装甲团第 2 中型坦克营，第 9、第 20、第 61 轻型坦克营，指挥官为特里沃利上校）被作为总预备队部署在托卜鲁克港附近，意大利皇家空军第 5 航空团的 340 架轰炸机、战斗机和攻击机将随时候命出击支援地面攻势。

▲9 月 13 日当天，意军利比亚第 1 "西比莱"步兵师在炮兵部队支援下兵分两路直取塞卢姆，迫使英军寒溪禁卫团第 3 营放弃塞卢姆退往布库布库。在接下来的 4 天时间里，布库布库、阿拉哈米德和阿拉姆达先后失守。当意军于 9 月 20 日攻克西迪巴拉尼时，格拉齐亚尼元帅的部队已经深入埃及境内约 100 千米，并达到其补给距离的极限。图为在埃及沙漠地区快速挺进的意军步兵。

经过漫长等待，意军炮兵终于在 9 月 13 日向穆萨德（Musaid）和塞卢姆展开炮击，随后大批意军部队越过利比亚边境攻入埃及，很快便占领了塞卢姆。9 月 14 日午后，数量劣势的英国守军按照韦维尔战前制定的防御计划，从布库布库（Buq Buq）、阿拉姆哈米德（Alam Hamid）和阿拉姆达（Alam el Dab）一线逐步退往马特鲁。英军本以为意军会包抄其侧翼，可对方却仅仅沿着海岸公路一路向东突击，丝毫没有迂回的意愿。经过 3 天的连续行军，北面的意军步兵就与南面的"马莱蒂"

▲1940 年 9 月 13 日，头戴黑色羽饰钢盔的意军狙击兵部队在 1 辆 AS37 武装巡逻车的带领下攻入埃及。

机械化集团脱了节，补给也跟不上了。至9月16日攻克西迪巴拉尼为止，意军总共在埃及境内东进约100千米，形势看起来相当喜人。为方便维护作战车辆和运输补给物资，格拉齐亚尼命令部队暂停进攻，重新聚拢起来掘壕固守。

就这样，数万意军于是全部停下，转而开始修建一条北起西迪巴拉尼，南至索法非（Sofafi）的80千米长筑垒地带。尽管名义上称作"筑垒地带"，但这些互相间隔很远的营房工事周围仅配置了少量L3快速坦克，且极易遭袭。无计可施的格拉齐亚尼只好一边催促"马莱蒂"机械化集团尽快就位，一边向罗马方面请求调拨更多的卡车以解决他的后勤难题。

10月4日，墨索里尼在布伦纳隘口（Brenner Pass）与希特勒会面时亲口对后者保证说，格拉齐亚尼最快将在10月12日或10月13日恢复攻势。作为交换，希特勒答应派遣1个装甲旅支援意军。墨索里尼表示接受元首的好意，但他心里并不觉得高兴，毕竟现实情况远比预想的要糟得多。至10月中旬，意军的淡水供应和补给状况仍未得到任何改善，格拉齐亚尼为此争辩说他至少还需要半年时间才能重新发起进攻。墨索里尼听后勃然大怒，当即威胁要撤销格拉齐亚尼的作战指挥权，促使后者将进攻日期提前至12月。

10月17日，德军驻利比亚的军事观察员冯·托马少将向柏林发去一份电报，声称"利比亚的局势着实令人不安，这里几乎人人都惧怕英国。虽然两军至今尚未真正交过手，但意大利明显是在担心一旦我军介入北非，英国便会以此为借口进一步向埃及增兵"。

10月24日，冯·托马在返回德国后对希特勒解释了当前的北非形势。他认为意军的后勤问题只是表面现象，真正的麻烦其实来自英国对地中海地区的严密控制。唯有击败驻埃及的英军地面部队，才能彻底消除他们对利比亚造成的威胁。至于希特勒

▲ 9月中旬，格拉齐亚尼为重新集结分散在沙漠各地的意军，命令所有部队停止前进，就地掘壕固守。图为2名手持卡尔卡诺91/38卡宾枪的意军狙击兵，他们身后的堡垒是距德尔纳以南75千米的梅基利。

第 1 章 北非沙漠战的开端（1940 年 6 月至 1941 年 2 月）

问到底要派多少人马去北非，冯·托马觉得"最起码得派 4 个装甲师"。希特勒对此不以为然，说这个要求太高，他现在手头只有 1 个空余的装甲师可用。冯·托马于是建议希特勒干脆放弃支援意大利，把省下的兵力用在其他地方。希特勒听闻之后怒气冲冲地责备冯·托马："意大利完全可以依靠自己的力量对抗英国军队，我之所以会给墨索里尼军事援助的承诺，无非是为了让意大利继续待在轴心条约里而已！"

正当德国在为是否应当派兵前往北非争论不休的时候，墨索里尼却在私下里悄悄盘算着该如何继续扩大意大利在地中海地区的势力范围。7 月至 8 月间，他曾多次公开指责希腊"违反中立条约，密谋挑起战争"。尽管柏林方面已经提醒墨索里尼，要他集中精力配合德国打击英国而不要轻易对希腊动武，可墨索里尼依然不听劝告，开始集结军队准备入侵希腊。他这么做的理由很简单："既然德国能用外交手段'降伏'匈牙利和罗马尼亚且不许意大利插手，那么我就要重复使用 1939 年 4 月的办法，趁德国侵吞捷克斯洛伐克时占领阿尔巴尼亚一样去夺取希腊半岛。"

希特勒见墨索里尼态度坚决，赶紧于 10 月 27 日飞往弗罗伦萨与其会面，试图阻止意军进攻希腊。10 月 28 日，墨索里尼在接见希特勒时坦言他的军队实际上已经于昨日越过阿尔巴尼亚边境攻入了希腊，一切都为时已晚。在结束这次令人不快的会面后，希特勒于 11 月 4 日把德国海军总司令雷德尔元帅、国防军最高统帅部的凯特尔元帅、约德尔上将、国防军陆军总司令部的哈尔德大将、布劳希契元帅统统召到总理府并向他们宣布："鉴于意大利近期不断在地中海地区制造争端且禁止我们使用的黎波里港，所以我决定今后不再商讨任何有关支援利比亚或阿尔巴尼亚的事，意大利人惹出的麻烦就让意大利人自己去解决。"

好大喜功的墨索里尼本以为希腊军队实力薄弱不堪一击，可事实完全出乎他的预料。从 11 月 5 日起，希军突然调转方向朝意军猛扑过来，将意军直接赶回了阿尔巴尼亚。1 个月后，希军突入阿尔巴尼亚境内约 30 千米，总共击溃 4 个意军步兵师，还缴获了 135 门火炮、20 辆坦克和 250 辆运输车。

▲ 格拉齐亚尼打造的沙漠筑垒地带北起西迪巴拉尼，南至索法非，总长约 80 千米，主要由一系列相间隔很远的营房工事组成，周围仅配置了少量 L3 快速坦克用以保卫补给线和防御据点。图为 1940 年 12 月遗弃在西迪巴拉尼海岸公路旁的意军 L3 CV33 快速坦克。

## 大漠烽烟急

▲ 意军停止全面攻势后的3个月时间里，格拉齐亚尼一直都在忙着改善部队的淡水供应和道路路况。图为意军第21军在西迪巴拉尼近郊竖立的公路通车纪念碑。

▲ 1940年9月，利比亚第1"西比莱"步兵师和利比亚第2"佩斯卡托里"步兵师作为第10集团军的先锋部队攻入埃及，并从英军手中成功夺取了塞卢姆、布库布库、西迪巴拉尼等重要城镇。这批组建于1940年3月的殖民地步兵师在编制上更类似黑衫军师，每师下辖2个步兵团（6个步兵营）、1个炮兵团（24门野战炮，16门20毫米高射炮）、1个反坦克连（8门47毫米反坦克炮）、1个混编工兵营及后勤支援单位，总兵力为7 200人（意军正规步兵师的编制为11 000人），以致在后来的"罗盘"行动期间不敌英军，被打得几乎全军覆没。图为9月中旬开赴埃及参战的利比亚步兵营。

11月11日晚，英国皇家海军的"剑鱼"式鱼雷轰炸机从"光辉"号航空母舰上起飞夜袭意大利南部的塔兰托港，击沉包括"加富尔伯爵"号战列舰在内的3艘战列舰，重创"利托里奥"号和"杜伊里奥"号战列舰，迫使意大利舰队暂时撤离塔兰托港，转移至西海岸的其他港口避难。自此之后，英军运输船不受干扰地持续向希腊增兵，大大加强了英军在地中海北部的战斗力。

11月12日，为应对意大利在希腊战场的惨败和英国海军的袭击，希特勒突然转变态度，催促德军高层迅速在短期内拿出解决地中海危机的方案来。根据第18号元首令的旨意，国防军最高统帅部开始策划"菲利克斯"行动，该计划的目标是切断西班牙南部的英国西地中海航运通道，预计将分为4个阶段逐步控制直布罗陀海峡。除"菲利克斯"行动外，德国海军将征用所有停泊在意大利港口的船只向利比亚或西非运送军队，德国空军也制定了空袭亚历山大港和苏伊士运河以封锁英国皇家海军的作战计划。

11月14日，德国海军总司令雷德尔海军上将向希特勒递交了最新的利比亚战况备忘录。在这份备忘录中雷德尔代表海军参谋部对未来局势作了分析，并再次尝试说服希特勒推迟入侵苏联。其主要内容大致有以下三点：第一，如果国防军最高统帅部真的要插手北非，那么首先应当明确的是意大利方面最多只能提供部分援助，进攻埃及主要得靠德军自己；第二，绝不能允许英军继续留在希腊半岛；第三，德军必须不惜一切代价驱逐地中海地区的英军势力，进而迫使丘吉尔政府屈膝求和。只要英国退出战争，斯大林自然会俯首称臣，德国也就不用与之为敌。

11月中旬，意大利人终于意识到他们在希腊战场已经彻底失败。11月26日，意军总参谋长彼得罗·巴多格里奥（Pietro Badoglio）元帅因公开批评墨索里尼的错误战略而被当作替罪羊解除了职务，由乌戈·卡瓦莱罗（Ugo Cavallero）上将接任。12月初，利比亚的意军高层同样发生了人事变动。原第10集团军司令贝尔蒂上将因病返回意大利休养，第10集团军的指挥权因而被临时移交给了第5集团军司令加里波第上将。

在关注希腊战局的同时，意军高层并没有停止对北非的增援。1941年9月底，意军驻利比亚的装甲部队指挥部拆散了"阿雷斯卡"和"特里沃里"坦克集团，将第4装甲团第2中型坦克营（27辆M11/39中型坦克）加强给"马莱蒂"机械化集团，将第9轻型坦克营加强给"利比亚师"集群，将第20、第63轻型坦克营加强给第21军，将第21、第60轻型坦克

▲ 1940年10月底，墨索里尼不顾希特勒的再三劝告，执意单独向希腊宣战。10月28日，当希特勒亲自飞往弗罗伦萨与其见面时，却被告知意军其实已于昨日越过阿尔巴尼亚边境攻入了希腊境内。图为弗罗伦萨军警护送希特勒车队前往会面地点。

▲ 弗罗伦萨会上的希特勒和墨索里尼铁青着脸，似乎都认为对方有愧于己。11月1日，国防军陆军总司令部的哈尔德大将在其日记中写道："元首对于意大利入侵希腊一事极为不满，看来所有向利比亚或阿尔巴尼亚增派援军的计划都可能因此搁浅。"

17

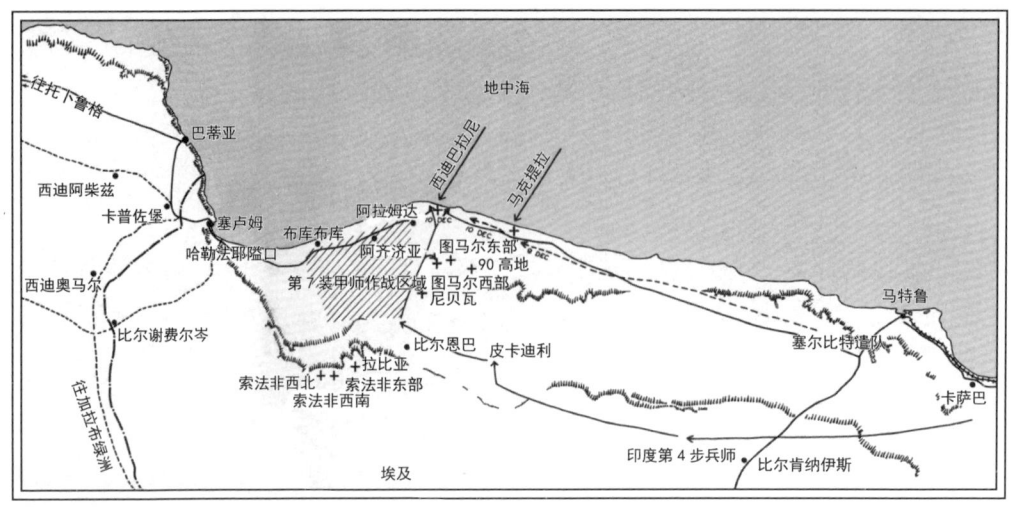

▲ 1940年12月英军发起大规模反击前夜,意军第10集团军共有3个军8个师又1个机械化集团驻扎在埃及境内。其中"利比亚师"集群的利比亚第1"西比莱"步兵师位于马克提拉,利比亚第2"佩斯卡托里"步兵师位于图马尔和90号高地,黑衫军第4"1月3日"师位于西迪巴拉尼。第21军的第63"奇雷内"步兵师位于索法非和拉比亚,第64"卡坦扎罗"步兵师位于布库布库,"马莱蒂"机械化集团位于尼贝瓦。除此之外,意军第23军还有3个步兵师作为预备队部署在西迪奥马尔、卡普佐堡和塞卢姆。图为英军第7装甲师、印度第4步兵师和"塞尔比"特遣队在12月9日至12月10日的反击路线图。(箭头代表来自皇家海军的炮击)。

营和第4装甲团第1中型坦克营(45辆M11/39中型坦克)加强给第22军,将第61、第62轻型坦克营加强给第23军。1940年10月至1941年1月,意军又向利比亚陆续运送了156辆用以装备4个中型坦克营的M13/40中型坦克和92辆用以装备第4、第5轻型坦克营的L3快速坦克。其中的第3、第5中型坦克营(每营37辆M13/40中型坦克),连同第10狙击兵团的3个摩托化狙击兵营、1个装甲侦察车中队、2个摩托化反坦克连、1个炮兵团、1个工兵连、2个卡车连及附属后勤单位一起被合编为1个特别装甲旅"巴比尼"装甲集团,指挥官为意军驻利比亚装甲部队司令瓦伦蒂诺·巴比尼少将。第6中型坦克营(共46辆M13/40中型坦克)将暂时留驻班

▲ 1939年2月,阿奇博尔德·韦维尔上将正式受命担任驻中东地区的英军部队司令官。图为1941年4月在马特鲁拍摄的"韦维尔之路"宣传照。

加西，1941年2月2日加入"巴比尼"装甲集团。除上述3个坦克营外，156辆 M13/40中型坦克中剩余的36辆坦克将被用于补充1月21日在托卜鲁克攻防战中损失殆尽的第4装甲团第1中型坦克营，并以第21中型坦克营的名义再次参战。

12月10日，汉斯-费迪南·盖斯勒空军（Hans-Ferdinand Geissler）上将的第10航空军奉希特勒之命从挪威转调至西西里岛驻防。该航空军的主要任务是消灭马耳他岛和地中海地区的英国海空军，保护德意运输船队免受袭击。从12月底至1月中旬为止，第10航空军共有96架轰炸机和90架双引擎战斗机进驻西西里岛，使这一地区的德军战机数量提高到了186架。

然而就在德国空军的首批飞机抵达西西里岛当天，英军按照韦维尔上将的计划突然在埃及境内展开了谋划已久的大规模反击，一场英意沙漠大战由此爆发。

---

**"罗盘"行动中的英联邦军作战序列（1940年12月）**

英军驻中东地区总司令（阿奇博尔德·韦维尔上将）

西部沙漠军（理查德·奥康纳中将）

1940年6月17日以第7步兵师师部为核心组建西部沙漠军

1941年1月1日改名为英军第13军

1941年2月初被昔兰尼加司令部取代

1941年4月14日重新启用西部沙漠军番号

1941年10月初再次改名为英军第13军，加入新组建的英军第8集团军

 西部沙漠军直属单位

  皇家坦克团第7营（3个"玛蒂尔达"MK2步兵坦克中队）

  第1、第104乘骑炮兵团（25磅炮）

  第51野战炮兵团（25磅炮）

  第7中型炮兵团（6英寸榴弹炮）

  第64地中海炮兵团（4.5英寸榴弹炮）

  第37轻型防空团（40毫米高射炮）

 英军第7装甲师（米歇尔·奥穆尔·克雷少将）

  第7装甲师直属单位（威廉·戈特准将）

  第4装甲旅（约翰·康准将）

  第7装甲旅（休·拉塞尔准将）

  第7师属支援群（威廉·戈特准将）

印度第 4 步兵师（诺埃尔·贝雷斯福德-皮尔斯少将）
　　第 4 步兵师直属单位
　　第 5 步兵旅（韦尔弗里德·洛伊德准将）
　　第 11 步兵旅（雷金纳德·萨沃里准将）
　　第 16 步兵旅（西里尔·洛马克斯准将）

"塞尔比"特遣队（阿瑟·塞尔比准将）

自 1941 年 12 月 12 日起
澳大利亚第 6 步兵师（艾文·麦凯少将）
　　第 6 步兵师直属单位
　　第 16 步兵旅（阿瑟·艾伦准将）
　　第 17 步兵旅（斯坦利·萨维奇准将）
　　第 19 步兵旅（霍勒斯·罗伯森准将）

## 韦维尔的反击

　　1940 年 9 月至 10 月间，由于英伦空战激战正酣，英国暂时停止了对北非的军事援助。议会内阁预计至少还得再等 1 个月，才能重新恢复海运。10 月 11 日，韦维尔接到伦敦方面发来的电报，得知英国政府准备在 1941 年 3 月前向埃及运送至少 5 个英国师和 1 个澳大利亚旅，共计约 10 万人左右的援军。这无疑是天赐良机，他立即开始着手策划在埃及境内发动一次全面反攻，借此将当时的意军第 10 集团军赶出埃及。

　　10 月中旬，韦维尔将"罗盘"行动（Operation Compass）的初步设想透露给了当时正在埃及视察的外务大臣安东尼·艾登，要他回国后把这个

▲ 1940 年 8 月摄于西部沙漠中的"阿伯丁"和"阿尔萨斯"维克斯 MK6 轻型坦克，隶属于英军第 7 装甲师第 7 装甲旅属皇家坦克团第 1 营 C 中队。

计划转告丘吉尔首相。丘吉尔很快从艾登那里知晓了大致情况，他认为这个计划极其出色，并许诺会全力给予最大支持。

10月20日，韦维尔与威尔逊、奥康纳两人会面商讨了具体进攻方案。在韦维尔的初步设想中，英军因为兵力有限只能持续进攻4—5天，所以这次反击必须强调速战速决的作战方针，以迅雷不及掩耳之势对意军据守的西迪巴拉尼和索法非地区同时展开突袭。威尔逊和奥康纳虽然表示可以接受韦维尔的想法，但他们认为同时攻打西迪巴拉尼和索法非会分散英军兵力，只有将主攻方向放到埃及中部的尼贝瓦（Nibeiwa）和拉比亚

▲ 1940年12月9日，英军按照"罗盘"行动作战计划突然展开大规模反击，意图将意军赶出埃及。图为1941年1月，第13军军长理查德·奥康纳中将和英军驻中东地区总司令阿奇博尔德·韦维尔上将在刚占领的巴蒂亚要塞高地上商议战况（西部沙漠军于1月1日起正式改称第13军）。

（Rabia）一带，然后迅速挥师北进将4个意军师围困在海岸线上，作战才有可能获得成功。

11月28日，韦维尔建议威尔逊扩大作战规模，把原本的区域反击转变为一场全面攻势。他在信里写道："我十分清楚你对'罗盘'行动的看法。这次行动无论从指挥还是战术配合来说必然要冒很大的风险，但假如我们能适当把握时机，协调组织好进攻，那么你会发现我军其实完全有能力彻底打垮数量占优的敌军。据情报所说，意大利人把手头大部分的坦克和火炮全都集中在一线。如果在攻势初期就消灭他们的话，意军将丧失机动打击力量。到时候即使格拉齐亚尼从后方抽调预备队上来对付我们，也不会有太大威胁。"

12月4日，英军高级军官们在韦维尔的司令部里召开了最后一次战前会议。12月6日，奥康纳正式发布"罗盘"行动作战令。按照计划，"塞尔比"特遣队的寒溪禁卫团第3营和部分马特鲁守军将沿着海岸线向西实施佯攻以吸引意军注意力，而担任主攻的印度第4步兵师将在新近抵达的皇家坦克团第7营支援下，从尼贝瓦和索法非之间的意军防线上撕开一个口子，然后一路朝着布库布库方向挺进。假如对方派遣预备队展开反扑，负责侧翼掩护的第7装甲师会击溃来自西北、西南方的来袭意军，并在行动结束之后保护印度第4步兵师安全撤回马特鲁。

英军攻击前夜，意军第10集团军共有3个军8个师又1个机械化集团部署在埃及。其中包括驻守西迪巴拉尼地区的"利比亚师"集群（下辖利比亚第1"西比莱"步兵师、利比亚第2"佩斯卡托里"步兵师、黑衫军第4"1月3日"师），驻守索法非、拉比亚和布库布库地区的第21军（下辖"马莱蒂"机械化集团、第63"奇雷内"步兵师、第64"卡坦扎罗"步兵师）及驻守哈勒法耶隘口、卡普佐堡、西迪奥马尔和塞卢姆地区的第23军（下辖第62"马马瑞卡"步兵师、黑衫军第1"3月23日"师、黑衫军第2"10月28日"师）。

就战前的两军规模而言，西部沙漠军当时共有3万多人和275辆坦克（其中包括皇家坦克团第7营的35辆"玛蒂尔达"MK2步兵坦克），意军第10集团军在埃及则有近8万人和206辆坦克（其中包括"马莱蒂"机械化集团的22辆M11/39中型坦克和第9、第20、第62、第63轻型坦克营的184辆L3快速坦克）。英军尽管兵力少，但无论在武器装备

▲"罗盘"行动初期，英军皇家坦克团第2营的指挥官们在1辆意军M11/39中型坦克残骸前合影留念。这辆坦克隶属于第4装甲团第2中型坦克营，于11月19日在距尼贝瓦以西约10千米的阿拉姆阿布希莱卡特附近被英军击毁。当时第4装甲团第2中型坦克营总共损失了5辆M11/39中型坦克，使得该营原有的坦克数量从27辆下降到了22辆。根据意大利皇家陆军当时的规定，其坦克型号的首字母通常表示坦克种类（L代表轻型，M代表中型），后面跟着的2个数字则表示车重及生产年份。比如M11/39就表示它是一款1939年研发投产的11吨级中型坦克。

▲至12月11日为止，英军通过尼贝瓦和西迪巴拉尼之战彻底消灭了意军"马莱蒂"机械化集团和"利比亚师"集群，同时还摧毁了1个中型坦克营和3个轻型坦克营，迫使意军第21军、第23军撤离埃及。图为12月12日在埃及赫里奥波利斯机场，被俘的3位意大利将领与随行参谋们正在下机，从左至右依次是：利比亚第1"西比莱"步兵师师长乔瓦尼·切里奥少将，利比亚第2"佩斯卡托里"步兵师师长阿尔曼多·佩斯卡托里少将，黑衫军第4"1月3日"师师长法比奥·梅尔扎里少将。

还是沙漠作战经验方面都远超意军，其坦克性能更不是意大利那些薄皮小车可比。除此之外还有一点十分关键，那就是英军可以通过马特鲁地区发达的铁路交通系统

方便地向前线运送军队和补给,而意军的后勤运输单位却得长途跋涉上百千米才能将物资和弹药交到前线部队手中,两军在后勤补给上的差距一目了然。

12月7日,英军装甲部队从马特鲁南面的沙漠营地出发西进约48千米,于12月8日晚抵达进攻集结地。12月9日凌晨5点,皇家空军开始全面轰炸西迪巴拉尼至的黎波里沿途的意军机场,皇家海军也从海上猛烈炮击了马克提

▲ 这位刚从布里斯托"孟买"中型运输机上下来的大胡子将领通常都被误认为意军第23军军长安尼巴莱·贝尔贡佐利中将,其实他是"利比亚师"集群司令塞巴斯蒂亚诺·加利纳中将,并不是意大利那位著名的"电胡"将军。

拉(Maktila)地区和西迪巴拉尼地区。上午7点15分,皇家坦克团第7营的35辆"玛蒂尔达"MK2步兵坦克在印度第11步兵旅和印度第4步兵师师属炮兵的火力掩护下绕过反坦克雷区和反坦克堑壕,从西北角径直冲入位于尼贝瓦的"马莱蒂"机械化集团驻地。意军显然被打了个措手不及,很多身处战壕和哨所里的人还没弄清是怎么回事就遭到"玛蒂尔达"的机枪火力压制。那些严重缺乏无线电的意军坦克更是无所适从,被混乱不堪的旗语指挥搞得满场乱转,随即被快速驶近的英军坦克击毁。随着更多搭载步兵的通用输送车围拢上来,战斗很快于10点40分结束。英军以56人的伤亡代价击毙意军818人,打伤1338人,生俘约2000人,缴获大量淡水和补给物资。整个尼贝瓦营地变成了一片废墟,皇家坦克团第7营总共击毁14辆M11/39中型坦克,缴获8辆同型号坦克。在此负责指挥作战的"马莱蒂"机械化集团指挥官彼得罗·马莱蒂少将也横尸营房内,他才刚刚获得了意大利的最高荣誉——金制功勋章。

▲ 停靠在塞卢姆港湾内的英国皇家海军"蚜虫"号炮舰。该舰于1915年下水服役,是8艘"昆虫"级中的5号舰。曾长期驻扎罗马尼亚和中国长江,1940年才返回埃及。其主要武备为2门6英寸炮和2门12磅炮,给英军的陆上作战提供了极大便利。

**大漠烽烟急**

胜利攻克尼贝瓦营地后,英军第7装甲师和"塞尔比"特遣队迅速向西挺进,皇家坦克团第7营和印度第4步兵师也立即挥师北上,从两个方向包围了困守西迪巴拉尼地区的利比亚第1"西比莱"步兵师、利比亚第2"佩斯卡托里"步兵师和黑衫军第4"1月3日"师。但就在英军第7装甲旅和印度第4步兵师属第16步兵旅开始向西迪巴拉尼后方迂回之际,驻守索法非和拉比亚的意军第63"奇雷内"步兵师与驻守布库布库的第64"卡坦扎罗"步兵师却于12月10日晚摆脱"沙漠之鼠"的追击,沿着海岸断崖向西逃回了哈勒法耶隘口。奥康纳对此深感遗憾,他本以为会一口气吃掉意军5个师,现在做不到了。12月10日至12月11日晚,"塞尔比"特遣队、皇家坦克团第7营和印度第4步兵师接连攻陷图马尔(Tummar)、马克提拉和西迪巴拉尼,意军"利比亚师"集群顷刻间宣告瓦解。就这样,西部沙漠军在最初3天的战斗中共击毙意军2 184人,打伤2 287人,缴获65辆L3快速坦克、237门火炮和近千辆运输车,俘虏包括"利比亚师"集群司令塞巴斯蒂亚诺·加利纳中将、利比亚第1"西比莱"步兵师师长乔瓦尼·切里奥少将、利比亚第2"佩斯卡托里"步兵师师长阿尔曼多·佩斯卡托里少将、黑衫军第4"1月3日"师师长法比奥·梅尔扎里少将等4名将军在内的38 289名意军官兵。这意味着第10集团军的第4装甲团第2中型坦克营、第9轻型坦克营和3个步兵师已被消灭。第62轻型坦克营仅剩11辆L3快速坦克,第20、第63轻型坦克营也是折损过半。相较之下,西部沙漠军只有624人阵亡、负伤和失踪,另有7辆"玛蒂尔达"MK2步兵坦克或被意军击毁,或因机械故障被维修单位回收。

12月12日,格拉齐亚尼向罗马发去一份令人沮丧的电报,承认战斗已经失利。他同时宣布要放弃塞卢姆、西迪奥马尔和卡普佐堡,将第21军和第23军全数撤回利比亚,并尽可能"让意大利的旗帜继续留在的黎波里上空"。意大利外长齐亚诺形容当时的北非战事"充满了兴奋,忧虑和各种华而不实的谎言"。格拉齐亚尼则认为自己很有可能挑起了一场"跳蚤与大象之间的战争"。

▲ 12月19日,皇家坦克团第7营"格列弗"号"玛蒂尔达"MK2步兵坦克的车组乘员正手指炮塔侧面的穿甲弹弹痕,向AFPU(陆军照相宣传单位)摄影师展示英军坦克的生存能力。

与此同时,英军第7装甲师的第4装甲旅正快速逼近塞卢姆和西迪奥马尔，意图切断巴蒂亚至托卜鲁克的海岸公路。12月14日，作为"沙漠之鼠"师属支援部队之一的第11轻骑兵团越过埃及边境，抵进距巴蒂亚以西约48千米的比尔巴艾拉（Bir el Baheira），他们随后破坏了当地的电话线，第4装甲旅的前锋也在天黑之前赶来与之会合。

意军第23军军长安尼巴莱·贝尔贡佐利（Annibale Bergonzoli）中将眼见英军已经攻入利比亚，赶忙向托卜鲁克拍去急电说自己兵力不足难以守住北部海岸。格拉齐亚尼一开始叫贝尔贡佐利将第23军撤至巴蒂亚周围吸引英军第7装甲师前来攻打要塞，但他后来又改变了主意，建议墨索里尼允许第23军放弃巴蒂亚以便集中力量保卫托卜鲁克。然而此时的墨索里尼已经彻底丧失了判断力，他严令格拉齐亚尼一定要死守巴蒂亚，"让英国人付出血的代价"。其实早在2天前，意军便在巴蒂亚周围集结了第23军的第62"马马瑞卡"步兵师，黑衫军第1"3月23日"师，黑衫军第2"10月28日"师，第21军的第63"奇雷内"步兵师，第64"卡坦扎罗"步兵师，第3中型坦克营的1个连，第20、第21、第60、第61、第62轻型坦克营（均不满员）和400多门大炮。贝尔贡佐利中将对此充满自信地认为要塞固若金汤，除非英军实施围困战，否则休想在短期之内攻占拥有4.5万守军的巴蒂亚。12月13日，墨索里尼为给部队打气特意写了封热情洋溢的信称赞第23军："要守住巴蒂亚尽管困难重重，但我坚信'电胡'将军和他手下的英勇官兵必能不负众望地全力完成这项任务。"贝尔贡佐利在通过格拉齐亚尼所写的回信中是这么说的："很荣幸能够接受保卫巴蒂亚的光荣使命。我今天再次向部下宣读了您的来信，第23军全体官兵都表示愿与要塞共存亡。"时年66岁的贝尔贡佐利中将以一把会冒火花的络腮胡子闻名全军，故被称为"电胡"将军。

▲ 1940年时的英军装甲部队主要由步兵坦克和巡洋坦克组成。其步兵坦克装甲厚重速度缓慢，适合支援步兵作战。巡洋坦克装甲较薄速度较快，适合机动掩护任务。直到"十字军"巡洋坦克出现前，大部分英军巡洋坦克都没有正式名称，只用简单的A9、A10、A13编号代表MK1、MK2、MK3或MK4巡洋坦克。图为12月31日，皇家坦克团第7营的"玛蒂尔达"MK2步兵坦克正跟随1辆斯卡梅尔R100炮兵牵引车驶过哈勒法耶隘口，开往意军据守的巴蒂亚。

12月14日，韦维尔依照战前的预定计划将印度第4、第5步兵师调往东非打击阿比西尼亚的意军部队。除留守西迪巴拉尼的第16步兵旅外，印

▲ 当意军从埃及境内撤兵之后,巴蒂亚的守军人数迅速增至 45 000 人。其要塞防御体系主要由 30 千米长的外环防线以及 500 至 800 米长的两道内环防御工事构成。所有哨所、掩体和兵营均布设了铁丝网、机枪火力点和反坦克堑壕。图为巴蒂亚驻军司令贝尔贡佐利中将(左)和意军工兵挖掘的反坦克堑壕(右)。

度第 4 步兵师的位置已被澳大利亚第 6 步兵师所取代。同日,英国皇家海军的"恐惧"号浅水重炮舰(HMS Terror,装备有 2 门 381 毫米主炮和 8 门 102 毫米副炮)、"蚜虫"号(HMS Aphis)、"瓢虫"号炮舰(HMS Ladybird,各装备 2 门 152 毫米主炮和 2 门 12 磅副炮)在澳大利亚皇家海军的"航行者"号(HMAS Voyager)、"宿怨"号驱逐舰(HMAS Vendetta)的护航下突袭巴蒂亚,试图迫使意军放弃要塞撤往托卜鲁克。经过 3 天 3 夜的持续炮击,"蚜虫"号于 12 月 17 日成功驶入港湾并从近距离上集中火力齐射意军舰船,先后击沉"加拉塔"号(Galata)、"圭塞皮纳"号(Giuseppina)、"温琴齐诺"号(Vincenzino)3 艘渡轮和 4 艘小型拖船。英国皇家空军同样没有放过巴蒂亚,约 150 架次的英军战机连续 5 天往返空袭要塞,对意军防御设施造成了巨大破坏。面对如

▲ 为迫使意大利守军撤离巴蒂亚,韦维尔自 12 月 14 日起便与皇家海军联络,要求他们派遣"恐惧"号浅水重炮舰、"蚜虫"号和"瓢虫"号炮舰前来摧毁意军要塞。12 月 17 日当天,"蚜虫"号在其他英军舰只的火力掩护下突入巴蒂亚港湾,从零距离上连续击沉"加拉塔"号、"圭塞皮纳"号、"温琴佐尼"号 3 艘渡轮和 4 艘小型拖船。12 月 18 日"蚜虫"号试图再次直闯港湾,却被驻守要塞的意军炮兵部队打跑。图为 1 月中旬仍沉在巴蒂亚港湾内的意大利船只残骸。

▲ 2011年谷歌卫星地图上巴蒂亚所在的悬崖高地及其港湾。

此重压，贝尔贡佐利中将率领第23军顽强死守巴蒂亚，丝毫没有撤离或缴械投降的意思。

12月21日，澳大利亚第6步兵师师长艾文·迈凯（Iven Mackay）少将正式接管对塞卢姆地区英联邦部队的指挥权。他这次不准备正面强攻巴蒂亚，而打算从巴蒂亚南面迂回意军侧翼，夺取巴蒂亚至托卜鲁克的海岸公路，进而断绝意军补给线。为实现这个目的，英国皇家空军从12月31日起连续出动100架次猛烈轰炸巴蒂亚周边地区。皇家海军的"恐惧"号、"蚜虫"号和"瓢虫"号3艘炮舰也于1月2日重返巴蒂亚港湾，动用各种火炮猛轰要塞和要塞北部区域。1月3日上午8点10分，英军"厌战"号、"勇士"号和"巴勒姆"号战列舰奉命加入战斗，掩护皇家坦克团第7营和澳大利亚第16、第17步兵旅向意军防线西部发起迂回攻势。约1个半小时后，澳大利亚第2/5步兵营冲破铁丝网和防御工事抵达巴蒂亚西北。他们在那儿截住黑衫军的1支车队，却误认为是己方第16步兵旅的人，结果放跑了意军。1月4日，澳大利亚第16步兵旅和22辆"玛

▲ 战斗结束后在巴蒂亚港湾尽情畅游庆祝胜利的澳军官兵。

> **澳大利亚战地记者艾伦·穆尔黑德在1944年为《每日快报》撰写的北非战场纪实**
>
> 在距巴蒂亚约半英里的戈凡河谷内,一群全副武装的澳大利亚士兵正待命向巴蒂亚要塞发起最后一次进攻。他们中的很多人都躺在地上,平静地抽着烟。几发意军炮弹呼啸而至,溅落在离河床很近的位置上,扬起阵阵尘土。等炮击一停,领队的负伤澳军军官便支起身来,从我这里接过一口水后对我说:"今天是我的生日,你要记住这点。"此时大约是下午15点,战斗即将进入尾声。从我们所在的位置,能清楚地望见远方550米外的白色建筑群和教堂,那就是巴蒂亚了。一门部署在教堂附近的意军火炮不断向公路射击,所幸没有打中河床里的任何人。又过了大概一刻钟,从后方开来几辆英军重型坦克。它们快速碾平公路附近的铁丝网,摧毁几处意军机枪和反坦克炮阵地,紧接着径直冲进镇内。澳军步兵迅速跟进,大声怒吼着发起了冲锋。我估计他们大概有2个连的规模,随行的还有几辆搭载布伦轻机枪的通用输送车。意军位于巴蒂亚东侧的最后一处防御据点很快被拔除,整个过程相当干脆利落。当周围安静下来时,我们搭乘一队通用输送车进入小镇中央,只见街上到处是燃烧的意军车辆和房屋建筑。刚拿下市政厅的澳军军官来不及抹去脸上的汗水,就跑来和我打招呼。从他口中我得知1个澳大利亚步兵连此时已前往小镇西面肃清那里的街区,用尽各种办法将藏匿在地穴和掩体里的残余敌人驱逐出来。过了不多久,上百名被俘的意军官兵陆续出现在了市政厅广场。所有人都又累又饿,纷纷向我们讨要淡水和食物,看来他们的确是受够了这几天的苦战,再也忍耐不下去了。

蒂尔达"MK2步兵坦克从北面攻入巴蒂亚要塞。澳大利亚第19步兵旅也在另外6辆"玛蒂尔达"MK2步兵坦克的支援下从巴蒂亚南面向北进发,对意军形成钳形攻势。1月5日下午,巴蒂亚要塞宣告陷落。意军全部的4.5万守军中共有1703人阵亡,3740人负伤,包括第62"马马瑞卡"步兵师师长鲁杰罗·特拉基亚少将、第63"奇雷内"步兵师师长亚历山德罗·德·圭蒂少将、黑衫军第1"3月23日"师师长弗朗切斯科·安东内利少将、黑衫

▲ 尽管澳大利亚第6步兵师的作战报告声称他们在1月5日结束的巴蒂亚之战中总共俘获了44 868名意军,但实际上只有36 800人被俘,剩下的2 500突围部队除1 500人在1月6日上午遭遇澳军拦截外,包括贝尔贡佐利中将在内的其余1 000人都成功逃回了托卜鲁克。

军第2"10月28日"师师长弗朗切斯科·阿尔真蒂诺少将4名将领在内的38 300名意军官兵被俘。只有第23军军长贝尔贡佐利中将、第64"卡坦扎罗"步兵师师长朱塞佩·阿米科少将和1 000名意军冲破澳军包围,逃往120千米外的托卜鲁克。除大量俘虏外,澳军还缴获了12辆M13/40中型坦克、115辆L3快速坦克(包括战损车辆)、708辆运输车和400多门大炮。战后统计结果显示,负责主攻的澳大利亚第6步兵师仅有130人阵亡,326人负伤。担任掩护的皇家坦克团第7营共有10辆"玛蒂尔达"MK2步兵坦克战损或回收,另有44名英军官兵伤亡。不过最令澳军感到欣慰的是,意大利人在放弃巴蒂亚要塞前并未破坏当地的淡水供应系统。这样一来,英军每日便可从巴蒂亚获取约400吨淡水。

面对埃及和利比亚的连续惨败,墨索里尼起初还故作镇静,但到1月29日他就再也忍不住了,私下对齐亚诺抱怨说自己是在领导一群"不会打仗的绵羊"。

---

**意军"巴比尼"装甲集团在梅基利之战中的作战序列(1941年1月24日)**

狙击兵营(5辆装甲侦察车,3辆搭载反坦克枪的轻型卡车,60辆摩托车)

第3中型坦克营(25辆M13/40中型坦克)

第5中型坦克营(32辆M13/40中型坦克)

第55"萨沃纳"(摩托化)炮兵团(8门100毫米榴弹炮,8门75毫米野战炮,6门20毫米高射炮)

装甲集团支援单位(8辆75毫米高射炮车,8门47毫米反坦克炮,15辆L3喷火坦克,7辆搭载反坦克枪的卡车及通信单位)

附属加强单位

第60轻型坦克营(25辆L3快速坦克,其中半数以上处于维修状态)

第61轻型坦克营(18辆L3快速坦克,其中7辆搭载12.7毫米重机枪或20毫米反坦克枪)

---

## 攻占托卜鲁克

自巴蒂亚要塞陷落后,意军第10集团军用于防守托卜鲁克港的兵力便只剩下了第20军的第60"萨布拉塔"步兵师、第22军的第61"苏尔特"步兵师和"巴比尼"装甲集团。这些部队不仅要守住托卜鲁克,还得阻止英军夺取德尔纳至梅基利(Mechili)的交通要道。从1月5日起,托卜鲁克的防御任务被移交给了第22军军长恩里科·皮塔西－马内拉中将。他的部队下辖第61"苏尔特"步兵师、2个独立步兵营、第4装甲团第1中型坦克营、第63轻型坦克营（通过收编第21轻型坦克营的坦克和车组乘员重建）、7 000名港口守军、2 000名意大利水兵，加上刚从巴蒂亚败退至此的第23军残部，共计2.5万人。重型武器主要包括45辆M11/39中型坦克，48辆L3快速坦克（包括2辆港口原先就有的库存）和200多门火炮。尽管看上去装备不错，但第4装甲团第1中型坦克营12月10日至12月13日曾往返奔走于巴蒂亚、托卜鲁克之间，结果导致全营大部分M11/39中型坦克因机械故障无法使用。除5辆被调去保卫阿代姆附近的机场外，剩余的40辆都被集中至托卜鲁克交由维修单位处理，可用数目不足10辆，车组乘员大半调往班加西用于组建新的第21中型坦克营。刚刚重建的第63轻型坦克营同样状态不佳，48辆L3快速坦克里有32辆被埋入沙中充当固定碉堡，可用数目仅为4个坦克排。为抵御即将到来的围攻，意军工兵在托卜鲁克外围修筑了2道带有机枪碉堡和铁丝网的环形防御工事。之前被英国皇家空军炸伤搁浅在港内的"圣乔治"号装甲巡洋舰仍具有一定的对空射击能力，马内拉中将打算让它成为一座"浮动炮台"，继续抗击那些企图袭击港口的英军战机。

韦维尔深知格拉齐亚尼此时根本没有实力解救托卜鲁克，他于是命令刚抵达巴蒂亚的第7装甲师立即派兵协助澳大利亚第6步兵师前去抢占港口。1月5日傍晚，位于托卜鲁克南面的贝尔哈梅德（Belhamed）落入第4装甲旅之手，第7装甲旅则顺利攻下阿代姆机场，赶跑了驻守在那儿的M11/39中型坦克。1月6日，第7装甲师的前锋已推进至距托卜鲁克以西约40千米的阿克罗马（Acroma）附近，由此封闭了通往港口的海岸公路。1月7日中午，澳大利亚第6步兵师大批满载步兵的通用输送车和卡车在托卜鲁克东郊集结完毕，先发部队主要包括第19步兵旅、第6骑兵团A中队、2个炮兵团和1个机枪营。1月8日深夜，澳军第19步兵旅兵分三路向港口

▲ 托卜鲁克港战期间，澳大利亚第6骑兵团A中队的维修单位试图修复之前在尼贝瓦和巴蒂亚缴获的8辆意军M11/39中型坦克和12辆M13/40中型坦克。但由于缺乏足够的零部件和柴油，最终只有9辆坦克重新恢复战斗力，并被分配给了A中队的"野犬"分队（1辆M13/40，5辆M11/39）、"兔子"分队（2辆M13/40）和"袋熊"分队（2辆M13/40）。图为1月22日位于托卜鲁克西郊"野犬"分队的意军中型坦克，隶属于澳大利亚第6骑兵团。

展开猛攻,左翼是第 2/4 步兵营,中间是第 2/8 步兵营,右翼是第 2/11 步兵营,他们深入意军的环形防线,打开了东面的几处缺口。1 月 9 日至 1 月 10 日,澳军第 16 步兵旅从托卜鲁克南面投入进攻,却遭遇意军顽强抵抗,进展十分缓慢。激战至 1 月 13 日,1 支澳军夜间侦察队终于探知在港口东南 55 号、57 号据点附近的反坦克堑壕存在深度不足的缺陷。根据这一重要情报,澳军工兵部队于 1 月 15 日至 1 月 16 日晚指派杰弗里·贝金塞尔(Geoffrey Beckingsale)中尉和彼得·吉尔摩(Peter Gilmour)中尉对 55 号和 57 号据点进行了精确测绘。在其后的 4 天内,第 16、第 19 步兵旅几乎每晚都会出动携带大型爆破筒的突击工兵对 55 号、57 号据点周围实施爆破作业,意图为皇家坦克团第 7 营的攻势扫清障碍。1 月 20 日,第 13 军军长奥康纳中将应第 16 步兵旅旅长阿瑟·S. 艾伦准将的要求推迟了总攻日期,并催促后勤单位将 1 000 吨弹药从塞卢姆火速运抵前线(西部沙漠军从 1 月 1 日起正式改称第 13 军)。6 月 21 日凌晨,澳军第 16 步兵旅在炮兵部队和皇

▲ 意大利皇家海军的旧式装甲巡洋舰"圣乔治"号是当时唯一一艘停泊在托卜鲁克港内的大型军舰。该舰于 1910 年建成下水,1937 年至 1940 年作为训练舰长期驻扎托卜鲁克。其满载排水量为 10 167 吨,武备包括 4 门 254 毫米主炮、8 门 190 毫米副炮、8 门 100 毫米高平两用炮、6 门 37 毫米高射炮、12 门 20 毫米高射炮和 4 挺 13.2 毫米机枪。1940 年 6 月 12 日,"圣乔治"号与英国皇家海军的"利物浦"号(HMS Liverpool)和"格洛斯特"号轻巡洋舰(HMS Gloucester)发生短暂交火,结果意军"乔瓦尼·贝尔塔"号炮舰(Giovanni Berta)沉没,"圣乔治"号则被协助皇家海军行动的皇家空军第 202 大队炸伤。12 月 19 日,皇家海军又派"帕提亚人"号潜艇(HMS Parthian)前来偷袭,但其发射的 2 枚鱼雷均未命中丧失动力的"圣乔治"号。自此之后,"圣乔治"号奉命充当托卜鲁克的海上炮台用于港口防空。6 月 28 日,利比亚总督巴尔博元帅及其随行人员乘坐的 SM79 轰炸机不幸遭到"圣乔治"号和托卜鲁克机场周围的意军高炮误击,导致飞机坠毁元帅身亡。然而这次意外并没有令该舰士气陷入低谷。在 1941 年 1 月的托卜鲁克攻防战中,"圣乔治"号曾以凶猛的舰炮火力顽强阻击从港口东南实施突破的澳军,因此被授予意大利金制军功章。1 月 22 日随着托卜鲁克陷落,拒绝投降的"圣乔治"号由其舰员自行凿沉(上图)在托卜鲁克港湾东侧(下图),并于战后被拖曳至意大利本土解体。

家坦克团第7营的18辆"玛蒂尔达"MK2步兵坦克支援下，从55号、57号据点之间撕裂意军防线，先后摧毁多辆处于半埋状态，充当固定碉堡的L3快速坦克。中午时分，由托卜鲁克机场方向开来9辆意军坦克，但被及时赶到的澳军第19步兵旅和第6骑兵团A中队击退。第19步兵旅随后开始强攻机场和港区，夺取了大部分港口设施。夜幕降临前，躲藏在

▲ 英军皇家坦克团第7营原有的35辆"玛蒂尔达"MK2步兵坦克到托卜鲁克之战时只剩下了18辆可用车辆。图为A中队指挥官肯尼斯·哈里斯少校的座车"格林诺奇"号。

港区地下指挥所里的意军第22军军长恩里科·皮塔西－马内拉中将及其参谋长阿道夫·德莱昂内（Adolfo Deleone）少将被俘，近8 000名港口守军只得放下武器宣布投降。然而不幸的意外却接踵而至，就在第19步兵旅将意军俘虏运抵阿代姆机场当晚，意大利皇家空军却派遣SM79轰炸机群突袭机场，炸死炸伤近300名正在烤火取暖的意军官兵。

1月22日，仍在坚守托卜鲁克的意军部队只剩下了港口西面筑垒地区的第61"苏尔特"步兵师残部和1 500名意大利水兵。上午8点，澳军第16、第19步兵旅，第6骑兵团A中队和皇家坦克团第7营联合发起扫荡作战，在4小时内陆续攻克皮拉斯特里诺堡（Fort Pilastrino）、索拉罗堡（Fort Solaro）和艾伦特堡（Fort Airente），俘虏包括第61"苏尔特"步兵师师长温琴佐·德拉穆拉少将（Vincenzo DellaMura）、托卜鲁克海军司令马西米利亚诺·维蒂纳海军上将（Massimiliano Vietina）在内的近3 000名意军。澳军损失为49人阵亡，306人负伤，英军另有45人伤亡。事后有则趣

▲ 1月22日下午，托卜鲁克海军司令马西米利亚诺·维蒂纳海军上将（中）在翻译官陪同下向澳军第19步兵旅旅长霍勒斯·罗伯森准将（左）投降。

第 1 章　北非沙漠战的开端（1940 年 6 月至 1941 年 2 月）

> **澳大利亚官方战史记录**
>
> 　　1 月 22 日中午，澳军第 19 步兵旅旅长霍勒斯·罗伯森准将通知第 6 骑兵团 A 中队的指挥官丹泽尔·麦克阿瑟－翁斯洛少校，要他立即派人探查港口的意军动向。于是，A 中队命令埃里克·亨尼西中尉率领几辆通用输送车前去执行这个任务。当这支澳军小分队沿着街道来到港区西侧意军设置的路障前时，街边忽然闪出 2 名意军士兵帮助他们清除了路障。离开意军岗哨之后没多久，亨尼西用车载维克斯中型机枪逼停了一辆从街道对面驶来的意军卡车，车上下来一位干练的海军军官。这位军官向亨尼西解释说是托卜鲁克海军司令派他来商议投降事宜，希望澳军方面能够接受这个提议。亨尼西便在意大利人的带领下前去会见维蒂纳海军上将，并婉拒了对方向他递交的佩剑。经初步商谈，第 19 步兵旅旅长罗伯森准将和第 18 步兵旅旅长莫斯黑德准将先后来到司令部与意军方面进行正式交涉。维蒂纳表示愿意将港口移交给第 19 步兵旅，罗伯森则坚持认为意军必须马上清除港区的所有地雷和陷阱，如有任何抵抗便会付出血的代价。维蒂纳听到此话吓了一跳，急忙通过翻译解释说外头的声响只是弹药库在爆炸，并非来自他的手下。会谈结束后，翁斯洛少校来到司令部外的院子里朝天发射了一发白色信号弹。上千名意军水兵迅速从附近的驻地赶来集合，第 6 骑兵团 A 中队顺利控制了港区的所有路口。一名精力充沛的澳军士兵直接爬上市政厅屋顶，用一顶矿工工作帽取代了原先悬挂在旗杆上的意大利国旗。

闻提到被俘的维蒂纳海军上将曾解下自己的佩剑打算交给澳军第 6 骑兵团 A 中队的埃里克·亨尼西（Eric Hennessy）中尉，亨尼西赶忙推开上将的手答道："你就留着这把剑吧，伙计。我手上的纪念品已经够多的了！"

占领托卜鲁克，澳大利亚第 6 步兵师共清点出 2.5 万名意军俘虏，87 辆中型、轻型坦克（包括战损车辆）及 208 门火炮。处于半沉状态的"圣乔治"号装甲巡洋舰和"利古里亚"号（Liguria）、"塞雷尼塔斯"号（Serenitas）、"塞雷诺"号渡轮（Sereno）就这样抛在港内不管了。英澳两军的工兵部

▲ 澳军第 19 步兵旅旅长霍勒斯·罗伯森准将（中）与前来托卜鲁克视察战况的澳军驻埃及第 7 步兵师第 18 步兵旅旅长莱斯利·J. 莫斯黑德准将（左二）商议有关意军战俘的处置问题。

队只用了3天时间便使港口重新恢复通航,并将上万名意军战俘分批运往埃及。由于供水系统完好无损,英军现在每天可以从托卜鲁克获取4 000吨淡水。他们还缴获了大量蔬菜、水果、牛肉罐头和上千箱矿泉水,足够守军支持2个月。

## 格拉齐亚尼被赶出昔兰尼加

随着前线战事日趋恶化,格拉齐亚尼为了保住自己最后的装甲预备队,于12月14日和1月9日将"巴比尼"装甲集团从加扎拉和德尔纳分批调往梅基利。12月15日至12月17日,第60、第61轻型坦克营的所有剩余坦克被全部集中到梅基利待命。为进一步加强德尔纳-梅基利地区的防御,第60"萨布拉塔"步兵师已在德尔纳和乔瓦尼贝尔塔部署了第10狙击兵团和自己的2个团,由驻扎在梅基利的"巴比尼"装甲集团和第60、第61轻型坦克营充当后盾。尽管第61轻型坦克营主力已在巴蒂亚之战中被摧毁,但该营的部分L3快速坦克曾于12月15日远赴梅基利换装12.7毫米重机枪和20毫米反坦克枪,此后就没有再回巴蒂亚。当英军包围托卜鲁克时,意军高层并未打算从的黎波里塔尼亚抽调第5集团军的第17"帕维亚"步兵师和第27"布雷西亚"步兵师为托卜鲁克解围,只有这2个师的师属机枪营和野战炮兵团继续跟随第10集团军在昔兰尼加作战。

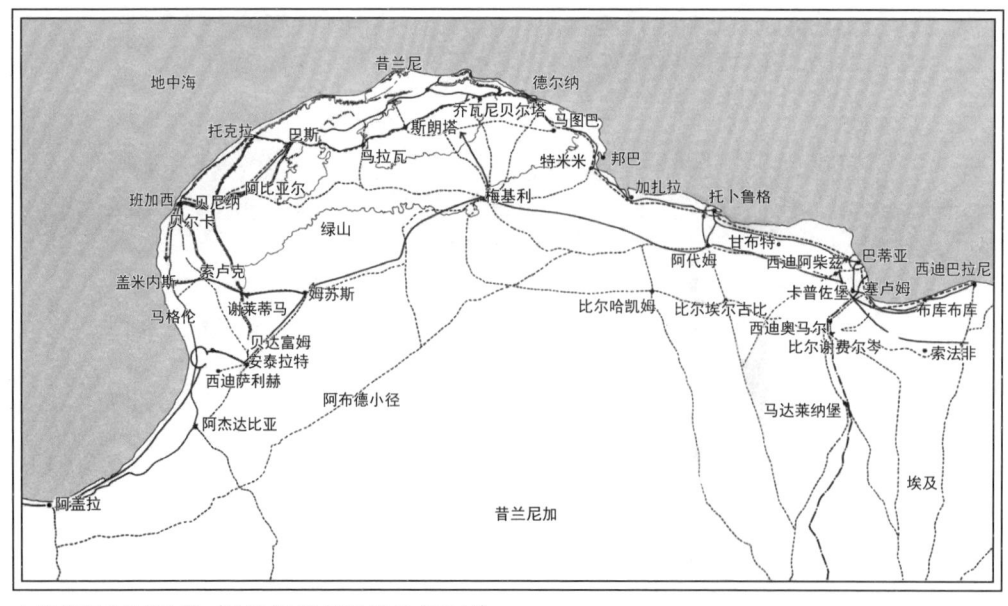

▲ 罗盘行动后续攻势(1940年12月至1941年2月)。

## 第1章 北非沙漠战的开端（1940年6月至1941年2月）

意大利人谨慎小心的作战心理果然没能逃过韦维尔的法眼。1月21日，第13军军长奥康纳中将接到韦维尔的最新指示，要他趁格拉齐亚尼实力尚未恢复时一鼓作气将第10集团军彻底击溃。对于总司令的这道命令，奥康纳并不感到特别吃惊。他完全清楚第7装甲师目前的可用车辆只剩下了69辆巡洋坦克和126辆轻型坦克，所以提前做了安排。12月20日至1月17日，第8国王皇家爱尔兰轻骑兵团和皇家坦克团第6营陆续撤回托卜鲁克进行休整。1月21日，第7装甲师的4个装甲团完成战备开始向西进军。1月22日晚，第4装甲旅前锋已挺进至梅基利以东约32千米处。1月24日，第4装甲旅与"巴比尼"装甲集团在梅基利北郊爆发了首次交火。意方损失8辆M13/40中型坦克，另有1辆M13/40中型坦克被俘。英方损失1辆A13巡洋坦克和6辆维克斯MK6轻型坦克。接到战报后，奥康纳急于摧毁德尔纳–梅基利地区的意军集团，便于1月25日晚指示澳大利亚第6步兵师主力经加扎拉、特米米（Tmimi）和马图巴（Martuba）开赴德尔纳，同时敦促第4装甲旅和第7装甲师的师属支援群火速派兵截断梅基利至斯朗塔（Slonta）的公路，阻止意军向西北方向逃逸。1月26日，就连缺油的第7装甲旅和待在托卜鲁克的澳大利亚第17步兵旅也全被调了上来，协助第4装甲旅从东北和西南两个方向同时攻打梅基利。经过一天一夜的持续激战，"巴比尼"装甲集团在26日深夜巧妙跳出英军包围，沿途抛下12辆无人驾驶的M13/40中型坦克。1月27日奥康纳见猎物溜走，立即通知皇家空军出动侦察机前去追踪，结果发现"巴比尼"装甲集团早已突破第7装甲师设在梅基利西北的封锁线，而第4装甲旅却因为暴雨和油料不足被迫于1月28日停止追击。

此时此刻在梅基利北面，激战仍在继续。澳军第16、第

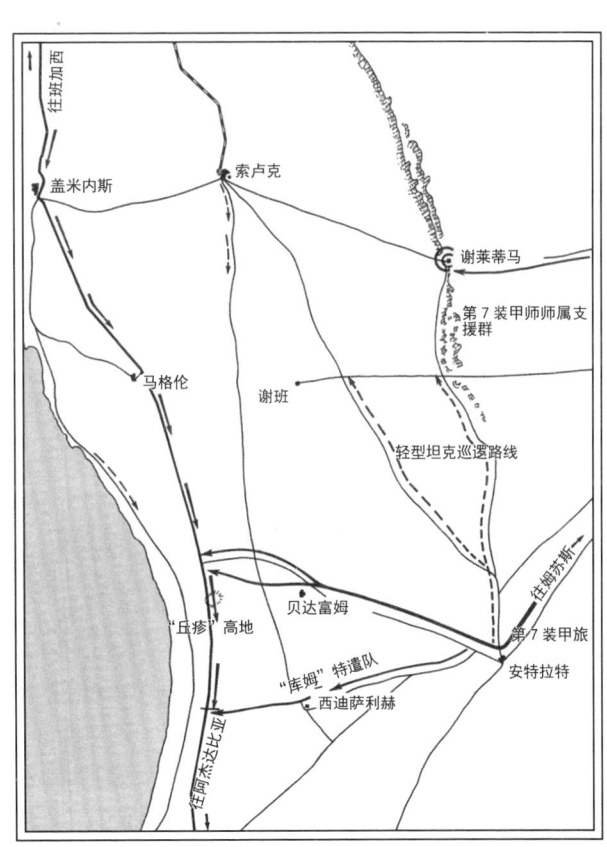

▲ 贝达富姆之战（1941年2月5日）示意图。

▲ 2月5日中午，英军"库姆"特遣队在靠近西迪萨利赫的巴尔比亚海岸公路上拦下一支意军车队，由此拉开了一场坦克大战的序幕。当天下午，英军第4装甲旅抵达贝尔富姆，在"库姆"特遣队以北15千米处建立警戒线。傍晚时分，第7师属支援群也赶至谢莱蒂马设防。2月6日全天风雨肆虐，意军"巴比尼"装甲集团及其附属支援单位不顾恶劣的气候条件轮番冲击英军阵地，终于从"库姆"特遣队手中成功夺取"丘疹"高地。当天夜晚，近30辆意军坦克袭击了皇家坦克团第2营，试图从东面包抄"库姆"特遣队，但绝大部分坦克都被反坦克地雷炸伤，只有8辆突破拦阻并与"库姆"特遣队发生交战，其中4辆被37毫米反坦克炮车击毁，余部撤退。图为一批丧失机动能力的意军M13/40中型坦克，隶属于第21中型坦克营第1连第3排。该营刚于1月17日换装36辆全新的M13/40中型坦克，1月22日加入途经班加西的"巴比尼"装甲集团，主要承担后卫支援任务。

▲ 贝达富姆之战中意军方面最大的问题在于，整个"巴比尼"装甲集团除了指挥坦克外全都没有加装无线电设备，只能依靠旗语进行联络，自然不敌在指挥协同上占据绝对优势的英军第7装甲师。图为2辆被遗弃的意军比安奇1931装甲侦察车。

19步兵旅尽管攻占了德尔纳东面的机场，击毁4辆M11/39中型坦克，却始终无法从意军第10狙击兵团手中夺取德尔纳。1月27日，第19步兵旅出动第2/11步兵营的1个连夜袭德尔纳西南方的鲁德罗堡（Fort Rudero），终于成功占领制高点并俘虏290名意军，缴获5门野战炮。1月28日，澳军突击队肃清了更多意军外围据点，再度缴获多门火炮。格拉齐亚尼见局势已经失去控制，于是决定放弃德尔纳。1月29日晚，意军炮兵对德尔纳外围的澳军部队展开前所未有的凶猛炮击，第2/11步兵营营长托马斯·劳奇（Thomas Louch）甚至形容其为"堪比1918年的西线炮战"。与此同时，第10狙击兵团在夜色掩护下悄悄撤出了德尔纳。1月30日凌晨，几名当地人前来向第19步兵旅通报意军离去的消息。上午6点左右，第2/11步兵营的2个连冒险进入德尔纳，发现全镇早已撤空，到处都是忙着劫掠的利比亚人。第2/11步兵营随后在城镇西郊找到一处废弃物资堆放场，缴获包括1辆M11/39中型坦克和8辆L3快速坦克在内的近50辆待修车辆。

奥康纳中将接到澳大利亚第6步兵师发来的战报，禁不住喜上眉梢。他的脑海中已开始酝酿一个十分大胆的作战方案,其主要构思非常类似"罗盘"行动,同样是以澳军第 6 步兵师沿着海岸地区向西实施佯攻,另派第 7 装甲师从东南方向包抄意军退路,进而将他们全部围困在班加西地区。2 月 1 日,韦维尔正式批准了奥康纳的计划。

▲ 2 月 7 日上午,"巴比尼"装甲集团调集残存的 20 辆 M13/40 中型坦克,在步兵和炮兵掩护下向"库姆"特遣队发起最后一轮攻势。尽管他们冲破了来复枪旅第 2 营的防线,但最终还是没能消灭第 106 乘骑炮兵团仅存的 37 毫米反坦克炮车。至 8 点 30 分为止,所有参战坦克全部被毁,伴随步兵投降,"巴比尼"装甲集团和第 10 集团军残部就此不复存在。图为英军士兵正在清点战后收缴的大批意军坦克、卡车、高炮、机枪、油料和弹药。

1 月 31 日,除了已经撤离德尔纳-梅基利地区的第 60 "萨布拉塔"步兵师和"巴比尼"装甲集团外,意军第 10 集团军在昔兰尼加中部还有 48 000 人,其中约 13 000 人为基地驻军和防空单位。但格拉齐亚尼认为这些部队缺乏训练,战斗力低下,光是依靠他们很难对抗经验老道的英军。2 月 1 日,他向墨索里尼发去一封有关撤军细节的电报。2 月 2 日,第 10 集团军司令朱塞佩·泰莱拉(Giuseppe Tellela)上将奉命率军退往昔兰尼加西部的苏尔特(Sirte)地区。早在 1 月 17 日由班加西港上岸的第 6、第 21 中型坦克营将跟随"巴比尼"装甲集团和第 10 狙击兵团一同撤走。2 月 3 日,班加西的油库和弹药库被意军焚毁,机场被遗弃,格拉齐亚尼本人也于当天搭车离开了班加西。

2 月 2 日至 2 月 3 日,皇家空军的空中侦察显示在班加西地区的意军车辆活动剧增。大批坦克和卡车正从阿比亚尔(El Abiar)、贝尼纳(Benina)和班加西朝着阿盖拉(El Agheila)方向驶去。韦维尔由此确定意军第 10 集团军必然是想逃跑,立即指示奥康纳全线出击,务

▲ 贝达富姆之战结束时,英军第 7 装甲师共击毁和缴获约 130 辆意军坦克,其中 116 辆为"巴比尼"装甲集团所属 4 个中型坦克营的 M13/40 中型坦克。英国方面的 WO169/1 258 号作战报告实际确认了其中 107 辆的位置,另有 9 辆已核实了损失但未确认位置。图为英军维修人员正在检查一队 M13/40 中型坦克中是否有可供使用的车辆。

必赶在对方到达苏尔特地区前将其包围歼灭。2月4日天刚亮，英军第11轻骑兵团率先离开梅基利展开追击。第7装甲师师长米歇尔·奥穆尔·克雷少将另外还派了支小型机动部队前去抢占班加西至的黎波里的海岸公路，以配合沿着德尔纳至班加西海岸公路行动的澳大利亚第6步兵师阻截意军。这支机动部队主要包括第11轻

▲ 被遗弃在巴尔比亚海岸公路旁的M11/39中型坦克，这应该是第4装甲团第1中型坦克营在托卜鲁克战败后所剩的最后1辆坦克。

骑兵团C中队、第1国王龙骑禁卫团A中队、来复枪旅第2营、第4乘骑炮兵团C连的6门25磅炮和第106乘骑炮兵团的9门37毫米反坦克炮车，总兵力约2 000人，指挥官为第11轻骑兵团团长约翰·库姆中校（John Combe），所以也被称作"库姆"特遣队。2月5日，"库姆"特遣队抵达距班加西东南约80千米的安泰拉特（Antelat），发现该镇已被意军遗弃。当天中午12点，特遣队的装甲侦察车在安泰拉特西面的西迪萨利赫（Sidi Saleh）附近巡逻时，发现西北方的巴尔比亚海岸公路（Via Balbia）上开来1支意军车队，便用车载机枪朝车队开火射击。意军发现情况不妙，迅速下车占据了公路两翼的有利地形，与英军展开对射。下午15点，另1支由30辆卡车和300人组成的意军车队无视警告继续南进，结果全部被俘。在接下来的2小时内，英军第4装甲旅的第7女王属轻骑兵团和皇家坦克团第2营先后赶到安泰拉特，从贝达富姆

▲ 贝达富姆之战结束后，英军第13军军长奥康纳中将立即致电总司令韦维尔上将庆贺胜利，电文内容只有这么一句："狐狸已命丧开阔地。"图为一名英军正在巡视贝达富姆的意军临时墓地。

（Beda Fomm）方向兵分两路展开突击。其左翼的第7女王属轻骑兵团进展顺利，俘虏约400人。皇家坦克团第2营也不甘落后，俘获600多名意军。照英军方面的看法，这些意大利人表现得相当奇怪。他们似乎并没有进攻或突围的打算，仿佛是在等待更多援军抵达，很可能会是装甲部队。傍晚17点

> **英军第 4 装甲旅的西里尔·乔利有关贝达富姆之战的回忆**
>
> 2 月 6 日清晨电闪雷鸣，风雨交加。尽管能见度很差，我却能依稀听见从远方荒野上传来的意军车辆引擎声。记得昨天他们已被"库姆"特遣队骚扰了好一阵，补充损失和调动援军都需要花去不少时间。现在他们来了，大约有 30 辆坦克和数百名搭乘卡车的步兵。好在我方早有准备，坦克和反坦克炮使用反斜面战术，在近距离上朝敌军纵队侧翼猛烈开火，数次将对方击溃。但意大利人依然不依不饶，他们很快又集中起 40 辆坦克展开第二轮进攻。我当时就躲在"丘疹"高地东面的土坡背后，眼睁睁地看着这场大规模坦克厮杀。然而意军仿佛有用不完的坦克，第 4 装甲旅能否支撑下去？我不禁问自己。很多被击伤或弹药耗尽的巡洋坦克由高地东侧退下战场，火速赶回后方修理补给，再折返回来重新投入战斗。贝达富姆近郊散布着近 50 辆熊熊燃烧的车辆残骸，浓密的黑烟几乎遮蔽天空。轮番冲击之下，势孤力单的"库姆"特遣队于下午 14 点左右放弃"丘疹"高地，后退 1.6 千米并重新设防。第 4 装甲旅于是只好独自奋战。我们都很清楚，如果让意军坦克突破海岸公路的话，整个装甲旅就有被包抄合围的危险。恶战就这样一直持续到了 2 月 7 日上午，当有人突然喊道"发现对面竖起白旗"的时候，我完全不敢相信自己的眼睛，以为自己看到了幻觉。一群又一群的意军官兵，或步行，或坐车，陆陆续续出现在了数百米外。没等众人反应过来，一名上校环顾左右嚷道："待在原地别动！这一定是个陷阱，先看情况再说！"但他错了。因为没过多久事情就变得明朗起来：整个意大利第 10 集团军都已投降，数千米范围内到处都是丢弃在地的武器装备、弹药箱、信件、制服、营帐和睡袋。一些负伤意军躺在地上等待救援，另一些则面无表情挥舞着手中的铲子，帮忙掩埋阵亡者的尸体。

50 分，随着第 3 国王属轻骑兵团、第 7 装甲旅和第 7 师属支援群的到来，第 7 女王属轻骑兵团和皇家坦克团第 2 营暂时撤至贝达富姆东郊休整待命。

2 月 6 日凌晨 6 点，贝达富姆一带大风暴雨肆虐，地面变得极其潮湿，能见度低，非常不利于装甲部队行动。在如此糟糕的状态下，意军第 23 军军长贝尔贡佐利中将仍执意发起进攻。他的计划是从"库姆"特遣队的防区重新打通巴尔比亚海岸公路，然后迂回包围贝达富姆的第 4 装甲旅（该旅当时共有 20 辆巡洋坦克和 45 辆轻型坦克）。可让贝尔贡佐利没有想到的是，从 8 点 30 分起的整整 3 小时内，意军步兵和坦克轮番冲击位于贝达富姆西侧靠近海岸公路的一座小山头（代号"丘疹"），却始终无法从"库姆"特遣队手中拿下高地。"巴比尼"装甲集团因为严重缺乏无线电设备，根本无法有效配合步兵和炮兵实施协同作战。第 3、第 5、第 6 中型坦克营于是只能逐波添油式地投入战斗，以至于成了英军反坦克炮及高地东面第 4 装甲旅的绝佳攻击目标。战至中午，"巴比尼"装甲集团已有 40 辆 M13/40 中型坦克被击毁或遗弃，另有350人被俘，但剩余的其他意军坦克和步兵仍在疯狂战斗，击毁皇家坦克团第2营的7辆巡洋坦克，迫使库姆中校于下午14点15分率部后撤1.6千米重新设防。由于无线电失灵，第4装甲旅整天都无法联络上第7装甲旅驻守安泰拉特的皇家坦克团第1营（10辆巡洋坦克和8辆轻型坦克），唯有谢莱蒂马（Sceleidima）的第7师属支援群和班加西南面的澳大利亚第6步兵师在天黑前收到援助请求。当时澳军已经攻克巴斯（Barce）、贝尔卡（Berka）和班加西，约2 000多名意军投降。师长迈凯少将正准备南下配合第7师属支援群进军盖米内斯（Ghemines），让所有人都为之欢呼雀跃。夜晚18点，原本担任"巴比尼"装甲集团后卫的意军第21中型坦克营派出约30辆M13/40中型坦克从谢莱蒂马西南方向赶赴一线增援，并与第4装甲旅再次发生激烈交火。其中不少意军坦克触雷，因而丧失行动能力。那是"库姆"特遣队下午撤退时埋设的反坦克地雷。21点左右，8辆M13/40中型坦克和500多名意军突破皇家坦克团第2营的拦阻袭击了"库姆"特遣队。英勇的英军反坦克炮手以1辆37毫米反坦克炮车为代价摧毁4辆意军坦克，抓获150名来不及搭车逃跑的意军。

2月7日6点30分，贝尔贡佐利调集"巴比尼"装甲集团残存的20辆M13/40中型坦克，在步兵和炮兵支援下向"库姆"特遣队发起最后一轮攻势。第106乘骑炮兵团的8辆37毫米反坦克车打红了眼，拼命阻击突进中的意军坦克群。第4乘骑炮兵团的25磅炮为压制意军步兵，不得不将炮击点瞄准了来复枪旅第2营自家的堑壕，双方展开激烈白刃战。曾有5辆M13/40中型坦克一度冲到距"库

▲2月7日下午，身负重伤的意军第10集团军司令朱塞佩·泰莱拉上将死于贝达富姆的战地救护所。2月8日，意军第20军军长费尔迪南多·科纳中将，第20军参谋长朱塞佩·朱利亚诺少将，第23军军长贝尔贡佐利中将，"巴比尼"装甲集团司令瓦伦蒂诺·巴比尼少将，狙击兵部队司令马里奥·比尼亚米少将，炮兵部队司令维尔吉尼奥·维拉尼斯少将，工兵部队司令贾科莫·内格罗尼少将7名高级将领被英军押往开罗接受审讯。澳大利亚战地记者艾伦·穆尔黑德在其日记中写道："我本以为著名的'电胡'将军贝尔贡佐利中将应该是个如同海盗首领一般满脸胡须，狂暴易怒的高大个，结果却只见到了一位身穿绿色制服，声调和蔼，瘦小苍老的老人。和西班牙内战时期的照片相比，中将脸上已经刻满了岁月的痕迹。紧蹙、黝黑的脸庞，再加上那把整齐坚硬，中间分岔的灰白胡须，不禁让我对他产生了一种莫名的怜悯之情。由于贝尔贡佐利当时正患阑尾炎，他被人用担架抬上布里斯托'孟买'运输机，与其他6位意大利将领一同经历了漫长寒冷，痛苦不堪的飞行之旅。"图为3月25日在埃及接受治疗期间的贝尔贡佐利中将。

> **意军"巴比尼"装甲集团在贝达富姆之战中的作战序列（1941年2月6日）**
>
> 　　第3中型坦克营（12辆M13/40中型坦克）
> 　　第5中型坦克营（24辆M13/40中型坦克）
> 　　第6中型坦克营（45辆M13/40中型坦克）
> 　　第55"萨沃纳"炮兵团（摩托化）（16门75毫米野战炮，16门20毫米高射炮）
> 　　装甲集团支援单位（4门105毫米野战炮，4辆75毫米高射炮车，8门47毫米反坦克炮，35辆摩托车，4辆装甲侦察车，320辆卡车和"皮亚纳"摩托化集团的2 500名官兵）
> 　　附属加强单位
> 　　第60轻型坦克营（6辆L3快速坦克）
> 　　第61轻型坦克营（13辆L3快速坦克，其中6辆处于维修状态）
> 　　第21中型坦克营（35辆M13/40中型坦克）

姆"特遣队指挥营房不到46米的地方，要不是25磅炮炮手和最后1辆仅存的37毫米反坦克炮车及时调转炮口，库姆中校和他的幕僚早已命丧当场。到8点30分为止，意军所有参战坦克均已被毁，失去坦克支援的意军步兵被迫摇起了白旗。

"巴比尼"装甲集团就这样结束了其短暂的一生，再也不复存在。集团所属的4个中型坦克营和2个轻型坦克营里只有少数L3快速坦克侥幸逃脱虎口。据澳大利亚官方战史的描述，2月7日的贝达富姆就像一个大坟场，方圆24千米范围内到处都是熊熊燃烧的坦克，侧翻在地的卡车和匆忙丢弃的火炮。乱草丛中还能捡到各种枪支、手雷、弹药箱、罐头、信件、卡片、记录本和各种其他军用物品。通过这场围歼战，英军捕获了包括第23军军长贝尔贡佐利中将在内的2.5万多名战俘，击毁和缴获约130辆各型坦克、1 500辆运输车和216门火炮。就连第10集团军司令朱塞佩·泰莱拉上将也在自己所乘的M13/40中型坦克里被炮弹打成重伤后，于当天身亡。整个第10集团军除大约2.5万人在贝达富姆之战爆发

▲ 澳军第19步兵旅旅长罗伯森准将的座车抵达班加西的穆尼基皮奥广场。

大漠烽烟急

> **澳大利亚战地记者艾伦·穆尔黑德在1944年为《每日快报》撰写的北非战场纪实**
>
> 2月7日,我在贝达富姆的一所庭院外面见到了贝尔贡佐利中将。他就坐在汽车后座上,全身用毛毯裹得严严实实,看上去病得不轻。我朝中将敬了个礼并说明来意,他便伸手打开车门邀我上车,开始了下面这段采访对话:
>
> "是的,我预计到你们会很想了解我是如何逃过1月初巴蒂亚之战结束时英军的大规模搜捕的。"他说,"其他人也问过我同样的问题。老实说,在12月底战役爆发前,我的确充满了自信。但当战斗进行到第三天时,我便意识到你们的海空力量过于强大,巴蒂亚肯定是保不住了。1月5日晚上,我和几名参谋悄悄离开巴蒂亚,藏到附近的山洞里。除1名少校参谋因过度劳累走失外,我们经过5天时间的长途跋涉终于徒步来到托卜鲁克。但仅仅过了数周,托卜鲁克同样遭到了围攻。所幸我提前登机飞抵德尔纳,率领当地守军抵挡了好一阵。直到弹药耗尽,我才搭上1辆菲亚特'托波利诺'汽车沿着海岸公路驶往班加西,打算在那儿固守下来。可惜事与愿违,班加西很快被宣布为不设防城市,更何况我也不想让妇孺再遭劫难,于是指挥部队继续一路西撤。然而英国人早已抄到我军前头,截断了海岸公路。接下来的事情我不用说你应该都清楚,我军被迫在疲惫状态下做拼死一搏,多次试图冲出包围。经过3天鏖战,坦克部队打光了所有炮弹,被英军坦克的巨大数量优势彻底压倒。2月7日当最后一次总攻失败时,我别无选择,只得下令投降。"
>
> 以上访谈内容其实都是与我同行的一名意大利翻译记录下来的。有意思的是,当这名翻译把"沿着海岸公路驶往班加西"译成"沿着海岸公路逃往班加西"时,巴尔贡佐利突然直起身子冲我们嚷道:"不是逃往,是驶往才对!"

▲ 罗伯森准将(右)从班加西市长(中)和班加西大主教(左二)手中接过市政管理权文书,整个交接过程只持续了约5分钟。仪式结束后,罗伯森现场宣读了自己的最新政令,要求所有商店重新开始照常营业,澳军宪兵队和班加西的宪兵部队将共同负责全城的戒严工作。

前一天突围逃往的黎波里塔尼亚外,几乎全部被歼。

"罗盘"行动的巨大成功使得英军轻松征服了昔兰尼加,直接对的黎波里塔尼亚形成威胁。经战后统计,从1940年12月9日至1941年2月7日,西部沙漠军第13军总共西进约900千米,击溃意军第10集团军的1个装甲集团、1个机械化集团和10个步兵师,摧毁缴

> **澳大利亚官方战史记录**
>
> 　　2月6日傍晚，澳大利亚第19步兵旅旅长霍勒斯·罗伯森准将派遣情报官威廉·诺克斯中尉和第6骑兵团A中队指挥官丹泽尔·麦克阿瑟－翁斯洛少校前往班加西接受当地意军的投降。晚上18点，两位代表在一队通用输送车护卫下来到市政厅，与班加西市长、大主教和警局局长等人见了面。诺克斯向市长递交了罗伯森的亲笔信，信上提到在他入城前需要意方派人维持秩序，防止阿拉伯人盗窃财物。会后翁斯洛带上市长、大主教和几名官员一同返回第19步兵旅在贝尼纳的驻地。罗伯森再次当面重申了自己的意愿，意方表示接受，只要罗伯森做好准备，随时可以入城。2月7日上午，由哈罗德·康基上尉指挥的澳军第2/4步兵营连队比预定时间早了1个半小时进入班加西。他们在市政厅附近下车，迅速在广场上展开布防。这些身材高大，穿着普通淡褐色大衣，头戴锃亮钢盔的士兵很快引起了当地民众的注意。上千平民百姓欢呼雀跃着跑来与澳大利亚官兵握手拥抱，康基上尉只好提高嗓门叫他们不要吵，否则他根本无法下达任何指令。在这些围观者当中，有头戴红帽的伊斯兰教徒，有穿长袍的天主教神甫，有希腊人，有意大利人，有犹太人，仿佛是一锅大杂烩。广场四周和街道两侧楼房的阳台上也全都是拍手叫好的男男女女，老老少少。当第19步兵旅旅长罗伯森准将的座车抵达广场时，热烈的气氛也随之达到了最高潮。但罗伯森却通过翻译告诫班加西市民，第6步兵师师长麦凯少将及其随行人员即将到达，所以他要求民众表现得稍微平和一些，不要过分喧闹。第2/4步兵营营长伊文万·道蒂中校将与班加西的宪兵队通力协作维持秩序，任何前往咖啡厅、酒吧、餐馆用餐的人都必须支付现金，严禁盗窃。至于那些尚未从巴蒂亚、托卜鲁克领取过意钞的倒霉蛋，就别想从班加西搞到任何食物、饮料、衣物或首饰了。没钱的话，那些意大利老板便不会给你好脸色看。就这样，班加西街区的豪华旅店成了大批澳军官兵的聚乐之所。他们从店主那里买来不少酒水、咖啡和蛋糕，并四处讨要黄油，毕竟他们已经连续数周没有尝过香喷喷的黄油，简直如同饿鬼一般。这种情况当然不可能持续太久，从2月9日起班加西几乎所有店家都开始全面抬高物价，甚至拒绝卖出自己的商品，让所有人都傻了眼。可更令人惊讶的事情还在后头，一些市民通报宪兵队说，如今在班加西全城仍藏有上千名伪装成平民的意军士兵，之前发生的大批衣物失窃案必然与他们有关。

获540辆坦克、850门火炮和149架各型战机，俘虏133 298人，自身损失仅为500人阵亡，1 373人负伤，55人失踪。虽然伤亡不大，但第7装甲师战后的可用坦克数量已降至12辆巡洋坦克和40辆轻型坦克，必须动用1941年1月抵达埃及的第2装甲师的2个装甲团，外加缴获修复的60辆意军M13/40中型坦克，才能弥补4个装甲团的全部缺额。

　　2月8日，奥康纳中将率军进抵昔兰尼加与的黎波里塔尼亚交界处的阿盖拉

# 大漠烽烟急

▲ 作为昔兰尼加首府的班加西在战前拥有 6.6 万居民,其中有近 1.6 万人于 1941 年 2 月初逃亡到了的黎波里塔尼亚,留下的还不到 5 万人。图为 2 月 7 日在班加西的罗马大道路口指挥交通的意大利交警。

(Agheila)。2 月 11 日,格拉齐亚尼元帅被解除职务,由伊塔洛·加里波第上将继任北非意军总司令。2 月 12 日,英国首相丘吉尔致电韦维尔,祝贺他提前 3 周取得昔兰尼加大捷。2 月 14 日,奥康纳在日记中自信满满地写道,第 7 装甲师正在苏尔特地区集结,最迟会在 2 月 20 日开始攻打的黎波里。

读者应该都很清楚后来发生了什么事。奥康纳不但没能付诸实施自己的作战计划,第 13 军的机动部队反被全部调往巴尔干半岛抗击德军。当时的英国陆军参谋部认为利比亚局势已定,第 13 军没必要继续在那里浪费兵力,可以优先考虑派兵支援希腊。2 月 15 日,帝国总参谋长约翰·迪尔(John Dill)上将和外务大臣安东尼·艾登飞抵开罗视察北非局势,他们之后前往希腊首都雅典去与新任总理亚历山德罗斯·科里齐斯(Alexandros Koryzis)缔结援军协定。2 月 18 日至 2 月 25 日,第 7 装甲师被调回埃及,由澳军第 17、第 19 步兵旅接管其在昔兰尼加的防区。一个在纳粹德国介入北非之前彻底击败意军的大好时机就这样失去了。

## 远程沙漠集群

1939 年,喜好探险的英国少校拉尔夫·巴格诺尔德(Ralph Bagnold)忽然对沙漠旅行产生了浓厚兴趣。他和他的同伴们经常搭乘汽车穿越撒哈拉沙漠,用日晷而非罗盘来辨别方位。随着"二战"爆发,巴格诺尔德说服了英军驻中东地区总司令阿奇博尔德·韦维尔上将采纳他的建议,专门组建一支用于敌后侦察、敌后破坏的沙漠巡逻队。

无独有偶,当墨索里尼于 1940 年 6 月向英国宣战后,意军高层也同样开始筹划组建自己的摩托化沙漠侦察连,但他们的进展速度不及英国,花了很长时间才凑集到足够的专业人员(比如由阿尔贝托·曼内里尼上校率领的沙漠侦察群),使

第 1 章　北非沙漠战的开端（1940 年 6 月至 1941 年 2 月）

得英国人在竞争中占据了领先优势。

巴格诺尔德十分清楚，要从英国陆军中征集大批和自己一样富有经验的部队成员十分困难，他便把目光投向了澳大利亚陆军。可澳大利亚政府却以禁止本国军人在外国部队中服役为由，拒绝了他的请求。无奈之下，巴格诺尔德只

▲ 1942 年 5 月，1 辆远程沙漠集群 T 分队的雪佛兰 30 英担巡逻车正在翻越沙丘。

得求助于新西兰陆军。好在当时的新西兰步兵师副师长爱德华·帕蒂克（Edward Puttick）准将十分赞赏沙漠巡逻队的构想，慨然许诺提供兵员。最终，2 名军官和 85 名各级官兵被召到埃及参加集训，熟悉掌握沙漠驾驶、沙漠导航、无线电联络和爆破作业等专项技能。

1940 年 8 月，巴格诺尔德少校的远程巡逻队（Long Range Patrol Unit）正式成立。除巴格诺尔德和指挥部的 15 名成员外，部队共分为 R、T、W 3 个分队，其中每个分队均编有 2 名军官、30 名士兵和 11 辆运输车。到执行任务时，远程巡逻队往往会出动 2 个分队，另外留下 1 个分队用于补充战斗损失。

1940 年 9 月，远程巡逻队展开了首次作战任务。W 分队、T 分队对库夫拉绿洲（Kufra Oasis）和乌维纳特（Uweinat）附近的机场实施侦察，成功地破坏了机场跑道并与泰克罗（Tekro）的法军哨所建立了联系。进入 10 月份，W 分队和 T 分队参与了更多的行动，主要包括：（1）在阿杰达比亚至奥伊拉（Aujila）的公路上埋设地雷，袭击夺取奥伊拉的意军据点；（2）炸毁停在艾因祖瓦亚（Ain Zuwaia）机场跑道上的 SM79 轰炸机；

▲ 为满足敌后作战需要，远程沙漠集群的车辆大多进行过特殊改装。比如照片中这辆 R2 小队的雪佛兰 WA 30 英担"罗托瓦罗"号巡逻车便被拆去车门、挡风玻璃和顶棚，加装上了冷凝器、车辆减重系统、无线电设备和宽幅低压轮胎。从该车尚未去掉车头下方的车牌这点可以看出，它其实是集群从埃及陆军那里临时征用的 19 辆雪佛兰巡逻车之一。

（3）在乌维纳特至阿凯努（Arkenu）的小道上埋设地雷；（4）在加拉布以南约 320 千米的比格凯恩（Big Cairn）打造简易机场，供空运补给品的维克斯"瓦伦西亚"运输机使用。

远程巡逻队的出色表现无疑极大地激发了韦维尔的干劲。11 月初，他下令将部队规模扩充一倍，名称也随之改为远程沙漠集群（Long Range Desert Group）。根据这项命令，集群原先的 W 分队自 12 月起解散，成员大部分被调往希腊半岛，少数补充进 R 分队和 T 分队，来自寒溪禁卫团第 3 营的 G 分队接收了 W 分队的所有剩余车辆及装备。1941 年 1 月，从南部非洲罗德西亚（现名津巴布韦）调来的 S 分队组建完毕。不久之后，由诺丁汉郡义勇骑兵团、诺森伯兰燧发枪兵团、阿盖尔及萨瑟兰高地人步兵团官兵混编而成的 Y 分队也和 S 分队一样加入远程沙漠集群。

在此期间，远程沙漠集群的活动范围已延伸至加拉布、加洛（Gialo）和艾因杜阿（Ain Dua）一带。巴格诺尔德少校甚至还与驻守拉米堡（Fort Lamy）的自由法国军队达成了合作协议，承诺远程沙漠集群将派兵支援法军攻打费赞地区（Fezzan）。12 月中旬，远程沙漠集群的 G 分队、T 分队从开罗出发深入利比亚内陆沙漠地区约 2 080 千米，与法军部队在卡尤基（Kayugi）以北会合。1 月 11 日，两军携手进攻了穆尔祖格（Murzuk），遭遇意军顽强抵抗。由于法军指挥官让·科洛纳·德奥尔纳诺（Jean Colonna d'Ornano）中校和数名副手在激战中阵亡，G 分队、T 分队只得掉头袭击意军机场，摧毁 3 架卡普罗尼战斗机，然后带着意军战俘撤往设在法耶（Faya）的自由法国基地，沿途还扫射了 3 座意军碉堡。

1 月中旬，G 分队和 T 分队跟随法亚驻军司令菲利普·勒克莱尔上校的 400 余

▲ 1980 年，亚利桑那大学的万斯·海恩斯教授在埃及哈尔加绿洲西南方约 288 千米处发现 1 辆被遗弃的雪佛兰 WB 30 英担巡逻车。根据车牌上的"瓦伊卡哈"和"W8"字样，它应该隶属于远程沙漠集群的 W 分队。有人猜测该车战后曾短暂服役于苏丹自卫军，后因油料耗尽被他们抛弃在沙漠里。

第 1 章　北非沙漠战的开端（1940 年 6 月至 1941 年 2 月）

人前往库夫拉绿洲执行袭扰任务。1 月 31 日，意军沙漠侦察群下属的第 2 沙漠连在灰山城山谷（Jabal ash Sharif Valley）设伏截击了 T 分队，造成分队队长帕特里克·克雷顿（Patrick Clayton）上尉和 2 名队员被俘，1 名队员阵亡。2 月 1 日，G 分队和 T 分队脱离法军序列返回埃及开罗休整。他们总共在 45 天内行驶近 6 900 千米，不仅有力支援了自由法国军队，还为比格凯恩机场运去了足够支持未来侦察巡逻任务的油

▲ 1983 年时由远程沙漠集群协会出资重新修复的"瓦伊卡哈"号，现已陈列在英国伦敦的帝国战争博物馆内。

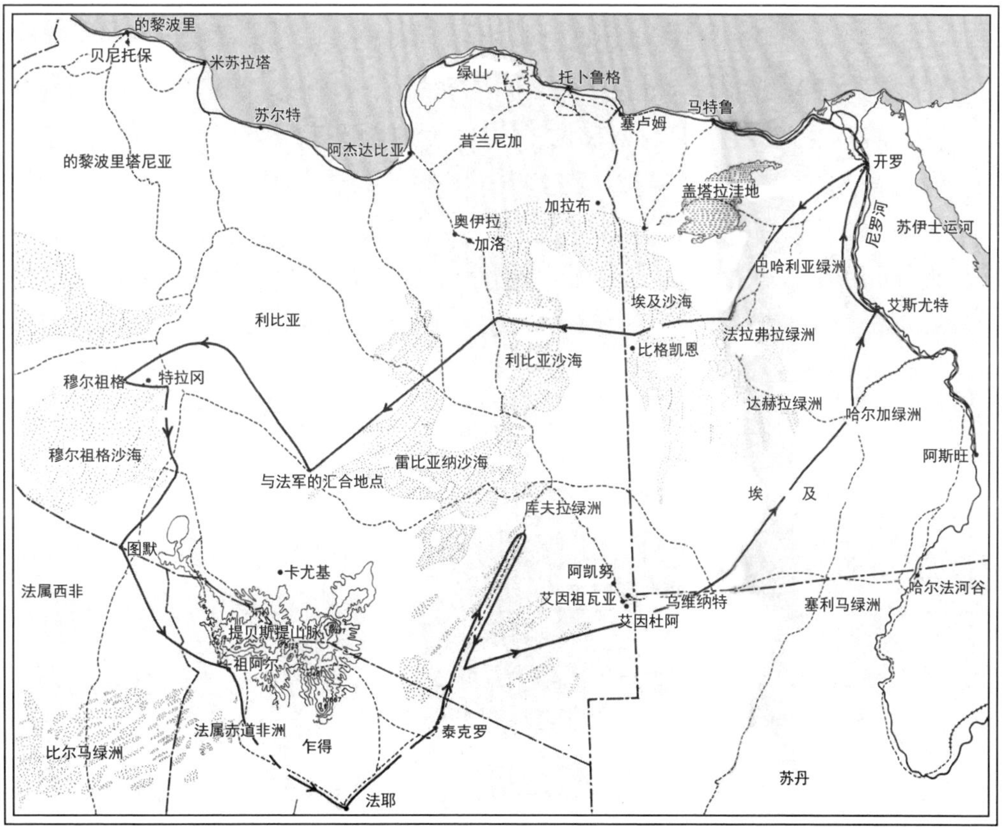

▲ 1941 年初远程沙漠集群的首次行动路线图。当时 G 分队和 T 分队在 45 天内横穿利比亚中东部地区，行程近 6 900 千米，基本完成了任务目标。

料和补给物资。

另一方面，失去远程沙漠集群配合的勒克莱尔上校却并未停止攻打库夫拉绿洲。在接连抛弃2辆拉弗雷装甲侦察车、1门75毫米山炮和几辆卡车之后，350名法军终于在2月14日抵达目的地。通过侦察，勒克莱尔确认防守绿洲的意军约有280人，其防线主要由塔格堡（Fort El Tag）周围的两道铁丝网、堑壕工事、机枪掩体和轻型高炮构成，侧翼驻有1个沙漠侦察连。2月16日，意军沙漠侦察连出动阻击法军，但被击退。2月17日，勒克莱尔调来仅存的1门75毫米山炮和几门81毫米迫击炮，每天向塔格堡发射约20发炮弹。2月28日，意军派出代表前来商讨投降事宜。3月1日，300余名意军士兵和12名军官放弃塔格堡撤往绿洲西北地区。法军缴获8辆菲亚特AS37武装巡逻车、6辆卡车、4门20毫米高射炮和53挺机枪。

▲ 1941年1月11日，远程沙漠集群的G分队和T分队协助自由法国军队进攻了穆尔祖格。虽然没能占领意军据点，集群依然成功摧毁了停在附近机场上的3架意军战机，部分无线电设备、航空炸弹和降落伞。图为2004年拍摄的穆尔祖格防御工事遗迹。

夺取塔格堡使远程沙漠集群获得了利比亚中西部的重要前进基地。3月至4月间，集群司令部和T分队从开罗迁往塔格堡。R分队在距塔格堡西北280千米的塔泽尔博（Tazerbo）建立据点，S分队在齐安（Zighan）附近立了足，G分队和Y分队由英军第13军军部直接指挥，驻地位于锡瓦绿洲。自7月起，远程沙漠集群的活动日益频繁，5支分队几乎每天都会外出寻找合适的道路、着陆场和淡水资源。7月26日，G分队夜袭比尔格赖尔（Bir el Greir）的德军机场，炸毁了那里的油库设施。

进入夏季后，远程沙漠集群为补充战斗损失，将全军改组为2个中队。其中A中队下辖R、S、T分队，B中队下辖G、H、Y分队（H分队于9月

▲ 1942年5月，1辆远程沙漠集群的雪佛兰30英担巡逻车正在车组协助下通过松软沙地。

撤编）。其他附属单位包括：指挥组、通信组、导航组、维修组、重型后勤运输组、滑翔机组（编有 2 架用于空运、侦察、撤离伤员的"瓦科"滑翔机），基本达到了自给自足的水平。

8 月中，巴格诺尔德少校被招去开罗参加远程作战行动会议，盖伊·普伦德加斯特（Guy Prendergast）中校临时接管部队指挥权。到 9 月时，第 8 集团军下令远程沙漠集群把司令部移至锡瓦绿洲，以便监视阿盖拉西面的轴心国运输情况。

种种迹象表明，远程沙漠集群需要进一步缩小编制，才能更有效地发挥作战效率。10 月初，所有原属分队都被拆成 2 个小队，每个小队的编制为 1 名军官和 1 520 名各级官兵，车辆也随之减少到五六辆。在一份最新的战斗序列清单中，新西兰 A 中队下辖 R 分队的 R1、R2 小队，T 分队的 T1、T2 小队，S 分队的 S1、S2 小队。英国及罗德西亚 B 中队下辖 G 分队的 G1、G2 小队，Y 分队的 Y1、Y2 小队。

10 月间，完成整编的远程沙漠集群受命支援即将开始的"十字军"作战行动。其任务是打击骚扰昔兰尼加北部的德意军队，并将情况汇报给第 8 集团军司令部。按照计划，Y1、Y2 小队迅速前往梅基利、德尔纳和加扎拉地区展开行动，占领了 1 个意军前哨站，摧毁 15 辆运输车，俘虏 20 余人；S2、R2 小队在班加西、巴斯和马拉瓦地区伏击意军，摧毁 9 辆运输车；G1、G2 小队则对阿杰达比亚附近的公路实施了两次进攻，摧毁一支意军车队。

10 月中旬，远程沙漠集群派出一支巡逻队前去接送 10 月 10 日搭乘潜艇登岸的约翰·哈塞尔登（John Haselden）上尉。此人隶属英国驻开罗特别行动组的 G（R）分部，目的是为突袭隆美尔司令部的"鳍足"行动提供情报。虽然哈塞尔登没能按时赶到设在加雷特泰卡西斯（Garet Tecasis）的秘密联络点，集群的另一支巡逻队仍于 10 月 24 日将他安全送回了锡瓦绿洲。

11 月 7 日，T2 小队带着哈塞尔登等 3 人前往斯朗塔的

▲ 1941 年 7 月，由大卫·斯特林上尉指挥的英军特别空勤旅在中东组建完毕。同年 11 月 16 日晚，特别空勤旅的 66 名突击队员计划空降袭击昔兰尼加北部的加扎拉和特米米机场。然而这次行动最后却演变为一场彻头彻尾的灾难，只有 22 名幸存队员跟随远程沙漠集群的 R1 小队撤离战区。在接下来的几个月里，斯特林放弃使用空降，改用陆上接送的方式继续进行敌后作战。图为在塔梅特机场被 1 磅路易斯塑胶炸弹炸毁的德军"施图卡"俯冲轰炸机，隶属于第 3 俯冲轰炸机联队第 1 大队。

▲ 约翰·理查德"杰克"伊森史密斯中尉于1941年初加入远程沙漠集群，很快成为一位广受官兵爱戴的分队指挥官。在1942年9月13日的"篷车"行动中，他率领G1、T1小队夜袭巴斯，并因此获得一枚杰出服役勋章。1943年11月，晋升中校刚满1个月的伊森史密斯在抗击德军入侵希腊外海的莱罗斯岛时不幸身亡。

"鳍足"行动集结地。11月10日任务完成，T2小队接着赶赴梅基利至班加西公路执行例行侦察，却在回程途中遭到意军袭击。11月22日，T2小队队长安东尼·亨特（Antony Hunter）上尉和2名下属不幸被俘，剩余成员逃回锡瓦绿洲。12月1日，T1小队冒险深入敌后，从指定会合点接回了哈塞尔登上尉和侥幸逃出意军战俘营的亨特上尉。

1941年11月，远程沙漠集群策划的"主教"行动正式打响。他们故意将装有一张伪造地图的公文包遗弃在加洛东郊，后被经过此地的阿拉伯人捡到，交给了加洛的意大利驻军。意军指挥官见地图上标有对加洛进行军事打击的标记，大惊失色，赶紧匆忙调整部署，结果中了英军圈套，导致加洛兵败失守。

11月16日晚，英军特别空勤旅的66名突击队员在指挥官大卫·斯特林（David Sterling）上尉率领下，分乘5架布里斯托"孟买"运输机从马特恩巴古什（Maaten Baggush）飞往加扎拉和特米米，打算摧毁当地的2座机场及停在机场的德军战机。然而恶劣的暴雨和低云气象条件严重妨碍了导航工作，最后只有1架"孟买"运输机冒着劲风在加扎拉机场以东强行投放伞兵，造成多人受伤，装备大半损毁，行动被迫取消。

就在斯特林的突击队遭遇险境之时，约翰·伊森史密斯（John Easonsmith）上尉的远程沙漠集群R1小队已顺利到达加扎拉机场西侧的预定集结点。11月20日凌晨，斯特林上尉的2人小组，约翰·路易斯（John Lewis）中尉的10人小组和罗伯特·梅恩（Robert Mayne）中尉的10人小组借助山上的灯光引导与R1小队会合。11月21日，伊森史密斯和斯特林决定带队撤往阿尔穆拉河谷（Wadi al Mra）。11月22日中午，数架德军、意军战机尾随英军车队进行空袭，所幸没有任何人受伤，全部22名幸存者在加拉布绿洲搭乘运输机撤离战区。

首次联合作战的失利并没有令英国方面丧失斗志。11月中旬至12月初，第8集团军在正面战场发动猛攻，将轴心国军赶出了昔兰尼加。远程沙漠集群趁机派出3

第 1 章 北非沙漠战的开端（1940 年 6 月至 1941 年 2 月）

个分队进驻加洛地区，意图再次远征阿杰达比亚。12 月中旬，特别空勤旅与远程沙漠集群的协作不断升温。轴心国位于阿杰达比亚和苏尔特以西约 50 千米的塔梅特（Tamet）机场连续多次遭袭，总共损失 26 架战机。

12 月底，1 个来自印度第 3 摩托化步兵旅的志愿者中队加入远程沙漠集群。为避免发生混淆，中队下辖的 J（雅特）分队和 R（拉杰普特）分队被改名为 I1 分队、I2 小队。

1942 年 3 月 2 日至 7 月 21 日，远程沙漠集群的主要任务是监控的黎波里至班加西的海岸公路，将搜集来的情报资料送交第 8 集团军司令部。他们为此抽调了 3 个分队，1 个负责袭扰，1 个负责监视，1 个担任预备队。集群的行动宿营地设在马尔博阿克（Marble Arch）以东约 8 千米的河谷，十分方便车辆进出。每天清晨，集群都会指派 2 名队员前往距海岸公路约 275 米到 366 米的土坡背后，由他们负责记录所有经过的车辆型号，次日黎明返回营地换班。

3 月 21 日，R1 小队的 2 名队员在执行任务时差点成了德军俘虏。当晚，27 辆载有 200 余人的德军卡车在离新西兰人监视位置不远的地方宿了营。3 月 22 日天刚亮，一等兵布朗和列兵帕克斯忽然发现敌人近在咫尺，只得将羊毛大衣悄悄盖在身上，大气都不敢出。直到 3 月 23 日早上德军离去，两人这才松了口气回到 R1 小队驻地。

1942 年 6 月，隆美尔指挥的轴心国军在加扎拉战役中获胜，托卜鲁克沦陷。6 月 28 日，远程沙漠集群被迫撤离锡瓦绿洲。其 A 中队在开罗补给后返回库夫拉绿洲，B 中队也转移至法伊尤姆（Faiyum）驻防。

为打击轴心国军的嚣张气焰，英国陆海空三军、特别空勤旅和远程沙漠集群于 1942 年 9 月 13 日发起了有史以来特大规模的协同作战，对托卜鲁克展开突袭。但在轴心国的精心设计下，英军折损了大批人员及装备，作为特遣队指挥官之

▲ 1942 年春，特别空勤旅终于拥有了自己的运输车辆——威利斯武装吉普。按照远程沙漠集群的经验，特别空勤旅也对这些吉普进行了大幅改造，以便搭载更多的淡水、油料和弹药。图为查尔斯·麦克唐纳中尉（镜头近处者）率领的特别空勤旅分队，车上装有用于扫射敌方机场的勃朗宁和维克斯 K 型机枪，摄于 1943 年 1 月。

51

**大漠烽烟急**

▲ 特别空勤旅指挥官大卫·斯特林上尉（右）向麦克唐纳中尉询问部队情况。

一的哈塞尔登上尉阵亡。9月30日，新任第8集团军司令的蒙哥马利上将认为敌后突袭已明显失去战术价值，下令将远程沙漠集群的指挥权交还给英军驻中东地区司令部。10月，印度M分队（穆斯林）和S分队（锡克）作为I3小队、I4小队加入集群，弥补了9月的作战损失。

1943年3月，远程沙漠集群参加突尼斯战役，带领新西兰第2步兵师从侧翼迂回包抄马雷特防线，取得了北非战区的最后一次胜利。在接下去的2年半时间里，集群被陆续调往希腊、南斯拉夫、阿尔巴尼亚等地继续进行敌后破坏活动，1945年8月起正式解散。

# 第 2 章 德军介入北非（1941 年 2 月至 1941 年 9 月）

## "太阳花"行动（Operation Sonnenblume）

到 1940 年 12 月为止，希特勒最为关注的事情一直都是即将爆发的进攻苏联。12 月 18 日，他在第 21 号元首令中明确表示，"巴巴罗萨"行动将凌驾于其他战区的事务之上，其中自然也包括了北非。但接下来发生的一连串事情却是希特勒始料未及的，北非战事于 12 月底发生逆转，意军第 10 集团军被奥康纳中将率领的西部沙漠军击溃，昔兰尼加失守。按照德国海军的看法，英联邦在占领昔兰尼加后将大大加强其在地中海东部的势力，巴尔干半岛随时可能受到威胁。为阻止英军进一步染指希腊，希特勒意识到德国必须调派军队前往北非，"从战略、政治和心理上"帮助墨索里尼固守利比亚。1941 年 1 月 11 日，他正式下达第 22 号元首令，把支援意属的黎波里塔尼亚和对抗英军装甲部队的军事行动纳入议事日程。

在国防军最高统帅部发布的先遣部队名单中，久经战阵的第 3 装甲师将抽出第 3 装甲旅旅部、第 3 侦察营、第 5 装甲团（下辖 2 个装甲营）、第 39 装甲歼击营、第 75 炮兵团第 1 营、第 33 防空团第 1 营等基干单位，再从预备役单位中补充加入第 200 特别步兵团（下辖 2 个机枪营）、第 605 装甲歼击营和第 606 防空营，由此组成了一支编制十分特殊的装甲部队——"利比亚"阻击分遣队，总人数约 1.2 万人，共配备 90 辆中型坦克、70 辆轻型坦克、27 辆坦克歼击车、36 辆半履带高射炮车，还有 84 门反坦克炮和 38 门高射炮，指挥官为原第 3 装甲旅旅长，现任第 7 装甲师师长的汉斯·冯·丰克少将（Hans Von Funck）。自 1 月 14 日起，"利比亚"阻击分遣队两

▲ 从 1936 年开始，通晓意大利语的恩诺·冯·林特伦少将便常驻罗马，担任国防军最高统帅部在意军总参谋部的全权代表。据他本人观察，意大利法西斯政府受到纳粹德国的军事扩张影响，经常做出各种错误的冒险决策，致使意军在北非和希腊战场上连遭惨败。图为与墨索里尼亲切交谈中的林特伦少将（左）。

度更名"冯·丰克"轻摩托化步兵师和第 5 轻装甲师。直到 2 月 7 日约翰内斯·施特赖希少将（Johannes Streich）接替丰克担任师长，第 5 轻装甲师这一番号才被固定下来。

▲ 1941 年 2 月 25 日，约阿希姆·朔尔姆少尉跟随德军第 5 装甲团第 6 连从柏林南部的温斯多夫搭乘军列前往意大利。2 月 28 日，列车越过布雷纳隘口进入意大利境内。3 月 1 日中午，第 6 连在巴利拉地区的奥莱停留期间受到当地居民的热烈欢迎，几乎所有人的口袋都塞满了香烟、美酒、蛋糕、巧克力、水果和甜食。3 月 2 日下午 13 点 30 分，第 6 连从卡塞塔辗转至那不勒斯，然后下车进城，打算在市内的康斯坦托齐亚诺大学宿舍里过夜。队伍行进途中，朔尔姆那身笔挺的制服引起了不少那不勒斯市民的注意，到处都有孩子过来询问："先生，要擦鞋吗？"同时街上也有不少人高举右臂向他呼喊"希特勒万岁"。3 月 3 日，朔尔姆叫上几位战友跑去市郊参观庞贝古城遗址，度过了出发前的最后一天闲暇时光。图为一群德意官兵在庞贝圆形剧场合影留念，拍摄者为后来调任德意志非洲军宣传排摄影师的弗里茨·莫斯米勒上士。

1 月 22 日，英军第 13 军攻陷托卜鲁克，促使国防军最高统帅部提前展开了代号"太阳花"的北非增援行动。1 月 31 日，首批满载人员装备的运输船从那不勒斯启航驶往的黎波里。1 月 29 日，德国驻罗马武官恩诺·冯·林特伦少将向柏林转达了意军参谋部代表阿尔弗雷多·古佐尼（Alfredo Guzzoni）少将对北非现状的看法。古佐尼认为目前只有将意军第 5 集团军仅存的第 17 "帕维亚"步兵师、第 25 "博洛尼亚"步兵师、第 27 "布雷西亚"步兵师和第 55 "萨沃纳"步兵师全部撤至的黎波里周围掘壕据守，才有可能挡住英军。但意大利方面其实很清楚，这 4 个步兵师里已有 4 个师属机枪营和 3 个师属炮兵团折损在了昔兰尼加，剩下的充其量不过是 24 个步兵营和 1 个师属炮兵团而已，要靠他们守住的黎波里简直就是天方夜谭。为此，墨索里尼已下令将第 132 "攻城锤"装甲师和第 102 "特伦托"摩托化步兵师调往利比亚，预计将在 1 月 31 日全部到达。

▲ 3 月 4 日，准备登船离开那不勒斯前往北非的德国远征军。拍摄者为德国空军第 7 战地记者连的格里克上士。

## 第 2 章 德军介入北非（1941 年 2 月至 1941 年 9 月）

2 月 1 日，国防军最高统帅部电报通知冯·林特伦少将说，如果照目前的状态，德军很有可能无法赶在 4 月底前进驻利比亚，所以要他尽快弄清意军高层的真实想法。2 月 3 日，古佐尼打电话私下向林特伦承认格拉齐亚尼实际上已经无路可走，他只能真心祈求奥康纳千万不要趁意军虚弱的时候抢先攻打的黎波里。同日，希特勒召集陆海空三军高级将领共同商讨解决对策。会上各方一致表态希望加快出兵速度，并临时决定从即将投入希腊战役的作战部队序列中再抽调 1 个装甲师去利比亚。至于该由谁来统帅这支德国远征军，哈尔德大将最初推举第 5 轻装甲师师长汉斯·冯·丰克少将担任司令，可希特勒却觉得丰克关于利比亚战况的分析报告"模糊不清，甚难理解"，所以他最终还是选择了曾在 1939 年波兰战役期间指挥元首护卫营的埃尔温·隆美尔中将出任军长。

2 月 5 日，希特勒写信给墨索里尼陈述其对北非局势的深深忧虑。他同时还宣称，假如格拉齐亚尼能够死守苏尔特地区不再轻易后撤，国防军最高统帅部将立即派遣 1 个完整的装甲师过来支援意军。2 月 10 日，冯·林特伦少将向希特勒报告说墨索里尼已经接受了德国提出的条件，意大利第 5 集团军会继续坚守的黎波里塔尼亚，直至援军到来。

当隆美尔接到元首大本营打来的电话时，他刚好准备离开维也纳新城（Wiener Neustadt）。上级要他立即向陆军总司令冯·布劳希契元帅和希特勒报到，不得有误。2 月 6 日，隆美尔按时到达柏林。他在写给妻子的信中是这么描述的："飞机于中午 12 点 45 分降落在柏林的斯塔根机场。我们一下飞机，就立即赶往陆军总司令部接受我的最新任命，然后才去谒见元首。事态发展得极为迅速。我的行囊已运到这里。遵照规定，我只能携带最少数量的生活必需品。我想你可能想象得到，一下子碰到许多的事情，我的脑袋里是如何天旋地转。所以'我们的假期'又只好缩短了。你不要感到忧烦，那是无可奈何的。我的新任务非常的伟大，也非常的重要。"

▲ 图为 3 月 5 日，德国"安卡拉"号（Ankara）、"凯布费尔斯"号（Kybfels）、"马伯格"号（Marburg）和"雷希恩费尔斯"号（Reichenfels）渡轮在 5 艘意大利驱逐舰伴随下从那不勒斯启航开往北非。同日，包括"半人马座"号在内的 3 艘鱼雷艇离开的黎波里前去接应德军船队。3 月 10 日，4 艘德国渡轮完好无损地驶入的黎波里港，为德意志非洲军运来了第 5 装甲团的又一批部队。

▲ 3月12日下午5点，第5装甲团第2装甲营营长拉乌少校（中立者）和2名中尉连长正准备参加即将在卡斯泰洛广场举行的阅兵式，其铁灰色3号坦克侧面的第3装甲师师徽依然清晰可见。

2月7日，冯·布劳希契元帅对隆美尔透露了更多详情。作为德军驻北非部队的最高统帅，隆美尔的司令部暂时对外称作"隆美尔侦察指挥部"。他的首要任务是防止格拉齐亚尼的部队未经一战，便从苏尔特地区撤回的黎波里。届时，在陆军总司令部担任希特勒侍从武官的鲁道夫·施蒙特上校（Rudolf Schmundt）会陪同隆美尔一起前往利比亚进行实地考察。

▲ 在非洲军刚到达的黎波里的阅兵式上，隆美尔为了凸显德意志非洲军的实力，"特意指示第5装甲团围绕卡斯泰洛广场兜了好几圈"（该说法最早出自海因茨·维尔纳·施米特中尉于1951年出版的《在沙漠中与隆美尔同行》一书，但不排除是杜撰出来的）。除此之外，他还叫人从的黎波里南部的一家工厂火速定购了大量用胶合板和帆布制成的假坦克，并将它们混杂在真正的坦克编队中，希望能够以此迷惑英军。

2月8日，即意军第10集团军在贝达富姆遭英军围歼的第二天，第5轻装甲师的后勤单位登船离开了意大利本土。在接下来的几天时间里，大批满载德军的运输船纷纷组成梯形编队，从海上陆续驶往北非。

2月11日，隆美尔飞抵罗马会见古佐尼少将。古佐尼向他表示意军正准备在苏尔特地区的米苏拉塔设立主防线，"尽

# 第 2 章 德军介入北非（1941 年 2 月至 1941 年 9 月）

一切力量阻止英军攻打的黎波里"。据在场的冯·林特伦少将回忆，古佐尼本人曾这样断言："未来几天内如果真的无法守住的黎波里塔尼亚，那我肯定会第一个站出来说，德国完全没必要派军队来利比亚，这么做只会使自己成为敌人的俘虏。不过即使如此，我仍有充分的理由确信我们完全有时间，有能力共同战胜这场危机。"

2 月 11 日下午，隆美尔又飞往西西里岛的卡塔尼亚，与第 10 航空军司令汉斯－费迪南·盖斯勒上将商议有关空中掩护之事。从盖斯勒那里，隆美尔得知班加西已经失守，英军部队正在阿杰达比亚附近集结，很有可能打算继续西进攻占的黎波里塔尼亚。

▲ 隆美尔和加里波第在红堡前共同检阅部队并发表演讲，远处的罗马雕像如今被一艘帆船取代。

匆匆告别盖斯勒上将之后，隆美尔一行的专机于 2 月 12 日中午在的黎波里的贝尼托堡机场着陆。前来接机的是林特伦少将的私人联络官海因茨·黑根赖纳少校（Heinz Heggenreiner），他通知隆美尔说意军方面已经展开行动，第 17 "帕维亚"步兵师、第 25 "博洛尼亚"步兵师、第 27 "布雷西亚"步兵师和第 132 "攻城锤"装甲师正在赶往苏尔特前线，而第 55 "萨沃纳"步兵师则要等运输车队到达，稍后才会出发。

2 月 12 日下午，隆美尔来到的黎波里的意军总部，向新任北非意军总司令的伊塔洛·加里波第上将报道（格拉齐亚尼元帅已于 2 月 11 日离职）。但他很快注意到司令部内弥漫着一股失落的氛围。"意大利人因为连续不断的惨败，几乎看不到任何工作积极性。"然而真正令隆美尔感到失望的是，加里波第其实对于要在苏尔特建立

▲ 一同参加阅兵式的意军 M13/40 中型坦克，隶属于第 132 "攻城锤"装甲师第 132 装甲团的第 7 中型坦克营。该营 2 月下旬刚从意大利本土接收了 46 辆 M13/40 中型坦克，便被运抵北非参战。在此之前到达利比亚的还有第 32 装甲团的第 1、第 2 和第 3 轻型坦克营（每个营各装备 39 辆 L3 快速坦克），全师在 3 月底前总共有 163 辆中型、轻型坦克，其中 80 辆做好了战斗准备。

防线的计划丝毫不感兴趣。他只是建议隆美尔最好亲自乘飞机去苏尔特地区进行视察,以便了解沙漠战场的"真实情况"。

隆美尔后来在日记中写道:"形势既然如此紧张,意军指挥官又如此不济,我于是决定违背上级的意愿,不光以'侦察'工作为限,而是准备尽可能在第一批德军到达后就接管前线的指挥权。"

2月14日,德国"萨尔费尔德"号渡轮(Saarfeld)在的黎波里靠岸,运来了第3侦察营和第39装甲歼击营的部分兵力。隆美尔催促他们赶紧下船,甚至要求船员利用街头灯光连夜卸载物资装备。2月16日至2月19日,上岸后的第3侦察营先遣队顺利抵达苏尔特和诺菲利亚(Nofilia)。第10航空军的50架"施图卡"俯冲轰炸机和20架梅塞施米特110战斗机也从西西里岛转场进驻的黎波里塔尼亚的各个机场,成为德军驻北非空军司令斯特凡·弗勒利希少将(Stefan Frohlich)手中的一支劲旅。

2月19日,元首大本营正式指派隆美尔中将担任"德意志非洲军"司令,原先的"隆美尔侦察指挥部"被并入德意志非洲军军部。为进一步增强德意志非洲军的实力,国防军陆军总司令部特意挑选了由第33步兵师改编而成的第15装甲师作为第二批增援部队,预计将在4月初开赴利比亚。

2月20日,第5装甲团的首批坦克抵达的黎波里。当天第3侦察营就与英军第1国王龙骑禁卫团爆发了首次接触战。尽管英军的分队指挥官威廉姆斯(E.T.Williams)中尉事后递交了作战报告,可情报部门却根本不相信北非会出现德军,也就无视了这条重要信息。2月21日,英军侦察机发现一支由16辆车组成的可疑车队,其中3辆为飞行员从未见过的8轮重型装甲侦察车,且车组"身着浅蓝色制服",他们显然不是意军。2月24日,又有1架英军侦察机发报说在米苏拉塔郊外出现规模庞大的车队,总数超过500辆,正朝着苏尔特方向进

▲3月14日下午,第5装甲团第8连的834号2号坦克正跟随友军坦克穿越拉斯拉努夫门进入昔兰尼加。拍摄者为弗里茨·莫斯米勒上士。

第 2 章　德军介入北非（1941 年 2 月至 1941 年 9 月）

发。同日，第 1 国王龙骑禁卫团的 2 个装甲侦察车分队和 1 个澳大利亚反坦克分队在阿盖拉西面巡逻时突然与 7 辆德军坦克，3 辆装甲侦察车和 14 辆摩托撞了个满怀。德军当即开火射击，击毁 1 辆马蒙 – 海灵顿装甲侦察车和 1 辆卡车，俘虏车长罗利（J.T.Rowley）中尉及 2 名乘员。2 月 25 日，澳军为了报复，派出 2 个装甲侦察车中队，2 个步兵排，数门榴弹炮和反坦克炮，来到阿盖拉附近设伏。但澳大利亚人足足等了四天四夜，也没能见到半个人影。直到 2 月 27 日对方终于现身，来的却是一队"施图卡"俯冲轰炸机。这场空袭的结果共造成澳军 9 人伤亡，3 辆装甲侦察车和 2 辆卡车被毁，余部被迫撤离阿盖拉。

## 隆美尔征服昔兰尼加

自意军第 10 集团军在贝达富姆战败后，英国陆军部便开始商议是否需要派遣中东地区的英联邦军去巴尔干半岛支援希腊。2 月底，英军情报部门接到有关"德军装甲旅"在的黎波里登陆的消息，这使得韦维尔进一步确信埃及和利比亚在 5 月前不会遇到多大威胁，于是决定将英军第 2 装甲师的第 1 装甲旅集群（下辖第 1 装甲旅和师属支援群的部分单位），澳大利亚第 6、第 7 步兵师及新西兰步兵师陆续调往希腊。

另一方面，由于英军第 7 装甲师已返回埃及休整，韦维尔手头用来防守昔兰尼

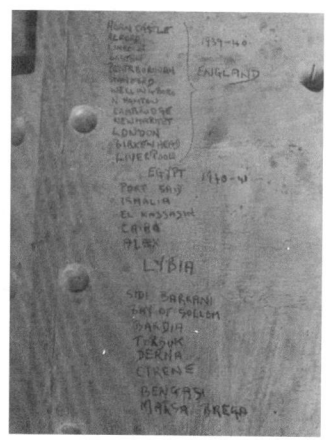

▲ 遗弃在布雷加的 1 辆英军通用输送车，车号 T8 313。该车左侧挡泥板上绿色方框内的数字 79，代表它是 1 辆隶属于英军陶尔哈姆莱茨来复枪团第 1 营的车辆。弗里茨·莫斯米勒上士还饶有兴致地拍下了记录在输送车侧面装甲上的英文地名，表明该车于 1939 年从英国本土的霍恩卡斯尔启程，一路途径亚历山大、托卜鲁克等多座港口，最终在布雷加找到了自己的归宿。

加的部队就只剩下了澳大利亚第9步兵师和英军第2装甲师，司令官为2月初刚从巴勒斯坦赶来接替奥康纳的菲利普·尼姆（Philip Neame）中将，指挥部设在巴斯，史称昔兰尼加司令部。按照澳大利亚方面的记录，第9步兵师于3月初抵达利比亚。其原有的2个步兵旅随同第7步兵师去了希腊，而配属的3个步兵旅中有2个来自第7步兵师，另有1个滞留在托卜鲁克，尚未运抵前线。这些部队经验不足且普遍缺少装备、运输车辆和无线电，战斗力很成问题。英军第2装甲师的状况同样十分糟糕，该师的全部实力仅为1个缺编的装甲旅（第3装甲旅）和1个摩托化步兵营（陶尔哈姆莱茨来复枪团第1营），无论坦克还是牵引车的可用数量均低于编制水平。照韦维尔的看法，"昔兰尼加地区太过广大，光靠1个临时拼凑的指挥机构和上面这点兵力，很难在320千米范围内有效实施机动防御作战"。

3月1日，库夫拉绿洲被勒克莱尔指挥的自由法国军队攻陷，意军士气再度跌落至临界点。3月11日，德军第5装甲团在的黎波里卸载完毕。3月13日，隆美尔把德意志非洲军司令部从的黎波里迁至苏尔特，同时命令第5轻装甲师攻占阿盖拉南部无人防守的马拉达（Marada）。3月15日，第200特别步兵团团长格哈德·冯·施韦林（Gerhard von Schwerin）中校奉命率领一支德意混编部队前往穆尔祖格南面的费赞地区，借此鼓舞意军士气，并测试德意联军的远程沙漠突击能力。

3月16日至3月18日，意军第27"布雷西亚"步兵师逐步接管了第5轻装甲师在米苏拉塔的防区。3月19日，隆美尔被召往拉斯腾堡的元首大本营。希特勒在会上亲自授予隆美尔一枚橡叶骑士勋章，以表彰他在法国战役中担任第7装甲师师长时的出色表现。然而短暂的欢乐气氛很快就消失了。隆美尔从冯·布劳希契元帅处得知，元首只允许再拨给他1个15 000人的装甲师，而且今后很长一段时间里都不会再为德意志非洲军提供任何援助。隆美尔的任务是牢牢守住利比亚，如果有必要的话，可以实施一些目标有限的

▲4月3日视察阿盖拉的隆美尔。占领阿杰达比亚促使隆美尔决定趁势攻占整个昔兰尼加。当天他下令全军对溃退中的英联邦军展开追击。可第5轻装甲师报告该师的汽油、弹药和口粮严重不足，需要4天时间才能完成准备。隆美尔对此不以为然，严令部队把补给时间缩短为1天。4月4日上午，第5轻装甲师在意军第132"攻城锤"装甲师的支援下兵分三路重新发起进攻，试图从英军手中夺取昔兰尼加的东部重镇梅基利。

**德军第5装甲团第6连2排排长约阿希姆·朔尔姆少尉的战地日记**

3月4日：我们清晨5点便起床进入坦克内待命。那不勒斯港口当时挤满了各种车辆，英国佬为什么不趁这个时候过来轰炸？难道他们是想等我们到达的黎波里之后再动手？无论如何，"马伯格"号、"雷希恩费尔斯"号、"凯布费尔斯"号和"安卡拉"号整天都在忙着将物资和装备吊装上船。晚上7点左右，所有船只纷纷收起舷梯，继续留在港口过夜。

3月5日：早上8点，整理行装后的我向第5装甲团团长赫伯特·阿尔布里希上校报道。9点30分，上级对全连发布了最新公告。10点左右，港内首次鸣笛。中午11点至下午4点，我利用闲暇时间睡了个好觉。傍晚5点，"马伯格"号终于起锚，缓缓驶向港外。晚餐时间，室外空气变得很糟，能见度相当差。约半小时后，意大利海军声称将派更多驱逐舰提供护航，所以要船队暂时留在那不勒斯近海。凌晨3点，品尝完意大利红酒的大伙纷纷跳上床铺，进入了梦乡。

3月6日：肯定是因为昨晚喝多了的缘故，我直到上午11点才从睡梦中清醒过来。当天天气简直棒极了！听说第5装甲团第1装甲营也和我们一样到了那不勒斯等待登船，但他们运气有点背，"勒沃库森"号（Leverkusen）渡轮居然意外起火，真希望第1营的坦克安然无事才好。下午4点30分，船队在3艘意大利鱼雷艇的引导下朝地中海南部进发。尽管英国人整天都没有光顾，"马伯格"号防空炮位上的炮手们却丝毫不敢松懈，时刻警惕地注视着天空。

3月7日：上午9时许，船队上空传来飞机引擎的阵阵轰鸣。我从床上一跃而起，结果发现那其实是负责空中掩护的梅塞施密特110和亨克尔111机群。在潘泰莱里亚岛附近，护航驱逐舰的数量增加到了7艘，此外还有2艘辅助巡洋舰加入了编队。下午4点30分，正当我在和连部医官还有厄尔哈特少尉玩牌的时候，"马伯格"号突然降低航速，开始掉头返航。难道我们被英国舰队发现了不成？晚上7点30分，连长下令第6连官兵上甲板待命。深夜23点30分，一阵剧烈的撞击响彻全舰。"我们遭到了鱼雷攻击！"有人大声叫嚷。可紧接着又是"砰！"的一声，"天哪，我们又中了一颗鱼雷！"这下连素以冷静沉着著称的普洛芬上尉也紧张起来了。我环顾四周，只见大家脸色铁青，很多人都在忙着往身上套救生衣。"安静，全都给我安静下来！"喊话者是侧舷甲板上的瞭望哨观察员。据他解释，刚才的意外是"雷希恩费尔斯"号引擎失灵，并与"马伯格"号发生碰撞引起的。所幸"马伯格"号只有2艘救生艇损毁，1条消磁电缆断裂，没有出现人员伤亡。

3月8日：船队于9点左右抵达西西里岛的帕勒莫。当时港内泊有2艘巡洋舰和几艘辅助巡洋舰。

3月9日：从凌晨2点至下午3点，船队再次途经潘塔莱里亚岛。7艘护航驱逐舰中已有3艘离去，领头的是2艘辅助巡洋舰和1艘驱逐舰。天黑前，梅塞施米特110和亨克尔111机群奉命返航。失去空中掩护的我们在领航舰只引导下，进入意属兰佩杜萨岛附近海域锚泊过夜。

## 大漠烽烟急

3月10日：上午10点，从"马伯格"号甲板上已能望见远方的非洲海岸线，使得所有人都欢呼起来。中午12点30分，船队成功到达的黎波里，胜利完成了这次远征。要知道，英国海军的潜艇刚刚在离的黎波里24千米之外的海域击沉了1艘意大利商船和2艘油轮，可见我们的运气确实不错。下午1点，我跟随第6连部分官兵下船登岸。的黎波里港内挤满了人，有隆美尔和他的手下将领，有空军，水手，还有身穿各式制服的意大利人，真是一派热闹的景象！

3月10日：第6连在的黎波里下船后立即赶往位于利多拉奈阿街的瓦丹旅馆过夜。德意志非洲军司令官隆美尔中将在那儿向大伙儿解释了利比亚目前的局势。

3月11日：全连官兵换上了热带作战服，并将剩余物资从港口运了过来。

3月12日：下午2点至5点，休整完毕的第6连奉命参加了的黎波里城内举行的盛大阅兵式。庆典仪式上，隆美尔和加里波第先后发表了演讲。前者十分谨慎老练，后者则充满了激情。18点左右，第5装甲团的坦克沿着巴尔比亚海岸公路一路穿越塔朱拉、加瑟加拉布利、加瑟基亚、利多拉奈阿和霍姆斯，沿途受到大批意大利人和当地人的热烈欢迎。

3月13日：上午8点30分，第6连到达大莱普蒂斯。下午4点，一场突如其来的沙暴迫使车组钻进了坦克。3小时后，沙暴仍未平息。我们只得在出发前用毛毯和帐篷遮盖坦克，防止沙砾侵入引擎内部。

3月14日：上午9点30分，第6连途经兹利坦、米苏拉塔和比尔吉米，进入了塔乌尔加地区。我从当地一辆意军卡车那里搜刮了2箱用来刮胡、刷牙和清洗衣物的淡水，毕竟我们5个人已经有整整两天没有洗过澡了！下午3点25分，第5装甲团的后勤维修单位运来了我的座车-625号3号坦克。该车之前曾在米苏拉塔更换履带，以致耽搁了一天才到。晚上6点天黑后，第6连再次上路开往海西亚方向。午夜时分，同连的624号车在黑暗中误击了1辆半履带摩托，造成机枪手胡布纳失去了3根手指，另有2人身亡。为避免再次出现意外，一些不愿开灯行驶的意军卡车都被友好地"请"出了队伍。

4月2日：前方的侦察单位报告说有敌军坦克群在阿尔埃德拜布（Aled Bib）附近出现。当时我自己的621号车尚未完成战备，624号车才刚换完履带，于是我搭上625号车，带领2排出击。中午12点，在离营地数千米外的地方，621号车跟了上来，我便换回自己的座车，命令2排沿着公路继续向北前进。下午1点30分，我们驶离公路，右转进入沙漠地带。全连迅速调整为战斗队形，由连部领头，2排的4辆坦克在左，1排的4辆坦克在右，4排的5辆坦克居中，第5装甲团团部和第2装甲营营部的坦克则紧随其后，以每小时15-20千米的时速，一路朝着东北方向开去。坦克群行进时扬起大片的沙尘，很远的地方都清晰可见。晚上6点，623号车因引擎故障脱离战斗序列。6点15分，最前面的连部似乎发现情况停了下来，1排、2排随即上前支援。在离我军所在高地约1 000米的位置上，我看到了一些坦克，可他们到底是英军坦克还是意军坦克？连长对此回复说："暂时把他们当成敌方坦克就行。"1排、2排的车长和驾驶员们纷纷探出头来观望，炮手们也准备完毕，随时待命行动。

说时迟那时快，只听"嗖！"的一声，一发从远处射来的炮弹就落在离我座车左侧约10

米开外!"是英国人!"连长大喊。坦克手们立刻缩回车内,关紧了舱门。"正前方11点方向,高爆弹,距离1 000米,目标坦克,放!""砰!"却是发哑弹。英军曳光弹开始在座车的炮塔两侧飞舞起来,看来他们已经发现了我!"赶快超到前面,左拐!"驾驶员忠实地按照指令进行了战术机动,有好几次,我的坦克差点被他们给打中。"高爆弹,距离800米,还是刚才那辆坦克,放!""砰!""距离太近了!"幸好这连续两次失误没有给我带来任何致命打击,因为2排的其他撩车已经捕捉到了那辆英国坦克,最终将其摧毁。"干得好!现在继续保持机动,向右前进!"621号拐了个弯,移动到了高地的另一边。炮塔内,装填手正飞快地更换弹药,忙得不可开交。"穿甲弹,1点30分方向,距离800米,有批敌军坦克在朝我们的右翼开来!""我看到了!"炮手答道。"瞄准放!""乓!"是命中了吗?我无法确认,只得使用无线电联络撩车,他们说望见3辆英军坦克已经起火燃烧。"快点打开炮闩,清理炮膛,将弹壳抛掉!""报告排长,炮闩无法打开!"就在这个节骨眼上,通讯频道里传来了连长的最新指示:"2排全体注意!我命令你们马上过去消灭前方沙丘上的敌军坦克,包抄他们的侧翼!""真该死,怎么会打不开炮闩?炮手,装填手,你们再试试看,应该打得开的!驾驶员,现在马上向右侧开,脱离射击线,然后再朝目标沙丘前进!"经过一连串复杂的战术机动,621号车终于抵达了500米外英军坦克所在的沙丘。我环顾四周,整个2排居然无车跟来!(其实那会儿625号车因为制动器过热,已退出了战斗)。正当我准备打开指挥塔舱盖,后面却突然射来1发炮弹,落在距车尾不远的地方。通过无线电沟通,我发觉似乎是2排剩余的2辆坦克把我的座车当成了英军坦克。"活见鬼,2排的所有车辆注意,你们攻击的是我的621号,立即停止射击!""11点方向,有英国人!"顺着驾驶员所指的方位,我望见一些英国坦克兵高举着双手朝621号车走来。在离他们稍远的地方,则是6辆熊熊燃烧的英军坦克。"报告长官,炮膛清理完毕,炮闩现在没问题了!""真是感谢上帝!给我上穿甲弹,注意敌情!"过了不久,第6装甲连连长接到沙丘已被占领,收到英军坦克已经撤离的捷报,便下令全连停止进攻。等我重新召集2排,才得知622号车右侧的车前灯在激战中被打掉了,履带也被击穿,好在可以修复。没有1辆3号坦克碾上英军埋设的地雷,看来我们的运气相当不错!不一会儿,耳机中再次响起连长的声音:"全连注意,左转——前进!"队伍很快再次出发,驶往下一个战场。

进攻。

3月23日,隆美尔返回利比亚。从监听到的无线电通讯中,他得知了英军部队开始从阿杰达比亚地区撤离的消息。第5轻装甲师师长施特赖希少将正打算动用第3侦察营对布雷加港(Mersa Brega)进行战术侦察,但被隆美尔驳回。3月24日,第3侦察营出动攻打阿盖拉,迫使小股英军撤至布雷加。

在接下来的一周时间里,交战双方没有爆发大规模的战斗。3月31日,第3侦察营、第5装甲团、第8机枪营在意军第132"攻城锤"装甲师部分M13/40中型坦克配合下,联手打了一场漂亮的公路突袭战。他们兵分两路对布雷加发起钳形攻势,经过激烈交火,第5装甲团有2辆3号坦克、1辆4号坦克被击伤。皇家坦克团第5营A中队仅有的6辆A13巡洋坦克中有1辆因炮塔中弹致使主炮被毁,另有1辆引擎出现故障,剩下的4辆尽快撤出了战斗。英军陶尔哈姆莱茨来复枪团第1营孤立无援之下,只好在夜幕降临前放弃布雷加,跟随第2师属支援群和第3国王属轻骑兵团的A、C中队一起向东撤退。

北非意军总司令加里波第上将目睹这一切,多次试图阻止第5轻装甲师的前进步伐,却根本无济于事。隆美尔授意施特赖希"不用理会意大利人的命令,只需按照自己的意愿去做就行"。4月1日,陶尔哈姆莱茨来复枪团第1营被德军追上,1个连几乎全灭。4月2日傍晚在阿杰达比亚郊外,德军第5装甲团第2装甲营与掩护英军第3装甲旅北撤的皇家坦克团第5营C中队再度爆发短暂接触战。德军损失2辆3号坦克和1辆4号坦克(全损),皇家坦克团第5营C中队损失6辆A13巡洋坦克。至天黑为止,整个阿杰达比亚地区统统被德军占领。隆美尔后来在日记中坦言:"这全都是施特赖希的功劳。"

短短半个月内,德意志非洲军的凶猛攻势大大震慑了英军高层。4月2日下午,韦维尔飞往巴斯进行视察。在与尼姆中将商议后,他们决定让富有经验的奥康纳中将重返昔兰尼加指挥英联邦军。4月3日,奥康纳乘飞机抵达巴斯机场,一同前来的还有先前指挥过"库姆"特遣队的约翰·库姆准将。

▲4月3日,返回阿盖拉驻地整修后再度出发的1辆德军Sdkfz.251/1半履带车,车头覆盖着一面用于空中识别的万字旗。当时整个第5轻装甲师一共只装备了20辆Sdkfz.251,全部配属给了第200特别步兵团所属的第2、第8机枪营营部(每营8辆Sdkfz.251/1, 2辆Sdkfz.251/10)。

第 2 章　德军介入北非（1941 年 2 月至 1941 年 9 月）

▲ 4 月 3 日，弗里茨·莫斯米勒上士在途经阿杰达比亚郊外时，拍摄了这张英军 A13 巡洋坦克的残骸照。就在前一天，德军第 5 装甲团曾在这里与掩护英军第 3 装甲旅撤退的皇家坦克团第 5 营爆发过短暂的接触战。

照尼姆和奥康纳两人的看法，德军很可能会继续沿着海岸公路向昔兰尼加内陆挺进。而且仅凭目前的兵力，要阻挡德军是不现实的。韦维尔于是建议尼姆继续留任昔兰尼加司令，由奥康纳担任尼姆的副手。4 月 3 日下午，韦维尔搭机返回开罗。

4 月 3 日，德军侦察机发现昔兰尼加各地均出现了明显的撤退迹象。隆美尔觉得这是一个千载难逢的好机会，便不顾加里波第上将的严重抗议，命令冯·施韦林中校率领 1 个先遣营沿着阿布德小径（Trigh el Abd）前去阻截班加尼亚（Ben Gania）方向的英军退路。该营主要由第 132 "攻城锤" 装甲师的 "圣玛利亚" 纵队和第 39 装甲歼击营的 1 个连组成，跟在后面的还有另外 2 支意军：第 132 "攻城锤" 装甲师的 "法布里斯" 纵队和 "蒙泰穆罗" 纵队。当天夜晚，侦察单位报告说班加西城内已无英军。隆美尔大喜过望，立即下令第 3 侦察营沿着巴尔比亚海岸公路北上夺取该城。

当隆美尔回到阿杰达比亚的司令部时，发现加里波第上将正一脸怒气地等着他。这位北非意军总司令对隆美尔 "擅自做出的一系列决策" 相当不满，甚至威胁要让德意志非洲军取消目前的行动。可就在两人争执不下的时候，国防军最高统帅部却发来一份电报，允许隆美尔充分行使指挥权，外人不得随便干涉。加里波第听到之后立刻泄了气，他的所有 "疑问" 也随之烟消云散。

隆美尔在当晚写给妻子的信中陈述道："自从 3 月 31 日开战以来，我们已经获得了辉煌的胜利。在的黎波里和罗马，

▲ 4 月 4 日早上，一支由 Sdkfz.222 装甲侦察车率领的第 3 侦察营车队径直驶入班加西的穆拉基皮奥广场，受到意大利民众的热烈欢迎。回想 2 个月前，澳大利亚第 9 步兵师正是在照片尽头的布里科拉路上举行的入城式。

65

甚至在柏林的军事领袖们,都不免感到十分诧异。因为机会实在太好了,所以我冒险违抗了上级下达的指令。毫无疑问,事后这些人会说,假使他们是我,也会和我一样采取行动。我们早已达成第一个预定目标,而它原本是在 5 月底才能完成的。英军已经在慌乱中逃走了。我方损失极小,战利品的数量还无法估算。我高兴得连觉都睡不着,你一定了解我的心情。"

▲4 月 4 日,德军第 5 轻装甲师师长约翰内斯·施特赖希少将(左)正与意军第 132 "攻城锤"装甲师师长埃托雷·巴尔达萨雷少将(中)商讨前线的战况。

4 月 4 日一大清早,隆美尔驱车进入班加西与第 3 侦察营汇合。4 月 4 日至 4 月 5 日,第 3 侦察营从班加西,阿尔布里希战斗群从安泰拉特,冯·施韦林先遣营、施特赖希战斗群、意军"布鲁内蒂"纵队和第 132 "攻城锤"装甲师的剩余部队从阿布德小径兵分三路向梅基利展开猛攻。前来北非视察的海因里希·基希海姆少将(Heinrich Kirchheim)不禁大受鼓舞,请求隆美尔准许他再从班加西方向增派意军第 27 "布雷西亚"步兵师一部前去抢占德尔纳。但"布雷西亚"师于 4 月 5 日占领德里亚纳(Driana)后,被澳军第 9 步兵师的第 2/13 步兵营和英军第 51 野战炮兵团挡在了马达莱纳(Maddalena)近郊,双方互有伤亡。

▲意军第 5 狙击兵营的摩托车手和德军第 39 装甲歼击营通信排的 Sdkfz.263 装甲通信车在一起,他们全都隶属于 4 月初实施先期突破的冯·施韦林先遣营。

4 月 5 日晚,德意志非洲军南路的冯·施韦林先遣营由班加尼亚抵进滕杰德尔(Tengeder),几乎耗尽了所有油料。4 月 6 日早上,古斯塔夫·波纳特(Gustav Ponath)中校奉隆美尔之命带领第 8 机枪营赶往梅基利支援冯·施韦林先遣营,并于次日分兵袭击了德尔纳。4 月 6 日晚,德意志非洲军中路的阿尔布里希战斗群顶着风沙拿下了姆苏斯,兵锋直指梅基利。

英军方面,昔兰尼加总司令尼姆中将察觉到了来自海岸和内陆地区的双重威胁。他认为必须把新近赶来支援的印度第 3 摩托化步兵旅调去镇守梅基利,才能掩护英军第 3 装甲旅和澳大利亚第 9 步兵师从德尔纳撤至特米米。不出几天,昔兰尼加司令部就从巴斯搬到了马拉瓦(Maraua)。4 月 6 日下午,澳大利亚第 9 步兵师师长莱斯利·J. 莫斯黑德(Leslie.J.Morshead)少将在与尼姆、奥康纳和库姆会谈后回到德尔纳,率领第 9 步兵师沿着海岸公路撤退。尼姆、奥康纳和库姆也于晚上 8 点乘车离开马拉瓦,一路向东驶去。临近午夜,这支英军车队抵达马图巴(Martuba)附近的十字路口。尼姆的驾驶员本该朝特米米方向前进,他却将车子拐进左边的岔道,致使 3 名英军将领在半路上被前来攻打德尔纳的德军第 8 机枪营士兵俘虏。同样发生意外的还有第 3 装甲旅旅长雷金纳德·里明顿(Reginald Rimington)准将,他在斯隆塔至德尔纳途中遇伏被俘,4 月 10 日因伤势过重而死。如此一来,昔兰尼加司令部几乎失去了所有高级指挥官,只有莫斯黑德少将及其幕僚跟随第 9 步兵师的队伍安全到达特米米,然后再从特米米退往加扎拉,总算摆脱了追兵。

4 月 7 日上午,隆美尔因为一直没有收到阿尔布里希战斗群的最新消息,只得亲自乘座 1 架"鹳"式观测机去寻找他们,途中差点被英军击落。在距梅基利西南约 30 千米处,地面上一支向东行进的车队引起了隆美尔的注意。等他降落后,发现对方其实是开往梅基利的第 3 侦察营。7 日下午隆美尔再次起飞四处搜寻,可仍旧找不到战斗群的踪迹。他意识到还有 1 个半小时天就要黑了,于是调转机头朝北飞去。最终,远方沙漠中出现了道道烟尘,引领"鹳"式准确降落在战斗群前头。飞机刚着陆,隆美尔就命人唤来阿尔布里希上校询问缘由。当他得知战斗群其实全程都在避开公路行进时,禁不住大发雷霆,严厉斥责阿尔布里希失职,害他白白浪费了 8 小时的宝贵时间。

就在隆美尔怒火中烧的时候,英军第 3 装甲旅和澳大利亚第 9 步兵师不顾通讯干扰和运输工具短缺,继续从德尔纳地区撤兵。第 3 装甲旅原有 44 辆 A13 巡洋坦克、9 辆 A9 巡洋坦克、32 辆维克斯 MK6 轻型

▲轴心国军在攻占梅基利后缴获了大量英联邦军遗弃的物资和车辆,隆美尔也为自己的军部搞到了 3 辆 AEC "多切斯特"装甲指挥车,其中 2 辆即为后来众所周知的"马克斯"号(Max)和"默里茨"号(Moritz)指挥车。

**大漠烽烟急**

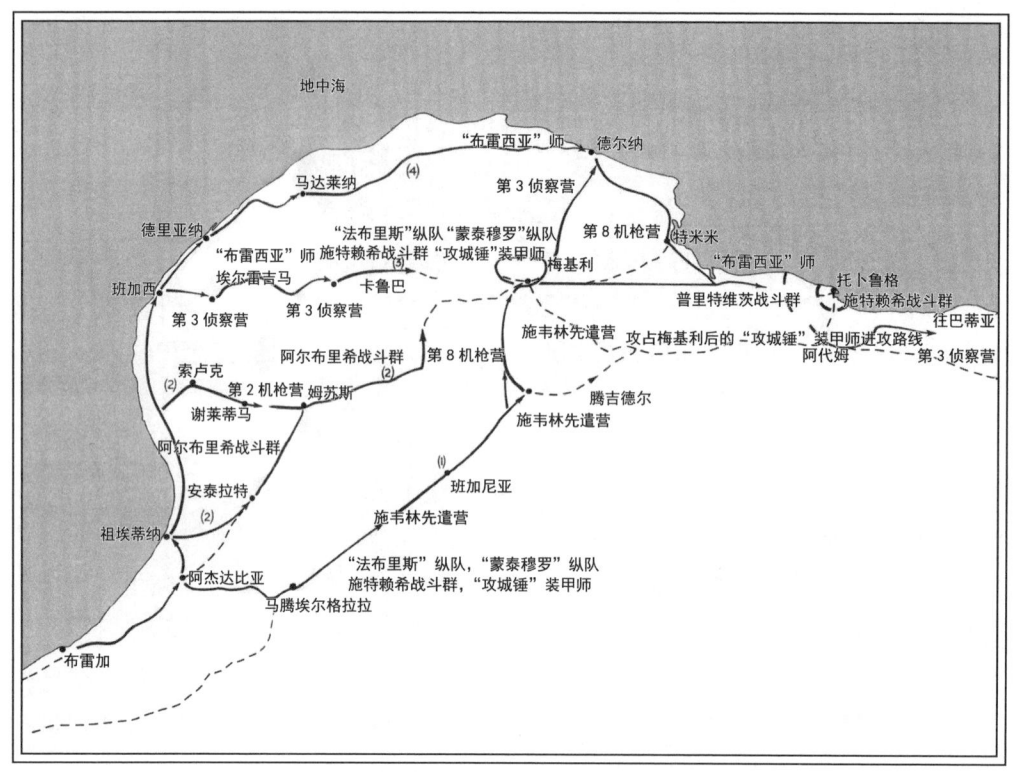

▲ 隆美尔进攻昔兰尼加的过程示意图（1941年4月）。路线1的轴心国军由冯·施韦林先遣营，意军"法布里斯"纵队，"蒙泰穆罗"纵队领头，施特赖希战斗群和意军第132"攻城锤"装甲师的其余部队紧随其后。4月6日，施特赖希战斗群奉命抽调第8机枪营协助友军一起攻打英联邦军驻守的重镇梅基利。路线2的轴心国军由阿尔布里希战斗群领头，战斗群下属的第2机枪营负责殿后。路线3的轴心国军由第3侦察营领头，意军第27"布雷西亚"步兵师的部分兵力紧随其后。路线4的轴心国军由海因里希·基希海姆少将代理指挥的意军第27"布雷西亚"步兵师主力领头，4月8日获得第3侦察营和冯·施韦林先遣营的增援，目的是从英联邦军手中夺取德尔纳。

坦克和59辆M13/40中型坦克，规模虽然比不上第7装甲旅，至少自卫不成问题。然而仅仅过了3天，第3装甲旅的可用坦克数就迅速跌至22辆巡洋坦克、20辆轻型坦克和20辆意大利坦克。4月4日晚，第3装甲旅还有8辆巡洋坦克、14辆轻型坦克和2辆意大利坦克。到4月7日上午，全旅只剩4辆巡洋坦克。其中绝大多数都因为机械故障遗弃在了沙漠里，还有一部分战前便在托卜鲁克进行抢修，真正毁于德军之手的车辆其实并不多。

4月7日中午，德军第8机枪营与守卫德尔纳机场的第3装甲旅残余部队发生交火。在皇家坦克团第5营的顽强抵抗下，德军的前两次进攻被击退，但他们很快卷土重来，击毁4辆巡洋坦克，攻占了德尔纳机场。借由部下争取到的时间，皇家坦克团第5营营长亨利·德鲁（Henry Drew）中校带领幸存人员乘坐卡车驶往托卜

第 2 章 德军介入北非（1941 年 2 月至 1941 年 9 月）

▲隆美尔（左起第 3 人）在与被俘的英军第 2 装甲师师长迈克尔·甘比尔·帕里少将（右起第 2 人）交谈。帕里右侧戴着墨镜的英军军官是第 2 装甲师的师部参谋乔治·杨哈斯本上校。

鲁克，准备接收一批新修复的装备（13 辆巡洋坦克，6 辆轻型坦克）以重建第 3 装甲旅。

4 月 8 日，隆美尔在写给妻子的信中说："我不知道日子有没有记错。我们在这个无穷无尽的沙漠中连续进攻了好几天，早已丧失了时间和空间的概念。今天将会是另一个决定性的日子。我军主力在满地沙砾的荒原中经过 350 千米的长途跋涉，终于到达目的地。我昨天特地从前线飞回来寻找这支部队，并且找到了他们。你肯定想象不到我有多么的高兴，看来这里马上就要发生一次现代版的'坎尼会战'了。"

为阻止德军追击撤退中的英联邦军，英军第 2 装甲师师长迈克尔·甘比尔·帕里少将（Michael Gambier Parry）在梅基利集结部署了印度第 3 摩托化步兵旅（缺第 18 爱德华国王属骑兵团）、第 3 乘骑炮兵团 M 连、澳大利亚第 2/3 反坦克团一部、第 2 装甲师师部以及各种附属支援单位。4 月 7 日晚，第 5 轻装甲师和第 132 "攻城锤"装甲师分别从东西两翼合围了印度第 3 摩托化步兵旅和第 2 装甲师师部。隆美尔数次派人劝降帕里少将，均遭拒绝。4 月 8 日早上 6 点 15 分，德意联军向梅基利发起全面攻势。同时动用各种火炮猛轰英军阵地。大约到上午 8 点左右，战斗就结束了。除第 2 皇家枪骑兵团，第 11 阿尔伯特－维克多亲王属骑兵团及第 2 装甲师附属单位的部分官兵拼死突围外，第 2 装甲师师长帕

▲除帕里少将外，英军昔兰尼加司令部司令菲利普·尼姆中将，昔兰尼加司令部副司令理查德·奥康纳中将，原"库姆"特遣队指挥官约翰·库姆准将，英军第 3 装甲旅旅长雷金纳德·里明顿准将和他的副手乔治·范肖上校全都成了隆美尔的阶下囚。在这些俘虏中，里明顿准将于 4 月 10 日不幸伤重死亡。库姆准将（左）、奥康纳中将（中）和尼姆中将（右）则被德军送往意大利本土关押起来。

▲ 鉴于侦察机部队在昔兰尼加攻势中所发挥的巨大作用，隆美尔于4月13日前往德尔纳，亲自授予第14装甲侦察大队第2中队的指挥官奥托·海默尔少校（上图与隆美尔握手者）一枚骑士十字勋章。就在6天前，海默尔利用夜幕率领2架轻型侦察机悄无声息地降落德尔纳机场，一边在公路上埋设地雷，一边向隆美尔的指挥部通报敌情。4月8日凌晨，他趁英军不备再度起飞，成功返回己方战线，因此受到了上级的特别嘉奖。与海默尔一同荣获骑士十字勋章的还有第3侦察营营长伊恩弗里德·冯·韦希马尔中校和第8机枪营营长古斯塔夫·波纳特中校，下图即为韦希马尔中校的获勋宣传照。

里少将、印度第3摩托化步兵旅旅长爱德华·威廉·D.沃恩（E.W.D.Vaughn）准将和手下1 760人被俘，大量运输车和补给物资落入轴心国手中，隆美尔首次获得全胜。

4月8日中午，古斯塔夫·波纳特中校发来电报称第8机枪营的兵力不够，估计很难攻下德尔纳。隆美尔随即从意军第27"布雷西亚"步兵师的2个步兵团中调拨人手组成一支援军，命令他们协同第3侦察营和冯·施韦林先遣营开赴德尔纳。晚上6点左右，第8机枪营向隆美尔宣布整个城镇已被肃清，总共俘虏澳军507人。但澳军第9步兵师主力，英军第3装甲旅残部和第2师属支援群当时早已溜走，令德军扑了个空。

从3月24日至4月8日，驻昔兰尼加的英联邦军总共损失了2 300多人和106辆坦克，另有19辆坦克由托卜鲁克方面的维修站重新修复投入使用。在上面提到的106辆坦克中，大部分都在撤退时被抛弃，实际战损的坦克只有10辆。德意联军在这一阶段的具体伤亡数字不明，但根据官方记录，第5轻装甲师和第132"攻城锤"装甲师的维修单位在16天之内至少接收了165辆坦克（不包括第32装甲团的快速坦克），其中虽然只有4辆被正式除名（3月24日1辆，4月2日3辆，都隶属第5装甲团），坦克抛锚的概率却高达82.5%（4月8日，第5装甲团原有的155辆坦克还剩下16辆可用，意军第7中型坦克营原有的40辆坦克还剩下14辆可用）。轴心国只是依靠战线的不断推进，才没有出现大量的车辆损失。

## 第 2 章 德军介入北非（1941 年 2 月至 1941 年 9 月）

▲4 月 10 日，柏林方面派来的北非观察员，现任意军第 27 "布雷西亚"步兵师代理指挥官的海因里希·基希海姆少将在德尔纳视察时，遭到 1 架英军战机的扫射受了轻伤。同日，海因里希·冯·普里特维茨少将率领第 15 装甲师的部分单位抵达德尔纳，隆美尔随即命其向托卜鲁克展开追击攻势。基希海姆本人于 4 月 16 日伤愈康复后继续留在利比亚前线，4 月 30 日至 5 月 3 日率领 1 个战斗群参加了对托卜鲁克的进攻作战。6 月中旬，基希海姆升任国防军陆军最高司令部热带战区特别参谋部的参谋长。然而当他一回到柏林，就向国防军陆军最高司令部诉苦说德意志非洲军的作战方式"不合常理"（多名曾与隆美尔共事的德军将领皆有类似看法）。图为 1941 年 4 月，在德尔纳东郊的 S 形海岸公路上减速行进的轴心国运输车队，拍摄者是德意志非洲军宣传排的埃里希·博尔歇特上士。

---

**托卜鲁克攻防战中的轴心国作战序列（1941 年 4 月至 1941 年 11 月）**

北非意军总司令伊塔洛·加里波第上将
注：其中最先投入战斗的部队是德军第 5 轻装甲师、意军第 27 "布雷西亚"步兵师和第 132 "攻城锤"装甲师

意军第 20 军（加斯托内·甘巴拉中将）
1941 年 11 月改名为机动军，1942 年 1 月再次改名为第 20 军
第 20 军军直属单位

  意军第 132 "攻城锤"装甲师（埃托雷·巴尔达萨雷少将）
  1941 年 9 月更换为马里奥·巴洛塔少将
  1941 年 9 月加入第 20 军

全师在 1941 年 6 月中旬的总兵力为 7 439 人，其中作战人员为 5 794 人
  第 32 装甲团
  第 132 装甲团
  第 8 狙击兵团（第 3、第 5、第 12 狙击兵营，第 132、第 142 反坦克连）
  第 132 炮兵团（摩托化）（2 个 75 毫米野战炮群）
  第 2 "'铁头'埃玛努埃尔·菲利贝托一世"快速炮兵团（摩托化）（加强）
意军第 101 "的里雅斯特"摩托化步兵师（亚历山德罗·皮亚佐尼少将）
1941 年 8 月抵达的黎波里，9 月加入第 20 军
全师在 1941 年 6 月中旬的总兵力为 10 500 人，其中作战人员为 8 824 人
  第 65 步兵团
  第 66 步兵团
  第 9 狙击兵团

德意志非洲军（埃尔温·隆美尔中将）
1941 年 9 月 1 日扩编为非洲装甲集群
  德意志非洲军直属单位

  德意志非洲军直属后勤补给单位

德军第 5 轻装甲师（约翰内斯·施特赖希少将）
1941 年 5 月 20 日更换为约翰·冯·拉文施泰因少将
1941 年 8 月 1 日改名为第 21 装甲师
全师总兵力约 12 000 人
  第 5 装甲团（赫伯特·阿尔布里希上校）
  1941 年 5 月 1 日更换为霍曼少校
  1941 年 7 月 1 日更换为弗里德里希·斯特凡中校
  第 200 特别步兵团（摩托化）（格哈德·冯·施韦林中校）
  1941 年 7 月更换为埃里希·盖斯勒中校
  第 155 炮兵团（摩托化）（1941 年 9 月加入）

德军第 15 装甲师（海因里希·冯·普里特维茨少将）
1941 年 4 月至 5 月中旬抵达的黎波里
1941 年 4 月 10 日至 4 月 13 日更换为马克西米利安·冯·赫夫上校
1941 年 4 月 13 日至 5 月 13 日更换为汉斯－卡尔·冯·埃泽贝克上校
1941 年 5 月 13 日至 6 月 16 日更换为马克西米利安·冯·赫夫上校

1941年6月16日更换为瓦尔特·纽曼-西尔科夫少将
全师总兵力约15 000人
  第8装甲团（汉斯·克拉默中校）
  第15步兵旅（摩托化）（汉斯-卡尔·冯·埃泽贝克上校）
1941年4月15日更换为埃尔温·门尼上校
    第104步兵团（古斯塔夫-格奥尔格·克纳贝中校）
    第115步兵团（马克西米利安·冯·赫夫上校）
    第33炮兵团（摩托化）

意军第55"萨沃纳"步兵师（费代莱·德·乔治斯少将）
1941年9月加入德意志非洲军
全师在1941年6月中旬的总兵力为5 986人，其中作战人员约5 000人
  第15步兵团
  第16步兵团
  第12"西拉"炮兵团
意军第21军（埃内亚·纳瓦里尼中将）

  意军第17"帕维亚"步兵师（安东尼奥·弗兰切斯基尼少将）
  全师在1941年6月中旬的总兵力大约有6 000人，其中作战人员约5 000人
    第27步兵团
    第28步兵团
    第26"鲁比孔"炮兵团（3个75毫米野战炮群）

  意军第25"博洛尼亚"步兵师（亚历山德罗·格洛里亚少将）
  全师在1941年6月中旬的总兵力为6 814人，其中作战人员约5 000人
    第39步兵团
    第40步兵团
    第205炮兵团（2个100毫米榴弹炮群，2个75毫米野战炮群）

  意军第27"布雷西亚"步兵师（博尔托洛·赞邦少将）
  全师在1941年6月中旬的总兵力大约有6 000人，其中作战人员约5 000人
    第19步兵团
    第20步兵团
    第1"萨伏依的欧根亲王"快速炮兵团（2个75毫米野战炮群）

> 意军第102"特伦托"摩托化步兵师(路易吉·涅韦洛尼少将)
> 1941年3月至5月,第102"特伦托"摩托化步兵师只有师部和第62步兵团的3个营参加了托卜鲁克攻防战,6月初被临时加强给德意志非洲军,共同抗击"战斧"行动。该师的后续部队于7月中旬抵达北非,9月起被编入第21军
> 　　第61步兵团
> 　　第62步兵团
> 　　第7狙击兵团(第8、第10、第11狙击兵营)
> 　　第46"特伦托"炮兵团(摩托化)(2个100毫米榴弹炮群,2个75毫米野战炮群)

## 托卜鲁克攻防战

4月6日,隆美尔率军大举进犯梅基利的消息传遍了开罗全城。英军驻中东地区司令部赶忙下令召开紧急会议商讨对策,意图阻止轴心国军攻占托卜鲁克。包括外务大臣安东尼·艾登,帝国总参谋长约翰·迪尔上将以及三军统帅在内的所有重要官员全都出席了这次会议。据时任联合计划参谋部参谋的弗朗西斯·德甘冈少将描述,与会的外务大臣艾登不断地在用指关节敲击桌面,神情显得相当紧张。在气氛如此凝重的情况下,阿奇博尔德·韦维尔上将面对重重压力,仍用镇定的语调做了战况分析报告。依照韦维尔的看法,德军刚到北非不久且给养不足,英联邦军只需从埃及和巴勒斯坦抽调部分兵力,就能协助澳军第9步兵师守住托卜鲁克。

韦维尔的这番话无疑给了英联邦军高层一针强心剂。但无论如何,向托卜鲁克增派援军的事情依然刻不容缓。于是从4月7日起,澳军第18步兵旅陆续搭乘运输船离开亚历山大港,皇家坦克团第1营的2个中队和第107乘骑炮兵团则由陆路直接开往托卜鲁克。为防止德意联军入侵埃及,英军第7步兵师的第22禁卫旅和第11轻骑兵团(32辆装甲侦察车)被火速调至西部边境设防。7日下午至8日晚,澳军第9步兵师沿着巴尔比亚海岸公路撤至托卜鲁克,而澳军第7步兵师此时刚从巴勒斯坦动身,目的地是开罗西面的马特鲁。4月8日,韦维尔陪同澳军第7步兵师师长约翰·拉瓦拉克少将(John Lavarack)飞抵托卜鲁克,准备任命他为新的昔兰尼加司令部司令。由于飞机着陆时突遇沙暴袭击,前来迎接的队伍直到上午11点才找到两位指挥官,并带他们视察了前沿阵地。在随后召开的例行会议上,韦

## 第2章 德军介入北非（1941年2月至1941年9月）

维尔用铅笔写下3份备忘录交给拉瓦拉克，指示他该如何应对轴心国的攻势。会议结束后，韦维尔登机返回开罗，可飞机却在半空中出现故障，被迫折返机场进行检修。傍晚时分，韦维尔的座机再次起飞升空，但引擎的老毛病很快又犯了，迫使飞行员在靠近塞卢姆的空旷地带实施迫降，所幸没有出现人员伤亡。直到深夜23点，一支沙漠巡逻队将迷路的众人安全送至塞卢姆，驻开罗的中东地区司令部这才松了口气。

4月9日，韦维尔及其随从乘坐1架韦斯特兰"莱桑德"式侦察机回到开罗。没过多久，他就得知了梅基利和德尔纳已经陷落的消息。隆美尔的进军速度显然出乎韦维尔的预料，他立刻改变了先前的想法，请求开罗方面重新恢复自己的前线指挥权。当天夜晚，澳军第18步兵旅、皇家坦克团第1营的2个中队和第107乘骑炮兵团及时赶到托卜鲁克，使莱斯利·J.莫斯黑德少将手头的兵力迅速增至4个步兵旅（澳军第18、第20、第24、第26步兵旅），1个摩托化步兵营（第18爱德华国王属骑兵团），1个机枪营（皇家诺森伯兰燧发枪兵团第1营），1个骑兵团（第1国王龙骑禁卫团），2个反坦克团（第3乘骑炮兵团、澳军第2/3反坦克团）和4个炮兵团（第1、第104、第107乘骑炮兵团、第51野战炮兵团）。除此之外，港口守军还将获得英军第3装甲旅（13辆巡洋坦克，6辆轻型坦克）、第4防空旅（3个防空团）、第2师属支援群、皇家坦克团第1营（4辆步兵坦克，11辆巡洋坦克，15辆轻型坦克）及第7装甲师部分车辆的支援（9辆巡洋坦克，10辆轻型坦克）。4月10日，韦维尔任命诺埃尔·贝雷斯福德－皮尔斯（Noel Beresford-Peirse）中将为驻埃及边境的西部沙漠军司令（该番号于4月14日重新启用），拉瓦拉克少将随即被解除了昔兰尼加司令职务，搭车前往马特鲁去指挥澳军第7步兵师。如今在西部沙漠军麾下，共有2支作战部队可用于支援托卜鲁克防御战：一支是约翰·F.埃维茨（John F.Evetts）少将指挥的英

▲ 1941年4月8日，由于尼姆中将在昔兰尼加之战中意外被俘，韦维尔只得临时委派澳军第7步兵师师长约翰·拉瓦拉克少将出任昔兰尼加司令部司令。4月9日，澳军第9步兵师师长莱斯利·莫斯黑德少将奉拉瓦拉克之命，成为托卜鲁克的要塞驻军指挥官。从4月10日起，澳军第20、第24和第26步兵旅陆续接管了托卜鲁克近48千米长的外环防线和24千米长的内环防线，澳军第18步兵旅则充当预备队，待在内环防线靠后的位置上。图为昔兰尼加司令部司令拉瓦拉克少将。他的在任时间不长，仅仅过了2天就被韦维尔解除了职务。

军第7步兵师(缺编,驻扎在埃及边境),一支是威廉·亨利·戈特准将(William Henry Gott)指挥的机动特遣队(抽调自英军第2、第7装甲师,第7步兵师和部分澳军部队,其中第2装甲师属支援群驻扎在阿克罗马和阿代姆,其余部队驻扎在埃及边境)。据英方统计,至4月11日时托卜鲁克守军与西部沙漠军的总兵力已高达3.6万人(其中2.7万人为一线作战部队),战斗力得到了极大提升。

隆美尔本打算趁英联邦军立足未稳时,通过一次迅猛的闪电攻势占领托卜鲁克。但他很快就意识到部队实际的作战消耗要比预想的情况更加严重。4月9日至4月10日,德意联军不停地将各种补给物资运往前线。9日下午,由海因里希·冯·普里特维茨少将指挥的德军第15装甲师先头部队抵达德尔纳,隆美尔命其立即率领一支混编战斗群对托卜鲁克实施火力侦察,以便确定德军的重型火炮可在多远的射程范围内覆盖整座港口。4月10日,普里特维茨战斗群与意军第27"布雷西亚"步兵师奉命朝托卜鲁克方向前进。大约开出14千米后,领头的德军纵队在阿克罗马郊外中了埋伏,普里特维茨乘坐的桶车被一枚25磅高爆弹命中起火,车上两人当即毙命,只有军需官侥幸生还。伏击方为英军第2师属支援群的第4乘骑炮兵团F连,时间是4月10日中午12点。隆美尔在得知普里特维茨身亡的消息时说:"我或许是太性急了,好在我们已经找到了更合适的进攻地点。"为了解托卜鲁克的工事布防情况,他向意大利方面索要当地的要塞

▲ 澳军用来保卫托卜鲁克的4个步兵旅具体编成如下:澳军第18步兵旅下辖第2/9、第2/10、第2/12步兵营,旅长为乔治斯·伍尔顿准将,澳军第20步兵旅下辖第2/13、第2/15、第2/17步兵营,旅长为约翰·默里准将,澳军第24步兵旅下辖第2/28、第2/32、第2/43步兵营,旅长为阿瑟·H.L.戈德弗雷准将,澳军第26步兵旅下辖第2/23、第2/24、第2/48步兵营,旅长为雷蒙德·托维尔准将。按照战术规定,每个澳军步兵营均以"2个连靠前,1个连殿后"的原则进行部署。在1941年4月13日的托卜鲁克外环防线上,澳军第2/24步兵营和第2/23步兵营C连负责把守西部防区(包括通往德尔纳的海岸公路,沿海断崖地带和塞赫尔河谷),澳军第2/48步兵营负责把守西南防区(包括拉斯埃尔梅道尔及村庄周围的高地),澳军第2/17、第2/13步兵营负责把守南部防区(包括阿代姆路及公路两侧的各个据点),澳军第2/28、第2/43步兵营负责把守托卜鲁克的东部防区(包括通往巴蒂亚的海岸公路,沿海断崖地带和泽腾河谷)。照片中的场景为托卜鲁克东部临海的Z101号据点,悬崖下方便是泽腾河谷。驻守据点的5名士兵来自澳大利亚皇家勤务队,当时作为步兵临时加强给第2/32步兵营。

第 2 章 德军介入北非（1941 年 2 月至 1941 年 9 月）

▲ 环绕托卜鲁克的工事系统共有内外两道防线，共计 128 座据点。其构造并非普通的地上混凝土碉堡，而是完全埋在地面以下的。外环防线周围都有反坦克堑壕，壕沟上覆盖有一层沙土，即使在很近的距离也看不出来。内环防线距外环防线有 2 000–2 740 米远，设计构造大致相同，只是少了反坦克堑壕。内外环防线各个据点之间的直线距离为 500–730 米不等，每座据点的设计直径约为 82 米，包括几个混凝土的地下工事，可容纳 30 到 40 人。所有地下工事均以交通壕连接，每个角上都设有机枪掩体、反坦克炮和迫击炮炮位。和反坦克堑壕一样，交通壕也有 8 英尺深，上面覆盖着薄板和一层沙土。地下工事周围布有铁丝网，正前方及侧后方向还埋设了反坦克地雷，真可谓固若金汤。图为 1941 年 4 月托卜鲁克工事的航空照片。

构造图，奇怪的是加里波第上将居然对此一无所知。懊恼之余，隆美尔下令调整第 5 轻装甲师部署，并于次日再次发动进攻。4 月 11 日天亮时，第 5 轻装甲师与第 27 "布雷西亚"步兵师兵分两路开始围攻托卜鲁克。战至中午，阿克罗马和阿代姆相继失守。施特赖希战斗群逼近港口东侧，普里特维茨战斗群（指挥官更换为冯·施韦林中校）及"布雷西亚"师的部分兵力逼近港口西侧，从而对守军形成了合围之势。借此机会，第 3 侦察营甩开普里特维茨战斗群，一路向东直取巴蒂亚。4 月 12 日上午 10 点，第 3 侦察营未经一战就顺利攻占了巴蒂亚要塞。同日晚上 6 点 15 分，德军第 15 装甲师派遣由第 104 步兵团团长古斯塔夫－格奥尔格·克纳贝（GustavGeorge Knabe）中校指挥的克纳贝战斗群朝着埃及边境方向展开突击，连续攻克塞卢姆和卡普佐堡，控制了哈勒法耶隘口。4 月 13 日，第 2 师属支援群全数撤回埃及境内，与第 2 装甲师的剩余部队在哈勒法耶隘口东面会合。

4 月 11 日下午，意军第 27 "布雷西亚"步兵师的后续部队也到达了托卜鲁克。隆美尔命施特赖希战斗群的 25 辆坦克掩护第 8 机枪营从港口南面的阿代姆路西侧发起试探性攻击，试图找到澳军第 20 步兵旅外环防线上的薄弱环节。可是一场突如其来的沙暴严重干扰了坦

▲ 澳军第 26 步兵旅旅部的查尔斯·朱里正在检查托卜鲁克西南防区 R5 号据点附近的反坦克堑壕。该据点由澳军第 2/48 步兵营负责把守，距西北方向的拉斯埃尔梅道尔只有 2.4 千米的路程。

克和步兵的协同效率，致使许多车辆在撞上敌方的反坦克堑壕时裹足不前。经过约半小时的激战，澳军第2/17步兵营在皇家诺森伯兰燧发枪兵团第1营、皇家坦克团第1营和第51野战炮兵团近40门支援火炮的积极配合下击败了德意联军，总共摧毁第5装甲团第2装甲营的1辆3号坦克（全损）、第7中型坦克营的2辆M13/40中型坦克和第32装甲团的1辆L3轻型坦克，皇家坦克团第1

▲ 从1941年4月9日起，德军第15装甲师的先遣队开始陆续抵达北非。图为4月10日在德尔纳郊外，第33炮兵团第4连B分队的士兵们正在忙着维护leFH18 105毫米榴弹炮及Sdkfz.11牵引车，拍摄者是德意志非洲军宣传排的埃里希·博尔歇特上士。

营损失2辆巡洋坦克。隆美尔认为这次失利纯属第5轻装甲师不熟悉地形所致，他劝慰施特赖希无需气馁，鼓励部队再接再厉。4月12日，意大利方面终于交出了托卜鲁克的工事布防图。隆美尔随即赶往前线视察，催促第5轻装甲师"一定要在14日之前达成突破"。心急如焚的施特赖希于是将冯·施韦林战斗群调往托卜鲁克东面去牵制澳军第24步兵旅，另将第5轻装甲师的2支主攻部队第5装甲团和第8机枪营部署在港口南面的阿代姆路两侧，随时待命行动。4月13日上午，意军第132"攻城锤"装甲师和第102"特伦托"摩托化步兵师的第62步兵团纷纷赶来支援隆美尔。他们占据了港口西南方向的高地，协助第27"布雷西亚"步兵师从西面收紧包围圈。

▲ 4月11日，意军第27"布雷西亚"步兵师、第132"攻城锤"装甲师和第102"特伦托"摩托化步兵师的第62步兵团也被调来围攻托卜鲁克。图为一群徒步行军的第27"布雷西亚"步兵师官兵，照片左侧是辆满载补给品的菲亚特SPA CL39卡车。

4月13日傍晚5点，隆美尔见时机成熟，便命令意军第27"布雷西亚"步兵师先向澳军第26步兵旅的防区实施1小时佯攻，试图将守军的注意力吸引到西面。但这种做法事后被证明纯粹是在浪费时间，因为澳军第9步兵师师长莫斯黑德少将早就料到轴心国军会再次发动突袭，更何况托卜鲁克的

## 第 2 章　德军介入北非（1941 年 2 月至 1941 年 9 月）

**隆美尔进攻昔兰尼加时的轴心国战斗群编成**

1941 年 4 月 3 日

德军冯·施韦林先遣营下辖意军第 132"攻城锤"装甲师的"圣玛利亚"纵队和第 39 装甲歼击营的 1 个连。

意军"圣玛利亚"纵队下辖第 5 狙击兵营的 1 个机枪排、1 个狙击兵排、第 132 炮兵团的 1 个轻型防空排、第 32 装甲团的 1 个轻型坦克排、第 132 炮兵团的 1 个野战炮连。

意军"法布里斯"纵队下辖第 3 摩托车营、第 72 反坦克连、第 132 炮兵团的 1 个野战炮连、第 132 炮兵团的半个防空连。

意军"蒙泰穆罗"纵队下辖第 12 狙击兵营、第 132 反坦克连、第 132 炮兵团的 1 个野战炮连、第 132 炮兵团的半个防空连、第 32 装甲团的 1 个轻型坦克连。

1941 年 4 月 5 日

德军第 3 侦察营，得到第 5 装甲团第 1 装甲营 1 个轻型装甲连（13 辆坦克）的加强。

德军阿尔布里希战斗群下辖第 5 装甲团第 2 装甲营（原有 92 辆坦克，4 月 8 日只剩 8 辆可用坦克）、第 2 机枪营、第 39 装甲歼击营的 1 个连、第 75 炮兵团第 1 营的 1 个连、第 132"攻城锤"装甲师第 7 中型坦克营（原有 40 辆坦克，4 月 8 日只剩 16 辆坦克可用）。

德军施特赖希战斗群下辖第 5 轻装甲师师部，第 5 装甲团第 1 装甲营（原有 63 辆坦克，4 月 5 日仍有 40 辆可用坦克，4 月 8 日只剩 8 辆可用坦克）、第 8 机枪营、第 33 防空团第 1 营、第 39 装甲歼击营的 1 个连、第 75 炮兵团第 1 营的 1 个连、第 3 侦察营的 1 个排。

意军"布鲁内蒂"纵队下辖第 5 狙击兵营、第 142 反坦克连、第 132 炮兵团的 1 个野战炮连、第 132 炮兵团的半个防空连。

意军第 132"攻城锤"装甲师的剩余部队、第 32 装甲团的 1 个轻型坦克营、第 132 炮兵团的 2 个野战炮连、第 24 军属炮兵集团。

1941 年 4 月 11 日

托卜鲁克方向：

普里特维茨战斗群下辖第 3 侦察营、第 8 机枪营、第 2 机枪营第 5 连、第 200 特别步兵团团部、第 39 装甲歼击营、第 75 炮兵团第 1 营，4 月 12 日改名为冯·施韦林战斗群；

德军施特赖希战斗群下辖第 5 轻装甲师师部、第 5 装甲团（25 辆可用坦克）、第 2 机枪营、第 605 装甲歼击营、意军第 7 中型坦克营（加强）、1 个意军轻型坦克连（加强）、第 33 防空团第 1 营。

1941 年 4 月 12 日

德军克纳贝战斗群下辖第 15 摩托车营、第 33 装甲歼击营、第 18 防空团第 1 营的 1 个重型防空连和 1 个轻型防空连。

1941 年 4 月 13 日第一次进攻托卜鲁克

托卜鲁克－巴蒂亚方向：

德军冯·施韦林战斗群下辖第3侦察营、第2机枪营、第39装甲歼击营、第75炮兵团第1营的1个连、第33防空团第1营的2个重型防空连。

托卜鲁克方向：

德军施特赖希战斗群下辖第5轻装甲师师部、第5装甲团（38辆可用坦克）、第200特别步兵团团部、第8机枪营、第605装甲歼击营、第75炮兵团第1营的2个连、第33防空团第1营的1个重型防空连和2个轻型防空连。

塞卢姆方向：

德军克纳贝战斗群下辖第15摩托车营、第33装甲歼击营、第18防空团第1营的1个重型防空连和1个轻型防空连。

1941年4月30日第二次进攻托卜鲁克：

德军基希海姆战斗群下辖第200特别步兵团团部、霍曼装甲营（原有82辆可用坦克，5月1日进攻开始前1辆1号坦克引擎受损，实际数字降为81辆）、第605装甲歼击营、第2机枪营、第8机枪营、第75炮兵团第1营、第606防空营、第200特别工兵营，以及意军第132"攻城锤"装甲师的部分兵力。

霍尔岑多夫战斗群下辖第104步兵团团部、第15摩托车营、第115步兵团第1营、第33炮兵团第2营、第33装甲歼击营、第33装甲工兵营，以及意军第27"布雷西亚"步兵师的部分兵力。

德意联军第二次进攻托卜鲁克之前，隆美尔因对第5轻装甲师师长施特赖希少将的表现失望，于是指派4月16日康复出院的海因里希·基希海姆少将率领一个战斗群参战。但基希海姆没有听从隆美尔要他进行战前侦察的劝告，直接下令进攻托卜鲁克，致使战况陷入僵局。隆美尔事后曾严厉斥责基希海姆指挥失职，两人因而结下宿怨。7·20事件中，作为"荣誉法庭"成员之一的基希海姆因向调查组提供了诸多不利于隆美尔的证据，导致隆美尔被迫服毒自尽。

德意联军第二次进攻托卜鲁克之前，第104步兵团团长古斯塔夫-格奥尔格·克纳贝中校因病离职，由冯·霍尔岑多夫中校代理指挥第104步兵团并负责组建战斗群。

霍曼装甲营由第5装甲团的第1、第2装甲营混编而成，属于临时性编制，1941年5月3日撤编。指挥官为第2装甲营营长霍曼少校，下辖第5装甲连（原第1、第2装甲连合并），第6装甲连（原第5、第6装甲连合并）、第7装甲连（"沃勒库森"号运输船火灾之后的原第7装甲连余部）、第8装甲连（原第4、第8装甲连合并），其具体编成为：

霍曼装甲营（霍曼少校）(1941年4月30日)；

营部（3辆1号、5辆2号、1辆3号、2辆指挥坦克）；

第5装甲连（桑德罗克中尉）(7辆2号、11辆3号)；

第6装甲连（格林中尉）(7辆2号、13辆3号)；

第7装甲连（厄尔岑中尉）(5辆1号、4辆2号、11辆3号)；

第8装甲连（米勒中尉）(2辆1号、3辆2号、8辆4号)。

> 第 5 装甲团在托卜鲁克攻防战结束后的可用坦克数量统计（5 月 3 日至 5 月 17 日）：
>
> 5 月 3 日霍曼装甲营解散时，第 2 装甲营仍有 37 辆可用坦克，包括 4 辆 1 号、12 辆 2 号、17 辆 3 号、2 辆 4 号和 2 辆指挥坦克；
>
> 5 月 4 日至 5 月 15 日，第 1 装甲营一直留在托卜鲁克南面担任装甲预备队，5 月 16 日赶赴卡普佐堡参战；
>
> 5 月 9 日，第 2 装甲营被调往靠近埃及边境的西迪阿柴兹，5 月 15 日随冯·赫夫战斗群赶赴卡普佐堡参战；
>
> 第 1 装甲营在 5 月 13 日共有 35 辆可用坦克，包括 1 辆 1 号、12 辆 2 号、17 辆 3 号、5 辆 4 号坦克（意军借走了部分坦克用于战区巡逻任务）；
>
> 第 2 装甲营在 5 月 9 日共有 44 辆可用坦克，包括 4 辆 1 号、11 辆 2 号、24 辆 3 号、4 辆 4 号、1 辆指挥坦克；
>
> 第 2 装甲营在 5 月 12 日共有 27 辆可用坦克，包括 5 辆 1 号、3 辆 2 号、14 辆 3 号、4 辆 4 号、1 辆指挥坦克（该营不少坦克因长途行军出现故障，需要维修）；
>
> 第 2 装甲营在 5 月 17 日共有 28 辆可用坦克，包括 3 辆 1 号、6 辆 2 号、18 辆 3 号、1 辆指挥坦克。

工事系统拥有内外两道防线且纵深超过 11.2 千米，这使得德意联军无论从哪个方向进攻都无法掩盖自己的真实意图。澳军巡逻队从一开始就听见了从港口南面传来的嘈杂引擎声，立刻向师部作了汇报。如今施特赖希所面对的不光是澳军第 2/17 步兵营，皇家坦克团第 1 营和第 51 野战炮兵团，连澳军第 2/13、第 2/15 步兵营，第 1、第 3 乘骑炮兵团和澳军第 2/3 反坦克团也全都加入进来，把阿代姆路变成了真正意义上的"死亡之路"。

晚上 6 点左右，德意炮兵集中炮击了位于阿代姆路西侧的 R31、R32 号据点。紧接着，波纳特中校指挥第 8 机枪营朝 R33 号据点展开猛攻，却意外遭遇澳军第 2/13、第 2/17 步兵营的顽强抵抗。战至深夜 11 点，第 2/17 步兵营 D 连连长奥斯丁·马克尔（Austin Mackell）中尉不仅带领全连牢牢挡住了德军，还亲自带队实施了反攻。在冲锋时负伤的杰克·H. 埃德蒙森（Jack H.Edmonson）下士不顾伤痛，协助战友消灭了 12 名德军，成为第二次世界大战中首位获得维多利亚十字勋章的澳大利亚人（后牺牲）。4 月 14 日凌晨 2 点 30 分，不甘失败的波纳特中校调集约 200 名官兵再度发起进攻。这次第 8 机枪营的工兵连设法从 R32 号据点右侧打开缺口，成功建立了桥头堡。隆美尔闻讯后大喜，他当即派出第 5 装甲团、第 605 装甲歼击营的 1 个排和第 33 防空团第 1 营的 1 个轻型防空连前去支援，但参战的 38 辆坦克只有 24 辆找到了第 8 机枪营，剩下的 14 辆坦克因迷路退回了驻地。清晨 5 点 20 分，第 5 装甲团与第 8 机枪营离开桥头堡向北进发，途中受到澳军第 2/13、第 2/15、第 2/17 步兵营及英军炮兵的火力压制。差不多在同一时刻，皇家坦克团第 1 营调拨 4 辆"玛蒂尔达"MK2 步兵坦克夜袭桥头堡，俘虏部分德军医护人员。为避免遭受更多损失，第 5 装甲团团长阿尔布里希上校将全团改成一前一后两支纵队，继续掩护第 8 机枪营朝着东北方向前进。如果德军能够占领阿代姆路尽头的"国王"路口，就能攻破托卜鲁克的内环防线。6 点过后，担任前锋的第 5 装甲团第 2 装甲营进抵距"国王"路口不到 1 500 米的位置上。此时天已大亮，而英联邦军早已在 Y 字岔道口南面约 700 米处部署了反坦克屏障。没等第 2 装甲营全部进入射程范围，英军第 3 乘骑炮兵团 M 连的 37 毫米反坦克炮车和第 1 乘骑炮兵团 A/E 连的 25 磅炮便抢先开炮射击，连续击毁 4 辆坦克。当第 1 装甲营和第 8 机枪营从后方赶来支援时，澳军第 2/3 反坦克团的 2 磅反坦克炮，英军第 1 乘骑炮兵团 B/O 连的 25 磅炮和皇家坦克团第 1 营趁势截击德军侧翼，摧毁了另外 13 辆坦克。

14 日上午 6 点至 9 点，隆美尔一直待在离前线很近的地方，想要弄清楚第 5 装甲团和第 8 机枪营到底遇到了什么麻烦。不巧的是，随行 Sdkfz.263 装甲通信车的车载天线被炮弹弹片切断，通信中断，隆美尔无计可施，只好沮丧地回到自己的军部。9 点半过后，施特赖希少将和阿尔布里希上校灰头土脸地前来向他报告说第 5 装甲团进攻失败，剩余车辆已于 7 点 30 分撤回了桥头堡，波纳特的第 8 机枪营由于失去坦克掩护，"很可能已经伤亡过半"。隆美尔一听这话立刻对阿尔布里希咆哮道："你怎么能就这样把步兵抛下不管，光顾着自己撤退了？现在马上回去，把第 8 机枪营给我救

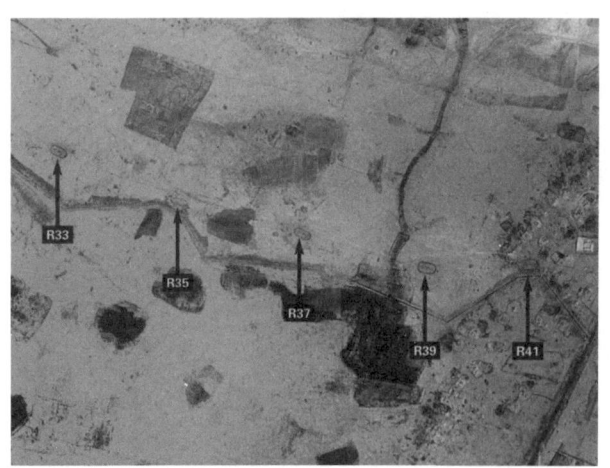

▲ 4 月 11 日至 4 月 12 日，德军第 5 轻装甲师对托卜鲁克南部防区的阿代姆路西侧发起试探性攻击，试图找到澳军第 20 步兵旅外环防线上的薄弱环节，但被澳军部队击退。4 月 13 日晚，隆美尔命令阿尔布里希上校的第 5 装甲团掩护波纳特中校的第 8 机枪营，再度沿着阿代姆路展开攻势。深夜 11 点左右，大约 30 名德军从 R33 号据点东面 100 米处突破了澳军第 2/17 步兵营 D 连的防线。D 连连长奥斯丁·马克尔中尉赶紧带上 6 名士兵前往据点北郊阻截这股德军。图为阿代姆路西侧的航空照片，R32 号据点就在 R33 号据点的东北方向（黑色方框内）。

出来！"

隆美尔本人十分清楚第 5 轻装甲师的最大弱点便是步兵、工兵和炮兵的数量严重不足，假如第 8 机枪营被澳军歼灭，肯定会给后续作战带来负面影响。所以在接下来的半天时间里，第 5 轻装甲师和意军第 132 "攻城锤" 装甲师联手展开数次救援行动，可惜皆被英联邦军凶猛的炮兵火力击退。到 4 月 14 日午夜为止，第 8 机枪营参战的 700 余名官兵已有 150 人阵亡，250 人被俘。营长波纳特中校战死，隆美尔在 4 月 13 日刚为他颁发了骑士十字勋章。第 5 装甲团也在这场恶战中损失了 17 辆坦克，可用的坦克不足 20 辆。相较之下，托卜鲁克守军一共只有 26 人阵亡，64 人负伤，皇家坦克团第 1 营损失了 2 辆巡洋坦克。

对于 4 月 14 日的失利，隆美尔在日记中写道："第 5 轻装甲师的那位师长似乎并不了解'闪电战'的真正含义，那就是：集中兵力于一点，强行突破敌阵后向两边迂回以确保侧翼的安全，再像闪电一样贯穿敌人的纵深，不让对方有反击的时间。"一个月后，他果断撤掉了施特赖希，换上约翰·冯·拉文施泰因（Johann von Ravenstein）少将担任第 5 轻装甲师师长。隆美尔这么做自然有他的道理，不过德军无法顺利攻占托卜鲁克的真正原因，主要还是应当归咎于情报工作上的疏漏。比施特赖希更早被撤职的第 5 装甲团团长阿尔布里希上校就曾抱怨："任务简报提供的信息太少，说什么

▲ D 连连长马克尔中尉事后回忆了当时发生的情况："我们怒吼着冲向德国人，对方二话不说抬手便向我们射击。冲锋中，27 岁的杰克·H. 埃德蒙森下士的颈部和腹部被机枪子弹击中。可他强忍剧痛，先用手雷压制了机枪火力，然后纵身跃入堑壕与对方展开肉搏。目睹埃德蒙森的英勇之举，大伙儿深受鼓舞，纷纷跟过去加入这场混战。德国人明显被我们打懵了，他们四散逃跑，有 2 人在慌乱中一头撞进铁丝网内，很快就被埃德蒙森给解决了。不一会儿，又一批德军从侧翼赶来支援他们的战友。其中一人直扑向我，把我死死压在地上，另一人迅速拔出手枪，侧身向我瞄准。我连忙高喊：'杰克！'埃德蒙森听见了我的呼喊，立刻大步跑来，从身后用刺刀将 2 名德国佬撂倒在地。在这之后，他又冲向 14 米外，挥舞刺刀刺死了另一名敌人。"根据澳方战后的作战记录，由马克尔中尉带领的 7 人巡逻队在 4 月 13 日的夜战中至少击毙 12 名德军，俘虏 1 人。其中功劳最大的杰克·埃德蒙森在被抬去救护所的时候已经昏迷不醒，次日因伤势过重牺牲。7 月 1 日，韦维尔追授埃德蒙森一枚维多利亚十字勋章，使其成为"二战"中首位获得维多利亚十字勋章的澳大利亚人。除埃德蒙森外，D 连连长马克尔中尉与另外 4 人也被授予了军功十字勋章，以表彰他们为保卫托卜鲁克防线所做的努力。图为杰克·H. 埃德蒙森下士的标准照，他于 1914 年出生在新南威尔士，26 岁时参军加入第 2/17 步兵营。如今，他被安葬在托卜鲁克战争墓地的 3 区 J 排 8 号墓中。

▲ 4月13日晚,德军第5轻装甲师奉隆美尔之命,向托卜鲁克发起了首次全面攻势。图为1辆Sdkfz.253炮兵观测车上的德军军官在用话筒指挥105毫米榴弹炮群作战,拍摄日期是4月14日(左)。左图为一队站在3号G型坦克前整装待发的第8机枪营官兵。作为完全摩托化的师属重火力支援单位,这支部队最致命的问题在于全营6个连里只有1个工兵连,剩下的单位包括3个机枪连,1个重武器连和1个装甲歼击连。重武器过多,工兵的数量却严重不足,所以并不适合承担要塞攻坚任务。

英国人缺乏弹药且士气低落,正准备放弃托卜鲁克。可实际上他们不仅工事完备,兵员充足,甚至拥有数量众多的反坦克炮和重型坦克,而我方进攻时却连英军炮兵到底部署在哪儿都不知道。"

经过2天时间的筹备,隆美尔于4月16日又做了一次尝试。在他的亲自指挥下,意军第132"攻城锤"装甲师出动第7中型坦克营和第32轻型坦克团,配合第102"特伦托"摩托化步兵师的第62步兵团,袭击了托卜鲁克外环防线西南面的拉斯埃尔梅道尔(Ras El Medauar)。下午5点,共有6辆意军M13/40中型坦克和12辆L3轻型坦克冲上187号高地,但被英军炮兵火力驱散。等意军坦克撤离后,澳军第2/48步兵营下属的通用输送车排迅速从S13和S17据点之间发起反击,俘虏意军803人(包括26名军官),还缴获数十辆意军卡车。其中一名被俘的意军军官对澳军供称意军淡水供应短缺,很多士兵已经连续2天没喝过水了。他在澳大利亚人的威逼利诱下写了份劝降信,并于4月17日用飞机空投至意军防线:"意大利的士兵们!你们很快就将回归平静安宁的生活,如今不光是阿比西尼亚(指意军惨败的

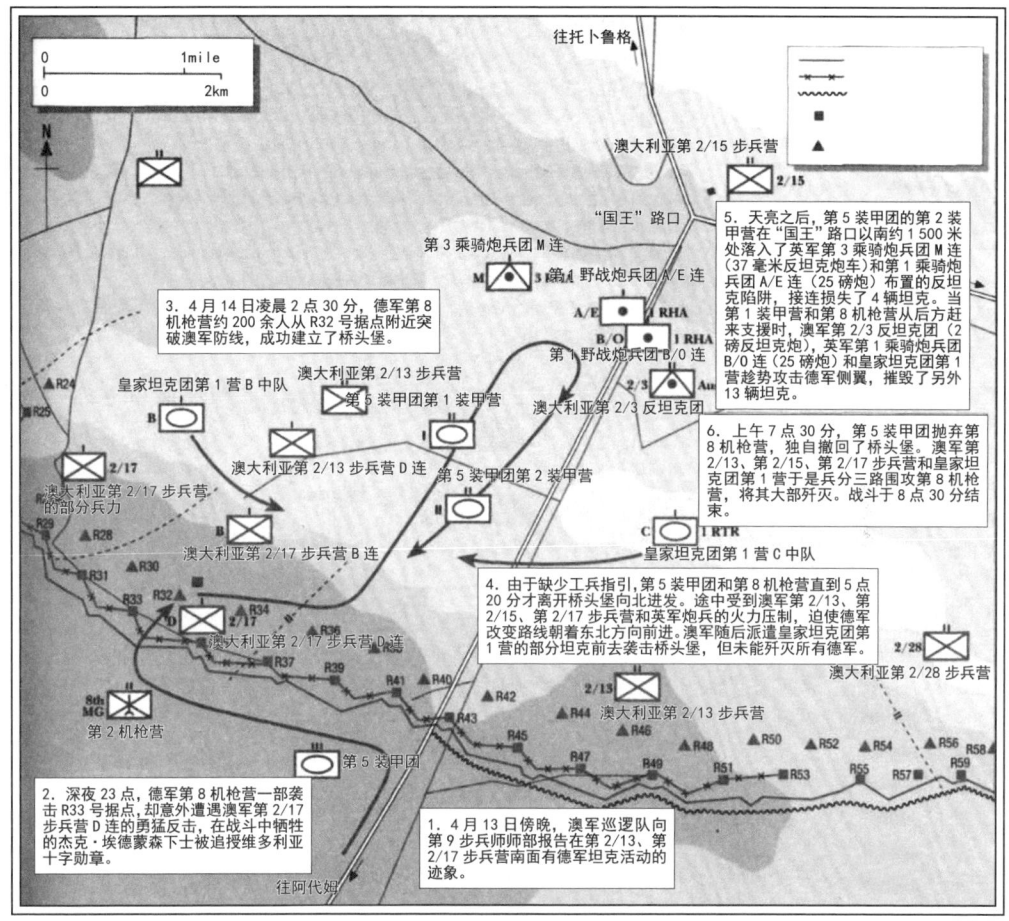

▲ 德军第 5 轻装甲师首次进攻托卜鲁克（1941 年 4 月 13 日至 4 月 14 日）示意图。

东非战役），就连整个北非的意军部队全都已经停止了抵抗。奥斯塔公爵的使节正与我军高层进行协商，讨论有关停战的细节问题。就在昨日，你们的上千名战友已在托卜鲁克附近被俘，没必要再有更多无谓的牺牲了！任何被俘的意军官兵都会受到国际公约的保护，趁早结束这场战争吧！"

这封劝降信或许确实动摇了意军的战斗意志。根据隆美尔战时日志里的记载，4 月 17 日他再次命令第 132 "攻城锤"装甲师实施主攻。然而直到开战前不久，意军方面才通知隆美尔司令部说他们的可用坦克数量已经不足 20 辆。该师原有的 46 辆 M13/40 中型坦克和 93 辆 L3 轻型坦克不是在进军昔兰尼加时引擎出了故障，就是行动装置有毛病，大部分都无法开动了。尽管如此，隆美尔还是强行命令意方出击，结果自然是无功而返。意军的狙击兵连很快就与前方的坦克失去了联系，澳军步兵和反坦克炮轻松干掉了那些单独冲到防线跟前的意军坦克，接着又打退了意军的数次冲锋。照隆美尔的看法:"墨索里尼居然把这样的破铜烂铁交给他的军队去前线作战,简直令人觉得毛骨悚然。"

4月17日,韦维尔致电澳军第9步兵师师长莫斯黑德少将"干得漂亮",同时要求托卜鲁克守军尝试进行反击。莫斯黑德以澳方人员不足、预备队有限为由拒绝了韦维尔。在此期间,只有英军第7师属支援群于4月16日将皇家坦克团第7营D中队的2个分队(共6辆"玛蒂尔达"MK2步兵坦克)从海上运抵托卜鲁克,弥补了先前的坦克损失。

▲4月14日凌晨3点,德军第8机枪营终于从R32号据点侧翼取得突破,为后续攻势打开了通道。从5点开始,第5装甲团24辆坦克陆续赶到R32号据点,配合第8机枪营朝位于阿代姆路北面的"国王"路口展开猛攻,结果却在英联邦军事先布置的反坦克炮屏障前败下阵来。图为第5装甲团第2装甲营营部被击毁的1125号1号A型坦克残骸,摄于5月2日。

4月19日,隆美尔在前线视察时惊讶地发现巴蒂亚附近堆满了意军火炮和物资,却无人驻防,先前攻下要塞的第3侦察营因4月15日和4月18日皇家海军近海舰队的炮击,已经离去多时。他马上通知第3侦察营再调1个连过来把守要塞。

也许是机缘巧合,当晚韦维尔恰恰派了一支海上突击队前来袭击巴蒂亚。英国皇家海军的"格伦盖尔"号运输舰(HMS Glengyle)在"考文垂"号防空巡洋舰和澳大利亚皇家海军的"斯图亚特"号(HMAS Stuart)、"航行者"号、"鹊"号驱逐舰(HMAS Waterhen)护航下,将载有英军特别勤务旅A营的登陆艇运抵巴蒂亚海湾

▲德军第5装甲团在4月14日的攻势中总共损失了17辆坦克。团长阿尔布里希上校因而抛下波纳特中校的第8机枪营,带领剩余坦克撤回了桥头堡。由于失去坦克掩护,波纳特的第8机枪营被澳军第2/13、第2/15、第2/17步兵营和皇家坦克团第1营团包围。到11点30分时,第8机枪营参战的700多名官兵已有150人战死,250人被俘,波纳特本人身亡。图为5月2日,第5装甲团第2装甲营第8连的4号E型坦克残骸。从被掀翻的炮塔来看,该车应是在战斗结束时遭澳军工兵爆破摧毁。

的 4 个登陆滩头。要不是英国人的情报出了问题,没能找到要塞的通讯设施和弹药库,轴心国的损失肯定会相当严重。这次突袭的最终结果为:特别勤务旅 A 营的 1 名军官遭到友军误击身亡,另有 67 人在退往海滩时迷路被俘。巴蒂亚要塞只有 1 座桥梁和 1 座轮胎仓库被毁,德军方面无人伤亡。

4 月 22 日,北非意军总司令加里波第上将和意大利殖民部长阿蒂利奥·泰鲁齐(Attilio Teruzzi)上将在会后授予隆美尔一枚意大利勇气勋章,以表彰其征服昔兰尼加的功绩。"这个时候还闹这一套,真是浪费时间。"隆美尔在写给妻子的信里如此评价。他确实没有时间和意大利人玩什么"授勋游戏",第 200 特别工兵营营部当天刚从柏林抵达的黎波里。这意味着第 5 轻装甲师很快就会拥有自己的独立工兵营,对于正在火热进行的托卜鲁克攻坚战而言,自然是比勋章更重要的头等大事。

虽然隆美尔信心十足,罗马方面却逐渐失去了耐心。鉴于托卜鲁克之战陷入胶着状态,意军最高统帅部于 4 月 23 日提议国防军最高统帅部暂缓攻打埃及。国防军最高统帅部回复说希特勒完全支持意方的决定,但隆美尔有权支配他所需要的资源,继续攻打托卜鲁克。对此,陆军参谋总长哈尔德大将在他的日记中写道:"直到 4 月 23 日,隆美尔都没有交出一份清晰明确的作战报告。这让我觉得,北非的情况十分不妙。他的部队现在散得太开,围攻托卜鲁克的行动又消耗了相当多的兵力。当务之急是必须立即派人去利比亚,确定那里的真实情况。"

国防军最高统帅部最终选派了时任总参谋部副参谋长的弗里德里希·保卢斯中将前往北非。4 月 27 日,保卢斯来到德意志非洲军司令部,发现隆美尔正在忙着筹划一场为期 3 天的全面攻势,看来他是铁了心非要拿下托卜鲁克不可。保卢斯决定不去惊动隆美尔,自己跑去前线走了一趟。4 月 28 日,保卢斯与隆美尔和加里波第私下见了面。三人商议后认为,当前形势确实需要更多援军和物资。不过保卢斯还是提醒隆美尔,千万不要随便削弱塞卢姆一侧的防御力量。那

▲ 4 月 19 日,隆美尔乘坐自己的"马克斯"号装甲指挥车(上)前往巴蒂亚进行视察,却惊讶地发现当地居然没有守军驻扎。原来第 3 侦察营打下巴蒂亚还不到 5 天,皇家海军就派近海舰队前来炮击要塞,赶走了德军。盛怒之下,隆美尔马上命令第 3 侦察营重新调派 1 个连回来驻防。

里毕竟是通往埃及的屏障，一旦失守后果将会不堪设想。

按照隆美尔制定的托卜鲁克围攻计划，新近抵达利比亚的第15装甲师负责北线攻势，第5轻装甲师负责南线攻势。只要上述2个师能够打开外围防御缺口，意军第132"攻城锤"装甲师和第27"布雷西亚"步兵师便可向托卜鲁克的内环防线展开突击，一鼓作气歼灭港口守军。

"最近我总是忙得不可开交。"隆美尔在4月30日的家信中对妻子透露了一些实情，"今晚我军将要再度尝试攻打托卜鲁克，保卢斯会留在这里观察战事的进展。除此之外一切都好。我对这次行动寄予了极高的期望，敌人那边几乎没有任何动静，即使在我军的凶猛围攻下依然如故。"

4月30日傍晚，德军第5轻装甲师的基希海姆战斗群和第15装甲师的霍尔岑多夫战斗群以"施图卡"俯冲轰炸机开道，向托卜鲁克西南方的S9、S5、S3、S1、R1、R3、R6、R7号据点发动突袭。这次德军吸取之前的教训没有使用佯攻，激烈的战斗一直持续到了夜幕降临。晚上9点30分，第2机枪营从澳军第2/24步兵营侧翼的R2、R4、R6号据点方向实施包抄，占领了拉斯埃尔梅道尔。5月1日凌晨，第2机枪营报告说他们的步兵已经精疲力竭，隆美尔于是命令第5装甲团第2装甲营营长霍曼少校率领第1、第2装甲营的81辆坦克（9辆1号坦克、26辆2号坦克、36辆3号坦克、8辆4号坦克、2辆指挥坦克）前去支援第2机枪营。由于突遇沙暴，这支混编装甲营从S1号据点出发后不久，便与第2机枪营失去了联络。霍曼少校直到8点左右才发现进军方向偏离了拉斯埃尔梅道尔，遂右转南下，结果一头撞进了澳军埋设的雷区，共有12辆坦克的履带或是行

▲ 隆美尔和随行人员在查看巴蒂亚附近的意军地下防御工事。行程结束后，隆美尔又驱车前往塞卢姆进行视察。那里属于英国皇家空军的活动范围，同时也是西部沙漠军的重要目标之一。4月19日傍晚，当隆美尔从塞卢姆返回托卜鲁克时，英军战机在巴蒂亚以西约15千米处发现了这支德军车队，于是立即对其展开空袭。混乱中有数辆德军指挥车严重损毁，隆美尔自己的越野车身中25发机枪子弹，造成驾驶员安东·埃格尔中士和联络员约翰内斯·坎特哈克代理下士两人身亡，就连"马克斯"号装甲指挥车的驾驶员也被穿透遮阳板的子弹打伤。由于事发当夜漆黑多云，隆美尔直到次日天明才找到正确的路线驾车回到军部。

## 第 2 章 德军介入北非（1941 年 2 月至 1941 年 9 月）

**德军第 5 装甲团第 6 连 2 排排长约阿希姆·朔尔姆少尉的战地日记**

4 月 14 日：凌晨 1 点，我从第 6 装甲连的连长那里接到了出击令。战况简报的大致内容是"第 8 机枪营的工兵正在全力攻打托卜鲁克的外环防线，第 5 装甲团必须立即前去协助，尽快摧毁敌人的内环防线。从 6 点 45 分起，"施图卡"机群将对托卜鲁克进行空袭，攻打港口的行动会在 7 点 15 分开始"。

随着阿尔布里希上校一声令下，第 5 装甲团悄悄地驶出了驻地。这次领头的依然是我们第 2 装甲营，第 1 装甲营和团部跟随在后。那天晚上真是冷极了。车内每个人都神情紧绷，提防随时可能出现的敌情。约莫开出 10 千米后，第 8 机枪营的队伍三三两两地出现在车队前头，看来我们已经抵达了桥头堡。在工兵们的积极协助下，我军坦克怒吼着越过反坦克堑壕，开始变换成战斗队形。从座车的车长指挥塔里，我抬头瞥了一眼夜空，当晚的天气还算不错，你至少能用肉眼看到繁星。

5 点左右，第 5 装甲团全部通过了桥头堡，开始向北进发。我望见远处的黑暗中有不少探照灯的灯光闪来闪去，可能敌人已经听见坦克引擎发出的声响，察觉到了危险的存在。不一会儿，大量炮弹便从天上劈头盖脑般地砸下，爆炸发出的闪光如同烟火晚会一般耀眼夺目。为了保护第 8 机枪营，团长阿尔布里希上校命令第 5 装甲团重新调整为一前一后两支纵队：第 6 装甲连的前方是轻型坦克排，第 8 装甲连的 4 号中型坦克，第 2 装甲营的营部以及第 5 装甲连，背后则是团部和第 1 装甲营。据我观察，队伍中有相当数量的坦克载有第 8 机枪营的士兵，营长波纳特中校自己带了 60 余人跟着第 2 装甲营的营部一起行动。这种做法简直就是违背常理！要知道，坦克本身就是以速度取胜，带着步兵的装甲部队根本无法实施快速突击，敌人肯定会利用这点增强防御，我们再去进攻的话，麻烦也就大了。事实果真如此，英国佬的炮火正变得越来越猛，我估计第 5 装甲团至少遭到了 5 个 25 磅炮兵连的齐射。尽管第 8 装甲连和轻型坦克排一直在努力寻找炮兵阵地的位置，可惜无济于事。炮弹依旧如同雨点般地落在坦克纵队头上，各个装甲连的间距也开始逐渐拉大。

"9 点钟方向，发现敌军反坦克炮！5 点钟方向，有敌方坦克出现！"显然第 5 装甲团是遭到了夹击，因为东西两侧都有炮弹射来，我们已经无路可退！"驾驶员注意，先右转，再左转，然后倒车！"我赶紧向车组下令。放眼望去，第 2 装甲营的阵型已经完全乱了套！有些坦克仍在前进，还有些坦克与后面的第 1 装甲营撞在一起，成了反坦克炮的绝佳攻击目标。整个战场就好似巫婆的大锅一般，到处可见被击毁的坦克残骸，还有负伤倒地、不断呻吟着的坦克手。

"长官，我们的引擎好像出了毛病，制动器没有反应，只有变速箱还能勉强正常工作。"驾驶员向我报告。我用潜望镜环视四周，发现右前方大约 900 米的土坡后面有门反坦克炮在朝我们不断开火。在它旁边以及 1 000 米外的地方，还停着另外 2 辆坦克。"活见鬼，他们到底有多少坦克？"我禁不住低声骂道。幸运的是，那些英国坦克尚未发现我的座车，它们射来的机枪曳光弹全都落在较近的地方，溅起阵阵尘土。

天亮之后，2架意大利战机飞临战场上空支援第5装甲团。透过满是泥点的潜望镜玻璃，我看到了燃烧着的坦克和反坦克炮，但这些是否都是意军战机的战果，我是完全不得而知。唯一清楚的是，我军的进攻已经失败，敌人正从数个方向步步紧逼过来，想要彻底消灭我们。阿尔布里希上校于7点过后下达了撤退令，第8机枪营长波纳特中校对此表示反对，执意留下继续抵抗。由于座车的无线电天线损坏，无法联系上第6装甲连的其他撩车，我于是提醒驾驶员，让他跟随营长的坦克一同撤离现场。

　　"现在给我立即倒车！""好的，长官！"还没等驾驶员开始换挡，只听见"乓！"的一声，车尾传来的巨响震慑了车组乘员。"难道是引擎或油箱中弹了？如果真是那样，那么坦克可就糟了！"我赶忙透过车长指挥塔的后部观察孔往外张望，然而车尾并没有任何起火的迹象，所有人都舒了口气。等坦克到达下一个安全地点时，我命令炮手和机枪手帮我将附近的3名伤员抬上座车。这些人都带着枪伤，模样十分可怜。

　　当我们重新启动引擎时，战场上忽然风沙四起。营长的座车已经失去了踪影，几枚不知从哪儿来的炮弹落在车旁，其中一枚恰好打中履带，所幸坦克本身还能行动。"千万不要灰心，我们一定能找到部队的！"我虽然这么说，但自己其实也很没底。万一途中履带或引擎损毁，可不是闹着玩的。一路上，一些友军坦克曾短暂现身，而后又再度消失。我们就这样顶着沙暴盲目摸索了很久，直到前方终于出现一块写有"反坦克雷区"的路牌，车组乘员不禁欢呼雀跃起来！

　　"现在只需保持前进即可，快点跟上部队！"用不了多久，我的座车抵达了桥头堡的反坦克堑壕出口。这里貌似同样遭受过敌军袭击，据点工事附近有被遗弃的我军反坦克炮，以及阵亡工兵的尸体。因为风沙的关系，驾驶员在跨越反坦克堑壕时没有看清路况，差点使坦克落入沟里。好在他及时调整车头朝向，避免了事故发生。眼见周围没有敌情，我派装填手和机电员外出检查座车，他们发现坦克车尾的油箱被穿甲弹穿了个洞，导致燃油泄漏，差不多都快要漏光了！

　　中午12点，第5装甲团的剩余车辆被全部调往桥头堡南面的河谷休整待命。天空阴云密布，我们担心下雨，便用帆布将坦克遮盖起来。整个下午，每隔10到30分钟就有一队英军轰炸机从空中出现。他们不断向我们投掷炸弹，一直持续到晚上7点才收场。事后我从营部得知，第2装甲营当天总共损失了15辆坦克，其中包括第8装甲连的5辆4号坦克。被围的第8机枪营近乎全灭，波纳特中校战死。就连团部的医护分队，也在英军坦克夜袭桥头堡时全部被俘。这些消息对于第5装甲团来说，无疑是雪上加霜。

　　注：朔尔姆显然是弄错了4月14日的坦克损失数字，第2装甲营的实际损失只有1辆1号坦克，1辆2号坦克，1辆3号坦克和5辆4号坦克。

第 2 章 德军介入北非（1941 年 2 月至 1941 年 9 月）

▲ 4 月 27 日至 4 月 29 日，5 月 2 日和 5 月 3 日，德国空军派出第 26 驱逐机联队第 3 大队护送第 1 特别轰炸机联队的 50 架容克 52 运输机，向班加西附近的贝尼纳机场运去了第 15 装甲师师部、第 104 步兵团的 9 个连、第 33 装甲工兵营的营部和 2 个工兵连。

动装置受损。澳军第 9 步兵师师长莫斯黑德少将见时机已到，火速调集英军第 3 乘骑炮兵团 J 连、M 连和澳军第 24、第 26 反坦克连赶往雷区，总共击毁 4 辆坦克，迫使隆美尔把霍曼装甲营撤回了拉斯埃尔梅道尔南面的 R3 号据点。5 月 1 日傍晚，澳军第 2/48 步兵营在皇家坦克团第 7 营 D 中队的 5 辆"玛蒂尔达"MK2 步兵坦克、皇家坦克团第 1 营的 15 辆巡洋坦克和第 51 野战炮兵团第 1 营的配合下试图收复拉斯埃尔梅道尔。第 5 轻装甲师和意军第 132"攻城锤"装甲师及时调遣霍曼装甲营、第 2 机枪营和第 32 装甲团的部分兵力设下埋伏，先后摧毁 4 辆"玛蒂尔达"和 2 辆巡洋坦克，粉碎了澳军的攻势。

5 月 2 日一整天，双方仍在继续交火。德军已经牢牢控制了托卜鲁克西南方向的 15 个据点，突入澳军防御纵深约 4.8 千米，形势十分危急。为补充损失，莫斯黑德少将调来澳军第 18 步兵旅和皇家诺森伯兰燧发枪兵团第 1 营。其中澳军第 2/10 步兵营又与第 2 机枪营爆发了一场混战，互有伤亡。5 月 3 日晚，莫斯黑德指派第 3 国王属轻骑兵团掩护澳军第 18 步兵旅全线出击，却径直冲入隆美尔精心布置的防线，磕得头破血流。大约 21 点至 23 点，沿着北路和中路挺进的第 2/9、第 2/10 步兵营不敌第 2 机枪营的密集火力败下阵来。午夜 0 点 45 分，从南路推进，刚刚收复 R8 号据点的第 2/12 步兵营遭到德军反扑，再次丢掉了据点。5 月 4 日凌晨 3 点 30 分，莫斯黑德承认行动失败，下令澳军第 18 步兵旅立即放弃进攻撤回内环防线。至此，从 4 月 13 日起持续 20 天之久的托卜鲁克攻防战终于落下了帷幕。德意联军总共损失包括 53 名军官在内的 1 140 名官兵，算是撞上了

▲ 1941 年 5 月初，停在德尔纳机场上的容克 52 运输机群和第 26 驱逐机联队第 3 大队的 1 架梅塞施密特 110 双引擎战斗机。这次他们是在为托卜鲁克前线运送油料和各种补给物资。

91

**德军第 5 装甲团第 6 连 2 排排长约阿希姆·朔尔姆少尉的战地日记**

4 月 30 日：17 点 45 分，第 6 装甲连做好了战斗准备，开往部队集结地。大批"施图卡"俯冲轰炸机正在猛烈轰炸托卜鲁克，从集结地就能见到远方港口冒起的黑烟。夜晚 20 点，我军炮兵开始密集炮击托卜鲁克的西南防区。首批进攻部队包括第 2 机枪营，第 200 特别工兵营。他们将负责破除拉斯埃尔梅道尔两翼的敌军防御工事，为第 5 装甲团的突击铺平道路。深夜 22 点左右，我们在座车底下就寝，当晚没有发生其他战斗。

5 月 1 日：凌晨 3 点 30 分，我将车组叫醒。4 点 30 分，作战终于开始。由于黑暗和沙暴肆虐，我们与第 2 机枪营暂时失去了联系。战斗异常激烈，英军炮兵不断朝我们开炮射击，去拉斯埃尔梅道尔的路上到处是尸体。第 5 装甲团如今成了霍曼少校的机动营，战斗队形如下：第 6 装甲连（原第 1、第 2 装甲连合并）在左，第 5 装甲连（原第 5、第 6 装甲连合并）在右，中间是营部，后面跟着第 7 装甲连（"沃勒库森"号运输船火灾之后的原第 7 装甲

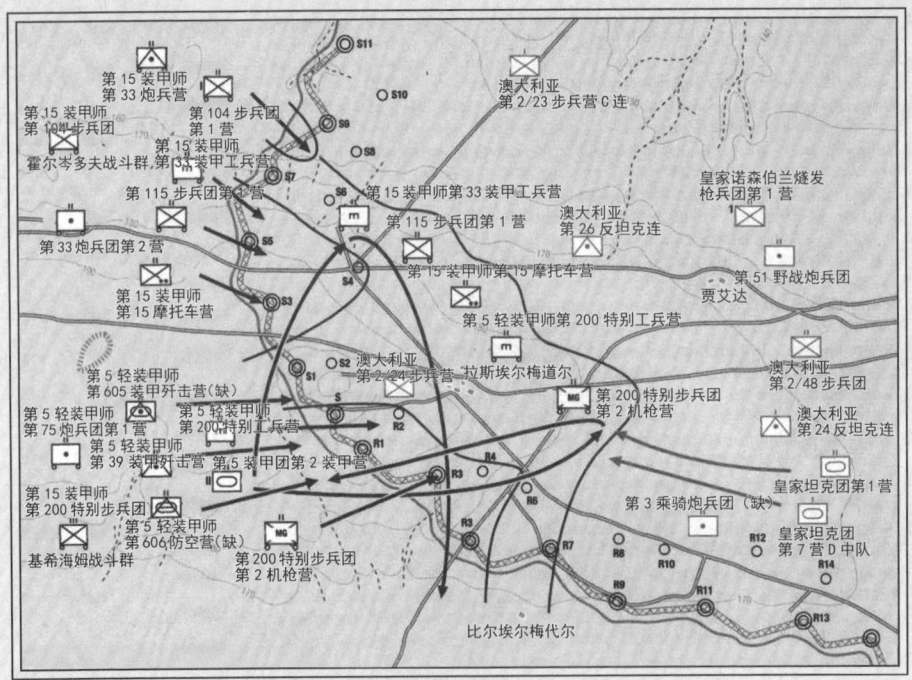

▲ 4 月 13 日的第一次夜间攻势失败后，德军于 4 月 30 日晚再次向托卜鲁克西南防区的拉斯埃尔梅道尔发起猛攻。交战双方围绕拉斯埃尔梅道尔及其周围高地进行的混战一直持续进行到 5 月 3 日，方才落下帷幕。据参战的澳军士兵回忆，当时每辆进攻的德军坦克都载有 2 到 3 名步兵，他们通常会从 100 到 200 米外用坦克主炮猛轰澳军的防御工事，在压制住工事两侧的机枪掩体和堑壕后，坦克上的步兵便会直冲过来，用手雷和爆破筒摧毁工事。5 月 3 日夜晚，澳军第 9 步兵师师长莫斯黑德少将试图调动第 18 步兵旅向占领拉斯埃尔梅道尔的德军发起反击，但未成功。5 月 4 日凌晨，莫斯黑德被迫下令取消行动，托卜鲁克攻防战由此陷入了僵持局面。

连余部）和第 8 装甲连（原第 4、第 8 装甲连合并），坦克总数超过 80 辆（行动开始前 1 辆 1 号坦克引擎受损，实际为 81 辆）。

我们出发了！前方基本没有看到侦察兵的身影。第 6 装甲连已派出 2 个排和 1 个分队向敌军侧翼实施迂回，消灭了几处隐藏的据点。可还没等我们向营部报告这个消息，无线电里就传来了副连长的警告："第 6 连全体注意，连长的座车履带中弹！""难道会是英军的炮击不成？"我正觉得奇怪，座车前头突然冒出一道闪光，车体立刻左右摇摆起来。"那并不是什么炮击，我们肯定是撞上了地雷！"机电员于是用无线电通知 2 排："排长朔尔姆少尉遭遇雷区，现在马上按原路返回！"

我的座车仅仅倒行了 5 米，却又触发了另一颗地雷，这下坦克彻底熄火了。"弃车，全体弃车！"我带领 4 名乘员跳出坦克，摸黑爬上停在 100 米外的 623 号车，用车上的无线电向连部发报："左前方山脊处有敌军坦克活动！右前方出现敌反坦克炮和机枪曳光弹！触雷车组无人受伤，623 号车已被接管。"

经历多次前进，倒车和 S 机动之后，连长罗斯科尔中尉率领 1 辆连部指挥车前来支援 623 号车，3 辆坦克一同从南面冲出了雷区。连长告诉我，第 2 装甲营已有 9 辆中型坦克和 3 辆轻型坦克触雷，其中也包括我和 2 排两位分队指挥官的座车。为避免装备落入敌手，他要我马上回去摧毁雷区里所有无法开动的车辆。老实说，这可不是件轻松活儿！

我们的时间相当有限。500 米远处，有门敌军反坦克炮仍在朝 623 号车射击。我叫手下装填好高爆弹，将它给干掉了。几分钟后，当驾驶员快要接近抛锚的 624 号车时，我们又遭到了另 1 门反坦克炮和 1 挺机枪的攻击。枪林弹雨下，想要彻底破坏 624 号是根本不可能的。我让乘员用缆绳系上 624 号的车尾，将这辆价值 25 万帝国马克的坦克慢慢拖回了 1.6 千米外的部队集结地。624 号车组见到自己的座车归来，兴高采烈地向我道谢。至于那些仍然留在战场上的无人坦克，只能等我军的俯冲轰炸机去解决了。

5 月 1 日傍晚，敌人为了夺回拉斯埃尔梅道尔，派遣一队重型坦克和 2 个摩托化步兵连从东南方向展开反扑。幸亏我们早有防备，敌军部队刚现身便一头钻进了伏击圈。绿色、白色、红色的信号弹瞬间点亮了整个防线！在我军凶猛的反坦克火力面前，敌人的 4 辆重型坦克先后被毁，步兵溃散。意军的菲亚特喷火坦克紧追敌人不放，喷吐出道道火舌，空气中散布着刺鼻的难闻气味！到 23 点 45 分，战斗结束，我军大获全胜。

5 月 2 日：凌晨 3 点吃了顿夜宵。接下来的任务，是外出回收昨天的那些战损坦克。

注：根据德军的作战记录，第 5 装甲团的维修单位仅用 2 天时间就将 5 月 1 日战损的 12 辆坦克全部回收，但朔尔姆少尉本人却在 5 月 2 日的回收行动中被澳军俘虏，他的战地日记也就到此结束。

▲ 5月2日拍摄的第5装甲团第2装甲营的2号C型坦克残骸。该车曾发生殉爆，因而被彻底烧毁。

"头彩"。

5月6日，保卢斯在回国前电告柏林方面说隆美尔的部队极度缺乏弹药、油料、车辆和食物。只有等意大利人改善目前的补给状况，德国才可向北非输送新的援军。不幸的是，"超级机密"截获了这份电报，于5月8日将它交到了韦维尔手中。

5月12日，国防军陆军总司令部收到由保卢斯撰文的第276/41号北非战况视察报告。文件内容提及应当尽早拨出6艘汽船和16艘渡轮，每月至少为北非提供2.9万吨物资。除了日常供给外，轴心国还需要组建专门的海上运输护航队，并在的黎波里和班加西等重要港口部署更多的防空单位（包括6月到达的第25防空团第2营）。值得注意的是，保卢斯的这份报告"无意中"把第5装甲团首次攻打托卜鲁克的坦克损失数字从17改成了16，说明战损的坦克中至少有1辆拖救成功。

陆军参谋总长哈尔德大将看了保卢斯的报告后大失所望。他认为这是隆美尔打算进一步扩大北非战事，满足其野心而使出的花招。5月13日，哈尔德和布劳希契联手出面通告利比亚的意军统帅加里波第上将，要他积极限制德意志非洲军在利比亚的行动。出乎哈尔德意料的是，加里波第似乎觉得自己的职权受到了侵犯，只交谈了不到20分钟就挂断了电话。

另一方面，德军第15装甲师的主力已于5月初陆续抵达北非。该师组建自1940年11月，原本的番号是第33步兵师。其主要作战单位包括第8装甲团（2个装甲营），第104、第115步兵团（每团各有2个步兵营），第33装甲侦察营，第15摩托车营，第33炮

▲ 5月2日，澳军第19步兵旅宣传单位的基廷上尉正在检查被遗弃的811号4号D型坦克残骸。

兵团（3个炮兵营），第33装甲歼击营，第33装甲工兵营和各种后勤支援单位。全师共有45辆2号坦克、71辆3号坦克、20辆4号坦克和10辆指挥坦克。5月1日至5月9日，第8装甲团第1装甲营的先头部队离开班加西驶往托卜鲁克，该团的另外两批坦克将于5月12日至5月28日抵达前线。5月20日，隆美尔正式任命约翰·冯·拉文施泰因少将为第5轻装甲师师长。原先负责指挥基希海姆战斗群的海因里希·基希海姆少将退居幕后，6月中旬返回柏林，升任国防军陆军最高司令部热带战区特别参谋部的参谋长。由于在与隆美尔共事期间曾发生过多次不愉快的经历，基希海姆日后成了隆美尔的死敌。7·20事件中隆美尔被逼服毒自尽，基希海姆无疑起到了推波助澜的作用。

## 1941年的德意志非洲军

通过4月10日至6月17日的托卜鲁克攻防战，隆美尔逐步发现了德意志非洲军自身存在的种种缺陷。这些缺陷主要包括：

第5轻装甲师缺少步兵和支援火炮，进攻能力不足

第15装甲师缺少反坦克炮和高射炮，防御能力有限

由于国防军陆军最高司令部始终拒绝大规模增援北非，隆美尔为了平衡部队的兵力配置，从1941年8月起对德意志非洲军进行了初步改组，其主要变动如下：

第5装甲团将扩建第3、第7轻型装甲连，第8装甲团将扩建第4、第8中型装甲连

第2机枪营和第200特别步兵团转属第15装甲师，第15摩托车营加入其中

第104步兵团转属第5轻装甲师（8月1日改名为第21装甲师）

第75炮兵团第1营扩编为第155炮兵团

第200特别工兵营（8月1日改名为第200装甲工兵营）将扩建第3连

第200师属补给总指挥部将取代第668特别补给营

第605装甲歼击营将扩建第4连，并升格为非洲装甲集群直属单位

第606、第612防空营升格为非洲装甲集群直属单位

第33防空团第1营与第18防空团第1营于1941年11月初被编入非洲装甲集群直属第135防空团，战时可作为独立反坦克单位加强给各个装甲师

第6防空团第1营、第43防空团第1营、第102防空团团部、第617防空营、第288特战队（共计1个特战连、1个山地步兵连、1个步兵连、1个机枪连、1个装甲歼击连、1个防空连、1个工兵连、1个通信连），第303、第304海岸炮兵连（法制155毫米加农炮）将在4个月内陆续抵达北非

增设第104炮兵指挥部和第200、第33野战补充营

## 大漠烽烟急

> 开始组建非洲特别师，为扩编德意志非洲军做准备
>
> **1941年的北非意军**
> 由于意军步兵师的师属炮兵团和机枪营大多在1941年2月的贝达富姆之战中随第10集团军一起被英军歼灭，所以需要时间重新分配新的炮兵团和火力支援单位。到1941年5月为止，除第55"萨沃纳"步兵师外，意军各师已与1940年型步兵师的固定编制有了较大差异，例如，防空连脱离炮兵团成为独立单位及强化师属支援火力，全都是旧型步兵师所没有的特征。

## 英联邦军在埃及边境发动攻势

1941年4月中旬，英国首相丘吉尔通过"超级机密"获取了有关德意志非洲军兵力不足，隆美尔正在积极寻求援助的重要情报。他决定趁德军增援部队尚未全部到达北非之前便向埃及派遣强大的护航编队，尽一切可能增强西部沙漠军的战斗力。4月20日，英国皇家海军参谋部制定了"老虎"行动方案。4艘满载坦克的快速商船将于4月23日经直布罗陀穿越地中海，开往亚历山大港。4月21日，丘吉尔在海军部召开的行动会议上强调："韦维尔将军的电报显示，他最需要的是武器而不是人。时间就是关键，护航编队在航行途中应避免任何拖延。按照参谋部的估算，以16节航速行进的船队只需要8-10天便可抵达亚历山大港，韦维尔的部队到5月初就能恢复进攻能力。我们必须不惜一切代价全力完成这次行动，即使损失一半的运输船，也是可以接受的。"

4月22日，丘吉尔要求再为船队增加2艘商船，使巡洋坦克的数量提高到100辆。可帝国总参谋长约翰·迪尔上将认为英国的本土防御同

▲ 苏格兰禁卫团第2营位于马特鲁的布伦防空机枪哨，摄于1941年4月。当时该营还尚未接到"短促"行动的作战令。

▲ 马特鲁作为1940—1941年西部沙漠军的主要基地，其实只是一座人口不足200人的小渔港。

样迫切需要坦克，因此强烈反对首相的做法。经过磋商，两人最后决定抽调5艘商船，运送295辆坦克前往埃及。

5月5日夜晚，"老虎"船队穿过直布罗陀海峡驶入了地中海，预计将在5月中旬抵达亚历山大港。韦维尔接到电报后十分高兴，但他并不急于马上使用这批装备，而是打算先派西部沙漠军实施一次代号为"短促"的火力侦察行动，等摸清了德意联军的部署情况之后，再向隆美尔的部队发起主攻。

从表面上看，"短促"行动的目标很简单："夺回塞卢姆和卡普佐堡，并寻找机会歼灭托卜鲁克附近的敌人。"5月9日，西部沙漠军的机动特遣队指挥官威廉·亨利·戈特准将公布了自己的作战计划，他将动用以下3支作战部队参与进攻：

"海岸"纵队下辖英军第7师属支援群的1个步兵营、第22禁卫旅的部分营属迫击炮、2个炮兵连和1个澳军反坦克连，任务是沿着海岸公路夺回塞卢姆；

"中央"纵队下辖英军第4装甲旅的1个坦克营、第22禁

▲ 1941年7月停在卡普佐堡郊外的隆美尔装甲指挥车"马克斯"号，车首的铁十字徽记和英军第2装甲师的带缨骑士头盔师徽均清晰可见。

▲ 1941年5月20日，约翰·冯·拉文施泰因少将正式接替施特赖希少将担任第5轻装甲师师长。图为1941年7月隆美尔造访卡普佐堡时，与拉文施泰因一同商讨战况。

▲ 离开卡普佐堡后，隆美尔带领随行人员前往5月27日被德军重新夺回的哈勒法耶隘口进行视察。当地的平均海拔约有180—200米不等，图中的帐篷是第104步兵团第1营营长威廉·巴赫上尉的指挥所。

卫旅的3个步兵营和1个澳军反坦克分队，任务是绕过哈勒法耶隘口，夺回卡普佐堡；

"沙漠"纵队下辖英军第7装甲旅的1个装甲营、2个师属骑兵团、第7师属支援群的1个步兵连和3支"乔克"纵队，外加1个澳军反坦克分队，任务是从内陆迂回德军侧翼，摧毁西迪阿柴兹（Sidi Azeiz）至巴蒂亚的德军防线。

轴心国方面，尽管隆美尔当时已经把主要精力投入了托卜鲁克攻防战，他倒是没忘记保卢斯的提议，适当加强了埃及边境的守备力量。其中负责保卫哈勒法耶隘口的部队是意军第132"攻城锤"装甲师麾下的第12狙击兵营第6、第7连和营属反坦克连（4门47毫米反坦克炮），加强单位包括德军第15摩托车营第2连及意军第24军属炮兵集团第2炮兵群第6连（4门105毫米野战炮）。除此之外，在隘口西北方向的西迪阿柴兹附近还驻扎着德军冯·赫夫战斗群。该战斗群下辖第3侦察营、第5装甲团第2装甲营、第605装甲歼击营、第15摩托车营、第33装甲侦察营、第102"特伦托"摩托化步兵师的1个狙击兵营和一些炮兵、防空支援单位，兵力众多且战斗力较强，是德意联军在埃及边境地区最具实力的机动预备队。

5月15日早晨6点，戈特准将

下令机动特遣队准时发起"短促"行动。然而开战还不到半小时,"海岸"纵队的米复枪旅第2营便在哈勒法耶隘口北面遇伏受阻。由于缺少坦克支援,英军临近傍晚5点才攻克塞卢姆,俘虏124名意军,白白浪费了许多宝贵的时间。与此同时,"中央"纵队也在穿越哈勒法耶隘口南面的山丘时遇到了十分顽强的抵抗。意军指挥官乌戈·蒙泰穆罗(Ugo Montemurro)上校命令47毫米反坦克炮手从366米距离上瞄准坦克的履带和底盘部位开火,再派反坦克小组上去实施爆破,先后击毁、击伤皇家坦克团第4营C中队的7辆"玛蒂尔达"MK2步兵坦克。蒙泰穆罗因此获得了一级铁十字勋章,在其手下担任第12狙击兵营排长的贾钦托·科瓦少尉(Giacinto Cova)中尉则被追授一枚金质功勋章。第一轮进攻失败后,第22禁卫旅调来苏格兰禁卫团第2营G连,配合皇家坦克团第4营C中队再次发动攻势。意军第12狙击兵营、第72反坦克连和德军第15摩托车营第2连消耗过半,防线崩溃,英军拿下了哈勒法耶隘口。

令人感到费解的是,哈勒法耶隘口失守的消息起初并未引起德军高层的关注,使得戈特的机动特遣队得以继续向西进军。上午8点,"中央"纵队占领隘口西面的一座轴心国营地,接着又朝西北方向的比尔瓦艾尔穆萨德路(Bir Wair Musaid road)挺进。10点15分,比尔瓦艾尔和穆萨德被英军攻占,意军第62步兵团第2营第7连、第5狙击兵营的营属反坦克连和德军第15摩托车营一部纷纷逃离现场。11点刚过,皇家坦克团第4营和多汉姆轻步兵团第1营乘胜冲向卡普佐堡。驻守要塞的意军第5狙击兵营第2连、营属反坦克连(4门47毫米反坦克炮)和第132炮兵团第1炮兵群第1连(4门75毫米野战炮)理应不是英军的对手,但他们巧妙地躲在侧翼高地的山坡背后袭击皇家坦克团第4营,致使A中队有5辆"玛蒂尔达"MK2步兵坦克战损或抛锚,失去坦克掩护的多汉姆轻步兵团第1营C连只得暂时撤退。临近中午,多汉姆轻步兵团第1营重新调集4个步兵连,并在皇家坦克团第4营A中队的协助下二度强攻卡普佐堡得手,迫使意军放弃要塞退往高地北面。12点30分,苏格兰禁卫团第2营派

▲ 巴赫上尉和一群兴高采烈的第104步兵团第1营官兵,摄于1941年7月。作为"一战"老兵的巴赫于1916年负伤被俘,1919年回到德国后,曾在曼海姆的路德教内担任牧师职务。30年代初他再度成为一名预备役军官,1939年重返军队参加了"二战"。

**参加"短促"行动的英联邦军作战序列（1941年5月15日）**

机动特遣队（威廉·H. 戈特准将）

"海岸"纵队

 英军第22禁卫旅（隶属英军第7步兵师）

  第22禁卫旅旅部及通信连

 来复枪旅第2营（加强自第7师属支援群）

 寒溪禁卫团第3营（迫击炮）

 澳大利亚第2/2反坦克团第5连（9门2磅反坦克炮）

 第8野战炮兵团（2个连，每连8门25磅炮）

"中央"纵队

 英军第4装甲旅

  第4装甲旅旅部及通信连

 皇家坦克团第4营（24辆"玛蒂尔达"MK2步兵坦克）

 苏格兰禁卫团第2营（加强自第22禁卫旅）

 寒溪禁卫团第3营（加强自第22禁卫旅）

 多汉姆轻步兵团第1营（加强自第22禁卫旅）

 澳大利亚第2/3反坦克团第12反坦克连的1个分队（4门2磅反坦克炮）

"沙漠"纵队

 英军第7装甲旅

  第7装甲旅旅部及通信连

 皇家坦克团第2营（29辆A9、A10巡洋坦克）

 第11轻骑兵团（32辆马蒙－海灵顿装甲侦察车）

 第7师属支援群的3支"乔克"纵队（每个纵队由2个连规模的摩托化步兵/摩托化工兵，外加部分坦克、装甲侦察车、反坦克炮和25磅炮组成，创立者为第4乘骑炮兵团的约翰·查尔斯·"乔克"·坎贝尔中校，后成为英军1942年时的标准战术编制之一）

 来复枪旅第2营A连（加强自第7师属支援群）

 澳大利亚第6骑兵团（28辆维克斯MK6轻型坦克）

 澳大利亚第2/3反坦克团第12反坦克连的1个分队（4门2磅反坦克炮）

出1个连前去探查巴蒂亚方面的轴心国军动向,却被来自塞卢姆兵营的机枪火力压制,只好无功而返。

与上述两支纵队相比,"沙漠"纵队的进展明显要顺利得多。第7装甲旅的皇家坦克团第2营在5月15日上午只遇见过少数德军车辆,没有爆发大规模交火。该营自身有1辆巡洋坦克发生机械故障退出了战斗。中午12点,"沙漠"纵队抵达卡普佐堡以西,准备在下午出动9辆巡洋坦克,对西迪阿柴兹进行战术侦察。

5月15日中午,随着德军第621无线电侦听连监听到大量的英军无线电讯号,隆美尔这才意识到情况不对。他一面派人联络意军,一面从托卜鲁克方向调拨克拉默战斗群和埃泽贝克战斗群赶往埃及边境增援。离卡普佐堡最近的冯·赫夫战斗群指挥官,第115步兵团团长马克西米利安·冯·赫夫（Maximilian von Herff）上校估计英军的进攻兵力足有2个师和100多辆坦克,决定将部队撤离西迪阿柴兹。隆美尔表示坚决反对,催促他立即率部向英联邦军展开反击。

5月15日下午,第5装甲团第2装甲营奉赫夫上校之命开始反攻卡普佐堡。13点30分,位于要塞北面的多汉姆轻步兵团第1营D连被德军坦克击溃。14点45分,英军趁风沙扰乱德军视线之际放弃卡普佐堡撤往穆萨德,约70多人被俘。"沙漠"纵队在接到要塞失守消息后,指示皇家坦克团第2营取消战术侦察,退守比尔瓦艾尔。

5月16日凌晨3点,由第8装甲团团长汉斯·克拉默（Hans Cramer）中校指挥的战斗群经长途跋涉抵达西迪阿柴兹,几乎耗尽了所有汽油。第15步兵旅旅长汉斯－卡尔·冯·埃泽贝克上校（HansKarl von Esebeck）的战斗群奉命留在塞卢姆以北,封锁从塞卢姆通往托卜鲁克的巴尔比亚海岸公路。6点30分,第8装甲团第1装甲营驶入卡普佐堡,与冯·赫夫战斗群会合。该营原有的101辆坦克大部分都在行军途中抛锚,仅剩17辆坦克可用。上午8点至下午4点,2个德军战斗群都在忙着维护坦克,没有

▲ 哈勒法耶隘口高地上的德军观察哨。

▲ 意军第 2 快速炮兵团的 1 个 100 毫米炮兵群当时就驻扎在 190 号高地，另 1 个炮兵群负责把守隘口以南约 10 千米的"奇雷内"据点，第 3 个炮兵群则部署在隘口北面的海岸线附近。这张照片的拍摄者是德意志非洲军宣传连的恩斯特·茨维林上士。

机会出动攻打英联邦军。戈特准将充分利用这 8 个小时，将机动特遣队的 3 支纵队分批撤回哈勒法耶隘口。17 点 30 分，"沙漠"纵队担任后卫的皇家坦克团第 2 营发现"50 余辆"德军坦克（第 8 装甲团第 1 装甲营此时的可用坦克数已回升至 31 辆）正从卡普佐堡南下，便匆忙调集 17 辆坦克进行拦截，击毁 1 辆 2 号坦克和 2 辆 3 号坦克。当时天色已晚，前线的战况又模糊不清，赫夫和克拉默误以为英军实力充足，担心自己深入下去恐吃大亏，于是责令部队停止追击，返回卡普佐堡。晚上 7 点，皇家坦克团第 2 营安全返回哈勒法耶隘口东南面的比尔埃尔基莱加特（Bir el Khireigat），战斗至此宣告结束。

英国官方战史曾如此评价"短促"行动："就作战目标而言，这场战斗算是彻底失败了。"英联邦军在 5 月 15 日至 5 月 16 日的两天时间里仅仅夺取了哈勒法耶隘口，摧毁 3 辆德军坦克，毙伤、俘虏 258 名敌军，自身却有 5 辆坦克全损，13 辆坦克负伤，另有 206 名官兵阵亡、负伤和被俘，其中 160 余人来自多汉姆轻步兵团第 1 营。究其原因，除了参战部队兵力不足之外，步坦协同上的毛病也同样困扰着英联邦军。举例来说，他们的坦克经常会抛下步兵单独冲击反坦克阵地，结果自然是损失惨重。英国人或许还不知道，轴心国实际上已经破解了"玛蒂尔达"步兵坦克的"不败神话"。从托卜鲁克到哈勒法耶隘口，英国步兵坦克的损失比率正在逐步攀升，再也无法像 1940 年那样四处横行了。

"短促"行动结束后的一周时间里，德军第 621 无线电侦听连加强了对英联邦军通讯网的监听工作，但未能发现任何有价值的情报。韦维尔正在积

▲ 哈勒法耶隘口南面 190 号高地上的意军炮兵阵地和阵亡将士纪念碑。

## 第2章 德军介入北非（1941年2月至1941年9月）

极筹划6月的大规模攻势，哈勒法耶隘口如今被交给了机动特遣队的皇家坦克团第4营C中队、寒溪禁卫团第3营和一些炮兵单位。隆美尔见英联邦军毫无动静，判断出对方很有可能还留有余力。之前的进攻只是前哨战，目的是为了刺探德军方面的兵力布防情况。5月23日，他与第15装甲师商议策划了"蝎子"行动（Operation Scorpion），意图从英联邦军手中重新夺回哈勒法耶隘口，阻

▲ 1941年夏，德国空军持续不停地轰炸托卜鲁克，给港口造成了十分严重的破坏。图为1架被英军高射炮击落的"施图卡"俯冲轰炸机残骸。

断来自埃及方向的威胁。5月24日至5月25日，德军冯·赫夫战斗群进行了重新整编，具体行动方案如下：韦希马尔集群的第3装甲侦察营将从右翼攻打迪尔埃尔哈姆拉（Dier el Hamra），牵制英联邦军的机动部队；克拉默集群的第5装甲团和第8装甲团第1装甲营将从中央朝着西迪苏莱曼（Sidi Suleiman）方向挺进，包抄哈勒法耶隘口西南面的英联邦军；巴赫集群的第104步兵团第1营将从左翼肃清海岸线沿途的英联邦军据点，攻占哈勒法耶隘口；克纳贝集群的第15摩托车营和第33炮兵团第1营将作为预备队留在后方待命，随时为一线部队提供支援。

5月26日晚，冯·赫夫战斗群的4个作战集群被调往哈勒法耶隘口西北面的进攻集结地。5月27日凌晨2点，"蝎子"行动正式开始。在最初的1小时内，英联邦军被来自克拉默集群的坦克攻势所吸引，不过由于机动特遣队当时并未派兵把守迪尔埃尔哈姆拉和西迪苏莱曼，德军的中路突破和右翼突破也就失去了意义。临近4点，冯·赫夫上校通知克拉默集群取消南进，掉头往北去协助巴赫集群夺取哈勒法耶隘口。面对德军的猛攻，英军寒溪禁卫团第3营在营长穆布雷中校（J.Moubray）指挥下进行了英勇抵抗，迫使德军暂时撤退。冯·赫夫见正面强攻不成，便派克拉默集群的第5装甲团第2装甲营和克纳贝集群的第15摩托车营改由西北方向迂回英军侧翼。战至上午6点，寒溪禁卫团第3营终于被德军的兵力优势压倒。部分德军坦克冲上山岭，向隘口山脚下的英军不断射击。为掩护穆布雷的士兵脱险，麦尔斯少校（C.G.Miles）率领皇家坦克团第4营C中队的9辆"玛蒂尔达"步兵坦克向德军发起反击。第5装甲团第2装甲营和巴赫集群的第104步兵团第1营从两翼

▲ 通过"短促"行动和"蝎子"行动，隆美尔清楚地认识到了哈勒法耶隘口的重要性。6月9日，他将第33防空团第1营的13门88毫米高射炮调往一线驻防。其中有5门部署在哈勒法耶隘口，4门部署在208号高地，4门部署在206号高地，给参与"战斧"行动的英军装甲部队造成了极大损失。根据德军统计，第33防空团第1营的通常开火距离为800–1600米，总共消耗1680发88毫米炮弹，平均每发射20发炮弹摧毁1辆坦克。6月20日，国防军公报特别提及了第33防空团第1营的3位勇士：根斯勒候补军官、布林克中士和基尔中士，营长瓦尔特·弗洛姆上尉于7月9日被授予骑士十字勋章。

截住这队英军坦克，将其击败。7点至8点，冯·赫夫战斗群控制了周围大部分高地，英军被迫撤离哈勒法耶隘口。

通过"蝎子"行动，冯·赫夫战斗群在5月27日总共俘虏40名英军，缴获5辆"马蒂尔达"MK2步兵坦克和9门25磅炮，德军损失只有1辆3号坦克无法修复（该车隶属第5装甲团第2装甲营第6连，地点在隘口南面的192号高地）。英国方面的统计数据稍有不同，显示寒溪禁卫团第3营和皇家坦克团第4营共有173人伤亡或失踪，损失5辆步兵坦克，8门2磅反坦克炮和4门25磅炮。

尽管隆美尔十分赞赏赫夫近期的表现，但他始终觉得埃及边境的兵力不足，需要从国内增调更多部队驻防才行。布劳希契元帅对隆美尔的请求答复是"目前根本无兵可派"，同时还警告他"不要太过乐观"。5月26日，哈尔德大将指派阿尔弗雷德·高斯少将带着大批幕僚飞抵的黎波里与意大利方面进行协商。高斯此行的目的是加强国防军陆军总司令部对北非局势的控制，并设法改善德意志非洲军的补给状况。可意军统帅加里波第上将却认为德国又一次粗暴干涉了意大利的内部事务，拒绝执行高斯提出的要求。

对于意大利人摆出的强硬姿态，希特勒决定由他亲自出马来解决问题。6月2日，希特勒再次邀请墨索里尼前往布伦纳隘口会面，陪同两国元首出席会议的还有凯特尔元帅和意大利总参谋长乌戈·卡瓦莱罗上将。不出德方所料，卡瓦莱罗在会上果然一再强调意军的现有兵力不足，无法长期维持北非战场。凯特尔则反驳说，只有改善补给，德国才能向利比亚派遣新的援军。当天下午，希特勒和墨索里尼达成共识，决定将攻打埃及的计划推迟至1941年秋季进行。意大利同意为德国的运输船队提供护航，而德国将向北非增派战机、重型火炮和防空武器，加强沿海重要港口的守军实力。凯特尔唯一没有接受的条件是向意大利开放法属突尼斯的港口使用权。因为他担心这种做法会刺激维希法国政府，给德法两国的停战协定"制造阴霾"。

---

**"短促"行动中的轴心国作战序列（1941年5月15日）**

冯·赫夫战斗群（马克西米利安·冯·赫夫上校）
　　第3侦察营
　　第5装甲团第2装甲营（5月12日共有27辆可用坦克，5月17日共有28辆可用坦克）
　　第15摩托车营
　　第33装甲侦察营
　　第102"特伦托"摩托化步兵师的1个狙击兵营

克拉默战斗群（汉斯·克拉默中校）
　　第8装甲团第1装甲营（5月15日共有101辆坦克，5月16日凌晨仅剩17辆可用坦克，5月16日傍晚恢复为31辆可用坦克）

冯·埃泽贝克战斗群（汉斯-卡尔·冯·埃泽贝克上校）
　　第200特别步兵团（1个营）
　　1个装甲排（5辆坦克，加强自第5装甲团团部）
　　第5装甲团第1装甲营（5月13日共有35辆可用坦克）
　　第39装甲歼击营（1个连）
　　第75炮兵团第1营（缺1个炮兵连）

哈勒法耶隘口守军（乌戈·蒙泰穆罗上校）
　　第8狙击兵团第12狙击兵营（2个连）
　　第72反坦克连（8门47毫米反坦克炮）
　　第24军属炮兵集团的2个炮兵连

> **"蝎子"行动中的轴心国作战序列（1941年5月26日至5月27日）**
>
> 冯·赫夫战斗群（马克西米利安·冯·赫夫上校）
>   右翼纵队：韦希马尔集群（冯·韦希马尔中校）
>     第3装甲侦察营（缺重武器连）
>   中央纵队：克拉默集群（汉斯·克拉默中校）
>     第5装甲团
>     第8装甲团第1装甲营
>   左翼纵队：巴赫集群（威廉·巴赫上尉）
>     第104步兵团第1营
>   后方预备队：克纳贝集群（古斯塔夫 – 格奥尔格·克纳贝中校）
>     第15摩托车营
>     第33炮兵团第1营

## "战斧"行动

就在"短促"行动开始前的5月12日，"老虎"船队终于抵达了亚历山大港。除了载有57辆坦克的"帝国之歌"号商船（Empire Song）触雷沉没外，剩下的4艘商船已将238辆坦克（包括135辆"玛蒂尔达"MK2步兵坦克、82辆"十字军"MK1巡洋坦克、21辆维克斯MK6轻型坦克）安全移交给了第7装甲师。在该师的预定编制中，第7装甲旅的皇家坦克团第6营将装备新式的"十字军"MK1巡洋坦克，皇家坦克团第2营将装备A9、A10、A13巡洋坦克和维克斯MK6轻型坦克，而第4装甲旅的皇家坦克团第4、第7营将全部装备"玛蒂尔达"MK2步兵坦克。

与此同时，英联邦军在巴尔干半岛的军事冒险正演变为一场灾难。德军于4月6日悍然入侵希腊，只用了不到2个月时间便击败英联邦军，控制了希腊半岛和克里特岛。5月27日，丘吉尔声言"鉴于希腊半岛的惨败，从今往后，伦敦方面将直接掌控地中海及中东地区的战事"。5月28日，韦维尔与西部沙漠军参谋部经过研究后认为，轴心国已经开辟希腊至的黎波里的海上通道，目前唯一可行的解决办法是立即攻占塞卢姆和德尔纳的机场，配合马耳他岛的皇家空军联合绞杀德意海上运输线。

第 2 章　德军介入北非（1941 年 2 月至 1941 年 9 月）

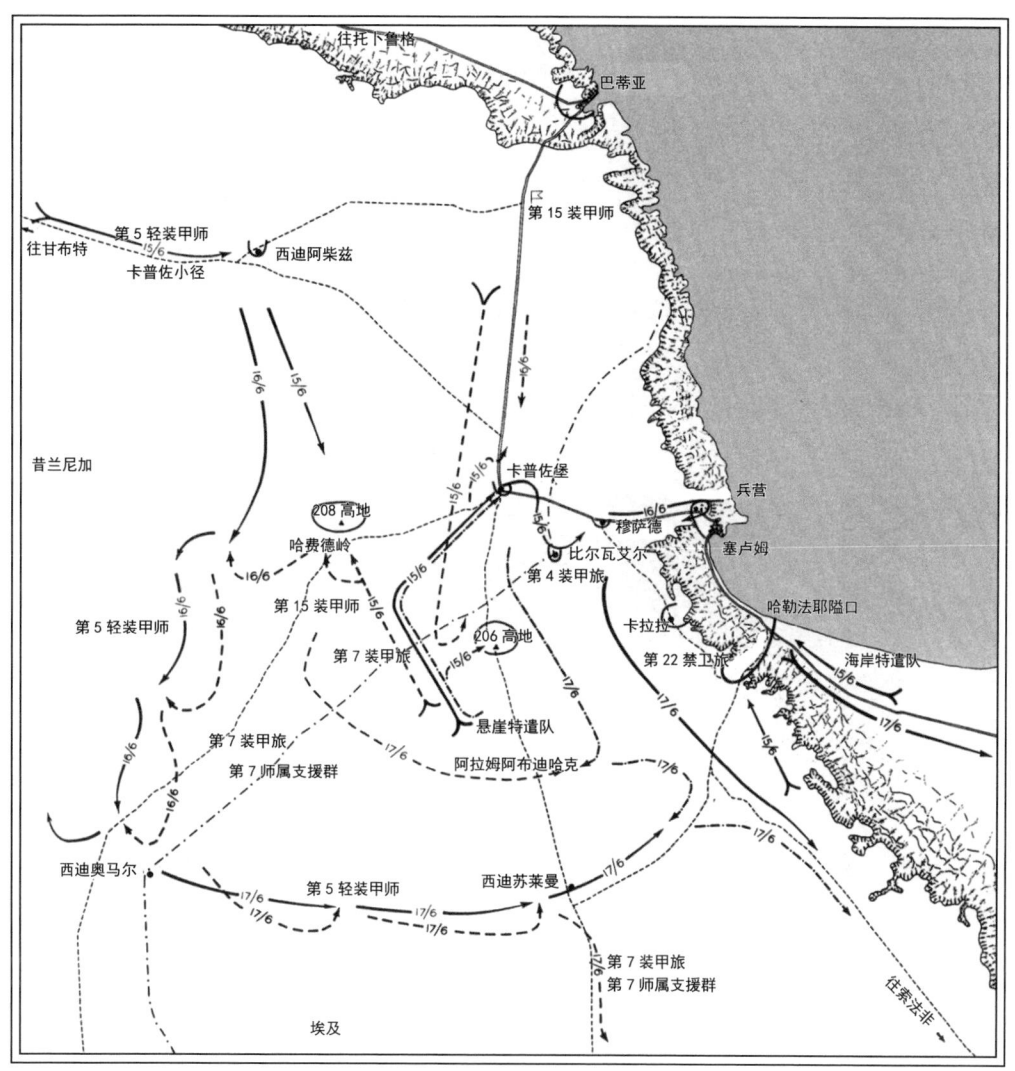

▲"战斧"行动的作战过程示意图（1941 年 6 月 15 日至 6 月 17 日）。

这场新的进攻将被命名为"战斧"行动，计划的制定者和执行者是西部沙漠军司令诺埃尔·贝雷斯福德 – 皮尔斯中将。其主要目的包括：一、突破塞卢姆 – 卡普佐堡 – 西迪阿柴兹地区的敌军防线；二、歼灭托卜鲁克和阿代姆周围的轴心国军主力，解除港口之围；三、对德尔纳 – 梅基利地区展开扫荡，彻底肃清残敌。

此次作战的具体步骤预计分为 3 个阶段：在行动的第一阶段，印度第 4 步兵师右翼的"海岸"特遣队将沿着海岸公路夺取哈勒法耶隘口；印度第 4 步兵师左翼的"悬崖"特遣队将占领卡普佐堡、穆萨德和塞卢姆；英军第 7 装甲师右翼的第 7 装

107

甲旅将穿越沙漠地带，攻占哈费德岭（Hafid Ridge）和西迪阿柴兹；第 7 师属支援群将朝着西迪奥马尔搜索前进，防止德意联军从西南方向截断第 7 装甲师的退路。当第一阶段的目标达成之后，澳军第 9 步兵师将会借机冲破包围圈，并与友军部队在距托卜鲁克东南约 12.8 千米的杜达岭（El Duda Ridge）附近会师。西部沙漠军有许多高级参谋认为，只要能实现上面这两步，第三阶段的战斗难度就会大大降低。

尽管"战斧"行动表面看起来极具野心，韦维尔本人却并未对这个计划抱太大的期望。6 月 6 日，他曾提醒伦敦的帝国参谋部："如果'战斧'行动成功，轴心国势力将被驱逐出昔兰尼加。但如果进攻失败的话，我们不仅会丧失最后一批装甲预备队，通往埃及的大门也会向敌人完全敞开。老实说，我并不觉得我军当前有足够的实力发起第二阶段作战。"

▲ 德军第 15 装甲师第 8 装甲团的 Sdkfz.250/3 半履带通信车和 3 号 H 型指挥坦克，两车均配备了 FuG8 型远程无线电台。

▲ 第 8 装甲团第 1 装甲营的 2 号 C 型坦克，车长正在密切观察空中英军战机的活动情况。

丘吉尔和帝国参谋部完全忽视了韦维尔的警告，责令西部沙漠军必须在 6 月 15 日之前完成战斗准备。戈特准将的机动特遣队解散后，印度第 4 步兵师和第 7 装甲师开始了为期 2 周的短期训练。无论是新式武器，还是新的部队编制和战术教条，全都需要时间去熟悉和完善。可第 7 装甲师的很多中队直到 6 月 9 日才接收到坦克，失败也是在所难免。

在轴心国方面，自从德军成功夺回哈勒法耶隘口，隆美尔便命令第 5 轻装甲师撤至托卜鲁克南面的阿代姆暂作休整，该师位于托卜鲁克东南面的防区由第 15 装甲师负责接管。6 月 8 日，第 104 步兵团第 2 营（5 个连）、第 33 装甲歼击营（3 个连）、第 33 防空团第 1 营（13 门 88 毫米高射炮）、意军第 62 步兵团（3 个营）和第 2 快速炮兵团（3 个炮兵群）被派往哈费德岭、卡普佐堡、塞卢姆、哈勒法耶隘口驻防，留下第 132 "攻城

第 2 章 德军介入北非（1941 年 2 月至 1941 年 9 月）

▲德军战地摄影师站在 3 号 H 型指挥坦克上，为第 8 装甲团拍摄新闻宣传片。

锤"装甲师、第 27 "布雷西亚"步兵师和第 15 步兵旅继续围困托卜鲁克。为进一步增强北非部队的实力，北非意军统帅部将从的黎波里塔尼亚调来第 17 "帕维亚"步兵师、第 25 "博洛尼亚"步兵师、第 55 "萨沃纳"步兵师（7 月至 8 月加入），从意大利本土调来第 8 中型坦克营（6 月加入）、第 9 中型坦克营（10 月加入）、第 101 "的里雅斯特"摩托化步兵师（8 月底加入）和机动军属侦察集团（11 月加入）。按照加里波第上将的设想，第 55 "萨沃纳"步兵师将被交给德意志非洲军，第 132 "攻城锤"装甲师、第 101 "的里雅斯特"摩托化步兵师和机动军属侦察集团（RECAM）将被用来组建第 20 军（11 月改名为机动军），第 17 "帕维亚"步兵师、第 25 "博洛尼亚"步兵师、第 27 "布雷西亚"步兵师将被用来组建第 21 军。除此之外，第 102 "特伦托"摩托化步兵师的后续部队也会在 7 月中旬抵达北非，9 月起编入第 21 军。

6 月 14 日，德军第 621 无线电侦听连及时捕捉到 1 个与"短促"行动时一样的密码代号，连长阿尔弗雷德·泽博姆上尉随即通知隆美尔说"英国人即将发起进攻"。根据这一重要情报，隆美尔赶紧指派第 5 轻装甲师立刻赶赴西迪阿柴兹前线去支援第 15 装甲师。

6 月 15 日清晨，英国皇家空军出动大批战机，猛烈空袭了埃及边境上的轴心国军驻地。5 点 15 分，由印度第 4 步兵师师长弗兰克·梅瑟维（Frank Messevy）少将指挥的"海岸"特遣队开始攻打哈勒法耶隘口。从部署上看，隘口南面是女王属卡梅伦高地人步兵团第 2 营、皇家坦克团第 4 营 C 中队（12 辆"玛蒂尔达"MK2 步

▲"战斧"行动的策划者和执行者——西部沙漠军军长诺埃尔·贝雷斯福德 – 皮尔斯中将。

109

> **参加"战斧"行动的英联邦军作战序列（1941年6月15日）**
>
> 英军西部沙漠军（诺尔·贝雷斯福德－皮尔斯中将）
> 该番号于1941年4月14日重新启用，替代丧失职能的昔兰尼加司令部，归韦维尔上将全权指挥
>
>  英军第7装甲师（迈克尔·奥默尔·克里少将）
>   第7装甲旅（休·拉塞尔准将）
>   第7师属支援群（威廉·H.戈特准将）
>
>  印度第4步兵师（弗兰克·梅瑟维少将）
>   第4装甲旅（亚历山大·休·盖特豪斯准将）（加强自第7装甲师）
>   第22禁卫旅（伊恩·厄斯金准将）（加强）
>   第11步兵旅（雷金纳德·萨沃里准将）
>
> "战斧"行动期间第7装甲师各旅的坦克损失情况如下：
> 皇家坦克团第4营损失30辆"玛蒂尔达"MK2步兵坦克，1辆维克斯MK6轻型坦克
> 皇家坦克团第7营损失35辆"玛蒂尔达"MK2步兵坦克，1辆"十字军"MK1巡洋坦克，2辆维克斯MK6轻型坦克
> 皇家坦克团第2营损失12辆旧式巡洋坦克
> 皇家坦克团第6营损失16辆"十字军"巡洋坦克
> 第7装甲旅旅部损失1辆A10巡洋坦克

兵坦克、1辆维克斯MK6轻型坦克）和第31野战炮兵团的1个25磅炮连，隘口北面则是第6拉杰普塔纳来复枪团第1营、第5马拉塔轻步兵团第2营、皇家坦克团第4营A中队的2个分队（6辆"玛蒂尔达"MK2步兵坦克）和第31野战炮兵团的另外1个25磅炮连。梅瑟维少将希望能以这种双向突击手法，一举攻破哈勒法耶隘口。可惜事与愿违，情况远远要比他预想的困难得多。5点40分，"海岸"特遣队的南部集群遇到了麻烦，不少25磅炮陷入松软的沙地无法脱身。过了大约20分钟，失去耐心的麦尔斯少校率领皇家坦克团第4营C中队直接冲向哈勒法耶隘口。这位英国少校恐怕完全没有料到，德意联军早已在隘口附近布置了5门88毫米高射炮、4门100毫米榴弹炮、4门法制155毫米加农炮（加强自突尼斯的法军马雷特防线），正等他上钩。英军纵队一出现，第104步兵团第1营营长威廉·巴赫上

## 第 2 章 德军介入北非（1941 年 2 月至 1941 年 9 月）

尉便命令部队开火。短短数小时内，11 辆"玛蒂尔达"步兵坦克先后被毁，麦尔斯少校阵亡。跟在坦克后面的女王属卡梅伦高地人步兵团第 2 营同样损失惨重，只得退回出发地。"海岸"特遣队的北部集群状况也好不到哪儿去，皇家坦克团第 4 营 A 中队有 4 辆"玛蒂尔达"步兵坦克触雷受损，第 6 拉杰普塔纳来复枪团第 1 营营长在带队冲锋时不幸中弹身亡，第 5 马拉塔轻步兵团第 2 营的数次努力均告失败。战斗于上午 10 点结束，哈勒法耶隘口也因此成为名副其实的"地狱火隘口"。

"海岸"特遣队的进军受阻时，隶属"悬崖"特遣队的英联邦军仍在继续前进。中午 12 点，皇家坦克团第 7 营抵达卡普佐堡外围。意军第 62 步兵团的 1 个营不敌英军，北撤逃往巴蒂亚。德军第 15 装甲师接到报告后，匆忙抽调第 8 装甲团第 1 装甲营的 39 辆坦克（13 辆 2 号、18 辆 3 号、8 辆 4 号）前来阻截。两军交手数次，互有伤亡。晚上 6 点 30 分，第 8 装甲团第 1 装甲营发起最大规模的装甲攻势。皇家坦克团第 7 营凭借第 22 禁卫旅的助攻，使第 8 装甲团第 1 装甲营的可用坦克数量降至 19 辆（9 辆 2 号、4 辆 3 号、6 辆 4 号）。差不多在同一时段，皇家坦克团第 4 营 A 中队的另外 3 个分队（12 辆"玛蒂尔达"MK2 步兵坦克）和第 22 禁卫旅攻克了 38 号据点，俘虏意军 200 余人，缴获 8 门 75 毫米野战炮。当这支英军继续北上攻击 206 号高地时，却遭到 4 门 88 毫米高射炮的凶猛阻击，连续折损数辆坦克。不巧的是，第 15 装甲师的援军恰好在这个时候闻讯赶来，差点又将英军逐回了 38 号据点。战至天黑，皇家坦克团第 4 营 A 中队只剩下 1 辆坦克，被迫动用 B 中队的 16 辆坦克协助第 22 禁卫旅从右翼实施迂回，方才夺取 206 号高地，俘虏第 104 步兵团第 2 营、第 33 装甲歼击营及意军第 62 步兵团的部分官兵约 300 人。当天深夜，苏格兰禁卫团第 2 营的 1 个连冒险深入敌后，成功摧毁穆萨德郊外的 1 处意军哨所，但未能控制小镇。

在中路，由于西部沙漠军的参谋部预测隆美尔会把坦克集中在哈费

▲ 战地摄影师镜头下的第 8 装甲团 4 号 E 型坦克机电员。

▲ 6月18日，德军士兵正在检查哈勒法耶隘口附近战损的"玛蒂尔达"MK2步兵坦克。英军曾对其实施拖救，但未能成功。

德岭，所以第7装甲师师长迈克尔·奥默尔·克里（Michael O'Moore Creagh）少将只派了第7装甲旅去执行这个任务。旅长休·拉塞尔（Hugh Rasell）准将十分清楚，在缺少步兵、炮兵的情况下单独去闯德军阵地，必然会给第7装甲旅带来更大风险。可他实在想不出更好的计策，只得按命行事。上午9点，第7装甲旅领头的皇家坦克团第2营抵进哈费德岭，发现那里并非只有1座山脊，而是3座山脊。在此驻防的德军部队包括第104步兵团第2营、第33装甲歼击营和第33防空团第1营的1个重型高射炮连。当英军坦克翻越第一座山脊时，隐蔽在208号高地上的4门88毫米高射炮纷纷开炮射击，击毁2辆A9巡洋坦克。临近中午，皇家坦克团第2营派出1个分队从西侧悄悄接近208号高地，却因无线电通讯中断再度落入德军的反坦克陷阱，损失4辆巡洋坦克。13点30分，拉塞尔决定让部队停止进攻，等第7师属支援群到达之后再作尝试。

傍晚5点30分，1架皇家空军的侦察机发来报告说德军部队正在悄悄撤出208号高地，而第7师属支援群却连影子都没见到。拉塞尔准将觉得机不可失，于是调遣皇家坦克团第6营B中队朝德军车队追了过去。殊不知，德国人的撤退只是为了诱使英军自投设下的圈套。没等B中队越过第2道山脊，重新部署完毕的88毫米高射炮便再度开火，总共击毁11辆"十字军"巡洋坦克，击伤另外6辆同型号坦克。夜幕降临前，德军第5轻装甲师从西迪阿柴兹调拨30多辆坦克南下增援哈费德岭。第7装甲旅见德军装甲部队出现，赶快撤出战场，掉头向西去寻找第7师属支援群。

到6月15日结束为止，皇

▲ 6月18日，遗弃在卡普佐堡南面的2门6英寸榴弹炮和车辆，隶属于印度第4步兵师的第7中型炮兵团。

家坦克团第 4 营的 92 辆"玛蒂尔达"步兵坦克还剩下 37 辆，皇家坦克团第 6 营的 53 辆"十字军"巡洋坦克还剩下 20 辆，皇家坦克团第 2 营的 42 辆旧式巡洋坦克还剩下 28 辆。其中一些遗弃在哈勒法耶隘口和哈费德岭的无人坦克后来都被德军维修单位回收修复，编入了第 5、第 8 装甲团。面对如此糟糕的战况，西部沙漠军司令诺埃尔·贝雷斯福德－皮尔斯中将计划在次日派遣印度第 11 步兵旅继续围攻哈勒法耶隘口，让皇家坦克团第 7 营和第 22 禁卫旅留守卡普佐堡，另派皇家坦克团第 4 营的部分兵力增援第 7 装甲旅，希望能在数量上压倒

▲ 6 月 18 日，德军战地摄影师在卡普佐堡附近拍摄被击毁的"玛蒂尔达"MK2 步兵坦克及阵亡车组乘员的遗体。

德军第 5 轻装甲师。但让英军万万没有想到的是，隆美尔其实已经通过第 621 无线电侦听连探明了他们的下一步动向。对德军而言，最要紧的事情是该如何解救困守哈勒法耶隘口的第 104 步兵团第 1 营，毕竟巴赫上尉的部队就算撑过了首日激战，

▲ 6 月 18 日，隆美尔首先赶往哈费德岭，然后再前往哈勒法耶隘口视察部队。图为遗弃在 208 号高地南面的 A13 巡洋坦克，隶属于皇家坦克团第 2 营。

他的弹药也肯定不够用了。经过慎重考虑，隆美尔决定向英军后方发起一场迂回攻势。他的计划是派遣第 15 装甲师正面攻打卡普佐堡，同时另派第 5 轻装甲师从西迪阿柴兹出发，途经哈费德岭和西迪奥马尔之后再掉头朝着西迪苏莱曼方向挺进。如果行动顺利，第 5 轻装甲师便可从背后突袭印度第 11 步兵旅，哈勒法耶隘口之围

自然也会引刃而解。

6月16日晨，印度第11步兵旅恢复了对哈勒法耶隘口的围攻，但巴赫上尉的第104步兵团第1营仍旧牢牢地守住阵地，没有后退半步。借此机会，英军坦克维修单位设法拖回了前日战损的11辆"玛蒂尔达"步兵坦克，多少也算作出了点功绩。

▲ 哈勒法耶隘口东面高地上的"玛蒂尔达"MK2步兵坦克残骸，隶属于皇家坦克团第4营。

6点天亮时，第15装甲师的新任师长瓦尔特·纽曼－西尔科夫（Walter Neumann-Silkow）少将出动第8装甲团的82辆坦克，掩护冯·赫夫上校的第115步兵团兵分两路直取卡普佐堡。英军皇家坦克团第7营在新近赶到的第8、第31野战炮兵团（48门25磅炮）、第7中型炮兵团（16门6磅榴弹炮）和第65反坦克团（36门2磅反坦克炮）的大力协助下，重创了来袭德军。至上午10点，第8装甲团的第1装甲营损失了15辆坦克，第2装甲营损失了30辆坦克。中午12点，第22禁卫旅趁德军撤退，指示苏格兰禁卫团第2营继续东进，占领塞卢姆兵营并封锁了哈勒法耶隘口的西北出口。

就在第15装甲师出兵强攻卡普佐堡前，约翰·冯·拉文施泰因少将的第5轻装甲师已经离开哈费德岭，发起了南进迂回攻势。英军第7装甲旅和第7师属支援群最初打算在西迪奥马尔近郊挡住德军，后因对手实在过于强大而被迫折返。德军第5装甲团先以4号坦克压制第4乘骑炮兵团，再派3号坦克和装甲歼击连不断消耗第7装甲旅，多次突破英国人的防线。下午4点，韦维尔亲自飞抵西部沙漠军司令部视察战况。当时皮尔斯中将外出未归，韦维尔便和梅瑟维和克里少将商议，决定将"悬崖"特遣队的第4装甲旅一部调往西迪奥马尔方向加强第7装甲旅。晚上7

▲ 为表彰第104步兵团第1营在保卫哈勒法耶隘口时的出色表现，营长威廉·巴赫上尉于7月9日获得了骑士十字勋章。

点，梅瑟维少将得知德军第5轻装甲师已经击败第7装甲旅的消息，认为即使再增派兵力也是无济于事。到16日晚10点为止，第4、第7装甲旅仅剩21辆巡洋坦克和17辆步兵坦克，基本失去了进攻能力。

6月17日4点30分，德军第5轻装甲师（下辖第5装甲团、第200特别步兵团、第3侦察营、第39装甲歼击营、第605装甲歼击营、第75炮兵团第1营）越过西迪奥马尔，火速开往西迪苏莱曼。第15装甲师（下辖第8装甲团、第115步兵团、第33装甲侦察营、第15摩托车营、第33装甲歼击营、第33炮兵团第1营）也从哈费德岭出发，前去为哈勒法耶隘口守军解围。英军第7装甲旅和第7师属支援群拼命试图延缓第5轻装甲师的进攻速度，但收效甚微。上午8点，西迪苏莱曼被德军占领，形势已经到了非常危险的地步。9点至10点间，韦维尔再次找来皮尔斯中将和克里少将问话，克里少将承认德军前锋离哈勒法耶隘口已不到14.4千米之遥，要摆脱目前的困境局面，唯有放弃"战斧"行动才是上策。11点过后，"海岸"特遣队、"悬崖"特遣队开始撤离哈勒法耶隘口和卡普佐堡。韦维尔于中午12点正式批准了撤退令。从此时起一直到下午4点，第7装甲师和印度第4步兵师花费了3个多小时，抛弃众多坦克和武器装备，终于冲出虎口，退回到埃及境内的索法非地区。

根据战后的统计数据，英联邦军在持续3天的"战斧"行动中共有122人阵亡，288人负伤，259人失踪。德军共有93人阵亡，350人负伤，235人失踪。意军共有592人阵亡、负伤和失踪，但其中有350人在英联邦军撤退时被释放。重型武器方面，英军投入的219辆坦克总共损失了98辆，包括65辆步兵坦克、30辆巡洋坦克和3辆轻型坦克，其中因为机械故障被遗弃的车辆几乎占了一半以上。德军投入的202辆坦克总共损失了55辆，但由于德军始终控制着战场，再加上英军穿甲弹普遍缺少弹底装药，55辆战损坦克里实际只有12辆全损[①]，剩下的43辆都在修复之后重新投入使用。空军方面，英国皇家空军损失了33架战斗机和3架轰炸机，德国空军损失了10架战斗机和俯冲轰炸机。

---

① 德军的12辆全损坦克包括第5装甲团的2辆2号坦克、2辆3号坦克，第8装甲团的3辆2号坦克、4辆3号坦克、1辆4号坦克。光是6月17日一天，第8装甲团的维修单位就成功修复了2辆2号坦克、9辆3号坦克和2辆4号坦克。

**托卜鲁克攻防战中的英联邦军作战序列（1941 年 4 月至 1941 年 6 月）**

英军驻中东地区总司令阿奇博尔德·韦维尔上将

昔兰尼加司令部（菲利普·尼姆中将）

自由法国第 1 摩托化步兵营（2 个连）

远程沙漠集群 A 中队

第 37 轻型防空团（40 毫米高射炮）

第 11 轻骑兵团（32 辆罗－罗及莫里斯装甲侦察车）

印度第 3 摩托化步兵旅（爱德华·威廉·D. 沃恩准将）

注：该旅没有装备反坦克炮且严重缺乏无线电设备，必须借助其他单位获得反坦克能力

印度第 3 摩托化步兵旅旅部及通信中队

第 2 皇家枪骑兵团

第 11 阿尔伯特－维克多亲王属骑兵团

第 18 爱德华国王属骑兵团（最初部署在阿代姆，后参加托卜鲁克防御战）

第 3 乘骑炮兵团（缺 J 连，加强自第 7 师属支援群，后参加托卜鲁克防御战）

澳大利亚第 2/3 反坦克团（缺第 9、第 12 连，24 辆 37 毫米反坦克炮车，加强自澳大利亚第 9 步兵师）

英军第 2 装甲师（迈克尔·甘比尔·帕里少将）

第 2 装甲师直属单位

第 1 国王龙骑禁卫团（50 辆马蒙－海灵顿装甲侦察车，后参加托卜鲁克防御战）

第 3 装甲旅（R. G. W. 里明顿准将）

第 3 国王属轻骑兵团

皇家坦克团第 5 营

皇家坦克团第 6 营

第 1 乘骑炮兵团（2 个连，每连 8 门 25 磅炮，后参加托卜鲁克防御战）

第 2 师属支援群（亨利·贝弗里奇·莱森准将）

第 104 乘骑炮兵团（2 个连，每连 8 门 25 磅炮，后参加托卜鲁克防御战）

第 3 乘骑炮兵团 J 连（9 门 2 磅反坦克炮，3 辆 37 毫米反坦克炮车）（加强自第 7 师属支援群，后参加托卜鲁克防御战）

自由法国海军陆战队第 1 营第 1 连（摩托化）

澳大利亚第9步兵师(莱斯利·莫斯黑德少将)(后参加托卜鲁克防御战)
  澳大利亚第20步兵旅(约翰·默里准将)
  澳大利亚第24步兵旅(阿瑟·H.L.戈德弗雷准将)
  澳大利亚第26步兵旅(雷蒙德·托维尔准将)
  加强给澳大利亚第9步兵师的英军部队
 皇家诺森伯兰燧发枪兵团第1营(36挺维克斯中型机枪,缺C连,起初部署在绿山南面的比尔苏尔坦,后在澳大利亚第24反坦克连支援下退至托卜鲁克。)
 第51野战炮兵团(2个连,每连6门18磅炮和6门4.5英寸榴弹炮)

参加托卜鲁克攻防战的其他英联邦军作战序列(1941年4月)
英军第3装甲旅(雷金纳德·凯勒上校)
 4月8日重建时共有13辆A13巡洋坦克、6辆维克斯MK6轻型坦克,主要用于指挥驻守托卜鲁克的英军装甲部队,1941年10月撤销职能,1943年1月11日撤编。

英军皇家坦克团第1营
 4月8日共有4辆"玛蒂尔达"MK2步兵坦克(加强自皇家坦克团第4营)、10辆A9巡洋坦克、1辆A10巡洋坦克、15辆维克斯MK6轻型坦克

第1国王龙骑禁卫团(加强自英军第2装甲师)

第18爱德华国王属骑兵团(加强自印度第3摩托化步兵旅)

澳大利亚第18步兵旅(乔治斯·伍尔顿准将)(加强自澳大利亚第7步兵师,4月10日抵达托卜鲁克)

第107乘骑炮兵团(2个连,每连8门25磅炮,4月10日抵达托卜鲁克)

英军第4防空旅(J.S.缪尔黑德准将)1941年4月10日至5月初抵达托卜鲁克
  托卜鲁克港区:第13轻型防空团
  托卜鲁克边界地区:第14轻型防空团

驻守阿克罗马和阿代姆的英军第2师属支援群(由威廉·H.戈特准将代理指挥)
 1941年4月8日获得第7师属支援群部分单位的增援,4月13日撤回埃及境内,5月10日随第2装甲师一同解散。
  第11轻骑兵团的2个中队(加强自第7师属支援群)

国王皇家来复枪部队第1营的1个连（加强自第7师属支援群）

陶尔哈姆莱茨来复枪团第1营的1个连

第3乘骑炮兵团D连、M连（加强自第7师属支援群，4月12日参加托卜鲁克防御战）

第4乘骑炮兵团F连（加强自第7师属支援群）

第37轻型防空团的1个连（6门40毫米高射炮）（加强）

驻守埃及边境的英军机动特遣队（威廉·H.戈特准将）

英军第7师属支援群，加强给第2师属支援群的单位于4月13日归建

    第7师属支援群指挥部及通信连

    皇家坦克团第7营D中队的2个分队（6辆"玛蒂尔达"MK2步兵坦克）（加强）

    第11轻骑兵团（缺2个中队）

    国王皇家来复枪部队第1营（缺1个连）

    第4乘骑炮兵团（缺F连）

    第8野战炮兵团（代替驻守托卜鲁克的第3乘骑炮兵团，1941年6月转属印度第4步兵师）

    英军第7步兵师第22禁卫旅

    英军第7装甲师第4、第7装甲旅

    澳大利亚第6骑兵团

    澳大利亚第2/3反坦克团第12连

## 英联邦高层人事变动及交战双方的新战略

"战斧"行动的失利,促使英国首相丘吉尔开始全面调整中东战略。自1940年8月第一次与韦维尔见面后,丘吉尔便觉得韦维尔不好说话,且"充满悲观心理"。外务大臣安东尼·艾登和帝国总参谋长约翰·迪伦上将十分担心首相的个人判断会对北非战局造成不利影响,试图对其进行劝导,可丘吉尔依然我行我素,他与中东地区司令部之间的隔阂也在日益加深。

丘吉尔一直希望能够最大限度地了解"战场上的真实情况",在他发给战区司令们的通讯录中,总是充斥着各种不切实际的建议和要求。皇家海军地中海舰队司令安德鲁·坎宁安海军上将戏称这种做法为"电波轰炸",除了给将领们徒增压力之外,完全没有带来任何帮助。

关于韦维尔的去留问题,伦敦方面早在5月6日已经举行过一次听证会。可当时因为"战斧"行动开始在即,决议被推迟到了6月中旬。6月19日,丘吉尔从约翰·迪伦上将口中得知"战斧"行动受挫,决定立即撤掉韦维尔。6月22日,韦维尔收到伦敦发来的电报,他的职务将由印度司令克劳德·奥金莱克上将(Claude Auchinleck)接替。后者于7月1日飞抵开罗,7月5日正式上任。比韦维尔早1个月遭到撤职处分的高级官员还包括皇家空军驻中东地区司令阿瑟·朗莫尔空军元帅,继任者是朗莫尔的副手阿瑟·特德(Arthur Tedder)空军上将。

面对隆美尔咄咄逼人的攻势,如何守住托卜鲁克是奥金莱克需要思考的首要议题。为给困守港口的澳军第9步兵师提供支援,英国人动用了埃及所有能搜罗到的大小船只,日以继夜地往托卜鲁克运送物资。据奥金莱克估计,当地的20 679名守军,247名战俘和1 150名印度和利比亚劳工,平均每日需要至少170吨补给。

▲ 1941年6月22日,丘吉尔因对"战斧"行动的结果深感不满,下令让印度驻军司令克劳德·奥金莱克上将接替韦维尔担任中东战区司令。图为7月5日奥金莱克(左)在就任前与韦维尔共同商量局势,后者将很快飞往孟买继任印度驻军司令。

皇家海军不仅充分满足了奥金莱克的需求，还出动了第10驱逐舰分队，为夜间运输提供护航。

轴心国方面，由于德意志非洲军连续挫败"短促"行动和"战斧"行动，隆美尔的威望得到了极大提高。7月1日，希特勒不顾哈尔德的反对，晋升隆美尔为装甲兵上将。7月中旬，墨索里尼任命埃托雷·巴斯蒂科（Ettore Bastico）上将为北非意军总司令，取代了原先与隆美尔关系不和的加里波第上将。

▲ 为减少托卜鲁克的物资消耗，皇家海军从1941年5月起轮番出动，共向港口运送了2 600吨补给品和1 688名补充兵，并及时撤离伤员、战俘和非战斗人员共计5 918人。到6月时，他们又向港口运送了2 900吨补给品和1 900名补充兵，并将5 148人撤出了战区。图为一队正准备撤离港口的英联邦军。

摆脱了来自国防军高层和意军统帅部的双重干扰，隆美尔于是放开手脚大干起来：6月至7月，第612防空营抵达北非，与第606防空营会合；10月，第617防空营抵达北非，使陆军防空营的数量增至3个；8月1日，第5轻装甲师被改编为第21装甲师，第8机枪营获得重建；第15装甲师将第104步兵团移交给第21装甲师，用于换取第200特别步兵团团部和第2机枪营。经过这次调整，两个德军装甲师的兵力配置变得更加均衡，每个师麾下均编有1个2营制的装甲团、1个2营制的步兵团、1个3营制的炮兵团、1个机枪营、1个侦察营、1个装甲歼击营和1个工兵营。

在坦克保有数量上，第15、

▲ 1941年夏，德军第10航空军在艾因埃尔加扎拉机场共有30架梅塞施密特109战斗机，在德尔纳机场共有15架梅塞施密特110双引擎战斗机和15架容克88轰炸机，在德尔纳－特米米地区的各个机场共有80架"施图卡"俯冲轰炸机。相比之下，意大利皇家空军的第5航空队在托卜鲁克前线共有73架轰炸机和137架战斗机，但实际可出动的战机数量还不到总数的1/3。图为一队执行轰炸任务的德军"施图卡"俯冲轰炸机。

## 第 2 章 德军介入北非（1941 年 2 月至 1941 年 9 月）

▲ 自从托卜鲁克被围，德意空军总共向港口发动了 593 次空袭（4 月 73 次，5 月 99 次，6 月 140 次，7 月 138 次，8 月 143 次），给当地造成了十分严重的破坏。5 月 12 日，"瓢虫"号炮舰也被炸弹命中坐沉于港湾。图为遭受空袭严重受损的港区街道。

第 21 装甲师迄今为止共有 37 辆坦克全损。因此德军在 4 月 29 日至 7 月 10 日共向北非运送了 47 辆坦克补充损失。

这也就是说，德军从 7 月 10 日起必须依靠维修战损车辆度日，新的坦克预计要到 1942 年 1 月才会运抵北非。

在兵力补充上，虽然哈尔德大将曾反复叮嘱希特勒不要再往北非增派援军，隆美尔仍以"装甲师的步兵不足"为由获得了 1 个新的师。该师最初被称作非洲特别师，下辖第 155 步兵团（3 个营）、第 361 非洲团（2 个营）、第 255 步兵团第 3 营、第 347 步兵团第 3 营、第 300 "绿洲"特别营、第 361 炮兵营、第 613 防空营第 1 连、第 580 侦察连、第 900 工兵营和各种后勤补给单位，都是从德国国内和法国外籍军团中临时拼凑的部队，6 月至 8 月间抵达北非，11 月 15 日形成战斗力，11 月 28 日起改名为第 90 轻非洲师，首任师长是马克斯·佐默曼（Max Summermann）少将。

目睹德军扩充军力的意大利人自然心存顾虑，他们要求隆美尔尊重意方的意愿，对轴心国军的指挥机构进行重组。8 月 15 日，意军总参谋长乌戈·卡瓦莱罗上将批准于 9 月 1 日成立 1 个德意联合司令部，即非洲装甲集群。该集群主要包括了路德维希·克吕韦尔（Ludwig Cruwell）中将指挥的德意志非洲军（下辖德军第 15、第 21 装甲师，意军第 55 "萨沃纳"步兵师及巴蒂亚要塞守军），加斯托内·甘巴拉（Gastone Gambara）中将指挥的意军第 20 军（下辖意军第 132 "攻城锤"装甲师、第 101 "的里雅斯特"摩

▲ 1941 年 6 月中旬，意军动用 6 000 余人修筑了一条从托卜鲁克南部直达哈勒法耶隘口的补给公路，8 月 9 日正式通车。图为 2010 年，在阿克罗马英联邦军阵亡将士墓园附近拍摄的补给公路遗址。

托化步兵师，11月改名为机动军并补充了机动军属侦察集团），埃内亚·纳瓦里尼（Enea Navarini）中将指挥的意军第21军（下辖意军第17"帕维亚"步兵师、第25"博洛尼亚"步兵师、第27"布雷西亚"步兵师、第102"特伦托"摩托化步兵师），由隆美尔任司令，阿尔弗雷德·高斯少将任参谋长，西格弗里德·韦斯特法尔（Siegfried Westphal）中校任作战处长，弗里德里希·冯·梅伦廷（Friedrich von Mellenthin）少校任情报处长，并在名义上受北非意军总司令埃托雷·巴斯蒂科上将节制。待整军工作完成，非洲装甲集群将于9月中旬攻取托卜鲁克，10月初入侵埃及，进而消除英联邦军对利比亚造成的威胁。

## 英联邦军的补给状况得到改善

1941年6月底，当奥金莱克从印度赶赴埃及接受他的新职务时，纳粹德国已经悍然入侵苏联。设在伦敦的英国国防委员会打算利用这个时机夺回北非战场的主动权，英国首相丘吉尔也因为面临即将开始的下院投票，正热切期盼通过一场关键性胜利来巩固自己的首相地位。从7月1日起，他开始不停地催促奥金莱克向德意联军发动新的攻势，最好能够像1940年的"罗盘"行动一样，迅速瓦解轴心国的抵抗，解放利比亚全境。

面对首相的施压，奥金莱克没有做出丝毫让步。7月4日，他在发往伦敦的电报中详细阐述了自己的战略意图。照奥金莱克看来，伦敦方面需要着重考虑的问题是如何稳定叙利亚、伊拉克和塞浦路斯的局势，确保英国的中东后院"不至于起火"。丘吉尔对此感到很不耐烦，因为韦维尔之前曾经向他提过一样的建议。但在首相眼里，这些不过是中东地区司令部为了拖延进攻而使用的借口。7月6日，他再次敦促奥金莱克必须在9月之前完成作战准备，如果能够提前行动的话，自然是再好不过。7月15日，奥金莱克回复说，西部沙漠军完全没有能力发动

▲ 自从奥金莱克（上图）就任中东地区司令后，丘吉尔便再三催促他提前发动攻势，为托卜鲁克解围。

第 2 章 德军介入北非（1941 年 2 月至 1941 年 9 月）

大规模攻势，唯有等到年底方可动手。7 月 19 日，帝国总参谋长约翰·迪伦上将致电询问奥金莱克，假如现在给他一支由 150 辆巡洋坦克和 4 万名士兵组成的援军，西部沙漠军能否在 9 月底实施进攻。丘吉尔甚至强调："我们已经在塞卢姆失败过一次（指"战斧"行动）。等德军解决掉苏联，今后要想重新掌控昔兰尼加肯定会变得困难重重。如今已经过了 1 个月，我想再有 1 个月的时间，部队的训练程度也就差不多了。"

尽管丘吉尔显得如此乐观，中东地区司令部的反应依然十分冷淡。很多高级将领私下抱怨说部队的训练时间根本不够，2 个月的时限实在是强人所难。7 月 23 日，迪伦上将邀请奥金莱克返回伦敦澄清事实。7 月 29 日，在国防委员会召开的会议上，奥金莱克受到各方压力，要他尽快给出一个明确答复，以使俄国人相信"他们并不是一个人在战斗"。奥金莱克的回答很简单，他手头可用的装甲预备队只有 1 个第 7 装甲师，托卜鲁克守军只有 1 个第 3 装甲旅旅部及其下属的几个混编装甲团。除非伦敦方面可以提供 2–3 个齐装满员的装甲师，他才有信心彻底击败隆美尔。国防委员会经过协商，同意为第 7 装甲师等部队换装全新的"瓦伦丁"MK3 步兵坦克，美制 M3 "斯图亚特"轻型

▲ 从 8 月中旬至 10 月 25 日，澳军第 9 步兵师陆续撤离了托卜鲁克。代替他们的部队将是英军第 70 步兵师，波兰喀尔巴阡独立来复枪旅，第 32 集团军属坦克旅和第 4 防空旅。图为 10 月 24 日，一艘搭载澳军部队的驱逐舰（舰名不详）在皇家海军"美洲虎"号驱逐舰（HMS Jaguar）的护送下抵达亚历山大港。

▲ 10 月 20 日晚，英军第 70 步兵师师长罗纳尔德·斯科比少将（右）抵达托卜鲁克。10 月 21 日，澳军第 9 步兵师师长莫斯黑德少将（左）带他视察了防区，并于 10 月 22 日下午 5 点正式移交指挥权，后者即刻搭乘英军驱逐舰"奋进"号（HMS Endeavour）离港。

> **摘录自约翰·德文于1943年撰写的《托卜鲁克之鼠》一书**
>
> 撤离当天是个充满混乱和冲击的日子。上级命令部队集中起来,并告诫我们一定要保守秘密,不要喝太多酒。事实上,我们无论做什么事情都会受到警告。
>
> 晚上8时30分,撤退行动开始了。在黑暗中,士兵们全都像骡子一样肩负着背包、防毒面具、水瓶和钢盔,互相推搡着登上卡车。为方便夜间驾驶,所有卡车上的挡风玻璃已被拆除。在星光照耀下,我们能够看到其他卡车幽灵般的形状。没用多久,纵队驶入破败不堪的港口街区,准备在那儿下车。四下里安静极了,静止的水面上闪烁着非常微弱的灯光。透过薄薄的雾气,只见东一堆、西一处的船只残骸充斥着港湾。大家怀着复杂的心情,穿过一条被炮弹彻底破坏的街道。回想几个月前,这里还是一派安宁欢快的景象!我们终于到达码头,靠在一堵墙边稍歇片刻。负责管理海运事务的官员纷纷赶到现场维持秩序。港口禁止吸烟,禁止大声喧哗。一旦发现天上有飞机投掷照明弹,部队就得马上登船离开,毕竟这里根本没有供人藏身的空袭掩蔽所。为避免上船时发生拥堵,靠我们这边的防波堤上铺了块厚木板,士兵们可以利用这块木板通过废旧轮船的船壳直接登船。
>
> 接下来,便是一段漫长的等待时间。在深沉的夜色中,我竭力想要望见那些前来接应我们的驱逐舰和巡洋舰,可思绪却被其他事情干扰了。不知何时,一艘打着航行灯的驱逐舰忽然从黑暗中悄然现身。令人紧张的沉默气氛终于被打破,大批英军经由栈桥涌入码头。数分钟后,就轮到我们上船了。在引导官带领下,人群踩着木板通过轮船船壳,顺利登上了停靠着的灰色驱逐舰。我们在一间明亮温暖的军官起居室里安顿下来,享受了一顿丰盛的美餐。如今舒适安逸的生活又回来了,令所有人都兴奋不已。
>
> 部队登船完毕后,驱逐舰小心翼翼地离开了港湾,以30节航速向亚历山大港驶去。英国海军居然能在一个塞满了废弃船只的港口如此迅速地完成撤军,其素质果然名不虚传!

坦克和改进型"十字军"MK2巡洋坦克。作为补充,驻扎英国本土的第1集团军属坦克旅、第22装甲旅、第32集团军属坦克旅旅部、皇家坦克团第4营和第12防空旅也会在9月、10月间被调往北非参战。依照国防委员会开出的时间表,奥金莱克把自己的进攻计划命名为"十字军"行动,执行日期定于11月18日。如此一来,所有新近到达北非的装甲部队均可获得6-8周左右的训练期,相比仓促上阵的"战斧"行动多了整整1倍的时间。

正当丘吉尔和奥金莱克为了援军议题争论不休之际,澳大利亚总理阿瑟·费登(Arthur Faden)请求英国政府准许澳军第9步兵师从托卜鲁克撤往巴勒斯坦。其实早在1941年2月至4月,澳大利亚前总理罗伯特·孟席斯(Robert Menzies)便已多次向伦敦方面要求将澳军部队撤离北非,却因德意联军席卷昔兰尼加而始终未能如愿。7月18日,澳军驻中东地区副司令托马斯·布拉梅(Thomas Blamey)中将也与奥金莱克商讨过有关第9步兵师在托卜鲁克的驻防时间问题。布拉梅认为,澳军部队的精神状态已经到达极限,不能再等了。奥金莱克起初表示赞同布拉梅的看法,他打算在8月中旬的无月之夜,先用新调来的波兰喀尔巴阡独立来复枪旅换下澳军第18步兵旅和第18爱德华国王属骑兵团,但具体的

▲ 1941年7月至10月,随着英国开放红海航运通道,美国向英联邦军提供了大量武器装备和战略物资。图为10月23日,一支英军车队正火速开往埃及边境,拍摄者是AFPU的威利·范德森中尉。

行动时间还得依据实际情况而定。到7月底时,丘吉尔受澳大利亚总理之托,又向奥金莱克追问此事的进展。9月10日,奥金莱克承认第一阶段的撤军计划遇到了困难,仅凭中东地区现有的战机数量,无法为运输船提供足够的空中掩护,与其耗费精力去撤出1个师,还不如直接派兵增援托卜鲁克。

澳大利亚总理费登在得知这个消息后,态度变得更为强硬起来。在他与丘吉尔的交谈中,不止一次地出现"立刻""马上"等字眼,弄得丘吉尔本人也相当不快。9月15日,约翰·迪伦上将致电奥金莱克,督促他尽快完成澳军的撤退工作。无奈之下,奥金莱克只好做出让步,接受了海军部制定的第二阶段撤军方案。从9月19日至9月27日,澳军第24步兵旅的5 989名官兵奉命登船离开了港口。与此同时,包括英军第70步兵师(原第7步兵师)的第16步兵旅、第32集团军属坦克旅旅部和皇家坦克团第4营在内的6 308名官兵和2 000吨补给物

▲ 9月15日至11月15日,新西兰工兵部队和印度劳工在马特鲁和比尔阿布米希法之间打造了一条163千米长的铁路线。图为正在修建铁路中的新西兰工兵部队。

▲ 北非战役初期，往返于地中海的轴心国船队规模都不大，一般由 3—5 艘运输船组成。图为 1941 年 8 月，德军摄影师从滨海大道方向拍摄的的黎波里港口照片。

资被运往托卜鲁克。

在撤军行动的第三阶段，英军第 70 步兵师的剩余部队于 10 月 12 日至 10 月 25 日陆续抵达托卜鲁克。澳军方面，除了因"拉托纳"号布雷舰（HMS Latona）被炸而滞留港口的第 2/13 步兵营、第 2/15 步兵营的 2 个连和部分师部人员外，第 9 步兵师的主力基本已经撤离。第 70 步兵师师长罗纳德·M.斯科比（Ronald M.Scobie）少将将接替莱斯利·J.莫斯黑德少将担任托卜鲁克驻军指挥官，所辖部队包括第 70 步兵师、波兰喀尔巴阡独立来复枪旅、第 32 集团军属坦克旅（下辖皇家坦克团第 1、第 4 营，皇家坦克团第 7 营 D 中队，第 1 国王龙骑禁卫团 C 中队）和第 4 防空旅。

1941 年夏，随着希腊战役的结束，地中海战场的焦点便转移到了北非地区。为了协调指挥，奥金莱克决定组建 2 个新的集团军，即驻扎埃及的第 8 集团军和驻扎巴勒斯坦的第 9 集团军。丘吉尔本想让亨利·梅特兰·威尔逊中将掌管第 8 集团军，可奥金莱克反对，推荐由艾伦·坎宁安（Alan Cunningham）中将担任第 8 集团军司令，让威尔逊中将出任第 9 集团军司令。

英军第 8 集团军在诞生之后，迅速扩充了军力。9 月 18 日，阿尔弗雷德·戈德温 – 奥斯汀（Alfred GodwinAustin）中将被任命为新的西部沙漠军军长。10 月初，西部沙漠军更名为第 13 军，下辖新西兰步兵师、印度第 4 步兵师和第 1 集团军属坦克旅，加入第 8 集团军的作战序列。10 月 21 日，以装甲部队为核心的第 30 军正式成立，下辖第 7 装甲师、第 4 装甲旅集群、第 22 禁卫旅、第 12 防空旅和南非第 1 步兵师，由查尔斯·诺里（Charles Norrie）中将接替因飞机失事身亡的维维安·波普中将（Vyvyan Pope）担任军长。第 8 集团军的预备队主要由"绿洲"特遣队和南非第 2 步兵师组成，前者下辖印度第 29 步兵旅集群和南非第 6 装甲侦察车团，后者下辖 3 个南非步兵旅集群，并由地中海团（机枪营）和南非第 1、第 4 野战炮兵团为其提供火力支援。

1941 年 6 月，由于英国的贸易出口量上升，伦敦政府宣布对美开放红海航线。从 7 月起到 10 月为止，美国商船共向埃及的亚历山大港运送了 300 辆"十字军"MK2 巡洋坦克、300 辆美制 M3"斯图亚特"轻型坦克、170 辆"瓦伦丁"MK3 步兵坦克、3.4 万辆卡车、600 门野战火炮、240 门高射炮和 200 门反坦克炮。有了盟国的海上援助,开罗方面于是调派新西兰第 10、第 13 铁道建筑连及大批印度劳工,花费数月时间修筑了一条横贯马特鲁、莫哈尔法(Mohalfa)和比尔阿布米希法(Bir Abu Misheifa),总长约 160 千米的铁路。火车所经之处,新西兰工兵还铺设了 232 千米长的水管,修建了 7 座泵站和 10 座大型水库,使前线部队可以轻松获得来自亚历山大港的淡水补给。当整个工程于 11 月 15 日完工时,奥金莱克评价此举至少节省了 4 000–5 000 辆卡车,为部队的快速调动带来了极大便利。

与英联邦的情形相反,轴心国的补给状况出现了明显的恶化趋势。1941 年夏,德国空军的关注焦点集中在希腊半岛和即将展开的"巴巴罗沙"行动,所以暂时放过了英军控制的马耳他岛。进驻该岛的皇家空军和皇家海军借助"超级机密"的情报支持,四处拦截轴心国的船队。根据统计,6 月至 10 月间共有超过 50 艘运输船(约占地中海轴心国船只总数的 10%),连同 18 万吨物资被英军送至海底。德意联军平均每月实际获得 6.05 万吨补给和 2.2 万吨油料,比计划的 7.3 万吨补给和 2.5 万吨油料分别减少了 16% 和 10%。11 月 8 月深夜,从马耳他岛出击的 K 特混舰队袭击了一支由 2 艘德国渡轮和 5 艘意大利渡轮组成的"贝塔"(Beta)船

▲ 尽管隆美尔曾反复劝说意大利方面把补给物资运往班加西而不是的黎波里,但这一要求却遭到了意大利海军的拒绝。他们的理由主要有以下三点:第一,班加西航线的行程较远,意军护航舰队将会耗费更多油料,投入和付出不成比例;第二,班加西的吞吐量太小,不适合大型运输船停泊;第三,港口常年处于英国皇家空军的轰炸机航程之内,必然会给海运行动造成威胁。基于以上因素,意方得以继续维持的黎波里航线。10 月初,德国海军向地中海派遣了 6 艘潜艇,德军第 10 航空军也将部分兵力投入护航任务。可这些措施很快就被证明是杯水车薪。11 月 8 日晚,皇家海军的 2 艘轻巡洋舰和 2 艘驱逐舰在一次夜袭中成功击沉了"贝塔"船队的全部 7 艘德意运输船,使得轴心国当月的物资损失率猛然蹿升至 62%。为解除后顾之忧,希特勒向地中海地区增派了第 2 航空队指挥部和第 2 航空军,并于 12 月 2 日任命阿尔贝特·凯塞林元帅担任德军南方司令部司令,负责全权指挥德国空军在地中海的作战行动。图为 12 月 3 日凯塞林飞抵意大利,与驻意德国海军参谋长埃伯哈德·魏肖尔德海军上将会面时拍摄的照片。

▲ 从1941年7月到1942年1月初，意大利海军的潜艇部队总共出动48次，向班加西、德尔纳和巴蒂亚等地运送了轴心国部队急需的油料和各种补给物资。图为隆美尔与意军潜艇艇员在巴蒂亚海边合影。

队。皇家海军的"奥萝拉"号（HMS Aurora）、"佩内洛普"号轻巡洋舰（HMS Penelope）及"长矛"号（HMS Lance）、"活跃"号驱逐舰（HMS Lively）凭借出色的雷达性能，成功冲破意军"特伦托"号（Trento）、"的里雅斯特"号轻巡洋舰（Trieste）和10艘驱逐舰布下的重重拦阻，将落单的7艘德意运输船全部击沉。在这场近乎一边倒的海上夜战中，轴心国总共损失了13 290吨口粮、1 579吨弹药、17 281吨油料、389辆卡车和牵引车、145名意大利船员和78名德国船员。7月9日上午，英军"支持者"号潜艇（HMS Upholder）用鱼雷击沉了前来搭救落水船员的"利贝奇奥"号驱逐舰（Libeccio），给意军的伤口上又撒了把盐。为避免遭受更大损失，意大利海军被迫改用潜艇执行海上运输任务。1941年5月10日至1942年1月5日为止，意军潜艇先后出动48次，总共向班加西、德尔纳和巴蒂亚运送了1 086吨油料、1 072吨弹药和203吨口粮。尽管数量不多，但其中大部分物资都顺利交付给了轴心国军队，只有2艘潜艇被英军击沉。

1941年9月中旬，德军第10航空军应隆美尔之托，加强了地中海航运的空中掩护效力。然而事实证明，仅凭1个航空军是远远达不到护航需求的。1941年11月15日，希特勒下令将第2航空队指挥部和第2航空军从东线调往地中海地区。12月2日，德军南方司令部也随之成立。该司令部最初下辖

▲ 意军用于北非补给的潜艇型号主要包括1 653吨的卡尼级和1 109吨的富卡级。这些潜艇平均每次可搭载140吨油料和27吨补给物资，也可搭载105吨油料和70吨淡水。图为1941年10月由隆美尔拍摄的富卡级潜艇"阿特罗波"号（Atropo），它刚为德军部队提供了60吨油料，正在驶离巴蒂亚港湾。

## 第 2 章 德军介入北非（1941 年 2 月至 1941 年 9 月）

第 2、第 10 航空军，由阿尔贝特·凯塞林元帅担任指挥官，直接听命于墨索里尼。

除海空行动外，轴心国在"十字军"行动爆发前的唯一一次地面攻势，便是隆美尔指挥的"仲夏夜之梦"行动（Operation Sommernachtstraum）。1941 年 9 月 10 日，德军第 21 装甲师派遣第 3 装甲侦察营、斯特凡战斗群和许特战斗群前去袭击位于哈勒法耶隘口东南约 40 千米的比尔埃尔基莱加特，目的是摧毁设在当地的英军补给站。可惜英国人已经提前收到"超级机密"发来的密电，及时避开了锋芒。德军战斗群仅仅缴获 1 辆南非指挥车，俘虏 3 名士兵。9 月 14 日，当隆美尔下令第 21 装甲师撤回哈勒法耶隘口时，第 5 装甲团的 110 辆参战坦克共有 2 辆 3 号坦克全损，另有 36 辆坦克因机械故障抛锚。10 月 9 日，全团的可用坦克数已回升至 98 辆。11 月 15 日，第 5 装甲团完全恢复了实力。通过分析从指挥车上搜到的文件内容，德军情报人员判断英方正在逐步削弱埃及边境的驻军，短期之内不大可能对德意联军发动进攻。实际上，第 8 集团军当时尚未完成组建，从边境撤军只是为了方便部队整编。如果"仲夏夜之梦"行动再推迟 1 个月的话，奥金莱克或许就会暴露他的真实意图。

10 月 26 日，隆美尔下达了在 11 月底前夺取托卜鲁克的作战令。尽管德国空军已经察觉到马特鲁至埃及西部有扩建铁路的迹象，这位德意联军统帅依然充满自信地认为第 15 和第 21 装甲师足以应对任何威胁。11 月 14 日，隆美尔和拉文施泰因飞抵罗马，与意大利方面商讨补给运输事宜。德国驻罗马武官恩诺·冯·林特伦少将借机向他转达了来自国防军最高统帅部的命令，要求德军部队暂停攻打托卜鲁克，专心防备英联邦军的突袭。气恼之下，隆美尔立即打电话给约德尔上将，告诉他第 21 装甲师的布防情况，并担保说一定能够击败对手。11 月 15 日，隆美尔携夫人露西在罗马度过了自己的 50 岁生日，为其庆生的还有拉文施泰因少将。11 月 17 日晚，隆美尔正准备从雅典搭机返回北非，殊不知，一场针对他本人的"斩首"行动已经悄然拉开了帷幕。

▲ 在持续近半年的时间里，意军仅仅损失了 2 艘潜艇，分别为 1941 年 12 月 11 日被英军驱逐舰击沉的"卡拉乔洛"号（Caracciolo）和 1942 年 1 月 5 日被英军潜艇击沉的"圣邦恩"号（SaintBon）。图为在隆美尔注视下离港的"阿特罗波"号潜艇。

**增援托卜鲁克的英联邦军作战序列（1941年8月至10月）**

以下部队将逐步取代调往叙利亚驻防的澳大利亚第9步兵师，并收编托卜鲁克的部分驻军

英军第7步兵师（约翰·埃维茨少将）

1940年6月17日，韦维尔下令以第7步兵师师部为核心组建西部沙漠军，第7步兵师番号因此被取消。1941年2月17日该师获得重建，4月7日编入西部沙漠军作战序列，6月18日被调往叙利亚向维希法国施压，9月19日至10月25日分批重返利比亚支援托卜鲁克防御战，10月10日改名为第70步兵师

第4防空旅（J.S. 缪尔黑德准将）（加强自托卜鲁克守军）

第14步兵旅（B.H. 查普尔准将）

第16步兵旅（西里尔·洛马克斯准将）

第23步兵旅（C.V.H. 考克斯准将）

英军第32集团军属坦克旅（阿瑟·威利森准将）

皇家坦克团第1营（3个中队，6辆A9，9辆A10，13辆A13巡洋坦克，22辆维克斯MK6轻型坦克）

皇家坦克团第4营（3个中队，52辆"玛蒂尔达"MK2步兵坦克，6辆维克斯MK6轻型坦克）

皇家坦克团第7营D中队（17辆"玛蒂尔达"MK2步兵坦克）

第1国王龙骑禁卫团C中队（29辆马蒙-海灵顿装甲侦察车，6辆侦察车）（加强）

共计：32辆巡洋坦克，69辆步兵坦克，34辆轻型坦克（10月19日的可用坦克数）

波兰喀尔巴阡独立来复枪旅（斯坦尼斯拉夫·卡潘斯基少将）

第1、第2、第3斯切尔科夫步兵营

乌兰枪骑兵营

喀尔巴阡炮兵团（25磅炮，4.5英寸榴弹炮和意大利火炮）

第2反坦克连

第1机枪连

## 突袭隆美尔司令部

1941年3月，英国将特别勤务旅（Special Service Brigade）的5个营调往埃及执行特种作战任务。为避免轴心国察觉突击队的到来，陆军部下令特别勤务旅改称"莱科克"特遣队（Layforce），名称取自旅长罗伯特·莱科克（Robert Laycock）中校的姓氏。

1941年4月19日晚，A营首战渡海夜袭巴蒂亚，被德意守军击败。1个月后，特遣队A营、D营的800余名官兵参加克里特岛保卫战，却折损了600余人。6月中旬，特遣队C营奉命前往叙利亚抗击维希法国，结果C营营长理查德·佩德（Richard Pedder）中校又在黎巴嫩的战斗中阵亡。屡战屡败之下，"莱科克"特遣队被迫于7月解散。1941年8月，杰弗里·凯斯（Geoffrey Keyes）少校接替佩德中校成了C营的新营长。说起这位凯斯少校，他的来头可不小。其父是第一次世界大战海军英雄，现任联合行动指挥部部长的罗杰·凯斯（Roger Keyes）海军上将。1941年9月，莱科克中校带着凯斯少校写给父亲的亲笔信回到伦敦，请求政府重建中东突击队。在信中，凯斯提到了一件十分重要的情报，那就是英国特别行动组G分部派往昔兰尼加的情报人员约翰·哈塞尔登上尉已经发现了隆美尔设在贝达利托里亚（Beda Littoria）的司令部。从地图上看，贝达利托里亚距利比亚前线足有400千米，离地中海海岸仅28.8千米。凯斯少校确信，如果从海上派遣一支突击队前去袭击司令部，就一定能够干掉隆美尔。

英国军方仔细分析了凯斯的提议。除了考虑到其父在军界的杰出地位之外，英军第8集团军司令艾伦·坎宁安中将也对这项计划表示出了强烈的兴趣。虽然没有官方记录保留下来，凯斯或许是通过坎宁安的大力支持，促使陆军部批准了他的计划。凯斯的副官托马斯·麦克弗森（Thomas Macpherson）少尉战后回忆说，当凯斯通过电报得知行动获准

▲ 1941年5月，"莱科克"特遣队C营被调往塞浦路斯，准备参加黎巴嫩的敌后作战行动。图为C营营长理查德·佩德中校（左）、杰弗里·凯斯少校（中）和塞浦路斯总督威廉·巴特斯希尔爵士（右）一同视察法马古斯塔郊外的十字军古堡。

的消息时，曾兴致勃勃地向他宣布："托米老伙计，如果作战成功的话，我们肯定能名垂千古！"

最终，陆军部决定趁"十字军"行动尚未开始前，在北非发起两轮敌后突袭战。首先是大卫·斯特林上尉负责的"寮屋"行动（Operation Squatter），英军特别空勤旅的伞兵将空降至加扎拉–特米米地区，尽可能地摧毁轴心国机场上停放的战机。其次便是凯斯少校和莱科克中校负责的"鳍足"行动（Operation Flipper），大约60名特别勤务旅的突击队员将搭乘"岩湾"号（HMS Torbay）和"护符"号潜艇（HMS Talisman）在卡什姆阿尔卡尔布湾（Khashm al Kalb Bay）登陆，破坏位于贝达利托里亚的轴心国通讯设施、仓库和指挥中心，但该计划并未特意提及有关"斩首"隆美尔的事情。

11月3日，英军突击队开始在埃及亚历山大港进行夜间充气艇的作战培训。11月9日，莱科克中校签署了"鳍足"行动的1号作战令。整个行动预定将分为以下4支突击队进行：

第1支队由凯斯少校、2名军官和22名突击队员组成，负责攻占贝达利托里亚的德军司令部及司令部西面约800米的隆美尔下榻处。

第2支队由H.G.谢瓦利尔中尉（H.G.Chevalier）和11名突击队员组成，负责破坏位于阿波洛尼亚（Apllonia）的意军通讯站和情报中心。

第3支队由大卫·萨瑟兰中尉（David Sutherland）和12名突击队员组成，负责

▲ 自从C营营长理查德·佩德中校在黎巴嫩阵亡后，杰弗里·凯斯少校（左图）被任命为新营长。作为"一战"英国海军英雄罗杰·凯斯海军上将之子，杰弗里·凯斯急于通过实战证明自己。1941年9月，他设法说服了"莱科克"特遣队指挥官罗伯特·莱科克中校（右图），建议英国军方立即派兵突袭位于北非贝达利托里亚的隆美尔司令部，并因此获得了英军第8集团军司令艾伦·坎宁安中将的大力支持。莱科克中校此前曾在克里特岛之战中指挥A营、D营协助英联邦军从海上撤退。当时他违背了上级的命令，提前撤离该岛，致使特遣队损失了600余名官兵。和凯斯一样，莱科克试图通过袭击隆美尔司令部洗刷自己过去的不光彩记录。1944年6月，莱科克升任联合行动部负责人，成为英国陆军最年轻的少将指挥官。

第 2 章　德军介入北非（1941 年 2 月至 1941 年 9 月）

▲ 经英国陆军部批准，"鳍足"行动于 1941 年 10 月正式开始筹划工作。约 60 名突击队员将搭乘"岩湾"号和"护符"号 T 级潜艇在距拉斯阿默尔岬以西约 8 千米的卡什姆阿尔卡尔布湾登陆。图为 1944 年返回英国军港时拍摄的"岩湾"号潜艇，它后来被派往太平洋执行破交任务，总共击沉 17 艘轴心国商船和 5 艘军舰。至于"护符"号就没有这么运气，该艇自 1942 年 9 月 10 日从直布罗陀出发后就失去了音讯。据推测，"护符"号可能是在马耳他附近触雷沉没，或是被意大利海军的水面舰艇击沉。

摧毁奇雷内路口的意军指挥部和通讯设施。

第 4 支队是唯一一支从内陆出发的支队，由特别行动组 G 分部的约翰·哈塞尔登上尉、3 名 G 分部的干员、2 名塞努西向导和远程沙漠集群的部分官兵组成，负责开辟海滩登陆场，并伺机攻打位于斯隆塔的意军第 101"的里雅斯特"摩托化步兵师的师部和电话交换站。

11 月 7 日，驻扎锡瓦绿洲的远程沙漠集群将第 4 支队护送至斯隆塔。从 11 月 10 日至 11 月 29 日为止，远程沙漠集群都会严密监视梅基利 – 班加西道路，掩护第 4 支队。11 月 14 日凌晨，哈塞尔登上尉率领手下官兵出发前往卡什姆阿尔卡尔布湾，准备在那儿建立登陆场。

11 月 10 日下午 4 点 22 分，第 1 支队登上"岩湾"号潜艇，第 2、3 支队登上"护符"号潜艇，离开亚历山大港向西驶去。11 月 12 日，凯斯少校在"岩湾"号上向手下的 24 名官兵正式宣布了此行的目的。当众人得知他们将去对付隆美尔时，全都惊讶得无话可说。凯斯补充道："如果他放弃抵抗，我们就带他回去。如果他坚决不从，那我们就要干掉他。"

11 月 13 日晚，"岩湾"号在距卡什姆阿尔卡尔布湾以东约 8 千米的拉斯阿默尔岬（Ras Aamer）附近浮出水面充电。"护符"号则继续西行，用潜望镜对登陆地点进行了侦察。

11 月 14 日下午，"护符"号报告滩头一切正常。"岩湾"号上的突击队员最后一次检查了

▲ 1941 年在苏特兰海岸进行训练的英军突击队员，利比亚沿岸的实际海况要比这个恶劣得多。

自己的武器装备。大约16点左右，众人饱餐一顿，准备出发。夜晚7点前，"岩湾"号再次上浮，突击队员们登上甲板，解下固定在舷侧的橡皮艇。与此同时，抵达海滩的哈塞尔登上尉等人用手电朝潜艇打出信号，告知登陆场已经确保，没有发现任何敌情。

突然间，一股大浪袭来，将4艘橡皮艇冲入了大海。"岩湾"号足足开了3.2千米才找回这些失踪的橡皮艇，浪费了不少时间。搜救工作一结束，

▲ 图为2010年卫星照片上的"鳍足"行动登陆地点，可见海滩登陆场，干河床，以及矗立在干河床附近的古堡遗迹。英军突击队需要向南步行约16千米，翻越2座断崖，才能到达贝达利托里亚。

凯斯少校便与丹尼斯·库尔特里德（Denis Coulthread）一等兵、罗伊·库克（Roy Cooke）中尉及其副手率先登上2艘橡皮艇，朝着目的地奋力划去。11月15日零点35分，"岩湾"号艇长安东尼·米尔斯（Anthony miers）少校向"护符"号发报，通知对方"岩湾"号搭载的14艘橡皮艇已有13艘顺利登岸。

在"护符"号上，艇长麦克尔·威尔莫特（Michael Willmott）少校和莱科克中校本打算将出发时间推迟至11月16日晚。但当他们接到"岩湾"号发来的电报后又改变了主意，决定继续按照原计划执行作战任务。

11月15日凌晨1点45分，8艘橡皮艇刚从"护符"号上解缆，就被浪头掀翻了7艘。由于"护符"号必须赶在日出之前完成搜救和充电作业，该艇搭载的3名军官和23名突击队员中只有莱科克中校和另外7人乘坐的4艘橡皮艇勉强登上海滩。上岸过程中，彼得·巴兰德（Peter Barrand）一等兵不幸溺水身亡，尸体在数天后被意军巡逻队回收。

▲ 从滩头遥望约1 600米外海拔约180米的第一座断崖。

15日黎明，暴雨笼罩了卡

## 第 2 章 德军介入北非（1941 年 2 月至 1941 年 9 月）

▲ 图为开凿在艾因泽丹溪谷峭壁上的山洞，这是贝都因人为突击队提供的临时隐蔽所。

什姆阿尔卡尔布湾。英军突击队隐蔽在一条干河床附近的古堡遗迹里，准备生火造饭。凯斯少校与莱科克中校共同确认了部队状况：如今整个突击队的可用兵力只剩下 32 人，大约是正常编制的一半。不仅如此，2 名塞努西向导也在这个时候打起了退堂鼓，拒绝陪同突击队前往贝达利托里亚。作为补偿，哈塞尔登上尉叫人找了条牧羊犬，带领凯斯少校的 1 号支队前去攻打司令部。天亮时，哈塞尔登和特别行动组 G 分部的 3 位同僚被远程沙漠集群接走。留在滩头的人员包括莱科克中校、医护兵爱德华·阿特金斯（Edward Atkins）、3 名突击队员和"护符"号的 2 名特别舟艇部队成员。后者的皮划艇在登岸时船底受损，不得不留下修理小艇。

早上 8 点至下午 2 点，第 1 支队成功翻越了海拔 600 英尺（约 183 米）的断崖峭壁，深入内地约 4.8 千米。凯斯少校见部下个个身负重荷，准许他们在一处山地岩洞内歇息待命。

11 月 16 日天刚亮，3 名友善的贝都因人出现在洞口。通过阿维沙洛姆·德罗里（Avishalom Drori）下士的翻译，凯斯得知这些贝都因人愿意带突击队去贝达利托里亚，代价是 2 000 里拉。凯斯同意了他们开出的条件，贝都因人在中午为第 1 支队送来了烤羊肉、热汤和香烟，让所有人都好好地暖了暖身子。

出乎凯斯的意料，瓢泼大雨一直下到 16 日夜晚才停。经过数小时的长途跋涉，一名名叫艾德里斯·穆沙（Idriss Musha）的贝都因少年将第 1 支队领至位于艾因泽丹溪谷（Ain Zeidan）的山洞过夜。此地离贝达利托里亚不到 10 千米，周围种植了桧柏，很难被发现。尽

▲ 经过贝达利托里亚中央广场的意军巡逻队。照片来自京特·哈恩的私人收藏，他曾在北非的德军防空部队中服役。

135

管洞内的羊骚味臭不可闻，大伙还是找机会睡了顿安稳觉。

11月17日一大清早，2名贝都因向导带着凯斯少校、库克中尉和杰克·特里（Jack Terry）中士前往贝达利托里亚进行实地侦察。凯斯本想化妆成阿拉伯人混入城内，却被向导制止。为摸清隆美尔司令部的布防情况，凯斯委托艾德里斯·穆沙去办，并向少年许诺了丰厚奖赏。当天下午，穆沙回来向凯斯作了汇报。依照他的描述，凯斯制定了初步进攻方案：第1支队的24名突击队员将分成4个战斗小组，包括突击组6人、掩护组7人、室外掩护组4人、奇雷内组7人。余下的1名突击队员因腿部感染留在了山洞，得等战友们回来才能将他接走。

17日晚6点，突袭行动终于开始。约4个半小时后，第1支队冒雨抵达离目的地不到1.5千米的断崖脚下。23点20分，全队顺利登上海拔2 000英尺（约610米）的崖顶，悄悄潜入了贝达利托里亚。据特里中士观察，隆美尔司令部的周围没有哨兵巡逻。凯斯于是指派掩护组的3名队员守住前门，自己带了突击组的3名队员过去查看后院的情况，结果发现后门已锁，窗户全部上了闩。看来只能从正门发起突击了！凯斯叫上突击组的罗宾·坎贝尔上尉（Robin Campbell）、特里中士、库尔特里德一等兵、布罗迪一等兵（Brodie）和德罗里下士随他进屋，另派掩护组的4名队员监视院落拐角。司令部南侧的停车场由室外掩护组负责把守，防止德军增援部队接近司令部。库克中尉的7人小组则奉命前往奇雷内路口，摧毁意军通讯设施。

见到屋内的灯光都已熄灭，凯斯便与坎贝尔打开前门，迅速冲了进去。特里、库尔特里德、布罗迪和德罗里4人手持步枪和冲锋枪，守住一楼的楼道出口。接下来发生了什么事情，各方一直众说纷纭。事实上，英国的情报部门直到12月才意识到，"鳍足"行动的攻击目标根本不是什么隆美尔的司令部，而是德军非洲装甲集群后勤主管海因兹·施洛伊泽纳少校（Heinz Schleusener）的办公地。平时待在这所宅邸里的只有一些后勤部门的官员、传令兵和司机。施洛伊泽纳本人因为身患痢疾，此刻仍在德尔纳接受治疗，尚未康复出院。

▲ 1942年5月，在英军奇袭行动中幸存的非洲装甲集群后勤部门官兵合照，站在中间的两人是弗里德里希·巴特尔少校（左）和吕迪格·魏茨上尉（右）。照片拍摄者是德意志非洲军宣传连的恩斯特·茨维林上士。

## 第 2 章 德军介入北非（1941 年 2 月至 1941 年 9 月）

▲ 被英军误认为隆美尔司令部的非洲装甲集群后勤部，摄于 1943 年盟军占领之后。

根据德军方面事后提供的报告，11 月 17 日当晚，非洲装甲集群的工兵部队指挥官弗里德里希·巴特尔（Friedrich Barthel）少校正与施洛伊泽纳的副手吕迪格·魏茨（Ludig Weiz）上尉在宅邸二楼开会。除这 2 人外，一楼左侧的房间里还有 5 名德军。23 点 30 分，当凯斯和坎贝尔冲进 1 楼时，发现一扇开着的房门。列兵雅马特尔（Jammatter）刚从门口出现，凯斯便快步上前堵住了对方的去路。或许是想威胁德军士兵不要出声，凯斯犹豫了一下没有开枪，雅马特尔立刻扑过来想要夺下凯斯手中的武器。跟在后头的坎贝尔急忙用自己的韦伯利 38 口径左轮手枪朝雅马特尔连续开火，可子弹不仅击中了雅马特尔，也把凯斯打倒在地。几乎就在同一时刻，特里忽然看见武器室的门开了！库尔特·兰岑（Kurt Lanzen）以为是哪个哨兵枪支走火，打算外出看个究竟。说时迟那时快，特里一个箭步冲到武器室门前，端起 M28 汤普森冲锋枪就射。兰岑躲闪不及，腿部中了 1 弹，栽倒在门旁。没等考夫霍尔茨（Kaufholz）少尉起身拔出 P38 手枪，特里的一阵点射又将其打成重伤。混乱中，误伤凯斯的坎贝尔总算回过神来，向武器室投掷了 1 枚手雷。震耳欲聋的爆炸声瞬间撼动了整栋建筑物，将二楼的安普特（Ampt）少尉引到了楼梯口。借助火把的亮光，安普特一眼望见了倒在楼下的凯斯尸体，他赶紧把脑袋缩了回去。趁楼道被浓烟充斥，特里和坎贝尔合力将凯斯的尸体拖出了宅邸。"别管他了，我们什么也做不了，少校已经死了！"坎贝尔对特里喊道。

▲ 当年英军突击队正是通过这扇前门向非洲装甲集群的后勤部发起了进攻。照片摄于 1945 年，站在楼道内的英军军官是昔兰尼加驻军防区指挥官斯凯尔登·史密斯上尉。

137

## 大漠烽烟急

院落外头，暴雨依然下个不停。德军哨兵马特·博克斯哈默（Matte Boxhammer）闻讯前来查探，被埋伏在门口的德罗里一枪击毙。武器室内，坎贝尔投出的手雷使库尔特·科瓦齐克（Kurt Kovacic）一等兵受了重伤。唯一没有负伤的奥托·耶格尔（Ottto Jaeger）中尉试图跳窗逃跑，却被击中3弹而亡。打死耶格尔的可能是掩护组的马尔科姆·休斯（Malcom Hughes）一等兵，也可能是特里。

在能见度极差的情况下，特里和库尔特里德守住前门，坎贝尔独自绕到宅邸拐角去协助休斯。慌乱之中，休斯误以为坎贝尔是一名德军，开枪将他的右腿射伤。

听见坎贝尔痛苦的呼喊，特里立即跑到上尉身边，为他注射了吗啡。坎贝尔命令特里、布罗迪和库尔特里德去炸毁宅邸后院的发电机。由于无法撬开沉重的铁门，3名突击队员将3管硝铵炸药塞入发电室的通风管道，再往里面丢了颗手雷。随着一声巨响，其中1台发电机被彻底摧毁，整个宅院顿时陷入黑暗。

考虑到坎贝尔的腿部伤情严重，无法行走，特里打口哨召集了突击组和掩护组的10名队员。然而令他感到奇怪的是，外围掩护组的4名队员似乎失去了踪迹，未能前来会合。德军的事件调查报告称，宅邸南面停车场上的车辆全都完好如初，没有受到任何破坏。

又过了大约10分钟，特里决定不再等待下去，率领队员们撤离了贝达利托里亚。坎贝尔被单独留在了宅院，让德国人去照应。回程途中，走在前面的特里差点失足跌落山崖。幸好他及时抓住了悬崖边的野草，才没有摔死。雨夜又湿又冷，几乎所有人都被冻僵。突击小队只得停下来休息，准备等次日天亮再返回艾因泽丹溪谷。

▲ 1943年拍摄的非洲装甲集群后勤部后院照片，位于建筑物右侧拐角的小屋便是发电室。

英军突击队离去后，宅邸二楼的德军军官纷纷跑下楼来救治伤员。安普特少尉先前见到的尸体已经不在原地，一条长长的血迹延伸至门口，看来是有人把尸体搬到了屋外。武器室里，考夫霍尔茨少尉已奄奄一息；科瓦齐克一等兵倒在床边，肚子开了花。在宅邸西南角，德军发现了死亡多时的耶格尔中尉。前门附近的树荫下是凯斯少校的遗体和腿部负伤的坎贝尔，唯有博克斯哈默的尸首直到天亮时才被寻获。

另一方面，由库克中尉指挥的奇雷内组丝毫不清楚第1支队的行动已经失败，仍按预定计划前去破坏意军设在奇雷内路口的电话通讯塔。这座塔距离贝达利托里亚足有16千米远，且路上尽是泥沼。7名队员中的1人很快因为靴子掉了而落了单，库克中尉指派1名队员陪同他返回艾因泽丹溪谷。午夜时分，库克的5人小队拦下一辆从小路上驶过的汽车，迫使车上的2人弃车而逃。经过勘查，库克发现车子的前轮陷入泥坑无法拖救，于是只好破坏掉车灯，带领队伍继续前进。

11月18日凌晨3点30分，奇雷内组终于到达目的地，找到了路口那座电话通讯塔。接下来，4名突击队员先后尝试了3次，用尽所有随身携带的硝铵炸药和手雷，好不容易将4处基座炸开，却依然没能彻底摧毁通讯塔。库克中尉被迫放弃任务，率部退往卡什姆阿尔卡尔布湾。4点左右，奇雷内组躲进野外的一处阿拉伯墓地暂时避雨，而轴心国军恰恰在这个时候对沿海地区展开了全面搜捕行动。

11月18日上午，意军参谋部通过综合分析11月17日发生的数起事件，确认了英军突击队仍在贝达利托里亚地区活动这一事实。大批士兵被派去搜查小镇周围的每一处山洞，没用多久就逮住了藏身于艾因泽丹溪谷的3名英军突击队员。

18日下午5点，特里的11人小队回到了卡什姆阿尔卡尔布湾。特里将凯斯遇难的坏消息通知了莱科克中校，随后到达海滩的还有4名先前被认为"失踪"了的外围掩护组成员。

夜晚7点，莱科克中校用手电不断向停泊在海湾的"岩湾"号潜艇求救，对方却始终没有反应。深夜11点，"岩湾"号上的信号员终于有了回应。可惜莱科克本人并不熟悉莫尔斯代码，以至于完全看不懂潜艇发来的讯号。"岩湾"号艇长米尔斯少校在航海日志中写道："莱科克中校最后发给潜艇的信息是：'请明晚再作尝试。'"

11月19日凌晨，奇雷内组的库克中尉和4名突击队员离开阿拉伯墓地，冒险攀下了悬

▲ 2010年时的奇雷内路口航空照，距奇雷内以南约6.4千米，距贝达利托里亚约16千米。

崖。几名贝都因人将他们领到离海滩约8千米的一处山洞隐蔽起来。过了不久，意军巡逻队出现在洞口。一名贝都因青年尝试吸引意军的注意，但没能成功。为掩护青年逃跑，库克朝2名意军士兵开枪射击，对方则报以手雷，迫使库克和他的战友举手投降。

▲ 11月19日下午，德军为奇袭行动阵亡者们举行了隆重的葬礼。图为送葬车队经过中央广场，抵达贝达利托里亚教堂。

11月19日上午，莱科克中校向登陆场四周布置了岗哨，准备接应其他前来会合的突击队员。中午刚过，海滩西面出现了意军巡逻队的身影。经过短促交火，英军特别舟艇部队的普赖尔中尉（Pryor）身负重伤，与医护兵阿特金斯一起被意军俘虏。眼见局面失去控制，莱科克和特里下令部队立即分散突围。在全部17名突围官兵中，逃往斯隆塔的4人于11月21日被俘，逃往托卜鲁克的2人于11月22日被俘，逃往梅基利的8人于11月26日被俘。只有莱科克中校、特里中士和特别舟艇部队的约翰·布里特尔班克下士（John Brittlebank）在敌军控制区熬过了整整36天之后，才被一支参加"十字军"行动的英军部队救走。

11月19日下午，贝达利托里亚的当地教堂为杰弗里·凯斯少校和4名德军阵亡官兵举行了隆重的葬礼。成为俘虏的坎贝尔起初被关押在德尔纳，之后又搭机前往意大利和德国本土接受治疗，但医生最终还是没能保住他的右腿。经过2年时间的恢复期，坎贝尔于1943年被遣送回国。英国方面的战时宣传称，杰弗里·凯斯

▲ 仪式结束后，5具棺材（左图）被运往贝达利托里亚郊外的墓地并排葬在一起（右图）。隆美尔当天因为需要全力应付英军发起的"十字军"行动，所以没有时间参加这次葬礼。

少校在对隆美尔司令部的奇袭行动中英勇阵亡,故追授其中校军衔和维多利亚十字勋章。

11月19日和11月20日两天,"岩湾"号潜艇曾数次上浮。据派往登陆场实施侦察的特别舟艇部队成员报告说,海滩上到处都是意军,突击队很有可能已经全军覆没。11月21日,"岩湾"号用102毫米火炮击毁了1架在海湾附近着陆的意军水上飞机。11月22日,米尔斯少校指挥潜艇返回亚历山大港,而这便是"鳍足"行动的最终结局。

隆美尔,"二战"时期德军三大名将之一,他就是在北非战场上一举成名,赢得了"沙漠之狐"的外号。

在到北非之前,隆美尔只是第7装甲师师长,但他对大纵深机动作战很有心得,还写了《步兵突击》一书。由此得到了希特勒的青睐,被调任希特勒的警卫营营长。在第二次世界大战爆发后,隆美尔再三请求,才被外放出任装甲师师长。他在闪击法国的战役中,率领第7装甲师一路狂飙突进,取得了赫赫战功,第7装甲师也因此被誉为"魔鬼之师"。所以,北非战事开始,希特勒第一个就想到了他,把他派到北非战场,担任非洲军军长,指挥在北非的轴心国军队,等于是实际上的北非战场最高指挥。

隆美尔也没有辜负希特勒的厚望,在北非战场上表现极为出色,在兵力、装备对比都远远处在劣势的情况下,以弱胜强,将英军打得灰头土脸狼狈不堪。因此,在德军,尤其是北非的德军官兵心目中,隆美尔简直成了战无不胜的"军神",同时也成为了英军最为忌惮的对手。

所以,英军在发动"十字军"行动前,就决定首先袭击隆美尔的司令部,争取一举干掉隆美尔,对轴心国军队在士气上以沉重打击,同时也让轴心国军队陷入群龙无首的境地,为"十字军"行动创造有利条件。

这样的特种作战行动,用今天的话来说,就是典型的"斩首"行动。英军的这次行动,无论从哪方面来看,都已经具备了现代战争"斩首"行动的各种要素,堪称现代战争"斩首"行动的雏形。虽然这次行动失败了,但仍在世界特种

▲ 图为如今那座意军电话通讯塔早已不复存在。

▲ 1945年1月,凯斯少校的遗骸被转往班加西的英国战争墓地重新安葬,此时他的军衔已被改成了中校。4名德军阵亡官兵的遗骸也于1955年迁往托卜鲁克的德国战争墓地安葬。

作战历史上留下了重要的一页。

这次行动失败最主要的原因就是情报不准,"斩首"行动要想取得成功,准确而且及时的情报保障,是必不可少的前提。没有准确的情报,行动组织的再好,也难逃失败的命运。

隆美尔在得知英军的袭击行动后非常不满,"难道英国佬认为我会把司令部放在离前线这么远的地方?"

### 1940年至1941年的英联邦军

"二战"爆发前,英国陆军受富勒的"坦克制胜论"影响,一直强调坦克的主要任务是反坦克,装甲师在实战中应同时派遣多支坦克编队,通过大范围机动找到敌方装甲部队的所在位置并迅速集中起来予以歼灭。以霍巴特为代表的部分英军将领甚至觉得光凭装甲师的大规模坦克突击就足以应付战场上的一切问题,保卫后方和侧翼的任务交给师属支援群即可。为此,在1940年的英军装甲师编制体系中,坦克数量占据了极大比重(2个装甲旅,6个装甲团,全师共计340辆坦克),步兵、炮兵、工兵,反坦克炮和高射炮的数量都偏少(2个摩托化步兵营,1个装备25磅炮的乘骑炮兵团,1个工兵营,1个装备2磅反坦克炮或37毫米反坦克炮车的乘骑炮兵团,1个装备40毫米高射炮的轻型防空团)。相比之下,德军却通过法国战役深深意识到了"闪击战"存在的种种缺陷,开始逐步减少各个装甲师编制内的坦克数量,适当增加步兵、炮兵和反坦克炮比例,大幅强化坦克与各个兵种间的协作关系,借以提升战斗力。1940年底至1941年初,韦维尔上将下令西部沙漠军发起"罗盘"行动,消灭意军第10集团军和"巴比尼"装甲集团,将势力范围扩大至昔兰尼加的阿盖拉地区。这次胜利促使英军高层进一步确定了"坦克机动战"在沙漠地区的正确性和可行性,但他们忽略了其他几个

第 2 章 德军介入北非（1941 年 2 月至 1941 年 9 月）

重要因素：意军战败的主因实际上是由于装备、训练和战术教条的不完善，部队更是逐次投入，没有形成规模。英军如果遇到经验丰富、装备精良且拥有完整编制的装甲部队，局面便会变得完全不同。

1940 年至 1941 年的英军装甲旅编制：
每个装甲旅下辖 3 个装甲团，每个装甲团下辖 3 个中队，每个中队下辖 4 个分队，每个分队下辖 3 辆巡洋坦克
中队指挥分队下辖 2 辆巡洋坦克和 2 辆近距离支援坦克
团部下辖 4 辆巡洋坦克
旅部下辖 10 辆巡洋坦克
全旅共计 166 辆坦克，是英军装甲师的主力突击单位

1940 年至 1941 年的英军集团军属坦克旅编制：
每个坦克旅下辖 3 个坦克营，每个坦克营下辖 3 个中队，每个中队下辖 5 个分队，每个分队下辖 3 辆步兵坦克
中队指挥分队下辖 1 辆步兵坦克和 2 辆近距离支援坦克
营部下辖 4 辆步兵坦克
旅部下辖 4 辆巡洋坦克
全旅共计 178 辆坦克，主要任务是支援步兵师作战

1940 年至 1941 年的英军装甲师编制：
每个装甲师下辖
师部及通信团
2 个装甲旅（每个装甲旅下辖 3 个装甲团，共 340 辆坦克）
1 个师属支援群
1-2 个骑兵团（每个骑兵团下辖 3 个装甲侦察车中队，根据需要配属给装甲师，不属于正式编制）
3 个工兵中队
1 个军械安置分队
师属后勤支援单位

师属支援群下辖
2 个摩托化步兵营（每个摩托化步兵营下辖 1 个营部、1 个指挥连和 4 个摩托化步兵连）
营部共有 2 辆装甲侦察车、3 挺轻机枪、1 支反坦克枪）
指挥连下辖 1 个通信排、1 个行政排，共有 5 挺布伦轻机枪和 5 支反坦克枪

每个摩托化步兵连下辖1个连部、1个侦察排、3个摩托化步兵排，共有3辆装甲侦察车、24挺布伦轻机枪、1门81毫米迫击炮、3门2英寸迫击炮、22支反坦克枪、11辆搭载布伦轻机枪的通用输送车

1个承担反坦克任务的乘骑炮兵团（4个反坦克连，48门2磅反坦克炮）

1个承担火力压制任务的乘骑炮兵团（3个炮兵连，24门25磅炮）

1个轻型防空团（4个防空连，48门40毫米高射炮）

1940年至1941年的英军步兵师编制：

每个步兵师下辖

师部及通信团

3个步兵旅（每个步兵旅下辖3个步兵营）

每个步兵营下辖1个营部、1个指挥连和4个步兵连

营部共有1辆通用输送车、1挺轻机枪，每个指挥连下辖1个通信排、1个迫击炮排、1个防空排、1个通用输送车排、1个行政排、1个工兵排，共有9挺布伦轻机枪、6门81毫米迫击炮、4挺双联装布伦防空机枪、8门2磅反坦克炮、23支反坦克枪和13辆通用输送车

每个步兵连下辖1个连部、3个步兵排，共有9挺布伦轻机枪和2门2英寸迫击炮）

1个师属骑兵团（1个轻型坦克中队、2个通用输送车中队）

1个机枪营（3个机枪连，48挺维克斯中型机枪、13挺布伦轻机枪、18支反坦克枪）

1个反坦克团（4个反坦克连，48门2磅反坦克炮）

3个野战炮兵团（每团3个炮兵连，24门25磅炮）

1个轻型防空团（4个防空连，48门40毫米高射炮）

3个工兵连、1个军械安置连及师属后勤支援单位

注：战争初期的英军反坦克单位缺乏3吨卡车，所以经常会出现2磅反坦克炮与37毫米反坦克炮车混编的情况。

实战中的英军编制并非完全固定，其他英联邦国家的部队编制可能会与英军有所差异。

# 第3章 德军的反攻（1941年10月至1942年5月）

## "十字军"行动

1941年11月18日清晨，英军第8集团军向利比亚境内的德意联军发起了代号"十字军"行动的大规模攻势。在奥金莱克的计划中，第8集团军左翼由查尔斯·诺里中将指挥的第30军，包括英军第7装甲师、第4装甲旅集群、第22禁卫旅、第12防空旅和南非第1步兵师，将对西迪奥马尔以西约48千米的加布尔萨利赫（Gabr Saleh）展开猛攻，摧毁位于西迪雷泽（Sidi Rezegh）地区的德意装甲部队主力；第8集团军右翼由阿尔弗雷德·戈德温－奥斯汀中将指挥的第13军，包括新西兰步兵师、印度第4步兵师和英军第1集团军属坦克旅，将负责牵制西迪奥马尔至哈勒法耶隘口的轴心国部队，防止他们西调阻截第30军；当第一轮突破获得成功后，"绿洲"特遣队将从锡瓦绿洲出发向西挺进，肃清加拉布和加洛；驻守托卜鲁克的英军第70步兵师、第32集团军属坦克旅和波兰喀尔巴阡独立来复枪旅也会突围而出，与友军部队在阿代姆以北会师。

得益于奥金莱克的精心筹备，英军第8集团军在"十字军"行动首日总共拥有772辆可用坦克（第30军491辆、第13军155辆、第32集团军属坦克旅126辆），其中包括52辆"瓦伦丁"MK3步兵坦克、157辆"玛蒂尔达"MK2步兵坦克、231辆"十字军"MK2巡洋坦克、130辆A9、A10、A13巡洋坦克、165辆M3"斯图亚特"轻型坦克、37辆维克斯MK6轻型坦克。除第8集团军外，埃及境内还驻有英军第1装甲师（11月13日抵达亚力山大港），99辆备用坦克和212辆待修坦克。相比之下，隆美尔的非洲装甲集群在战役爆发时总共拥有492辆可用坦克，其中包括德军第15装甲师的149辆坦克（42辆2号坦克、77辆3号坦克、

▲"十字军"行动中的英军第30军军长查尔斯·诺里中将。

▲ 按照"十字军"行动计划,针对托卜鲁克包围圈的突破任务被交给英军第7装甲师执行。第7装甲师在战役初期下辖第7装甲旅、第22装甲旅和第7师属支援群,从11月19日起又补充加强了第4装甲旅集群。在前2个装甲旅中,第7装甲旅装备了近半数的旧式巡洋坦克(A9、A10、A13),剩下的坦克型号为经过改良的"十字军"MK2巡洋坦克;第22装甲旅则全部装备"十字军"MK2巡洋坦克。图为英军AFPU宣传单位镜头下的一队"十字军"MK2巡洋坦克,隶属于第22装甲旅的第2皇家格罗斯特郡轻骑兵团,拍摄日期为11月24日。

▲ 和第7装甲师的其他2个装甲旅不同,第4装甲旅集群全部装备了美制M3"斯图亚特"MK1轻型坦克,绰号"甜心"。就实战表现而言,M3轻型坦克的可靠性十分出色,防护和火力均超过英制巡洋坦克。但该坦克的最大弱点在于作战半径有限,使其无法紧随英军巡洋坦克行动。图为1941年8月拍摄的M3"斯图亚特"轻型坦克训练图,所属部队为第8国王皇家爱尔兰轻骑兵团。

21辆4号坦克、9辆指挥坦克),德军第21装甲师的124辆坦克(35辆2号坦克、68辆3号坦克、17辆4号坦克、4辆指挥坦克),意军第132"攻城锤"装甲师的189辆坦克(137辆M13/40中型坦克、52辆L3快速坦克),意军机动军属侦察集团的30辆坦克(9辆M13/40中型坦克、17辆L3快速坦克、4辆L6/40轻型坦克)。

即使到了11月中旬,隆美尔仍在积极谋划攻占托卜鲁克。基于这个目的,非洲装甲集群当时的布防情况如下:

意军第21军方面,第25"博洛尼亚"步兵师、第27"布雷西亚"步兵师和第102"特伦托"摩托化步兵师继续负责包围托卜鲁克;意军第17"帕维亚"步兵师负责防守港口南面的阿代姆。

德意志非洲军方面,意军第55"萨沃纳"步兵师负责防守埃及边境,德军第21装甲师负责防守西迪阿柴兹,德军第15装甲师负责防守甘布特以北的巴尔比亚海岸公路,德军非洲特别师负责协助意军第25"博洛尼亚"步兵师防守紧靠托卜鲁克的东部沿海地区。

意军机动军方面,第132"攻城锤"装甲师负责防守比尔埃尔古比(Bir el Gubi),

机动军属侦察集团（RECAM）负责防守比尔埃尔古比至阿代姆的道路，第101"的里雅斯特"摩托化步兵师负责防守比尔哈凯姆（Bir Hakeim）。

为防备英军从西南方向实施迂回，隆美尔还在卡普佐小径和阿布德小径之间部署了一支警戒部队。这支部队主要由德军第3、第33装甲侦察营组成，指挥官为伊恩弗里德·冯·韦希马尔中校，所以通常也被称作韦希马尔集群，只是规模要比参加"蝎子"行动时的韦希马尔集群多了1个装甲侦察营。

## "十字军"行动首日的战况（11月18日）

11月18日清晨，整个埃及边境地区狂风肆虐，暴雨滂沱。英军第13、第30军离开位于马特鲁的驻地，从马达莱纳堡附近悄悄越过边境线，朝北面约80千米外的西迪奥马尔进军。由于天气恶劣，英国西部沙漠航空队无法起飞压制轴心国机场。好在轴心国军也因此疏忽大意，未能及时发现英军动向。直到中午，韦希马尔集群才向非洲装甲集群发出警报。德意志非洲军军长路德维希·克吕韦尔中将立即致电德军第21装甲师师长约翰·冯·拉文施泰因少将，要他马

▲ 10月28日的一次演习期间，英军AFPU宣传单位的戴维斯中尉拍到第8国王皇家爱尔兰骑兵团的官兵们正在商议坦克机动战术。图中可见英军坦克手使用的新式美式皮制头盔，然而在沙漠地区这些头盔实在让人觉得过于闷热难受，很快被英军坦克手所弃用。

▲ 图为隶属第8国王皇家爱尔兰轻骑兵团C中队的"克里斯塔滑雪道"号M3"斯图亚特"MK1轻型坦克。炮塔上的车长正准备举起代表"进攻"的信号旗。在无线电设备受损的情况下，英军坦克的车长们往往只能通过信号旗来维持进攻阵型。

上调集一支装甲部队前去固守加布尔萨利赫。当晚7点，隆美尔抵达设在甘布特的

前线指挥部，说服克吕韦尔取消了这道命令，仅派第 5 装甲团第 1 装甲营的第 1、第 2 连前去支援韦希马尔集群。

## 第一次比尔埃尔古比之战和在西迪雷泽、加布尔萨利赫等地的战况（11月 19 日）

11 月 18 日晚，英军第 30 军不费吹灰之力拿下了加布尔萨利赫。英军第 13 军的印度第 4 步兵师从正面牵制意军第 55 "萨沃纳"步兵师，新西兰步兵师则从利比亚谢费尔岑（Lybiyan Sherfelzen）西侧快速突破至西迪奥马尔的后方地区。在初期获胜的情况下，第 30 军军长查尔斯·诺里中将却对德军迟迟没有发动反击而深感疑虑，深怕自己落入隆美尔设下的陷阱。为保险起见，他撤销了原先集中兵力歼灭德军的计划，通知第 7 装甲师将第 11 轻骑兵团和第 22 装甲旅派往比尔埃尔古比，将南非第 4 装甲侦察车团、第 7 装甲旅和第 7 师属支援群派往西迪雷泽，将第 1 国王龙骑禁卫团（缺 C 中队）和第 4 装甲旅集群的皇家坦克团第 3 营派往西迪阿柴兹，并把防守加布尔萨利赫的任务交给了第 4 装甲旅集群的第 8 国王皇家爱尔兰轻骑兵团和皇家坦克团第 5 营。

在第 30 军派出的三支队伍中，是第 11 轻骑兵团和第 22 装甲旅首先在比尔埃尔古比郊外碰上了意军第 132 "攻城锤"装甲师。该师师长为马里奥·巴洛塔（Mario Balotta）少将，可用兵力包括第 132 装甲团（下辖第 7、第 8、第 9 中型

▲ 1941 年 7 月中旬，意军驻北非总司令加里波第上将被解职，由巴斯蒂科上将继任。8 月 15 日，一个全新的德意联合指挥部——非洲装甲集群正式组建完成。在该集群的指挥结构上，除德意志非洲军和意军第 21 军归隆美尔调遣外，意军机动军（原第 20 军）的指挥权仍归巴斯蒂科上将所有。11 月初，意军第 55 "萨沃纳"步兵师从的黎波里东部赶赴昔兰尼加战区支援非洲装甲集群。隆美尔将该师部署在埃及边境，用于抵御英军第 8 集团军的进攻。图为德意志非洲军军长路德维希·克吕韦尔中将（左）在视察埃及边境防务时与意军第 55 步兵师师长费代莱·德·乔治斯少将（右）的合照。第 55 "萨沃纳"步兵师是当时意军唯一一个仍未接受改编的 40 年型北非步兵师，因而拥有比其他意军步兵师更多的兵员和装备，并在"十字军"行动的边境地区防御战中发挥了至关重要的作用。

坦克营），第8狙击兵团（下辖第3、第5、第12狙击兵营），第132炮兵团的部分单位（下辖2个75毫米野战炮群和5辆黑衫军炮兵连的102毫米海军炮车）。战前由于第32装甲团（下辖第1、第2轻型坦克营）被临时调离，意军所能投入的坦克总数为137辆M13/40中型坦克。

英军用于进攻比尔埃尔古比的部队主力是第22装甲旅，指挥官为约翰·斯考特-科伯恩（John Scott-Cockburn）准将，可用兵力包括第2皇家格洛斯特郡轻骑兵团，第3、第4伦敦郡义勇骑兵团，国王皇家来复枪部队第1营B连，第4皇家乘骑炮兵团C连（8门25磅炮），第102反坦克团的1个分队（4门2磅反坦克炮），第1轻型防空团的1个连（12门40毫米博福斯高射炮），共有136辆"十字军"MK2巡洋坦克。除此之外，第11轻骑兵团还有50辆亨伯MK2轻型侦察车，将作为支援部队加入这场战斗。

11月19日晨，英军第22装甲旅逐渐向比尔埃尔古比靠拢。意军第7中型坦克营第3连在75毫米野战炮协助下，粉碎了第11轻骑兵团的首轮进攻。作为报复，隐蔽在皇家格洛斯特郡轻骑兵团H/2中队后方的第4乘骑炮兵团C连用25磅炮向意军坦克猛烈开火，致使第7中型坦克营损失了3辆M13/40中型坦克。上午10点，第11轻骑兵团再次开始活动，距比尔埃尔古比以南约5千米的第8狙击兵团阵地很快成为英军的下一个袭击目标。

10点30分，第22装甲旅在第4皇家乘骑炮兵团C连的火力支援下展开了第二轮进攻。第4伦敦郡义勇骑兵团在左，第2皇家格洛斯特郡轻骑兵团在右，第3伦敦郡义勇骑兵团

▲ 就在轴心国军增兵备战的同时，驻中东战区的英联邦军也同样进行了大规模整编。从8月初至10月底，英国组建了驻埃及的第8集团军和驻巴勒斯坦的第9集团军，由艾伦·坎宁安中将和亨利·梅特兰·威尔逊中将分别担任集团军司令。部队整编之后，西部沙漠军再度改名为第13军，随新组建的第30军一同加入英军第8集团军。根据驻中东战区司令奥金莱克上将的计划，第13军和第30军将在11月中旬发起的"十字军"行动中担任主攻，重点围歼隆美尔的非洲装甲集群，以解除轴心国对托卜鲁克的包围。图为1941年底拍摄的托卜鲁克，这座港口平均每日可卸载约600吨物资，为держа守该港的英军第70步兵师、第32集团军属坦克旅、波兰喀尔巴阡独立来复枪旅和第4防空旅提供补给。

大漠烽烟急

▲ 曾在1940年对意作战中大放异彩的"玛蒂尔达"MK2步兵坦克，到"十字军"行动时早已风光不再。速度缓慢，作战半径过短这2条致命缺陷使其只能充当步兵师的装甲掩护力量。"十字军"行动期间英军共投入2个集团军属坦克旅，其中的第1集团军属坦克旅主要装备"玛蒂尔达"MK2步兵坦克，另外还配备了少量新式的"瓦伦丁"MK3步兵坦克，负责支援在埃及边境地区作战的英军第13军。而另1个旅，第32集团军属坦克旅则被运往托卜鲁克，负责支援把守港口的英军第70步兵师、第4防空旅和波兰喀尔巴阡独立来复枪旅等单位。图为基廷上尉在11月间拍摄的第32集团军属坦克旅的"玛蒂尔达"步兵坦克纵队。

在后方担任预备队。

首先遭到攻击的是右翼不满编的第3狙击兵营（支援营），它被第2皇家格洛斯特郡轻骑兵团的H/2中队击溃。意军第9中型坦克营随后抽调了1个中型坦克排去拯救第3狙击兵营，结果也被第2皇家格洛斯特郡轻骑兵团的G中队和H中队击败。临近中午，第2皇家格洛斯特郡轻骑兵团的F中队开始攻打意军第5狙击兵营。在黑衫军炮兵部队的支援下，第5狙击兵营勉强抵挡住了F中队。可是没过多久，F中队和G中队便再次攻破了第3狙击兵营的防线，打开了北进通道。

▲ 自1941年6月的"战斧"行动结束之后，原第7师属支援群指挥官兼机动特遣队司令威廉·戈特少将（右）正式升任第7装甲师师长。第7师属支援群的指挥官也随之更换为约翰·查尔斯·"乔克"·坎贝尔准将（左）。在"十字军"行动初期的西迪雷泽争夺战中，坎贝尔因表现出异常顽强的斗志，于11月22日被授予维多利亚十字勋章。

第 3 章 德军的反攻（1941 年 10 月至 1942 年 5 月）

在左翼，尽管意军第 12 狙击兵营的阵地尚未经过加强，意军炮兵还是击退了第 4 伦敦郡义勇骑兵团的 A 中队。可 B 中队的数辆坦克又从右翼渗透进来，切断了守军与团部的联系，令第 12 狙击兵营陷入困境。

13 点 30 分，意军第 7、第 8 中型坦克营调集 60 辆 M13/40

▲ 11 月 22 日，"十字军"行动发起 4 天后，1 辆搭载布伦轻机枪的通用输送车正越过埃及边境驶入昔兰尼加境内。

中型坦克，从侧翼方向朝第 2 皇家格洛斯特郡轻骑兵团发动猛攻。14 点左右，第 4 伦敦郡义勇骑兵团 C 中队遭意军反坦克炮和 102 毫米海军炮车重创，只得退出了战斗。

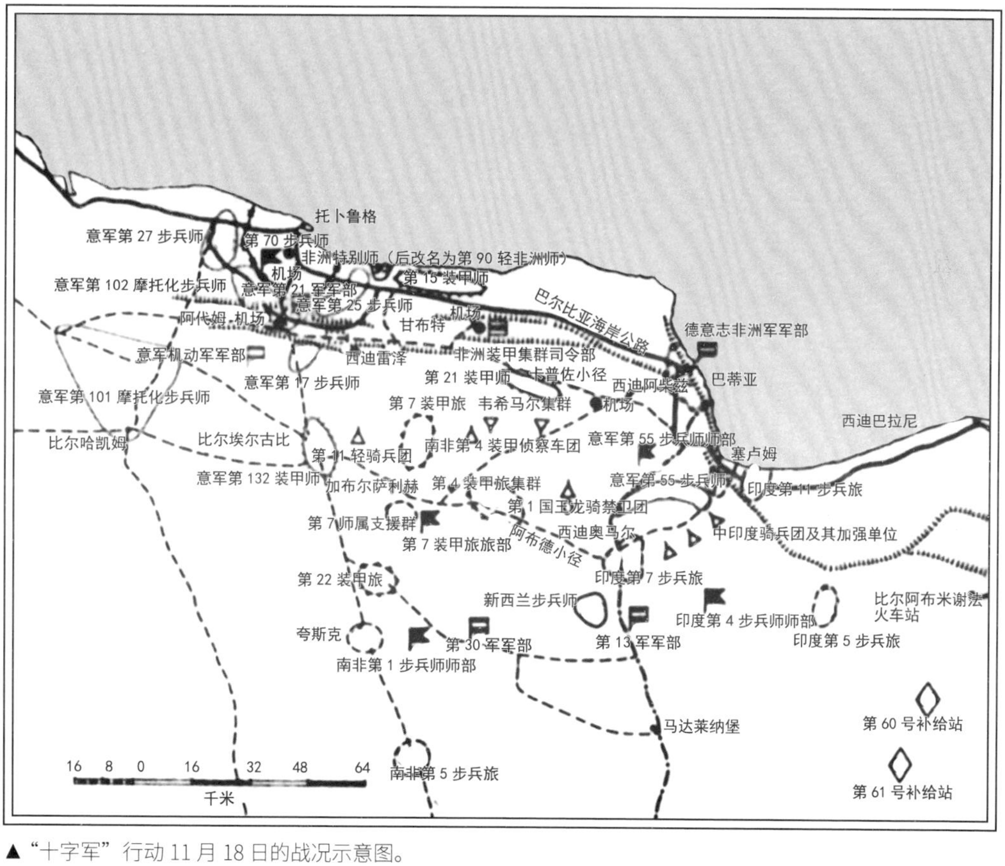

▲ "十字军"行动 11 月 18 日的战况示意图。

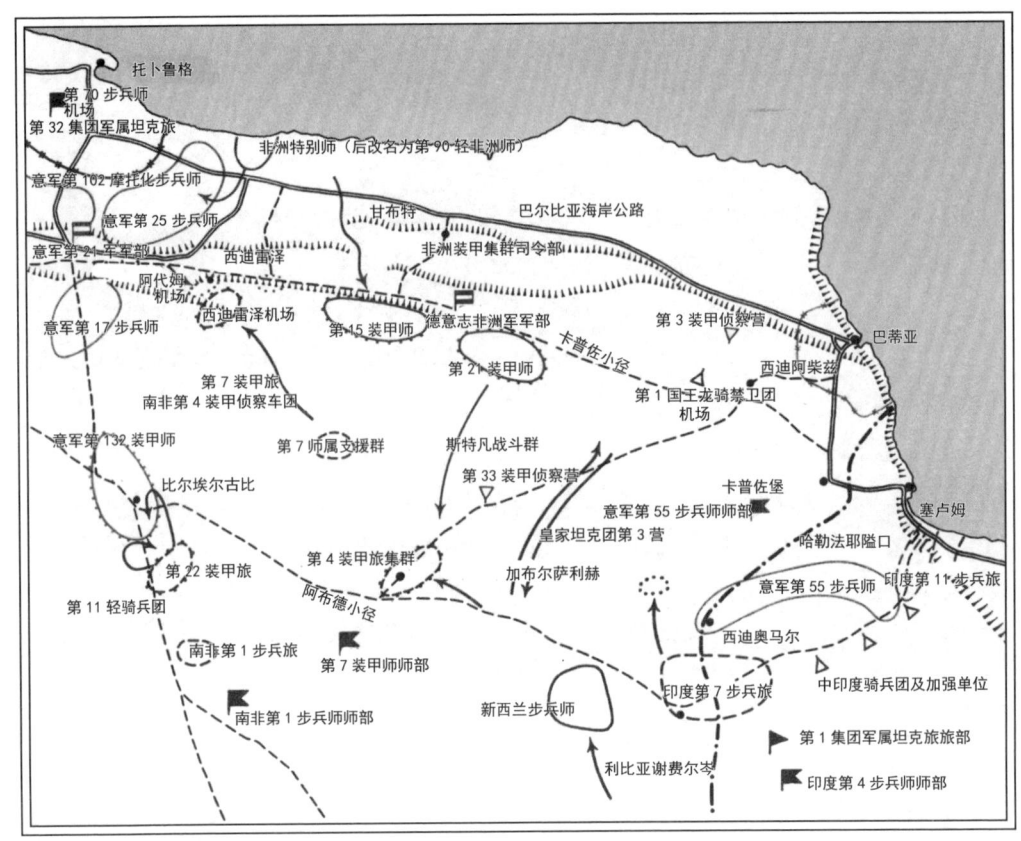

▲ "十字军"行动 11 月 19 日的战况示意图。

15 点过后,第 3 伦敦郡义勇骑兵团被调往前线掩护第 2 皇家格洛斯特郡轻骑兵团的右翼。在击败意军第 7、第 8 中型坦克营之后,第 3 伦敦郡义勇骑兵团留下 B 中队与其他部队保持联系,同时团部中队继续向前挺进,却误入意军狙击兵营布设的 47 毫米反坦克炮阵地,接连损失了 4 辆坦克,其中包括团长座车。

16 点 30 分,在意军坦克、反坦克炮和海军炮车的火力压制下,第 2 皇家格洛斯特郡轻骑兵团随第 4 伦敦郡义勇骑兵团一同撤离比尔埃尔古比。损失较少的第 3 伦敦郡义勇骑兵团整顿队伍,在 16 点 50 分最后一次努力依然失利,被迫于 17 点 50 分撤退。第 22 装甲旅的攻势就这样失败了。

意军方面,第 132 装甲团损失了 34 辆 M13/40 中型坦克,共有 5 名军官、11 名士兵阵亡,5 名军官、45 名士兵负伤,1 名军官、65 名士兵失踪。第 8 狙击兵团共有 9 人阵亡,18 人负伤,17 人失踪。第 132 炮兵团损失了 1 门火炮和 3 辆汽车,共有 6 人负伤。

英军方面，第2皇家格洛斯特郡轻骑兵团损失了30辆坦克，共有11人阵亡，19人受伤，20人失踪；第4伦敦郡义勇骑兵团损失了8辆坦克，共有4人阵亡，22人失踪；第3伦敦郡义勇骑兵团损失了14辆坦克，共有6人阵亡，但失踪人数不详。

▲ 德意志非洲军宣传连的克莱蒙斯·瓦尔廷戈耶上士拍摄的第15装甲师3号H型坦克进攻照，拍摄日期为11月中旬。

比尔埃尔古比的激战正酣之际，南非第4装甲侦察车团、英军第7装甲旅和第7师属支援群趁势冲入西迪雷泽东南方的意军机场，摧毁停在机场上的19架意军战机。

11月19日上午，德意志非洲军军部陆续接到比尔埃尔古比和西迪雷泽机场遇袭的报告。路德维希·克吕韦尔中将因此确信英军的全面攻势已经开始，可隆美尔却坚持认为这些攻击不过是声东击西的惯用手法而已。中午晚些时候，隆美尔命令第21装甲师的弗里德里希·斯特凡（Friedrich Stephan）中校指挥第5装甲团（缺第1装甲连）、第18防空团第1营第3连和第155炮兵团第2营前去夺回被英军占领的加布尔萨利赫。下午4点，斯特凡战斗群在12门105毫米榴弹炮和4门88毫米高射炮的支援下从东北方向进攻了加布尔萨利赫。短短2小时内，英军第4装甲旅集群的第8国王皇家爱尔兰轻骑兵团共有20辆M3"斯图亚特"轻型坦克被毁，皇家坦克团第5营也有3辆M3"斯图亚特"轻型坦克被毁，而德军第5装甲团仅仅损失1辆2号坦克、6辆3号坦克，另有1辆3号坦克因机械故障而丢弃。

19日晚9点，隆美尔终于意识到对方的真正目的其实是要给托卜鲁克解围。于是他责成克吕韦尔中将利用手头的一切资源，彻底肃清突入西迪奥马尔-加布尔萨利赫-甘布特地区的英军部队。

▲ 瓦尔廷戈耶拍摄的意军第132"攻城锤"装甲师系列图中的一张，可见4名意军坦克手正倚靠1辆M13/40中型坦克稍作休息。

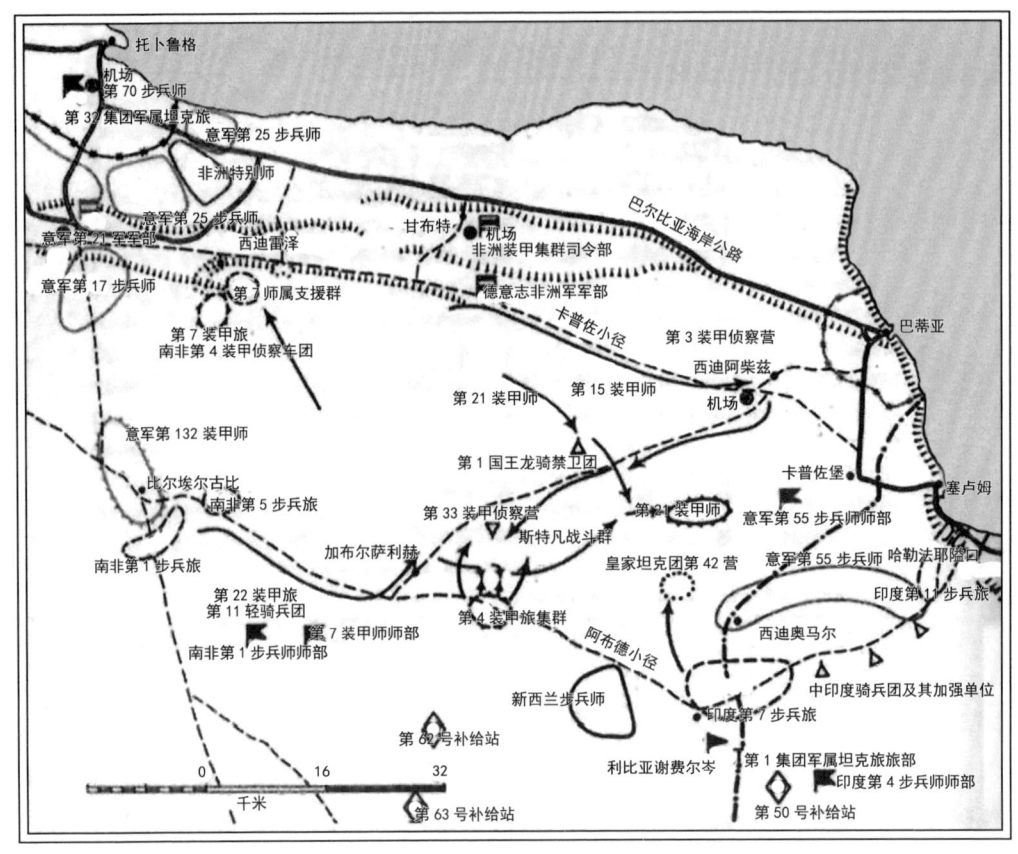

▲"十字军"行动（11月20日）示意图：德意志非洲军向第4装甲旅集群发起反击示意图。

## 在加布尔萨利赫的战况（11月20日）

因受第3装甲侦察营提供的情报信息误导，克吕韦尔中将错把驶往西迪阿柴兹的皇家坦克团第3营和第1国王龙骑禁卫团（缺C中队）当成了英军主力。11月20日上午6点至8点30分，德军第15装甲师的3个战斗群从巴尔比亚海岸公路附近南下，沿着卡普佐小径朝西迪阿柴兹方向扑去。第21装甲师和斯特凡战斗群则火速赶往卡普佐堡，试图阻止英军攻取要塞。上午7点50分，英军第4装甲旅集群发觉德军撤离，匆忙组织坦克实施阻截，令第5装甲团损失了2辆2号坦克、1辆3号坦克和1辆4号坦克。中午晚些时候，第15、第21装甲师抵达各自的目的地。可无论是在西迪阿柴兹还是卡普佐堡，德军都没有见到任何英军坦克的踪影。克吕韦尔闻讯后，电告第15装甲师放弃搜索，掉头西进。下午4点30分，第15装甲师接到第33装甲侦察营通报，派遣第8装甲团、第33防空团第1营第3连、第

第 3 章 德军的反攻（1941 年 10 月至 1942 年 5 月）

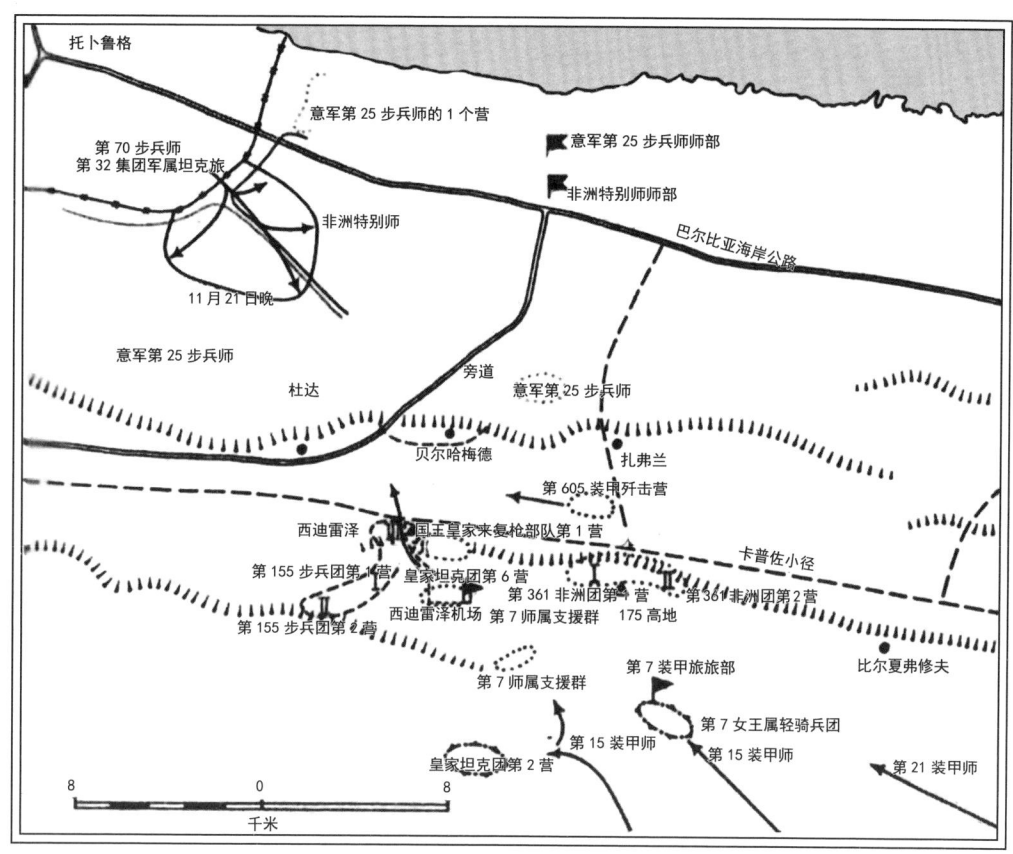

▲"十字军"行动（11 月 21 日）示意图：英军第 70 步兵师从托卜鲁克突围，英军第 7 装甲师进攻西迪雷泽。

200 特别步兵团攻打加布尔萨利赫，击毁英军第 4 装甲旅集群的 22 辆 M3"斯图亚特"轻型坦克，自身没有折损任何车辆。幸亏英军第 30 军军长诺里中将及时将第 22 装甲旅从比尔埃尔古比调来支援第 4 装甲旅集群，第 15 装甲师被迫退至加布尔萨利赫以北设立防线，就地补充油料。

20 日上午在西迪雷泽机场，英军第 7 装甲旅和第 7 师属支援群击退了由德军非洲特别师和意军第 25 "博洛尼亚"步兵师联合发起的试探性进攻。战斗结束后，南非第 1 步兵师受命接替第 22 装甲旅与意军第 132 "攻城锤"装甲师在比尔埃尔古比展开对峙，并由南非第 4 装甲侦察车团和第 11 轻骑兵团承担该师与第 7 装甲师结合部的警戒联络工作。第 1 国王龙骑禁卫团（缺 C 中队）留在了西迪阿柴兹西面，负责监视卡普佐小径沿途的轴心国军动向。

20 日天黑前，隆美尔决定在确保围困托卜鲁克的同时，以 2 个装甲师的兵力向西迪雷泽展开猛攻，意图一举击溃离港口最近的英军第 7 装甲旅。他在写给妻子的

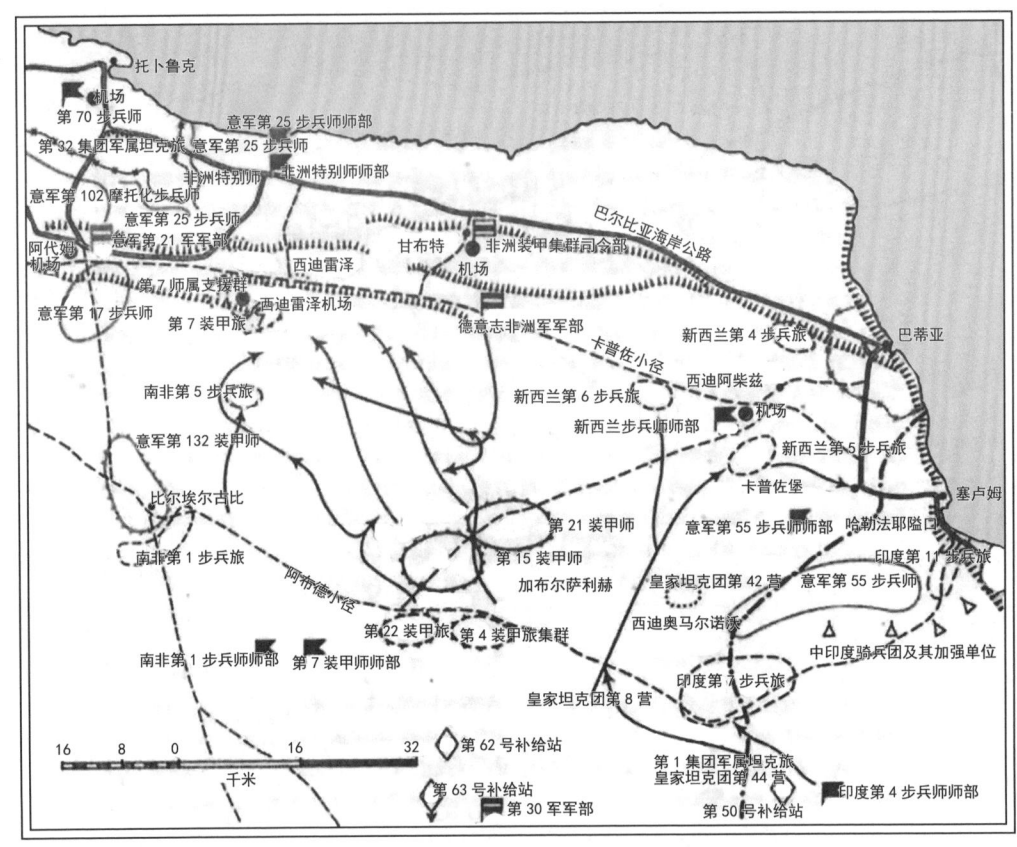

▲"十字军"行动（11月21日）示意图：西迪雷泽攻防战，英军第13军在埃及边境发动攻势。

信中坦言："当我回到北非之后，敌人就开始进攻了。这次战役现在已经进展到了最高潮。我希望我军可以顺利渡过这个难关。也就是说，希望这封信到达的时候，问题已经解决了。以我们目前的处境来看，这的确并不容易。"

## 在托卜鲁克和西迪雷泽的战况（11月21日）

11月20日深夜，驻守托卜鲁克的英军第70步兵师、第32集团军属坦克旅和波兰喀尔巴阡独立来复枪旅悄悄进入阵地，开始为即将到来的突围行动作准备。11月21日凌晨，随着师长罗纳尔德·斯科比少将一声令下，上百门火炮瞬间将大量炮弹倾泻在意军第17"帕维亚"、第25"博洛尼亚"、第27"布雷西亚"步兵师和德军非洲特别师的防线上。虽然这次炮击摧毁了不少防御工事，但意军官兵们仍然坚守阵地没有溃散。等天一亮，第70步兵师便在皇家坦克团第4、第7营的"玛蒂尔达"MK2步兵坦克支援下，兵分三路展开突围。至中午12点时，英军左翼的女王属皇家西肯特步兵团第2营，中央的国王属皇家步兵团第2营和右翼的皇家高地步兵团第2营已挺进至托卜鲁克东南约5.6千米处，先后攻陷"屠夫""杰克""吉尔""老虎"4座据点，击溃德军非洲特别师第255步兵团第3营，俘

▲ 11月20日，隆美尔决定集中兵力击垮位于西迪雷泽地区的英军第7装甲师。图为隆美尔与德意志非洲军参谋长弗里茨·拜尔莱因中校（左）在离托卜鲁克以西约30千米的前线指挥部——"白宫"坎顿尼拉宅邸前拍摄的照片。

房营长迈塔勒（Meythaler）少校，直接威胁到了杜达岭至阿代姆的轴心国补给线。为确保道路畅通，意军第25"博洛尼亚"步兵师在德军第104炮兵指挥部的重炮火力掩护下多次向中路英军展开反击，毙伤国王属皇家步兵团第2营约200余人，牢牢封锁住了突破口。从下午3点起至傍晚为止，两军又围绕名为"图冈"的据点（Tugun strongpoint）展开了激烈拼杀。意军第25"博洛尼亚"步兵师先后投入2个营，损失256名官兵和数门75毫米野战炮，方才夺回了被英军攻占的"图冈"据点。11月22日至11月23日，第70步兵师发起多次小规模突袭，依然没有取得任何成效。斯科比少将见战局陷入胶着，下令全师停止进攻，打算等友军部队攻破轴心国的外围防御后再次尝试突围。

▲ 自11月起，隆美尔除了经常光临"白宫"外，他的非洲装甲集群司令部实际设在距离托卜鲁克以东约55千米的甘布特（上图），而非英军情报部门预测的贝达利托里亚。这一疏忽直接造成英军突击队在11月17日的"鳍足"行动中扑了个空，没能顺利地干掉隆美尔。

可现实却并没有像斯科比少将期望的那样发展下去。21日清晨，第7师属支援群受阻于横贯西迪雷泽的北部断崖（Northern Escarpment），未能击溃德军非洲特别师派来的第155

▲ 11月19日，英军第7装甲师为夺取比尔埃尔古比和加布尔萨利赫，与非洲装甲集群爆发了首次接触战。结果，意军第132"攻城锤"装甲师击退了攻打比尔埃尔古比的第22装甲旅，德军第21装甲师重创了袭击加布尔萨利赫的第4装甲旅集群。图为1辆在加布尔萨利赫附近被德军第21装甲师摧毁的"行李员"号M3"斯图亚特"MK1轻型坦克，隶属第8国王皇家爱尔兰轻骑兵团B中队。其炮塔上可见红白相间的识别符，以及左前挡泥板上的第4装甲旅徽记（1只黑色的埃及大跳鼠）。

步兵团和第361非洲团。上午6点30分至7点，德军第15、第21装甲师从加布尔萨利赫地区出发，兵分两路开往西迪雷泽机场。约2小时后，217辆德军坦克和2个重型高射炮连冲进了第7装甲旅的防区，一场大战由此爆发。在腹背受敌的不利情况下，第7装甲师师长威廉·亨利·戈特少将严令第7师属支援群和皇家坦克团第6营继续朝托卜鲁克方向挺进，另派皇家坦克团第2营和第7女王属轻骑兵团前去阻挡德军第15、第21装甲师。戈特同时还致电留在加布尔萨利赫的第22装甲旅和第4装甲旅集群，催促他们立即北上实施救援。

在两军高层的决策影响下，西迪雷泽之战如同一块磁铁，正吸引越来越多的部队投入这场混战。21日傍晚，第21装甲师的第5装甲团和第104步兵团终于突破英军防线，赶往西迪雷泽以北的贝尔哈梅德（Belhamed）暂作休整。第15装甲师则一路东进，在离西迪雷泽机场不远的沙漠地带安营扎寨。面对德军的持续猛攻，第7女王属轻骑兵团几乎损失殆尽，皇家坦克团第2、第6营同样也是伤亡惨重。第7装甲旅原有的53辆"十字军"MK2巡洋坦克和88辆A10、A13巡洋坦克仅剩28辆可用。德军第5装甲团损失了2辆3号坦克，另有1辆2号坦克、1辆3号坦克因机械故障弃车。英军战史这样描述了当天日落时的局势："整整20英里（约32千米）范

▲ 在西迪雷泽之战中被毁的第7装甲旅属"切尔西残废军人"号"十字军"MK2巡洋坦克。

第 3 章 德军的反攻（1941 年 10 月至 1942 年 5 月）

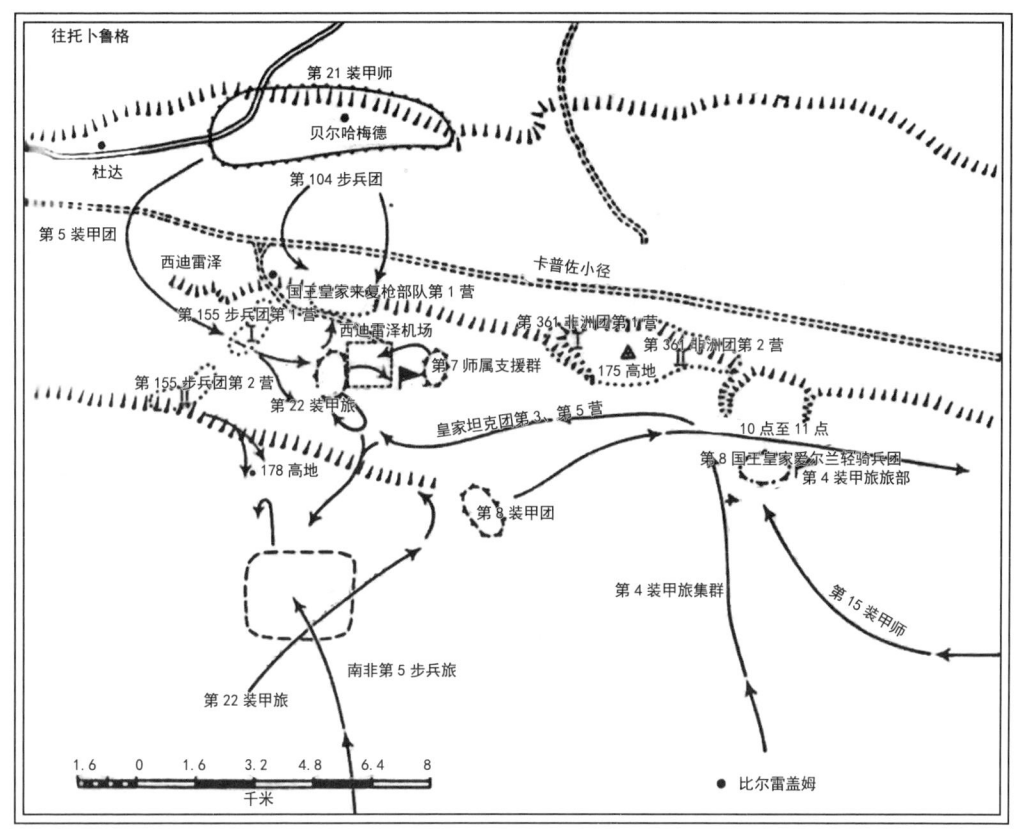

▲ "十字军"行动（11 月 22 日）示意图：德意志非洲军攻占西迪雷泽机场。

围内，英军、德军和意军部队就像三色冰激凌似的全都混杂在了一起：托卜鲁克东南方是英军第 70 步兵师形成的突出部，突出部外围是意军第 25 '博洛尼亚'步兵师；德军非洲特别师和第 21 装甲师的部分兵力在西迪雷泽-贝尔哈梅德地区牵制英军第 7 师属支援群，英军第 7 装甲旅在西迪雷泽机场抵御德军第 15、第 21 装甲师；西迪雷泽机场南面是英军第 22 装甲旅，但该旅的 79 辆'十字军'MK2 巡洋坦克直到次日上午 8 点 30 分才抵达西迪雷泽机场，没能赶上 21 日的战斗。"

## 在西迪雷泽和西迪奥马尔附近的战况（11 月 22 日）

11 月 22 日下午 1 点，克吕韦尔中将为了重新夺回西迪雷泽地区的战场主动权，命令德军第 155 步兵团出兵抢占西迪雷泽机场南面的南部断崖（Southern Escarpment），同时指派第 5 装甲团的 67 辆坦克，第 104 步兵团和第 18 防空团第 1

▲ 11月19日至11月23日，英军第7装甲师与非洲装甲集群为争夺西迪雷泽地区及其邻近机场的控制权，展开了一场持续4天之久的大规模混战。图为11月20日拍摄的西迪雷泽机场。当英军第7装甲旅于11月19日发动攻击时，驻扎当地的意军第20战斗机大队仅有3架菲亚特G.50战斗机侥幸逃脱。剩余的19架G.50连同大队指挥官马里奥·巴扎诺少校及80名飞行员，全部被俘。11月21日，除部分战机在第7装甲旅抵御德军袭击时遭到烧毁外，至少有1架G.50成功脱离战区，并被转交给皇家空军第260战斗机中队使用。

营第3连前去攻打西迪雷泽机场。从14点20分到16点为止，困守机场的英军部队再次受到重创。第7装甲旅损失了18辆坦克，第22装甲旅损失了45辆坦克，国王皇家来福枪部队第1营伤亡过半，第60野战炮兵团仅剩4门25磅炮可用。第5装甲团共有4辆3号坦克、1辆4号坦克被毁，另有2辆2号坦克、2辆3号坦克、1辆指挥坦克因机械故障被弃车。第7装甲师师长戈特少将见获胜无望，下令部队放弃机场撤往比尔埃尔古比，向南非第1步兵师求援。

撤退令下达不久，第4装甲旅集群的皇家坦克团第3、第5营，第2乘骑炮兵团和苏格兰禁卫团第2营第2连才姗姗来迟。据皇家坦克团第3营的一位联络官解释，他们装备的美制M3"斯图亚特"轻型坦克虽然性能可靠，但作战半径过短，无法一直跟随第22装甲旅的速度前进。集群的108辆坦克现已赶来，预计将在天黑前与第7装甲师合流。

不幸的是，位于西迪雷泽机场东面的德军第15装甲师早已掌握了第4装甲旅集群的行踪。22日夜晚7点至8点，第8装甲团第1装甲营在西进途中包围了第4装甲旅的旅部和第8国王皇家爱尔兰轻骑兵团，总共击毁和缴获35辆M3"斯图亚特"轻型坦克、8辆装甲侦察车、12辆卡车和指挥车，俘虏包括第4装甲旅副旅长道格拉

▲ 图为逃脱战火波及的西迪雷泽阿拉伯圣墓及遗弃在旁的德军欧宝"闪电"卡车。

第 3 章　德军的反攻（1941 年 10 月至 1942 年 5 月）

▲ 2010 年拍摄的阿拉伯圣墓。即便到了 21 世纪，这里仍遗留有不少当年埋设的地雷。

斯·斯特林上校（Dauglas Sterling）在内的 17 名军官和 250 名士兵。第 4 装甲旅旅长亚历山大·休·盖特豪斯（Alexander Hugh Gatehouse）准将当时正巧在第 30 军军部开会，所以侥幸逃过一劫。为取得这场胜利，第 8 装甲团第 1 装甲营共有 5 辆 2 号坦克、5 辆 3 号坦克、4 辆 4 号坦克被毁，另有 1 辆 2 号坦克、3 辆 3 号坦克、1 辆 4 号坦克无法修复。事件发生后，皇家坦克团第 3、第 5 营脱离第 7 装甲师的行军纵队，护送第 7 装甲旅和第 7 师属支援群前往比尔雷盖姆（Bir Reghem）附近休整待命。

22 日晚 8 点，英军第 22 装甲旅，第 2、第 3、第 4 乘骑炮兵团和苏格兰禁卫团第 2 营第 2 连撤至比尔埃尔古比北面的开阔地，与南非第 4 装甲侦察车团和南非第 5 步兵旅会合。5 小时前，南非第 5 步兵旅的 1 个营曾试图夺回南部断崖上的 178 号高地，但被德军第 155 步兵团第 2 营的官兵击退。

▲ 11 月 23 日清晨，德意志非洲军军长克吕韦尔中将和参谋长拜尔莱因中校乘车离开位于甘布特西南面的德意志非洲军军部，前往 175 号高地查看当地地形。两人走后仅仅不到半个小时，新西兰第 5 步兵旅的部队便突袭了军部，俘虏大约 200 余名德军官兵。图为当天晚些时候，侥幸逃过一劫的克吕韦尔和拜尔林在"莫里兹"号装甲指挥车前拍摄的照片。从图上看，这辆德军缴获的 AEC "多切斯特"装甲指挥车的车首漆有车名和巨大的铁十字徽记，其原本的英军车号为 L4 426 422。

在战场另一头，埃及边境的意军抵抗正在逐渐增强，已经不像过去那样容易对付了。事实上，防守利比亚奥马尔（Libyan Omar）、西迪奥马尔、奥马尔诺沃（Omar Nuovo）、比尔吉尔巴（Bir Ghirba）、卡普

161

> **澳大利亚战地记者艾伦·穆尔黑德在1944年为《每日快报》撰写的北非战场纪实**
>
> 　　11月21日，随着西迪雷泽歼灭战的爆发，我与来自英国广播电台的爱德华·沃德以及其他3名资深战地记者一同驱车前往战区采访当地的实战战况。那里到处战火纷飞，德军正从托卜鲁克东面猛烈攻打西迪雷泽机场，令英军第7装甲师陷入了极为不利的境地。当时担任该师第7师属支援群的指挥官是约翰·查尔斯·"乔克"·坎贝尔准将。在我眼里，战场上的坎贝尔就如同野蛮人一般英勇奋战。他曾搭乘1辆敞篷的装甲指挥车，率领数十辆巡洋坦克直扑敌阵，边冲边吼："敌人上来了，就让他们尝尝我们的厉害！"坎贝尔有着一张典型英国军官的俊俏脸庞，同时又有着赫拉克勒斯般的冲劲。只见他从一辆坦克跳上另一辆坦克，永远都是身先士卒，永远都是精神抖擞。危急时刻，他又冒着炮火前去联络我军炮兵，指示25磅炮群将目标及时锁定在德军步兵身上。"再快点，再快点！""装弹、开炮时一定要动作迅速！"坎贝尔不停地训斥那些炮组。每当炮手们回复："正在努力干呐，长官！"坎贝尔就会再次激励他们："这还不够，你们应该可以干得更好！"
>
> 　　有人传言，坎贝尔准将事后因为表现出众被授予了维多利亚十字勋章。我觉得那是对他最好的嘉奖，毕竟在残酷的战场上，能够克服自身恐惧、笑对危险的人其实并不多。
>
> 　　然而这场战斗却并没有如同大伙预料的那样发展下去，我们或许还是有些过于轻敌了。就在第2天，不甘心失利的轴心国军又从阿代姆-托卜鲁克一线重新展开攻势。这次他们集中了几乎所有的火炮和反坦克炮，像打野鸭一样击毁了大批我军坦克。黄昏时分，敌军坦克和步兵由多个方向同时逼近西迪雷泽机场，机场的陷落已经不可避免。

佐堡、哈勒法耶隘口和塞卢姆等要地的意军第55"萨沃纳"步兵师不仅人员武器充足，还得到了德军第300"绿洲"步兵营、第18防空团第1营（缺第3连）、第33防空团第1营（缺第3连）和意军第2快速炮兵团部分单位的支援，表现自然大不一样。

　　11月22日上午，印度第7步兵旅和英军第1集团军属坦克旅经过苦战夺取了西迪奥马尔，但新西兰第5步兵旅却在强攻比尔吉尔巴的战斗中败北，没能摧毁意军师部。当天下午，皇家坦克团第42营的A、B两个中队（28辆"玛蒂尔达"MK2步兵坦克）奉命掩护第16旁遮普步兵团第4营袭取重镇利比亚奥马尔，结果误入雷区，损失了3辆坦克。利用这个绝佳时机，德军第33防空团第1营第2连（4门88毫米高射炮）和意军第2快速炮兵团1个野战炮群（8门75毫米野战炮）在30分钟内连续击毁19辆"玛蒂尔达"MK2步兵坦克，令印度第7步兵旅的后续攻势陷入僵局。

　　22日晚间，英军第8集团军司令坎宁安中将终于收到有关第7装甲师被德军击

第 3 章　德军的反攻（1941 年 10 月至 1942 年 5 月）

败的坏消息。震惊之余，他急忙下令从第 13 军抽调新西兰第 6 步兵旅和皇家坦克团第 8 营 C 中队的 16 辆"瓦伦丁"MK3 步兵坦克前去拯救第 7 装甲师，各部预计将于次日中午到达西迪雷泽战区。

## 在西迪雷泽和塞卢姆附近的战况（11 月 23 日）

11 月 23 日凌晨 4 点 30 分，隆美尔顾虑到来自东部战线的压力，敦促德意志非洲军军部一定要在 24 小时之内结束西迪雷泽之战。根据隆美尔发来的电文内容，克吕韦尔中将赶紧召集参谋人员拟定了自己的作战计划：第 15 装甲师和第 5 装甲团将从右翼插入英军第 7 装甲师和南非第 1 步兵师之间，配合第 21 装甲师和意军第 132 "攻城锤" 装甲师对第 7 装甲师形成合围之势。

早上 6 点 15 分，新西兰第 6 步兵旅在途经甘布特西南面的比尔克莱塔（Bir Chleta）时，拦截了一支向南行驶的德军车队，俘虏 200 余人。事后英军得知，新西兰人捕获的居然是整个德意志非洲军军部！军长克吕韦尔中将和参谋长弗里茨·拜尔莱因（Fritz Bayerlein）中校恰好在 30 分钟前外出视察 175 号高地，这才逃脱了被俘的厄运。

尽管德军的进攻因军部车队遇袭事件推迟了半小时，175 号高地南面的第 15 装甲师和第 5 装甲团仍赶在 7 点之前从驻地出击。上午 8 点，德军前锋与南非第 4 装甲侦察车团和第 7 师属支援群的后勤补给车队爆发短暂遭遇战，不过双方很快相互脱离接触。中午 11 点，第 15 装甲师和第 5 装甲团抵达哈格费特埃尔哈莱巴（Hagfet el Hareiba）以北重新补充弹药和油料。大约 1 小时后，随着意军第 132 "攻城锤" 装甲师的应邀加入，战备工作已基本完成。

此时此刻，新西兰第 6 步兵旅正沿着北部断崖朝西迪雷泽方向前进。上午 10 点 30 分

▲ 除了收缴自英军的 AEC "多切斯特" 装甲指挥车外，德军还拥有一些本国自产的指挥车。图为一辆充当非洲装甲集群指挥车用途的欧宝 "公共马车"（30 座大型客车），尾随在后的是辆缴获的加拿大产福特 F88 英担 "短吻鳄" 12 型无线电通信车，隆美尔主要用它来监听英军第 8 集团军的通信联络。

### 福尔克马尔·库恩的《沙漠中的隆美尔》

11月22日晚7点至8点，德军第15装甲师根据确切情报，在175号高地东南方向成功截击了英军第4装甲旅旅部和第8国王皇家爱尔兰轻骑兵团。以下便是关于这次战斗的相关描述：

如今第8装甲团已从军长克吕韦尔中将那里接到新的命令，要求部队掉头西行，意图消灭北进中的英军第4装甲旅集群，以缓解第21装甲师攻打西迪雷泽地区时受到的压力。11月22日黄昏，第8装甲团在行军途中暂时丢失了目标，但团长汉斯·克拉默中校并不打算放弃，指挥全团继续朝着西北方向追击。

"第1营营长请注意，立即前来向我报道。"团长通过无线电下令。当第1装甲营营长京特·芬斯基少校现身时，克拉默中校对他说："芬斯基，这次进攻由你的1营打头阵，一旦发现敌情就要立即向我报告。"

当时天已经黑了。第1装甲营的坦克一辆接着一辆消失在了夜色中，迅速向西驶去。没过多久，装甲前锋突然望见一队敌军坦克从远方出现。对方似乎完全没有发觉危险的存在，全都围成一圈，正准备在旷野中歇息。芬斯基少校丝毫不敢大意，他首先将情况汇报给了团部，获得准许后才命令第1装甲营向敌人悄悄发起突击。

"全营各就各位，慢速前进！所有主炮随时准备开火！"芬斯基在无线电通讯频道中下令。

等那些英军坦克发现我军逼近时，已经太迟了。混乱之中，有不少车辆试图重新组成防御阵型，却很快被从右翼实施进攻的我军坦克冲散。

"现在给我冲上去，包围他们！"芬斯基少校和营副贝克中尉身先士卒，带领第1装甲营的部分坦克抢先开火射击。只见各种白色、红色的曳光弹在夜空中四下飞舞，战场被巨大的坦克炮击声完全笼罩。英国人明显是给打了个措手不及，他们最初很可能以为这一地区只有英军坦克活动，理应不会遭遇敌军袭击。可事实证明那些纯粹只是臆想，大批德军坦克已出现在眼前，而且正朝他们直冲而来！

为能让其他坦克顺利脱险，1门英军反坦克炮试图拦阻芬斯基少校的座车。可惜英国炮手的奋战未能阻止第1装甲营的迂回机动。三四辆正打算倒车撤退的英军坦克转眼间就化作了熊熊燃烧的火炬，天空瞬间被映的通红。过了大约20分钟，第1装甲营完成了对英军第4装甲旅旅部和第8国王皇家爱尔兰轻骑兵团的合围。大部分的英军坦克不是被毁，就是被缴。战斗于20点左右结束，第8装甲团第1装甲营获得大胜。

"所有车长立即下车，带上你们的冲锋枪，将那些英军坦克兵全都给我抓起来！"

众目睽睽之下，大约50多名英军乘员被迅速押了过来。周围坦克上的炮手和机电员全都神经紧绷，两眼紧紧盯着这些英国俘虏。一名英军军官企图偷偷焚毁自己的座车，同样未能如愿。8点45分，芬斯基少校将战果统计汇报给团长克拉默中校。克拉默望着眼前清单上的各种数字，高兴得合不拢嘴。按照芬斯基的报告，第1装甲营在此战中共击毁和缴获35辆英军坦克，缴获1个连的反坦克炮和数辆通信指挥车，俘虏1名旅长、17名军官和150名坦克手。

## 第 3 章 德军的反攻（1941 年 10 月至 1942 年 5 月）

> "干的好啊，芬斯基少校！"克拉默回头望望芬斯基，连连向他道贺，"我马上就会为你申请一枚铁十字勋章！"
>
> 然而京特·芬斯基本人最终没能活到授勋的那一天。11 月 23 日，在无比惨烈的"亡者星期日"大战中，他和第 8 装甲团的众多坦克指挥官一样不幸阵亡了。直到 12 月 31 日，芬斯基才被追授了那枚迟到已久的铁十字勋章。
>
> 注：11 月 22 日晚被第 8 装甲团俘虏的"英军旅长"其实是第 4 装甲旅副旅长道格拉斯·斯特林上校。从 12 月起，他先是被押送至意大利苏尔莫纳附近的奥西尼别墅，1942 年 3 月被转往文奇格里阿塔堡监禁。1943 年 9 月，他在数名战友的协助下越狱成功，并于 1944 年 5 月从海上搭船返回盟军战线。

至中午 12 点，新西兰第 25 步兵营和皇家坦克团第 8 营 C 中队趁德军不备成功袭取了 175 号高地，俘虏第 361 非洲团第 2 营的 270 名官兵。新西兰第 26 步兵营和部分炮兵单位随后出发增援第 7 装甲师，在该师的右翼防区就位。可是初期的胜利滋味很快就消失了。从下午 1 点 20 分起，德军第 361 非洲团第 1 营和第 605 装甲歼击营利用河床断崖向 175 号高地展开猛烈反攻，迫使新西兰第 24 步兵营（预备队）全部投入战斗，方才将德军压制在高地之下。到傍晚日落为止，双方均付出了十分高昂的代价。新西兰第 24、第 25 步兵营共有 100 多人阵亡，350 人负伤。皇家坦克团第 8 营 C 中队共有 2 辆"瓦伦丁"MK3 步兵坦克被毁，另有 4 辆重伤，8 辆轻伤。德军第 361 非洲团约有 400 多人阵亡、负伤和被俘，第 605 装甲歼击营损失了 8 辆 1 号坦克歼击车。

11 月 23 日下午 3 点，就在 175 号高地争夺战即将步入尾声时，部署在贝尔哈梅德附近的意军第 2 快速炮兵团第 1 炮

▲ 1941 年 11 月中旬，德意志非洲军军部的部分参谋人员在"莫里兹"号装甲指挥车前留影，拍摄者是恩斯特·茨维林上士。站在照片中央的是参谋长弗里茨·拜尔莱因中校，在其左侧带着高檐帽的军官是德意志非洲军的人事处长汉斯-约阿希姆·施莱普勒上尉。施莱普勒曾在 1940 年 5 月的法国战役中负责向隆美尔的妻子写信，以汇报她丈夫的每日动向和前线战况。1941 年 12 月 9 日，施莱普勒在一次颇为神秘的交通意外中不幸命丧"莫里兹"号装甲指挥车的前轮之下。

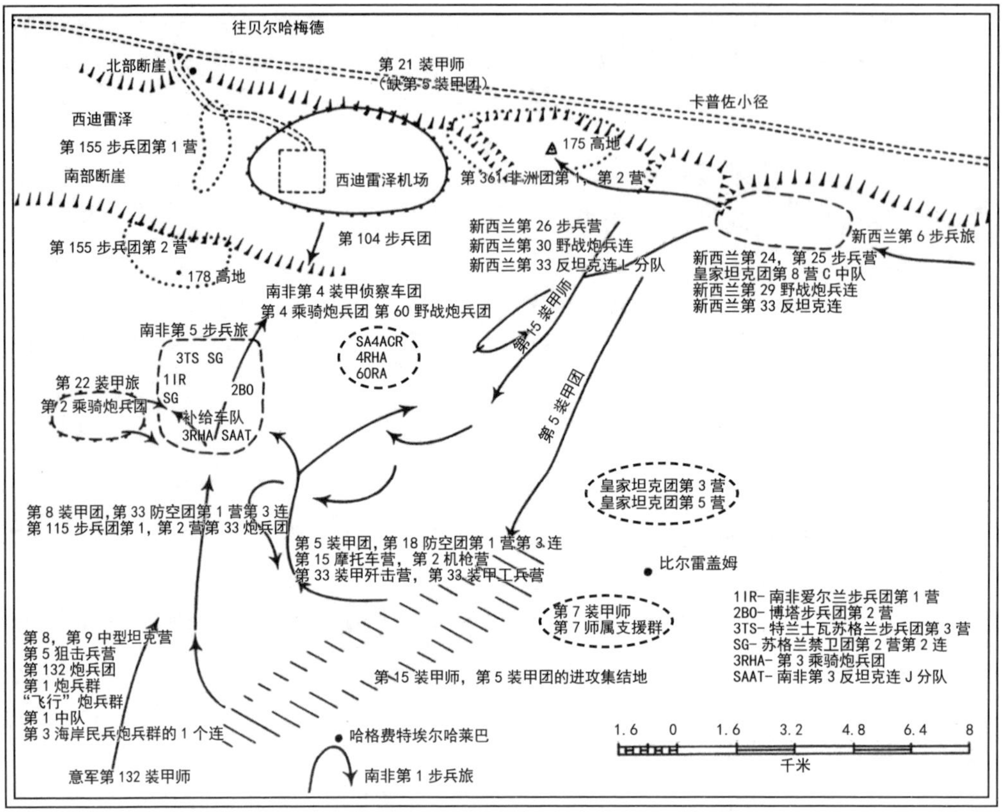

▲ "十字军"行动（1941年11月23日）示意图："亡者星期日"之战。

兵群的2个100毫米榴弹炮连开始向南非第5步兵旅的阵地开炮射击，标志着"亡者星期日"之战（The Battle of Totensonntag）正式拉开了帷幕。从轴心国军的部署来看，左翼进攻部队是意军第132"攻城锤"装甲师（下辖第8、第9中型坦克营，80辆M13/40中型坦克）、第8狙击兵团第5狙击兵营、第132炮兵团第1炮群（12门75毫米野战炮）、第4炮兵群的1个炮兵连（4门105毫米野战炮）、机动军属侦察集团"飞行"炮兵群第1中

▲ 德意志非洲军宣传连的恩斯特·茨维林上士（右）正与他的同事一起检视地图。在该连所有的战地摄影师中，只有作为资深记者的茨维林可以方便地出入德意志非洲军军部，获取隆美尔和其他高级将领的照片。

第3章 德军的反攻（1941年10月至1942年5月）

队（12辆65毫米野战炮车）、第3海岸民兵炮兵群的1个炮兵连（4辆102毫米海军炮车）；中央进攻部队是德军第15装甲师（下辖第8装甲团，116辆坦克）、第33防空团第1营第3连（4门88毫米高射炮）、第115步兵团和第33炮兵团；右翼进攻部队是第5装甲团（57辆坦克）、第18防空团第1营第3连（4门88毫米高射炮）、第200特别步兵团的第15摩托车营和第2机枪营、第33装甲歼击营和第33装甲工兵营。在轴心国军北面，英军的左翼驻防部队是第22装甲旅（34辆坦克）和第2乘骑炮兵团（16门25磅炮），中央驻防部队是南非第5步兵旅（下辖南非爱尔兰步兵团第1营、博塔步兵团第2营、特兰士瓦苏格兰步兵团第3营、斯泰恩总统团第3营）、英军第3乘骑炮兵团（22门2磅反坦克炮）和南非第3反坦克连J分队（2门18磅炮，2门2磅反坦克炮），右翼驻防部队是南非第4装甲侦察车团、英军第4乘骑炮兵团（16门25磅炮）、第60野战炮兵团（4门25磅炮）、新西兰第26步兵营、新西兰第30野战炮兵连（8门25磅炮）、新西兰第33反坦克连L分队（4门2磅反坦克炮）。除此之外，英军预备队还包括比尔雷盖姆方向的皇家坦克团第3、第5营（73辆坦克）、第7装甲旅（10辆坦克）和第7师属支援群余部，但这些单位在

▲ 1941年11月"十字军"行动期间，隆美尔特意允许茨维林为其拍摄的标准宣传照。此照过去一直被外界误认为是摄于1942年6月，但茨维林的个人工作记录已将这种看法否决。

▲ 茨维林为第15装甲师师长瓦尔特·纽曼－西尔科夫少将的3号指挥坦克机电员拍摄的标准宣传照。仅仅数周后，西尔科夫少将便在12月6日的第二次比尔埃尔古比之战中身负重伤，并于12月9日死于德尔纳的一所战地医院。

167

▲德军第15装甲师在"十字军"行动中缴获的首辆美制韦利斯吉普,吸引了众多好奇的官兵们围观。1941年9月至10月,美国政府通过《租借法案》,向英联邦国家和苏联提供了1500辆这种轻型多用途运输车辆。

之前作战中损失惨重,四处分散且缺乏指挥协调(第4装甲旅的旅部要到11月24日才得以重建)。为阻止英军突围,防守西迪雷泽机场的德军第21装甲师将派第104步兵团朝南部断崖方向推进,帮助友军共同歼灭第7装甲师和南非第5步兵旅。

克吕韦尔中将原本打算在炮兵火力掩护下,让3个装甲团带领摩托化步兵同时冲击英军阵地,以最快的速度击垮对手。然而这种战法对诸兵种协同的要求极高,实行起来并不轻松。如今整个德意志非洲军军部已被新西兰第6步兵旅俘虏,光靠拜尔莱因中校和一小批幸存下来的军部参谋,在指挥作战方面难免会发生各种问题。行动开始后不久,德意联军的左右两翼便出现了步坦脱节现象,就连中央位置的第15装甲师也逐渐分散开来,不得不在英军炮击下重新整理编队。15点30分,克吕韦尔命令速度较慢的意军坦克停止前进,改由第15装甲师和第5装甲团等部担任主攻。15点40分,英军第22装甲旅的20辆坦克从西面向意军展开反击,英军皇家坦克团第3营的15辆坦克也从东南方向前来支援南非第5步兵旅和新西兰第26步兵营。这些援军牢牢牵制住了意军第132"攻城锤"装甲师、德军第15摩托车营和第2机枪营,使他们无法协助沿中路突破的第8装甲团和第115步兵团。至16点前,仅有第5装甲团、第18防空团第1营第3连、第8装甲团第1装甲营和第115步兵团第1营冲破英军防御,抵达了防区北面的178号高地。第8装甲团第2装甲营、第33防空团第1营第3连、第115步兵团第2营、第15摩托车营和第2机枪营都被

▲"十字军"行动进行期间,位于托卜鲁克南面"国王"路口处的一所德军维修站看起来丝毫没有受到战事的袭扰。拍摄者是德意志非洲军宣传连的德尔纳上士。

困于英军阵地无法脱身。有不少英军反坦克炮没有被完全压制，又从背后朝着前进中的卡车和坦克开火，给德军造成了重大人员伤亡。危急时刻，第104步兵团果断从南部断崖南下参战。16点15分，南非第5步兵旅旅部被第8装甲团第2装甲营和第115步兵团第2营占领，但余下的部队仍在继续战斗。16点30分，克吕韦尔将第33装甲歼击营第1连调往左翼

▲ 1941年11月，一辆德军卡车正从意军工兵部队8月初开辟的沙漠公路上驶过，这条5米宽、70千米长的公路是当时能够从南部绕过托卜鲁克要塞的唯一补给通道，拍摄者是德意志非洲军宣传连的科赫上士。

抗击第22装甲旅，另将第33装甲歼击营第2、第3连调往右翼帮助第15摩托车营和第2机枪营抵御皇家坦克团第3营。在接下来的2小时内，随着英军第7装甲师陆续撤离战场，南非第5步兵旅逐渐停止了抵抗，纷纷举手投降。

隆美尔处心积虑想要一举消灭英军第7装甲师的计划，终因南非第5步兵旅的浴血奋战而化为泡影。经统计，在这场持续近4小时的恶战中，南非第5步兵旅共有224人阵亡，379人负伤，2 800人被俘；英军第22装甲旅损失了12辆"十字军"MK2巡洋坦克，皇家坦克团第3营损失了3辆M3"斯图亚特"轻型坦克，第3乘骑炮兵团损失了10门2磅反坦克炮。驻守比尔埃尔古比南面的南非第1步兵旅因调动时间过晚没能及时拯救南非第5步兵旅，旅长皮埃纳尔（D.H.Pienaar）准将战后因此备受责难。轴心国军方面，意军第132"攻城锤"装甲师共有2辆M13/40中型坦克被毁，另有3辆M13/40中型坦克负伤。德军第5装甲团共有5辆2号坦克、8辆3号坦克、2辆4号坦克被毁，另有1辆2号坦克、1辆3号坦克因机械故障被弃车。德军第8装甲团的损失最为惨重，全团的32辆2号坦克、68辆3号坦克、16辆4号坦克中共有8辆2号坦克、20辆3号坦克、6辆4号坦克被毁，另有6辆2号坦克、10辆3号坦克、3辆4号坦克无法修复。除车辆损失外，德军指挥官在此战中的伤亡率也比以往高出许多。第8装甲团失去了第1装甲营营长京特·芬斯基（Gunther Fenski）少校和第2装甲营的3名连长，第115步兵团失去了团长青特尔（Zintel）中校、第1营营长格罗曼（Grolman）少校和第2营营长格特曼（Goettman）少校。德意联军的具体伤亡情况不详，如果按照德军第200特别步兵团当天的上报数据推算（10人阵亡，46人负伤，61人失踪），估计总数将高达500余人。

# 隆美尔冲向埃及边境（11月24日）

▲ AFPU 的威利·范德森中尉于 11 月 26 日拍摄的 2 辆德军 4 号 F 型坦克残骸，它们都在 11 月 23 日的"亡者星期日"之战中被 25 磅炮或 2 磅反坦克炮摧毁。

11 月 23 日当晚，南非第 5 步兵旅遭轴心国军围歼的电报传至英军第 8 集团军司令部，令坎宁安中将的信心瞬间跌落谷底。在此之前，他刚刚拜访过第 13 军军部，把所有步兵师的作战指挥权移交给了阿尔弗雷德·戈德温–奥斯汀中将。

据坎宁安推测，第 30 军的可用坦克不足 100 辆，而隆美尔那边至少还有 150 辆坦克。心灰意冷之下，坎宁安下令将第 8 集团军撤回埃及。时任集团军参谋长的加洛韦（Galloway）准将对此提出异议，就连各军军长和各师师长也都强烈反对撤退，联合起来对抗司令部下达的命令。但坎宁安的决心已定，坚称第 30 军必须立刻撤离西迪雷泽–比尔埃尔古比地区。身处开罗的奥金莱克很快从加洛韦那里得到消息，他决定立即动身飞往第 8 集团军的前线司令部与坎宁安会面。

11 月 24 日上午 6 点，隆美尔从克吕韦尔中将口中得知了 23 日的交战详情。克吕韦尔表示英军第 7 装甲师和南非第 1 步兵师的少数残兵败将正在连夜后撤，请求隆美尔准许他率军进行追击。隆美尔听罢，责备克吕韦尔光顾眼前利益，只会耽误大局。他觉得应趁英军主力被削弱的时候，闪电般地袭击防御薄弱的埃及边境，一方面为西迪奥马尔解围，另一方面也可封锁边境通道，促使英军的局部后撤转变为一场全面溃败。关于这点，时任非洲装甲集群作战处长的西格弗里德·韦斯特法尔中校认为托

▲ 从车身上的标志来看，这 2 辆 4 号 F 型坦克均隶属德军第 15 装甲师第 8 装甲团第 4 连。几名英军士兵正向摄影师展示他们缴获的万字旗。

第 3 章 德军的反攻（1941 年 10 月至 1942 年 5 月）

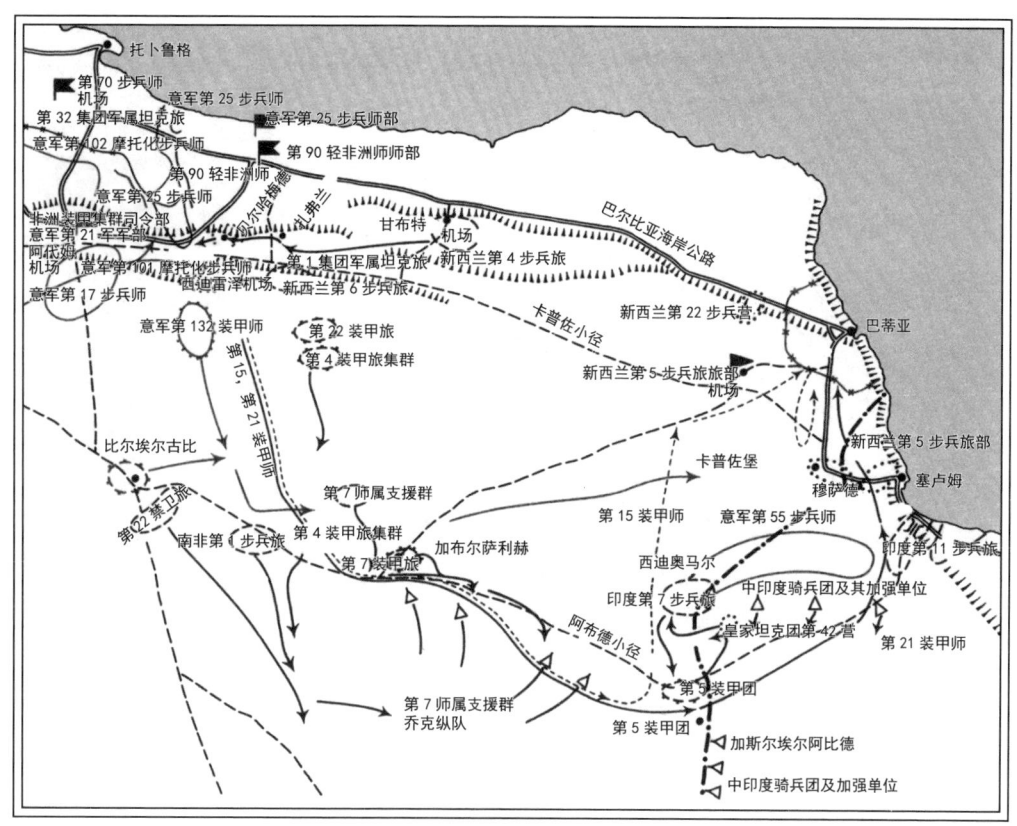

▲"十字军"行动（1941 年 12 月 24 日至 12 月 26 日）示意图。

卜鲁克周围的英军威胁并没有消除，很可能会给德军的远程突袭制造麻烦。可隆美尔却反驳说，5 个月前在"战斧"行动中的作战经验已经充分证明，一旦英国人的大后方遭到袭击，他们的前线攻势必然瓦解，所以这次肯定也不例外。克吕韦尔等人见隆美尔态度坚决，只好同意了他的计划。

24 日上午 10 点至 12 点，德意志非洲军的 2 个装甲师离开西迪雷泽朝加布尔萨利赫方向驶去。意军第 132"攻城锤"装甲师也于下午 1 点启程，兵锋直指卡普佐堡。根据德军当天的作战记录，第 5 装甲团的可用坦克数已降至 45 辆（11 辆 2 号坦克、28 辆 3 号坦克、6 辆 4 号坦克），而第 8 装甲团仍有 61 辆可用坦克（18 辆 2 号坦克、36 辆 3 号坦克、7 辆 4 号坦克）。

11 点 30 分，德军领头的第 21 装甲师在沙漠中意外遭遇英军第 7 装甲师的部分单位。第 5 装甲团本想拦截英军车队，却未成功。大部分英军车辆都迅速逃出了视野范围，很快就消失不见了。第 8 集团军司令坎宁安中将当时正在第 30 军军部指挥英军撤退，德军坦克突然出现的消息令他震惊不已。情急之下，坎宁安赶紧跳上

171

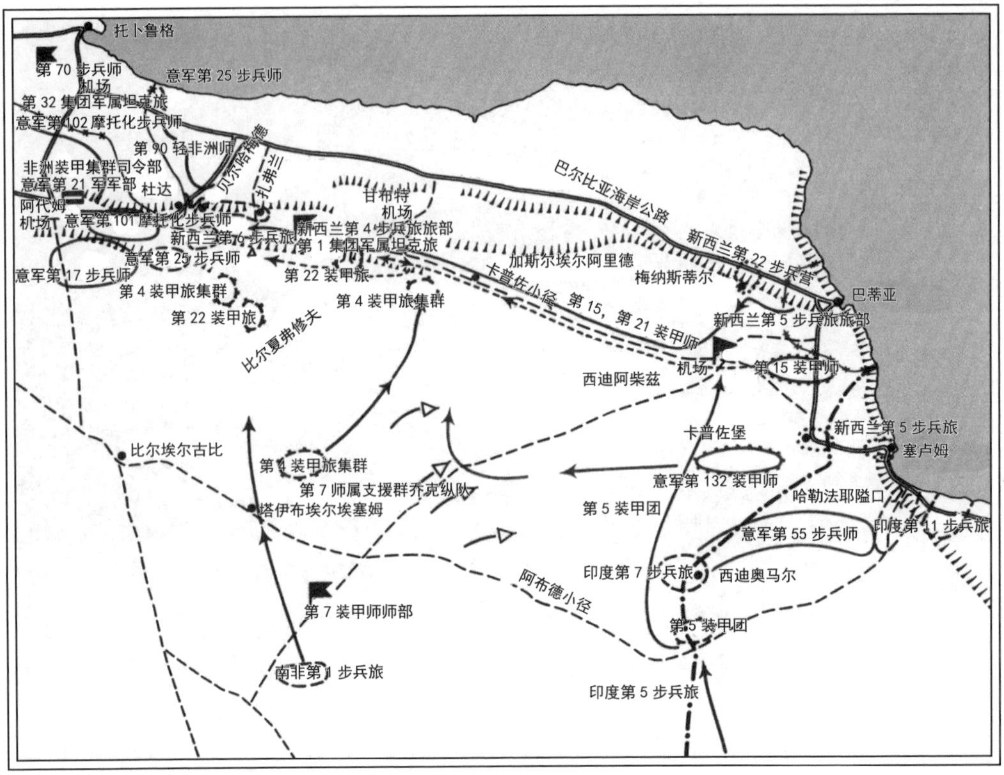

▲ "十字军"行动（1941年12月27日至12月28日）示意图。

▲ 11月24日，隆美尔在重创英军第7装甲师后，急令非洲装甲集群的3个装甲师火速掉头开往埃及边境拯救那里的轴心国驻防部队。11月25日下午，德军第15装甲师在接替第5装甲团攻打西迪奥马尔时，捕获了印度第7步兵旅的部分人马。图为第8装甲团团长汉斯·克拉默中校命人将一批被俘的印度官兵召集到其乘坐的3号H型指挥坦克旁训话，试图从他们口中套出一些有用的情报。照片左侧停在3号H型指挥坦克旁边的是辆Sdkfz.263装甲通信车。

1架停在简易机场上的"布伦海姆"式轰炸机，直接飞回第8集团军的前线司令部。

在沙漠另一边，第21装甲师当然不会知道他们差点就逮住了第8集团军司令，更何况第5装甲团需要应付的困难还不少。英国方面担心德军此举是要摧毁他们设在加布尔萨利赫西南方向的补给站，于是调拨第4装甲旅集群和第7师属支援群前来阻截第21装甲师。第5装甲团被迫停止前进，单独留下来与第4装甲旅集群和

第 3 章 德军的反攻（1941 年 10 月至 1942 年 5 月）

▲ 汉斯·克拉默本人曾在 6 月 16 日抗击"战斧"行动的塞卢姆之战中身负重伤，6 月 27 日因作战有功而被授予一枚骑士十字勋章。9 月 15 日伤愈重返前线后，克拉默继续担任第 8 装甲团团长一职，并率部参加了抗击英军"十字军"行动的一系列重要战斗。图为正与印度被俘士兵交谈的克拉默。

第 7 师属支援群对峙。从中午 12 点至下午 4 点，第 15、第 21 装甲师在坦克掩护下绕过加布尔萨利赫开往西迪奥马尔方向，英军这才大大松了口气。晚上 9 点，补充完油料的第 5 装甲团也动身离去，由此错过了夺取英军补给站的大好时机。

11 月 24 日中午，奥金莱克的座机飞抵马达莱纳堡的第 8 集团军司令部，见到了坎宁安和奥斯汀等人。在会上，奥金莱克坚决驳斥了坎宁安的看法。他认为即使第 8 集团军的损失再大，隆美尔也决不可能毫发无伤。德意联军正腹背受敌，补给状况差不多已到了极限。假如能从东部战线抽调更多的后备军投入进攻，便一定能够为托卜鲁克解围。奥金莱克在最新发布的作战令中写道："第 8 集团军必须继续对敌军施压，哪怕耗尽最后一辆坦克，都得把这场战役进行下去，尽一切可能去摧毁对手。对此，我建议由阿尔弗雷德·戈德温－奥斯汀中将执掌西迪雷泽－西迪阿柴兹以北的所有我军部队，尽全力攻占杜达岭和西迪雷泽附近的断崖地带。诺里中将的第 30 军届时将负责执行侧翼支援任务，防止敌军装甲部队袭击新西兰步兵师、南非第 1 步兵师及加布尔萨利赫西南方的我军补给站。"其实早在奥金莱克发布这道命令之前，新西兰第 5 步兵旅就已切断了卡普佐堡至塞卢姆、西迪奥马尔至塞卢姆和巴蒂亚至哈勒法耶隘口的主要道路，新西兰第 4 步兵旅则与新西兰第 21 步兵营、皇家坦克团第 8、第 44 营一同奔赴西迪雷泽地区支援新西兰第 6 步兵旅。

24 日下午 4 点，德军第 15、第 21 装甲师相继抵达距西迪奥

▲ 11 月 25 日，汉斯·克拉默中校与德意志非洲军军长克吕韦尔中将（右）利用战斗间歇商议战况。

▲ 11月25日上午在西迪奥马尔郊外，皇家坦克团第42营仅存的5辆"玛蒂尔达"MK2步兵坦克被协助第5装甲团作战的第18防空团第1营第3连全部击毁。图为其中1辆熊熊燃烧中的"玛蒂尔达"步兵坦克，从炮塔侧面红白相间的识别符及车尾的"173"车号可以推断出这是1辆英军第1集团军属坦克旅的所属车辆。

马尔以南约20千米的加斯尔埃尔阿比德（Gasr el Abid）。隆美尔本以为会找到藏匿在此的英军补给站，可荒漠中什么都没有，反倒是第5装甲团在长达100千米的行军途中抛弃了5辆3号坦克和1辆指挥坦克，第8装甲团也有1辆2号坦克、4辆3号坦克、1辆4号坦克因机械故障受损而被抛弃。傍晚5点，克吕韦尔中将来到隆美尔的指挥所汇报战况。据克吕韦尔所说，他的部队急需休整，无法马上投入战斗。意军第132"攻城锤"装甲师目前仍滞留在加布尔萨利赫以北，未能及时赶赴卡普佐堡。这意味着在明日的行动中，他又得单独依靠德军来实施进攻。隆美尔听后命令第5装甲团、第3装甲侦察营和第15装甲师留守加斯尔埃尔阿比德，自己带着阿尔弗雷德·高斯少将及部分幕僚跟随第21装甲师继续深入敌境。随后发生的事件堪称隆美尔在本次战役中最为惊险的一幕。由于夜暗看不清路况，隆美尔和高斯乘坐的指挥车与友军失散，等发觉时已不知自己身在何处。北非的寒夜冰冷彻骨，众人只好蜷缩在车内取暖。不知过了多久，克吕韦尔和拜尔莱因搭乘"莫里兹"号装甲指挥车从附近经过，被隆美尔拦下。在接下来的返程途中，周围不断有印度第4步兵师的车辆出没，但他们似乎都把"莫里兹"号当成了英军指挥车，以至于无人向它发动攻击。次日上午7点，"莫里兹"号辗转数个小时，终于得以回到加斯尔埃尔阿比德，结束了这场冒险之旅。

## 在西迪奥马尔附近的战况（11月25日）

11月25日天亮后，刚刚返回指挥所的隆美尔不顾疲劳，下令德意志非洲军立即出击。9点左右，第15装甲师（16辆2号坦克、34辆3号坦克、6辆4号坦克）和第5装甲团（11辆2号坦克、27辆3号坦克、5辆4号坦克）开始北上攻打西迪

第 3 章 德军的反攻（1941 年 10 月至 1942 年 5 月）

奥马尔；第 21 装甲师奉命向东北方向迂回，目的是寻找塞卢姆-巴蒂亚地区的英军补给站；第 3 装甲侦察营负责把守加斯尔埃尔阿比德，以保障德意志非洲军军部的安全。

英军方面，第 13 军军长阿尔弗雷德·戈德温-奥斯汀中将早已获悉德军主力开往埃及边境的情报，所以提前作了部署。在利比亚奥马尔和西迪奥

▲ 有意思的是，皇家坦克团第 42 营 5 辆被毁"玛蒂尔达"步兵坦克的绰号均以"P"字开头。图为第 5 装甲团的官兵正在检查其中 1 辆名为"帕萨德纳"的"玛蒂尔达"步兵坦克。

马尔，英军第 1 野战炮兵团、第 68 中型炮兵团和皇家坦克团第 42 营（5 辆"玛蒂尔达"MK2 步兵坦克）被加强给印度第 7 步兵旅。中印度骑兵团封锁了从加斯尔埃尔阿比德以北延伸至哈勒法耶隘口的阿布德小径，新西兰第 5 步兵旅封锁了卡普佐堡至塞卢姆的海岸公路，不让德军通过。

上午 7 点，第 5 装甲团率先进攻西迪奥马尔，遇到守军顽强抵抗。9 点 30 分，第 5 装甲团团长斯特凡中校在英军战机空袭时身负重伤（后身亡），指挥权被移交给维尔纳·米尔德布拉特（Werner Milderbrath）少校。从 10 点 10 分到中午 12 点为止，第 5 装甲团共有 2 辆 2 号坦克、10 辆 3 号坦克、1 辆 4 号坦克被毁，另有 1 辆 2 号坦克、1 辆 3 号坦克因机械故障被弃车。英军第 1 野战炮兵团的 25 门 25 磅炮损失了 5 门，另有 66 名炮手阵亡或负伤。皇家坦克团第 42 营在与德军第 18 防空营第 1 营第 3 连的交火中损失了全部 5 辆"玛蒂尔达"MK2 步兵坦克，好在该营 C 中队的 16 辆"玛蒂尔达"MK2 步兵坦克于 25 日夜晚到达前线，补充了其他 2 个中队的战损坦克。12 点 30 分，第 5 装甲团第 2 装甲营与团部之间的无线电通讯中断，被迫退往西迪奥马尔以西约 3.5 千米处重新补充弹药。下午 1 点，第 15 装甲师几经周折才越过英军第 68 中型炮兵团的火力封锁

▲ 皇家坦克团第 42 营另 1 辆被摧毁的"彭里希"号步兵坦克。

▲ 第5装甲团的官兵正将"帕克罗亚尔"号步兵坦克的阵亡车组遗体移出炮塔。

区,俘虏印度第7步兵旅的部分官兵。15点左右,第8装甲团袭击了英军第1集团军属坦克旅设在卡普佐小径南面的一处维修站,将站内待修的16辆"玛蒂尔达"MK2步兵坦克统统击毁,自身只有1辆2号坦克、2辆3号坦克负伤。在接下去的3小时时间里,英军战机持续出动轰炸德军车队。由于甘布特的德军机场被新西兰第4步兵旅占领,导致德国空军无法出动拦截英国皇家空军,第33装甲侦察营先后有20辆作战车辆被毁。傍晚5点,第5装甲团(缺第2装甲营)撤回加斯尔埃尔阿比德附近休整。此时第1装甲营仅剩3辆2号坦克、5辆3号坦克、2辆4号坦克可用,其中7辆坦克的主炮无法正常开火,团部与第2装甲营的联络也始终未能恢复。对于不断攀升的坦克损失,隆美尔显得有些焦躁不安。唯有第21装甲师穿越边境防线逼近穆萨德的消息让他稍感宽慰。晚上7点,克吕韦尔中将催促第5、第8装甲团的维修单位尽快完成手头的坦克修复工作,最好能在27日之前将车辆运回前线。

25日下午,奥金莱克搭乘专机飞回开罗。在中东地区司令部,他仔细审阅了由参谋长阿瑟·史密斯(Arthur Smith)少将递交的最新战报。虽然印度部队保住了西迪奥马尔,第8集团军却依然处于守势,没有任何采取主动进攻的迹象。对此,奥金莱克觉得自己的忍耐到了极限。当天夜里,奥金莱克首先下令将第7装甲旅撤回埃及,该旅的剩余坦克被移交给了其他部队。接下来,奥金莱克致电第7装甲师师部,要求第11轻骑兵团、第1国王

▲ 11月26日在西迪巴拉尼近郊,AFPU的战地摄影师威利·范德森中尉拍到印度第4步兵师工兵部队的通用输送车正途经1辆德军第21装甲师第5装甲团的3号H型坦克残骸。这辆德军坦克刚被印度工兵点燃,以防止德军将其拖回重新修复使用。

第 3 章 德军的反攻（1941 年 10 月至 1942 年 5 月）

▲ 在 1941 年冬季的"十字军"行动中，隆美尔充分吸取了 6 月间"战斧"行动的经验教训，将第 18 防空团第 1 营和第 33 防空团第 1 营的第 3 重型防空连直接配属给第 5、第 8 装甲团，借以增强各个装甲团的反坦克实力。图为 11 月 26 日，第 33 防空团第 1 营 1 辆拖着 88 毫米高射炮的 Sdkfz.7 重型牵引车正从汉斯·克拉默中校的 3 号 H 型指挥坦克旁驶过。

龙骑禁卫团（缺 C 中队）、南非第 4 装甲侦察车团和第 7 师属支援群联手组建"乔克"纵队，用 1940 年对付意军的老办法打击阿布德小径沿途的德军补给线。在此之后，奥金莱克决定解除坎宁安的职务，委派中东地区司令部副参谋长尼尔·里奇（Niel Ritchie）少将接管第 8 集团军。但由于里奇是初次上阵且经验不足，奥金莱克就亲赴马达莱纳堡监督第 8 集团军的指挥工作，以确保"十字军"行动沿着他所希望的正确方向前进。

## 在托卜鲁克突出部和西迪阿柴兹附近的战况（11 月 26 日）

▲ 11 月 26 日至 11 月 27 日，第 15 装甲师在北上西迪阿柴兹途中俘虏部分新西兰第 5 步兵旅的官兵。

11 月 25 日晚，英军第 70 步兵师师长罗纳尔德·斯科比少将收到了新西兰步兵师的 2 个旅和 1 个步兵坦克营正连夜赶往西迪雷泽为其解围的电报。欣喜之余，斯科比决定动用托卜鲁克守军的全部兵力，向港口东南面的杜达岭方向展开突围。就这样，德意联军的包围

177

## 大漠烽烟急

▲ 第33防空团第1营在编制上共拥有3个重型防空连和2个轻型防空连。其中每个重型防空连配备4门88毫米高射炮，每个轻型防空连配备8门20毫米高射炮。1941年11月"十字军"行动期间，该营除加强给第5、第8装甲团的2个重型防空连外，其余的4个重型防空连都被部署在埃及边境地区负责支援意军第55"萨沃纳"步兵师及其他边境驻军。直到11月28日，隆美尔才将部分88毫米高射炮撤回托卜鲁克，编入要地防空单位。据第33防空团第1营营长瓦尔特·弗洛姆上尉所说，光是在防守西迪奥马尔时，该营下属的第2重型防空连仅在半小时内便击毁了皇家坦克团第42营的16辆"玛蒂尔达"MK2步兵坦克和1辆"瓦伦丁"MK3步兵坦克，从而挫败了印度第7步兵旅对西迪奥马尔的围攻（经英军方面核实，第2重型防空连的实际战果营应为19辆"玛蒂尔达"MK2步兵坦克）。图为正在执行反坦克防御任务的88毫米高射炮，隶属于第33防空团第1营。

圈在新西兰第4、第6步兵旅和托卜鲁克守军的双重攻击下开始出现松动迹象。至11月26日上午，英军第70步兵师深入轴心国防线约4.8千米，重创意军第101"的里雅斯特"摩托化步兵师调来的第9狙击兵团和德军特别非洲师派来的的伯切尔集群。激战中，皇家诺森伯兰燧发枪兵团第1营的杰克曼（J.J.B.Jackman）上尉不顾伤痛成功救助多名皇家坦克团第4营的负伤车手，被授予一枚维多利亚十字勋章。与此同时，新西兰第4步兵旅和皇家坦克团第44营趁德军后方空虚之际占领了西迪雷泽和贝尔哈梅德，新西兰第6步兵旅控制了西迪雷泽机场。非洲装甲集群作战处长西格弗里德·韦斯特法尔中校心急如焚，一面从杜达的前沿指挥部向隆美尔求援，一面派出数架"鹳"式观测机去寻找第15、第21装甲师的位置。当留在加斯尔埃尔阿比德的克吕韦尔中将得知此事时，他劝隆美尔立刻放弃在埃及边境的行动，火速掉头回去对付英军和新西兰军。可隆美尔不愿轻易撤退，坚持要把边境攻势进行下去。

11月26日上午，德军第15装甲师从西迪阿柴兹南面经过，丝毫没有注意到这座小镇其实是新西兰第5步兵旅的旅部所在地。师长瓦尔特·纽曼-西尔科夫少将正依照隆美尔的指示前往巴蒂亚，意图歼灭威胁要塞的新西兰军。中午过后，第15装甲师的前锋部队进入巴蒂亚，获悉新西兰第5步兵旅的第23步兵营和第28毛利营（临时加强）位于卡普佐堡和塞卢姆兵营之间，第22步兵营部署在要塞的西北方向。黄昏之前，第115步兵团和第33炮兵团第1营不等第8装甲团补给完毕就南下接应意军第132"攻城锤"装甲师。可意军离卡普佐堡仍有32千米路程，一时半会儿还难以到达。无奈之下，第115步兵团和第33炮兵团第1营只得按原路折回巴蒂亚。夜幕降临时，第21装甲师击败防守穆萨德的新西兰第28毛利营，与第

15装甲师在巴蒂亚东郊会合。

26日夜晚，抵达巴蒂亚的隆美尔在重新审视局势后，终于意识到了托卜鲁克危机的严重性。但他并不打算立即从埃及边境撤军，也没有将次日的行动方案透露给克吕韦尔中将。

与第15装甲师相比，第21装甲师的第5装甲团在26日的经历要悲惨得多。当天傍晚，该团设在阿布德小径的后方维修站遭到英军"乔克"纵队奇袭，总共损失7辆2号坦克、9

▲ 自从奥金莱克于11月22日飞抵前线视察英军第8集团军后，他就对艾伦·坎宁安中将（左图）的谨慎表现十分不满。11月25日，时任中东地区司令部参谋长的阿瑟·史密斯少将建议撤换坎宁安，奥金莱克表示赞同，随即指派中东地区司令部副参谋长尼尔·里奇少将（右图）担任第8集团军司令。虽说奥金莱克当初挑选里奇只是临时性的举措，但他始终坚持认为如果要想彻底击败隆美尔，就必须尽快打破僵局，并将这场攻势进行到底。

辆3号坦克、2辆4号坦克。战斗发生时，第2装甲营仍在西迪奥马尔以西休整，而第1装甲营此前刚与第3装甲侦察营合流，共同击退了前来袭击加斯尔埃尔阿比德的中印度骑兵团和部分英军炮兵。

## 在托卜鲁克突出部和西迪阿柴兹附近的战况（11月27日）

11月26日深夜，第15装甲师师长西尔科夫少将接到隆美尔发来的电报，命其在27日上午攻打卡普佐堡和西迪奥马尔。但西尔科夫认为单靠第15装甲师自身的实力难以取胜，德军现在的唯一希望是夺取西迪阿柴兹的英军补给站，并全力配合意军摧毁托卜鲁克突出部。几经争执之后，隆美尔仅派遣第33装甲工兵营、第33炮兵团的1个连和第33装甲歼击营的2个排前去占领卡普佐堡，另将第8装甲团（13辆2号坦克、32辆3号坦克、5辆4号坦克）、第115步兵团、第200特别步兵团、第33装甲侦察营、第33装甲歼击营和第33炮兵团等主力单位调往西迪阿柴兹方向。由于卡普佐小径被第15装甲师占用，第21装甲师需要突破梅纳斯蒂尔（Menastir）一带的新西兰军防线，才能驰援托卜鲁克。

11月27日清晨6点30分，第15装甲师正式发起进攻，很快将西迪阿柴兹附近的新西兰第5步兵旅旅部及其加强单位团团包围。经过3个多小时的激战，新西兰第5步兵旅旅长詹姆斯·哈格斯特（James Hargest）准将眼见部队崩溃，只好宣布投降。战时记录显示,参加此战的新西兰第5步兵旅旅部(含护卫排)、新西兰第22步兵营B连、新西兰第5野战炮兵团(团部及4门25磅炮)、新西兰第32反坦克连(连部及3门18磅炮)、新西兰第34反坦克连(4门2磅反坦克炮)、新西兰第42轻型防空连(连部及3门40毫米高射炮)、新西兰第27机枪营(营部及2挺维克斯中型机枪)、新西兰第309通用运输连和新西兰第5野战医护

▲11月25日晚,随着新西兰第4、第6步兵旅从东面逐渐逼近托卜鲁克,英军第70步兵师也在第32集团军属坦克旅的配合下重新展开突围行动。至11月27日上午,托卜鲁克守军终于攻破轴心国军的包围圈,抵达了位于港口东南面的杜达岭。图为第1国王龙骑禁卫团C中队的1辆马蒙-海灵顿MK2装甲侦察车率先登上杜达岭,与新西兰第6步兵旅的官兵握手言欢。

中队共有44人阵亡,49人负伤,696人被俘,唯有新西兰师属骑兵团的2个中队得以侥幸逃脱。而第15装甲师仅仅损失了4辆3号坦克(可修复),还缴获了数十辆满载补给物资的卡车。

正当第15装甲师忙着从卡车上搬运油料的时候,于上午9点离开巴蒂亚的第21装甲师却在梅纳斯蒂尔郊外被新西兰第22步兵营阻住去路。直至傍晚5点,缺少坦克支援的第21装甲师才摆脱新西兰军纠缠,掉头朝西迪阿柴兹方向前进。

在更南面的卡普佐堡方向,第33装甲工兵营面对新西兰第23步兵营、新西兰第27野战炮兵连(4门25磅炮)、新西兰第32反坦克连(2门2磅反坦克炮)、第42轻型防空连(2门40毫米高射炮)的顽强抗击,进展相当缓慢。从中午12点至下午4点德军败退,第33装甲工兵营共有17人阵亡,46人负伤,58人失踪。新西兰第23步兵营则有20人阵亡,30人负伤,7人失踪。

▲11月27日中午前,第32集团军属坦克旅的皇家坦克团第4营继第1国王龙骑禁卫团C中队之后,与新西兰第6步兵旅下属的新西兰第19步兵营及皇家坦克团第44营A中队在杜达岭上胜利会师。图为一群新西兰士兵面带微笑,精神抖擞地经过皇家坦克团第4营的1辆"玛蒂尔达"MK2步兵坦克,成为英联邦军在"十字军"行动期间最为著名的一张宣传照。

## 第 3 章 德军的反攻（1941 年 10 月至 1942 年 5 月）

隆美尔或许没有料到这趟回程之旅竟会碰上这么多麻烦。据他推算，27 日在西迪阿柴兹、梅纳斯蒂尔和卡普佐堡等地的交战至少使德军增援托卜鲁克的行动推迟了 1 天。在此期间，意军第 132 "攻城锤" 装甲师因无法及时赶到卡普佐堡，而被隆美尔下令撤回到比尔埃尔古比。留在西迪奥马尔－加斯尔埃尔阿比德地区的第 5 装甲团同样状况欠佳，该团在 27 日总共损失 1 辆 2 号坦克、1 辆 3 号坦克、1 辆 4 号坦克（均毁于抗击印度第 7 步兵旅反扑的防御战），全团仅剩 7 辆 2 号坦克、10 辆 3 号坦克、6 辆 4 号坦克可用。为保存实力，隆美尔将第 5 装甲团调往西迪阿柴兹，第 3 装甲侦察营也随之撤离加斯尔埃尔阿比德，由此结束了德军在埃及边境的 "冒险"。

趁着德军第 15、第 21 装甲师尚未到达托卜鲁克的机会，英军第 70 步兵师和第 32 集团军属坦克旅于 11 月 27 日上午展开猛攻，企图一举击溃托卜鲁克东南面的轴心国军。新西兰第 4、第 6 步兵旅和皇家坦克团第 44 营也从西迪雷泽、贝尔哈梅德等地发起突击，积极配合托卜鲁克守军的东进攻势。在数小时之内，德军非洲特别师和意军第 25 "博洛尼亚" 步兵师的防线被分割成数块，多座重要防御据点失陷。

意军第 101 "的里雅斯特" 摩托化步兵师匆忙调派第 9 狙击兵团的预备队前来阻击，同样未能阻止英军突围。至中午前，新西兰第 19 步兵营的士兵与英军第 32 集团军属坦克旅的 "玛蒂尔达" MK2 步兵坦克在杜达岭附近成功会师，从而打破了托卜鲁克长达 240 天的被围状态。

11 月 27 日中午，隆美尔随第 15 装甲师抵达甘布特南面的比尔埃尔切雷塔（Bir el Chleta），却发觉比尔埃尔切雷塔西面的比尔夏弗修夫（Bir Siafsciuf）已被英军第 22 装甲旅（现有 46 辆坦克）占领，许久不见的英军第 4 装甲旅集群（现有 77 辆坦克）也在卡普佐小径附近出现。当天晚上，第 21 装甲师撤离梅纳斯蒂尔，与第 5 装甲团在西迪阿柴兹会合。意

▲ 11 月 27 日下午，英军第 32 集团军属坦克旅和新西兰第 6 步兵旅的指挥官们在杜达岭上合影留念，庆祝英联邦部队首次从托卜鲁克成功突围。照片中从左至右依次为：皇家坦克团第 4 营的营部副官赫伯特·汉弗莱斯上尉；皇家坦克团第 1 营营长 F·布朗中校；皇家坦克团第 4 营营长沃尔特·奥卡罗中校；第 32 集团军属坦克旅旅长阿瑟·威尔逊准将；新西兰第 19 步兵营营长西德尼·哈特奈尔中校；皇家坦克团第 4 营 A 中队中队长 J·R·霍尔登少校；新西兰第 19 步兵营的营部副官丹尼斯·布伦德尔上尉。

军第132"攻城锤"装甲师则遇到英军"乔克"纵队的持续骚扰，被迫在塔伊布埃尔埃塞姆（Taieb el Esem）以东约16千米处停止前进。隆美尔得知消息后招来克吕韦尔中将，命其在11月28日先率军切断英军的托卜鲁克突出部，再设法击溃突出部东面的新西兰军。克吕韦尔表示隆美尔应优先考虑对付英军第7装甲师，毕竟德军已经连续数天未与该师交手，对方的实力肯定有所恢复。对于克吕韦尔的建议，隆美尔表示拒绝。因为他认定第7装甲师在先前的西迪雷泽之战中几乎被全歼，根本无力阻止德军进军托卜鲁克。隆美尔在27日写给妻子的家信中满怀信心地写道："自11月19日以来，在托卜鲁克周围和塞卢姆前线的沙漠中，到处都是战火。你大概在公报上可以看到大致的情形经过。我相信我们已经度过一个糟糕的阶段，这次会战将对整个战争造成决定性的影响。我一切都好。4天以来在沙漠中反攻敌人，连脸都不能洗，好在我们已经取得了一场无比辉煌的胜利。"

## 在卡普佐小径附近的战况（11月28日）

▲ 饶有兴致爬上座车拍摄宣传照的第32集团军属坦克旅旅长阿瑟·威尔逊准将。从照片上看，这是一辆老式的A9巡洋坦克。通过炮塔侧面的红白识别符、三角标记和阿拉伯数字"9"，我们可以推断此车原先为某个装甲团A中队的所属车辆。另外也请各位注意炮塔后部的无线电天线，其顶部飘扬着两面蓝色的三角信号旗，中间是面绘有棕色、红色、绿色雏菊的旅部指挥旗，最下面甚至还挂着一条象征好运的女士丝袜！

11月28日这天，第15装甲师的任务共有3项：（1）等待第21装甲师的到达；（2）攻打比尔夏弗修夫；（3）改善补给状况。就具体表现而言，第15装甲师干得相当出色。面对坦克数量占优的英军第4装甲旅集群和第22装甲旅，第15装甲师仅以损失1辆2号坦克、2辆3号坦克的代价便将英军坦克赶出了比尔夏弗修夫，打通了前往托卜鲁克的道路。

通过比尔夏弗修夫的胜利，隆美尔断定英军战力薄弱，如果加大进攻力度，德军依然能够夺回托卜鲁克地区的主动权。为此他不断催促第21装甲师和意军第132"攻城锤"装甲师尽快向第15装甲师靠拢，准备集中兵力一举击溃贝尔哈梅德－西迪雷泽

第 3 章 德军的反攻（1941 年 10 月至 1942 年 5 月）

地区的英军和新西兰军。

受坦克可靠性不足的困扰，意军第 132 "攻城锤" 装甲师的进军速度明显落后德军半拍。但该师的第 7 中型坦克营和第 8 狙击兵团的 2 个营在 28 日天黑前巧妙摆脱英军 "乔克" 纵队的追击，摧毁了新西兰步兵师的一处野战医护中心，总共俘虏约 1 000 名伤员和 700 名医护人员，并成功救出 200 余名德军战俘。相比之下，德军第 21 装甲师赶在 28 日深夜抵达甘布特以南。该师的第 5 装甲团随后在西行途中遭遇皇家坦克团第 44 营的阻击，战斗中共有 2 辆 3 号坦克、1 辆 4 号坦克被毁。

11 月 28 日晚，克吕韦维尔中将提议隆美尔趁英军装甲部队虚弱之时率军直取托卜鲁克。隆美尔认为这个方案太过冒险，万一攻击失败，德意志非洲军很有可能陷入两面受敌的困境。经过进一步协商，隆美尔决定在 11 月 29 日先从西南面迂回包抄杜达岭，割裂英军第 70 步兵师和新西兰第 4、第 6 步兵旅的联系，然后再让第 21 装甲师和意军第 132 "攻城锤" 装甲师发起主攻，将盘踞在贝尔哈梅德和西迪雷泽的新西兰部队彻底歼灭。

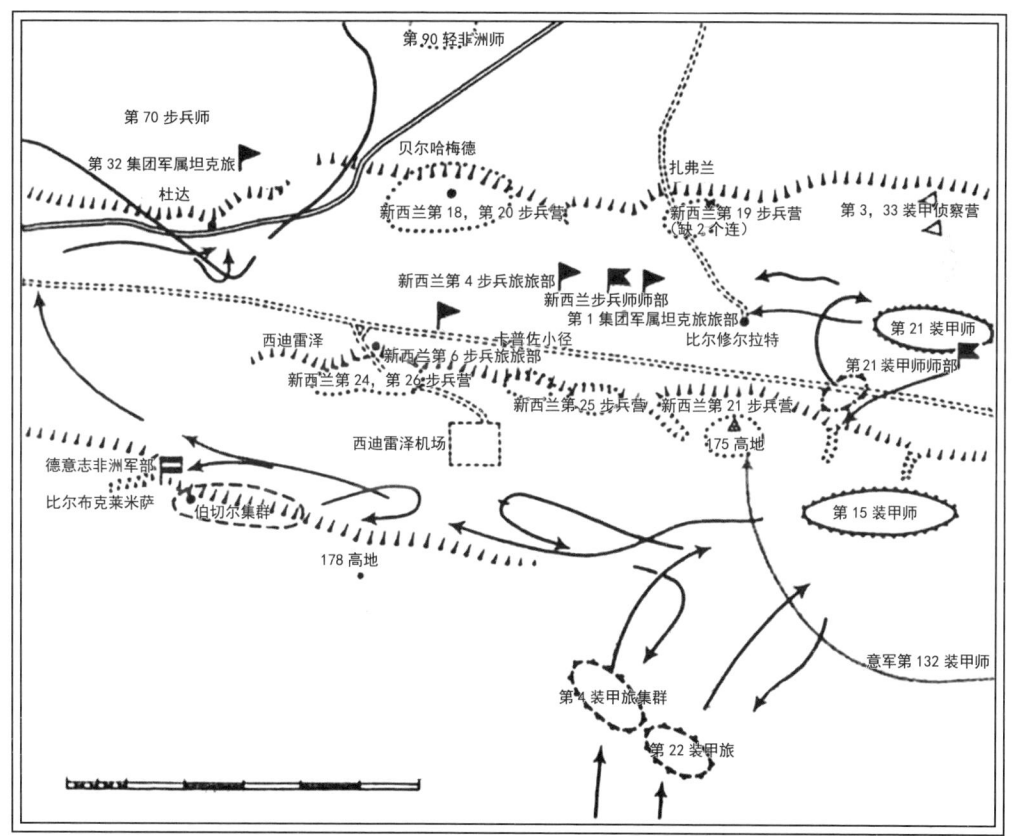

▲ "十字军" 行动（11 月 29 日）示意图：德军第 15 装甲师进攻杜达岭，意军第 132 装甲师进攻 175 高地。

183

## 在175号高地和杜达岭附近的战况（11月29日）

11月29日天刚亮，克吕韦尔中将便召集手下各位将领商议进攻策略，众人之中唯独不见第21装甲师师长约翰·冯·拉文施泰因少将的身影。原来拉文施泰因本人在凌晨时的一次侦察行动中误入175号高地附近的新西兰第21步兵营驻地，不幸成了俘虏（新西兰第21步兵营是当时唯一被派来支援托卜鲁克的新西兰第5步兵旅单位）。事件发生后，古斯塔夫－格奥尔格·克纳贝中校和卡尔·伯切尔少将先后接管第21装甲师，伯切尔集群被移交给时任第90轻非洲师第155步兵团团长的约翰·米克尔（Johann Mickl）上校指挥。

29日上午，德军逼近175号高地的消息传到英军第30军军部。军长查尔斯·诺里中将担心卡普佐小径失守，因而调遣第4装甲旅集群、第22装甲旅和南非第1步兵旅北上增援新西兰第21步兵营。但新西兰部队真正的威胁其实并非是来自德军，而是正从高地东南方向快速接近的意军第132"攻城锤"装甲师。29日下午5点，意军第132装甲团的25辆M13/40中型坦克和第8狙击兵团的2个营抢在英军援军到达之前向175号高地发起攻击。新西兰第21步兵营由于缺乏反坦克武器，仅仅抵抗了1个小时就被意军坦克彻底击溃。战斗结束后，控制高地的意军部队发报联络德军第21装甲师，告之卡普佐小径周围已无敌情。当天晚些时候，第21装甲师攻占比尔修尔拉特（Bir Sciuearat），并在那里安顿下来。

不出隆美尔所料，英军的注意力完全被他的中路攻势所吸引，以至于无力应对来自南翼的威胁。29日上午8点15分至下午2点，德军第15装甲师悄悄绕过西迪雷泽机场，快速冲向杜达岭方向。下午4点左右，驻守杜达岭的英军埃塞克斯步兵团第1营意外遭遇第15装甲师的袭击。要不是澳军第2/13步兵营的2个连和皇家坦克团第4营的11辆"玛蒂尔达"MK2步兵坦克救驾及时，该营的防线可能就会崩溃。战至天黑为止，第15装甲师暂时停止进攻，后撤915米左右重新设防。

29日晚，第30军军部接到175号高地失守的消息。诺里中将被迫下令第4装甲旅集群和第22装甲旅终止救援行动。在此之前，第4装甲旅集群曾一度试图追击德军第15装甲师，可对方早已不见踪影，178号高地附近又有德军伯切尔集群布下的严密防线，旅长亚历山大·盖特豪斯准将只得于15点率部掉头折返，与第22装甲旅在178号高地东南面会合。

德军第621无线电侦听连搜集的各种情报表明，英军方面正在将越来越多的解围部队调往托卜鲁克。按照轴心国军目前的实力，第15装甲师仍有11辆2号坦

第 3 章 德军的反攻（1941 年 10 月至 1942 年 5 月）

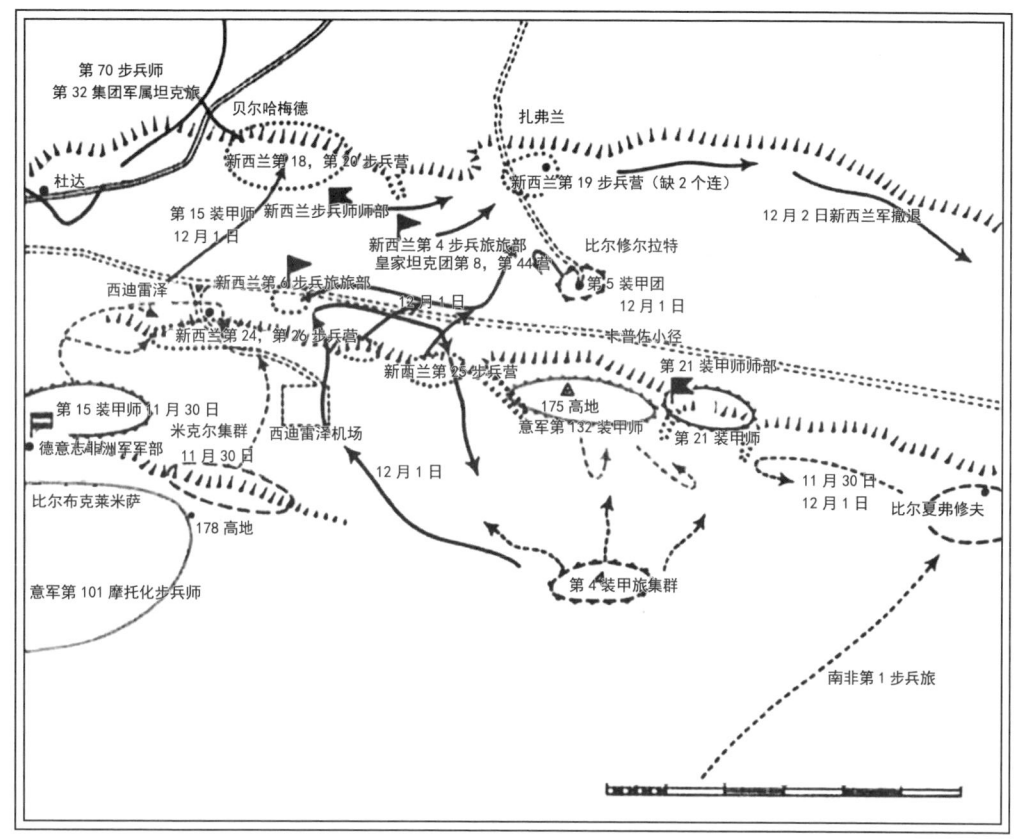

▲"十字军"行动（11 月 30 日至 12 月 1 日）示意图：德军第 15 装甲师进攻西迪雷泽和贝尔哈梅德。

克、25 辆 3 号坦克、3 辆 4 号坦克可用；第 21 装甲师仍有 6 辆 2 号坦克、10 辆 3 号坦克、4 辆 4 号坦克可用；意军第 132 "攻城锤"装甲师在接收来自阿杰达比亚的 24 辆补充坦克后，仍有 60 辆 M13/40 中型坦克可用。看来时间已经相当紧迫，不能再有一星半点的犹豫。隆美尔于深夜 22 点敦促克吕韦尔中将在 11 月 30 日尽快消灭西迪雷泽 – 贝尔哈梅德地区的新西兰步兵师，占领杜达岭以阻止托卜鲁克守军突围。

## 西迪雷泽 – 贝尔哈梅德攻防战（11 月 30 日）

为能迅速击溃由伯纳德·弗赖伯格少将（Bernard Freyberg）指挥的新西兰步兵师，德意联军在 11 月 30 日清晨花了半天功夫将重型火炮、高射炮、反坦克炮和大量弹药运抵前线。11 月 30 日上午 10 点，随着隆美尔的一声令下，德军第 15、第

21装甲师、第90轻非洲师和意军第132"攻城锤"装甲师立即从多个方向开始围攻新西兰步兵师。最先遭到攻击的是驻守西迪雷泽的新西兰第6步兵旅。德军米克尔集群在第15装甲师部分单位的侧翼掩护下攻入新西兰军防线。经过4小时激战，新西兰第24、第26步兵营的抵抗瓦解，约600多人被俘，西迪雷泽失守。弗赖伯格少将见部队右翼崩溃，请求第13军军长阿尔弗雷德·戈德温－奥斯汀中将准许新西兰第6步兵旅的幸存者们撤往托卜鲁克。可奥斯汀中将坚决不允许弗赖伯格撤退，他仅仅口头保证会调派南非第1步兵旅前来援助新西兰步兵师。

轴心国军的左翼攻势进展顺利，但在右翼方向却遇到了不少麻烦。德军第21装甲师于11点左右调遣第5装甲团攻打位于比尔修尔拉特北面的扎弗兰，被皇家坦克团第8、第44营和新西兰第19步兵营阻住去路。第5装甲团由于缺少足够的可用坦克，始终无法拿下扎弗兰。

11月30日黄昏时分，弗赖伯格少将终于等到了期盼已久的援军。英军第30军军长查尔斯·诺里中将亲自指挥第4装甲旅集群的115辆坦克和南非第1步兵旅朝新西兰步兵师的左翼靠拢。不料隆美尔对此早有准备，意军第132"攻城锤"装甲师的第7、第8和第9中型坦克营尽数出动前来拦截第4装甲旅集群。至晚上8点30分，意军陆续击退了第4装甲旅集群的3支坦克纵队。从比尔夏弗修夫出发的南非第1步兵旅也被德军第21装甲师挡在了距175号高地以东约1.6千米之处，解围行动宣告失败。

根据轴心国方面统计，第15装甲师在11月30日共有3辆3号坦克被毁，全师仍有11辆2号坦克、22辆3号坦克、3辆4号坦克可用。第21装甲师在11月30日共有4辆2号坦克、1辆3号坦克全损，全师仍有6辆2号坦克、9辆3号坦克、4辆4号坦克可用。意军第132"攻城锤"装甲师仍有约40辆M13/40中型坦克可用。

## 新西兰步兵师撤离贝尔哈梅德（12月1日至12月3日）

12月1日清晨6点30分，德军第15装甲师自河谷驻地启程，朝贝尔哈梅德方向扑去。西迪雷泽和178号高地被托付给第90轻非洲师的米克尔集群和意军第101"的里雅斯特"摩托化步兵师。防守贝尔哈梅德的新西兰第4步兵旅共有2个营，其中新西兰第20步兵营很快被德军第8装甲团和第2机枪营击溃，新西兰第18步兵营逐步撤往东面，与新西兰第6步兵旅、新西兰第21步兵营、皇家坦克团

第 3 章　德军的反攻（1941 年 10 月至 1942 年 5 月）

▲ 在阻止托卜鲁克守军突围的战斗中，德军非洲特别师的伯切尔集群和意军第 101 "的里雅斯特"摩托化步兵师的第 9 狙击兵团实力遭到严重消耗。图为英军第 70 步兵师正将被俘的德意官兵押上卡车，运往后方地区看管起来。

第 8 营（5 辆"瓦伦丁"MK3 步兵坦克，5 辆维克斯 MK6 轻型坦克）、皇家坦克团第 44 营（7 辆"玛蒂尔达"MK2 步兵坦克）重新设立防线。上午 9 点 30 分，第 2 机枪营顺利攻占无人驻守的贝尔哈梅德镇。10 点左右，第 15 装甲师调拨第 8 装甲团（36 辆坦克）、第 2 机枪营、第 15 摩托车营、第 33 炮兵团、第 33 装甲侦察营和第 33 装甲歼击营，并在米克尔集群掩护下再次向新西兰第 4、第 6 步兵旅展开突击。德军这次明显是吸取了"亡者星期日"之战中的教训，严禁搭乘卡车的摩托化步兵紧跟坦克集群前进。步兵和坦克的间隔距离较远，有效削弱了英联邦军的 25 磅炮齐射战术对进攻阵型造成的打击。从上午 10 点 30 分至下午 4 点，新西兰部队在德军的持续猛攻下逐渐开始瓦解。英军第 4 装甲旅集群试图从南面发起反击，也被第 8 装甲团第 1 装甲营（12 辆坦克）、第 33 装甲歼击营和第 33 炮兵团的凶猛火力所阻止。

下午 5 点 30 分，走投无路的新西兰步兵师师长弗赖伯格少将致电英军第 30 军军部说明战况，军长诺里中将并未当即准许他撤退，而是要求新西兰人继续留在原地牵制轴心国军，同时指派比尔夏弗修夫附近的南非第 1 步兵旅恢复进攻，尝试为新西兰步兵师解围。12 月 1 日，隆美尔命令第 15 装甲师和第 21 装甲师联手从东西两翼共同夹击新西兰步兵师，另派意军第 132 "攻城锤"装甲师和德军第 3 装甲侦察营严防死守 175 号高地，阻挡南非第 1 步兵旅西进驰援新西兰军。在这一天里第 15 装甲师的收获颇丰，连续重创新西兰第 21、第 24、第 25、

▲ 11 月 29 日清晨，德军第 21 装甲师师长拉文施泰因少将在对 175 号高地的一次侦察行动中被新西兰第 21 步兵营俘虏。12 月 5 日，拉文施泰因随轴心国战俘和英联邦军伤员一起搭乘"查克迪纳"号运输舰（HMS Chakdina）离开托卜鲁克。当天夜晚，"查克迪纳"号在驶往埃及途中被意军战机击沉，船上 400 多人中共有 200 人遇难，拉文施泰因本人被前来搜救的英军船只接走。图为转移至埃及前，英军记者正在询问拉文施泰因。

187

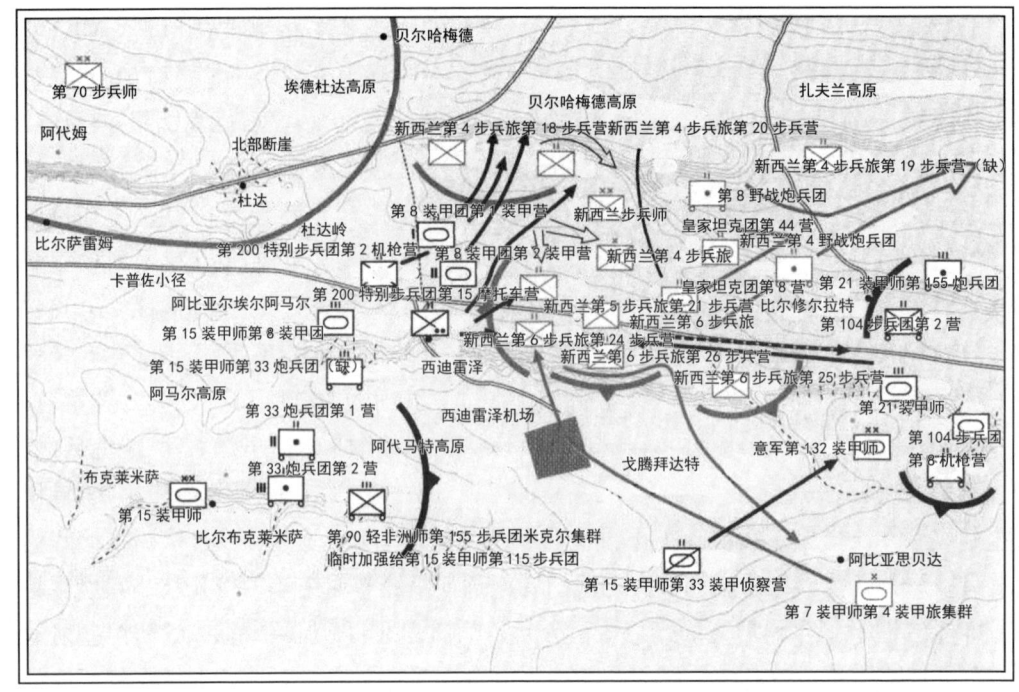

▲"十字军"行动（12月1日至12月2日）示意图：贝尔哈梅德之战。

第26步兵营及新西兰第4、第6野战炮兵团。唯有在扎弗兰设防的新西兰第19步兵营和新西兰第5野战炮兵团幸免于难。相比之下，第21装甲师的表现多少有些差强人意。第5装甲团无力配合第155步兵团和第104步兵团第2营实施的收网行动，最终致使弗赖伯格的残余部队于夜晚19点从比尔修尔拉特以北侥幸突围。12月2日，当新西兰第4、第6步兵旅及其支援单位撤回埃及时仅剩下3 500人和700辆运输车辆。全师在2天之内共有880人阵亡，1 699人负伤，2 042人被俘，唯一可用于作战的只剩下了驻守梅纳斯蒂尔的新西兰第5步兵旅。作为弗赖伯格对手的德军第15装甲师仅有3辆2号坦克、1辆4号坦克全损。第21装甲师则有2辆2号坦克、2辆3号坦克、2辆4号坦克全损，两师的人员伤亡约为300余人。

新西兰步兵师的退场，标志着非洲装甲集群再度封闭了托卜鲁克包围圈。隆美尔在12月3日发往国防军最高统帅部的捷报中写道："从11月18日到12月1日，激战不断。我军共击毁814辆敌方装甲作战车辆，击落飞机127架。关于武器、弹药和车辆方面的战利品还无法估计。俘虏大约在9 000人以上，包括3名将官。"——隆美尔提到的这3名将官包括英军第4装甲旅副旅长道格拉斯·斯特林上校、新西兰第5步兵旅旅长詹姆斯·哈格斯特准将和新西兰步兵师的师属炮兵指挥官麦尔斯准将。

第3章 德军的反攻（1941年10月至1942年5月）

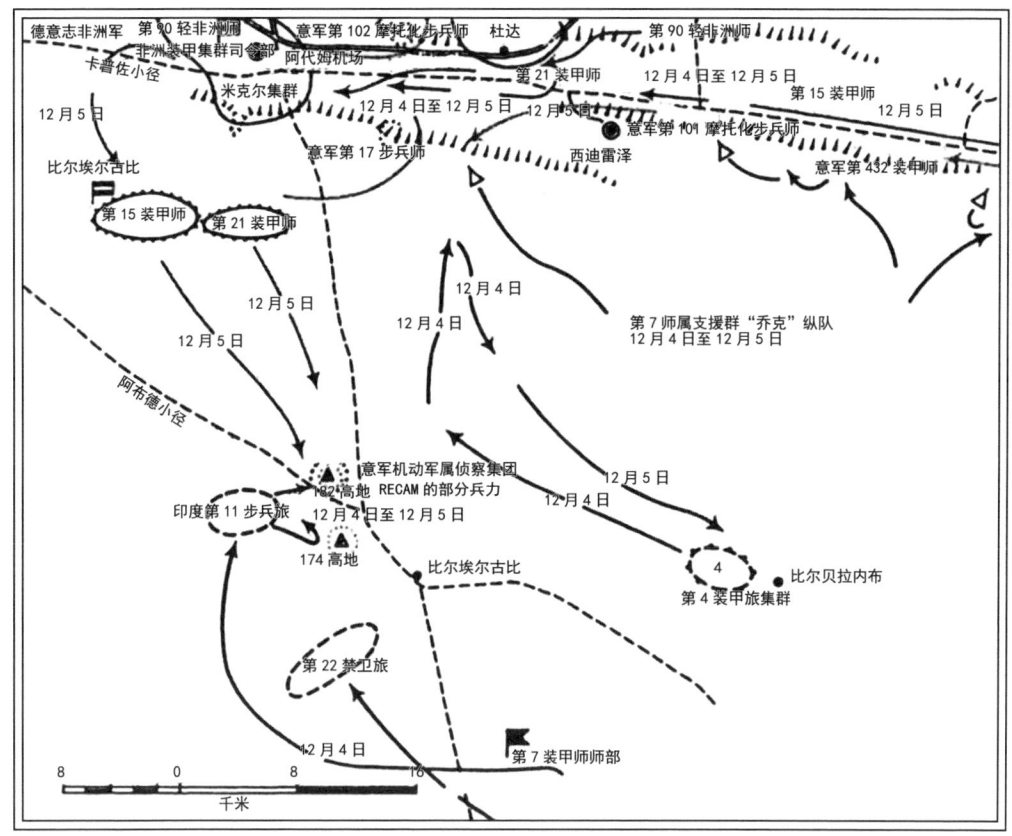

▲"十字军"行动（12月4日至12月5日）示意图：第二次比尔埃尔古比之战，非洲装甲集群撤离托卜鲁克。

通过分析以上战例我们不难看出，非洲装甲集群在"十字军"行动头1个月的交战中多次重创英军第8集团军，取得了极为有利的交换比。这自然和隆美尔的才能息息相关，但更为重要的致胜因素还得归功于战前数个月的艰苦磨合，以及经过不断改善作战编制和战术教条，将第15、第21装甲师这两支经验不足、编制失衡的队伍打造成真正意义上的精锐之师。反观英军第8集团军，尽管奥金莱克事先囤积了足以压倒非洲装甲集群的兵力和技术装备，但英联邦军的进攻战术和编制体系并没有得到任何改善。大部分英联邦部队依然是以坦克突击为主，忽视炮兵和步兵的配合。只有在防御战时，英联邦军才会将坦克、步兵和炮兵结合起来使用，使其在整体战术水准上落后于德军，有时甚至还不如意军。毕竟意军在"十字军"行动前夕已经充分体会到了部队编制和多兵种协同的重要性，早已制定了要让北非意军彻底实现摩托化和重火力配置的宏伟目标，并使大部分步兵师实现了半摩托化。要不是英军第8集团军突然发动大规模攻势，意军的整编计划可能早已完成。

托卜鲁克包围圈的危机化解后，隆美尔接下来要做的便是回去解救那些仍被困

▲图为在12月2日的贝尔哈梅德之战中被毁的2辆德军3号H型坦克,隶属于德军第15装甲师第8装甲团第6连。据统计,第15、第21装甲师在战前原有77辆2号坦克、145辆3号坦克、35辆4号坦克、13辆指挥坦克。11月里损失了27辆2号坦克、57辆3号坦克、10辆4号坦克,12月里损失了11辆2号坦克、18辆3号坦克、5辆4号坦克。至1941年12月底,从托卜鲁克撤回阿盖拉的2个德军装甲师共损失135辆坦克(全损),其中包括38辆2号坦克、75辆3号坦克、15辆4号坦克、7辆指挥坦克。

在埃及边境的轴心国部队。德军第621无线电侦听连截获的情报显示奥金莱克正将第8集团军的预备队陆续调往前线,英军在12月3日之前不会主动发起攻势。如同过去一样,克吕韦尔装甲兵上将(12月1日获得晋升)再次向隆美尔提出抗议,却仍无法动摇后者的决心。12月2日,德军第15、第21装甲师分别派出盖斯勒战斗群和克纳贝战斗群前去支援意军第55"萨沃纳"步兵师及其他边境守军。但为了保存装甲部队的实力,第5、第8装甲团这次均未出动坦克参战。根据德军方面提供的战报,盖斯勒战斗群的具体编成包括第200特别步兵团团部、第15摩托车营、第33炮兵团的1个半连和第33装甲歼击营的1个半连,指挥官为第200特别步兵团团长埃里希·盖斯勒(Erich Geissler)中校。克纳贝战斗群的具体编成包括第104步兵团第2营和第200装甲工兵营,指挥官为第104步兵团团长古斯塔夫-格奥尔格·克纳贝中校。12月3日中午,沿着海岸公路进攻的盖斯勒战斗群在距巴蒂亚以西约15千米的梅纳斯蒂尔附近遭遇重整旗鼓的新西兰第5步兵旅(下辖第22、第23步兵营和第28毛利营)伏击,导致众多车辆被毁,人员伤亡惨重。同日下午,沿着卡普佐小径进攻的克纳贝战斗群在接近

▲照隆美尔日记中的看法,他认为英军第8集团军光是在11月就丢掉了814辆装甲作战车辆。但实际上,由于"十字军"行动后期非洲装甲集群撤出昔兰尼加,英军及时回收了部分战损坦克,使得坦克损失总数降至278辆(全损)。图为12月初德意志非洲军宣传连的弗里茨·莫斯米勒上士在贝尔哈梅德南面的荒漠中拍摄的1辆"瓦伦丁"MK3步兵坦克残骸,隶属皇家坦克团第8营,车号为T17 364。

西迪阿柴兹途中遇到中印度骑兵团所属的"黄金特遣队"(Gold Force)和部分25磅炮的拦截。正当克纳贝战斗群忙着重整队形时，一队从西迪阿柴兹机场起飞的"布伦海姆"式轰炸机和"飓风"式战斗机又趁势对其展开空袭，给战斗群造成了严重伤亡，最后只有第200装甲工兵营侥幸躲过空袭进入了巴蒂亚。12月4日，隆美尔被迫下令让盖斯勒中校和克纳贝中校放弃东进，各自率领战斗群余部撤回到西迪雷泽-贝尔哈梅德的德意志非洲军驻地。

---

**参加"仲夏夜之梦"行动的德军第21装甲师战斗群**

斯特凡战斗群（第5装甲团团长弗里德里希·斯特凡中校）

下辖第5装甲团（34辆2号、60辆3号、16辆4号）、第155炮兵团第2营、第8机枪营的1个连、第200装甲工兵营的1个连

许特战斗群（第8机枪营营长保罗·许特少校）

下辖第8机枪营的4个连、第605装甲歼击营的1个连、第606防空营的1个连、第200装甲工兵营的1个连

注：当德军于9月14日撤回到哈勒法耶隘口时，第5装甲团仍有18辆2号、43辆3号、11辆4号可用。

---

**"十字军"行动中的轴心国作战序列（1941年11月）**

北非意军总司令埃托雷·巴斯蒂科上将

意军机动军（加斯托内·甘巴拉中将）
1942年2月机动军番号恢复为第20军
机动军直属单位

意军第132"攻城锤"装甲师（马里奥·巴洛塔少将）
全师在1941年11月15日的总兵力为6231人，共有61辆轻型坦克、141辆中型坦克、173门反坦克炮、29门野战炮、633辆机动车、317辆非机动车

第132装甲团
第8狙击兵团
第32装甲团

第132炮兵团（摩托化）

意军第101"的里雅斯特"摩托化步兵师（亚历山德罗·皮亚佐尼少将）
全师在1941年11月15日的总兵力为10 809人，共有48门反坦克炮、42门野战炮、1 141辆机动车、50辆非机动车
 第65步兵团
 第66步兵团
 第9狙击兵团
 第21"波河"炮兵团（摩托化）

意军机动军属侦察集团（RECAM）（马里奥·德梅奥上校）
 第52中型坦克营
 第32装甲团第3轻型坦克营
 第1"法西斯青年"步兵营
 第2"法西斯青年"步兵营
 "罗莫洛·杰西"意大利非洲警察营

非洲装甲集群（埃尔温·隆美尔装甲兵上将）
1942年1月30日扩编为非洲装甲集团军
非洲装甲集群直属单位
炮兵：
 第104炮兵指挥部（摩托化）（卡尔·伯切尔少将）
 1941年11月25日更换为约翰·米克尔上校
 第211炮兵团
 第70火箭炮团
 原计划于1942年2月15日加入，后因"十字军"行动影响被迫取消
装甲侦察：
 第580侦察连（摩托化）（1942年1月17日转属第90轻非洲师）
工兵：
 第900工兵营（摩托化）（1941年11月转属非洲特别师）
 第778工兵登陆连（1941年12月12日加入）
装甲歼击：
 第605装甲歼击营（自行化）（1941年11月加强给非洲特别师）
空军防空：
 第135防空团（摩托化）

第 3 章　德军的反攻（1941 年 10 月至 1942 年 5 月）

无线电通信：
　　第 17 无线电通信站（1942 年 4 月 25 日加入）
　　第 18 无线电通信站
　　设在奇雷内、加扎拉、班加西、巴蒂亚、的黎波里的无线电通信站（奇雷内、加扎拉、班加西无线电通信站于 1942 年 4 月改名为第 5、第 7、第 13 无线电通信站，巴蒂亚无线电通信站于 1942 年 4 月退出）
　　非洲无线电特别通信站（1942 年 4 月加入）
通信：
　　第 10 通信团（摩托化）

非洲装甲集群直属后勤补给单位
1942 年 2 月升格为非洲装甲集团军直属后勤补给单位

德意志非洲军（路德维希·克吕韦尔中将）
　　德意志非洲军直属单位

　　德军第 15 装甲师（瓦尔特·纽曼 - 西尔科夫少将）
　　1941 年 12 月 6 日更换为埃尔温·门尼上校
　　1941 年 12 月 9 日更换为古斯塔夫·冯·韦尔斯特少将
　　全师总兵力约 14 000 人
第 15 装甲师直属单位
第 8 装甲团（汉斯·克拉默中校）
共计：42 辆 2 号、77 辆 3 号、21 辆 4 号、9 辆指挥坦克、5 辆缴获的"玛蒂尔达"MK2 步兵坦克（11 月 18 日的可用坦克数量）
注："十字军"行动期间，第 8 装甲团原有的 149 辆坦克（42 辆 2 号、77 辆 3 号、21 辆 4 号、9 辆指挥坦克）共有 46 辆全损（15 辆 2 号、20 辆 3 号、6 辆 4 号、5 辆指挥坦克）
第 15 步兵旅（摩托化）（埃尔温·门尼上校）
第 115 步兵团（摩托化）（青特尔中校）
第 200 特别步兵团（摩托化）（埃里希·盖斯勒中校）
第 33 炮兵团（摩托化）

德军第 21 装甲师（约翰·冯·拉文施泰因少将）
1941 年 11 月 29 日更换为古斯塔夫 - 格奥尔格·克纳贝中校
1941 年 12 月 1 日更换为卡尔·伯切尔少将
1942 年 2 月 19 日更换为格奥尔格·冯·俾斯麦少将

全师总兵力约 13 000 人

第 21 装甲师直属单位

第 5 装甲团（弗里德里希·斯特凡中校）

1941 年 11 月 25 日更换为维尔纳·米尔德布拉特少校

共计：35 辆 2 号、68 辆 3 号、17 辆 4 号、4 辆指挥坦克（11 月 18 日的可用坦克数量）

注："十字军"行动期间，第 5 装甲团原有的 124 辆坦克（35 辆 2 号、68 辆 3 号、17 辆 4 号、4 辆指挥坦克）共有 89 辆全损（23 辆 2 号、55 辆 3 号、9 辆 4 号、2 辆指挥坦克），其中有 29 辆在战斗中全损/烧毁，28 辆因机械故障被遗弃，5 辆因缺乏维修部件被遗弃，2 辆下落不明，4 辆被拆解用于补充第 5 装甲团的坦克零部件，5 辆被拆解用于补充第 8 装甲团的坦克零部件，16 辆被自行爆破摧毁。

第 104 步兵团（摩托化）（古斯塔夫-格奥尔格·克纳贝中校）

1941 年 12 月 4 日更换为维尔纳·马克斯中校

第 155 炮兵团（摩托化）

德军非洲特别师（马克斯·佐默曼少将）

1941 年 8 月抵达的黎波里，11 月 15 日形成战斗力，11 月 28 日改名为第 90 轻非洲师，1942 年 4 月 1 日改名为第 90 轻步兵师

12 月 10 日更换为理查德·法伊特少将

全师总兵力约 12 500 人

非洲特别师直属单位

第 155 步兵团

第 361 非洲团

意军第 55 "萨沃纳"步兵师（费代莱·德·乔治斯准将）

该师在"十字军"行动中依然维持 1940 年型编制

全师在 1941 年 11 月 15 日的总兵力为 8 854 人，共有 332 挺机枪、84 门迫击炮、11 门反坦克炮、22 门步兵炮、37 门野战炮

第 15 步兵团

第 16 步兵团

第 12 "西拉"炮兵团

巴蒂亚要塞守军（德军第 556 后方指挥部司令阿图尔·施米特少将）（1941 年 11 月中旬）

意军第 55 "萨沃纳"步兵师第 15 步兵团第 2 营

意军第 55 "萨沃纳"步兵师第 16 步兵团第 2 营

## 第3章 德军的反攻（1941年10月至1942年5月）

**意军第 340 边防炮兵团第 2 炮兵群**

**意军第 21 军（埃内亚·纳瓦里尼中将）**

意军第 17 "帕维亚"步兵师（安东尼奥·弗兰切斯基尼少将）
该师原计划改编为摩托化步兵师，但因受到"十字军"行动干扰，只完成了编制改组，未能配齐运输车辆。意大利官方将其称为1941年过渡型编制
全师在1941年11月15日的总兵力为6 383人，共有255挺机枪、75门迫击炮、26门反坦克炮、8门步兵炮、40门野战炮
第 27 步兵团
第 28 步兵团
第 3 "奥斯塔公爵阿梅代奥亲王"快速炮兵团（摩托化）
第 26 "鲁比孔"炮兵团（加强）
第 24 军属炮兵集团（加强）

意军第 25 "博洛尼亚"步兵师（亚历山德罗·格洛里亚少将）
该师原计划改编为摩托化步兵师，但因受到"十字军"行动干扰，只完成了编制改组，未能配齐运输车辆。意大利官方将其称为1941年过渡型编制
全师在1941年11月15日的总兵力为6 546人，共有255挺机枪、75门迫击炮、49门反坦克炮、6门步兵炮、37门野战炮
第 39 步兵团
第 40 步兵团
第 205 炮兵团（摩托化）

意军第 27 "布雷西亚"步兵师（本韦努托·焦达少将）
该师原计划改编为摩托化步兵师，但因受到"十字军"行动干扰，不仅没有配齐运输车辆，也没有时间去组建团属支援营和师属支援营
全师在1941年11月15日的总兵力为6 585人，共有366挺机枪、121门迫击炮、26门反坦克炮、8门步兵炮、24门野战炮
第 19 步兵团
第 20 步兵团
第 1 "萨伏依的欧根亲王"快速炮兵团

> 意军第102"特伦托"摩托化步兵师(朱塞佩·德·斯特凡尼斯少将)
> 全师在1941年11月15日的总兵力为9 040人,共有68门反坦克炮、36门野战炮、394辆机动车、890辆非机动车
> 　　第61步兵团
> 　　第62步兵团
> 　　第7狙击兵团
> 　　第46"特伦托"炮兵团

## 隆美尔决定从昔兰尼加撤军

11月30日,就在隆美尔下令德意志非洲军摧毁新西兰步兵师的当天,北非意军总司令埃托雷·巴斯蒂科上将只身前往阿代姆前线,与隆美尔商议作战的后续事宜。通过此次会面,两人确定当前的局势十分严峻,必须立即向德意高层寻求更多支援才行。12月4日,意军最高统帅部的作战处处长朱塞佩·科尔代罗·迪·蒙泰泽莫洛(Giuseppe Cordero di Montezemolo)上校飞抵阿代姆机场通知隆美尔和巴斯蒂科说,由于英国皇家海军加强了对地中海的封锁力度,致使意大利海军无法将更多援军和物资运抵利比亚。目前只有等待驻扎西西里岛的德军第2航空军尽快形成战斗力,地中海的航运才能恢复。

对于蒙泰泽莫洛的答复,隆美尔愤怒地指出英军第8集团军正把越来越多的部队调往托卜鲁克地区,正准备从南翼包抄非洲装甲集群。一旦出现这种情况,他就别无选择,只能放弃继续围困托卜鲁克。除此之外更令他感到担忧的是,

▲ 11月21日,当英军发起的"十字军"行动达到高潮之际,隆美尔将非洲装甲集群的多位高级将领召到杜达岭西面的意军第21军军部商议对策。从图上看,这次会议弥漫着一股紧张凝重的气氛。从左至右依次是:意军第21军军长埃内亚·纳瓦里尼中将、德意志非洲军参谋长弗里茨·拜尔莱因中校、德意志非洲军的联络官保罗·迪森纳上校、一名不明身份的意军军官及非洲装甲集群参谋长阿尔弗雷德·高斯少将,照片拍摄者是德意志非洲军宣传连的弗里茨·莫斯米勒上士。

第 3 章 德军的反攻（1941 年 10 月至 1942 年 5 月）

▲ 12 月 7 日，隆美尔决定将非洲装甲集群从托卜鲁克撤往加扎拉防线。图为受命商讨撤军方案的意军高级将领。从左至右依次是：意军第 21 军军长埃内亚·纳瓦里尼中将，意军机动军军长加斯托内·甘巴拉中将及北非意军总司令埃托雷·巴斯蒂科上将。注意甘巴拉和巴斯蒂科，他们的军服上均佩戴着德军一级铁十字勋章和二级铁十字绶带。

其麾下意军步兵师的摩托化程度普遍不高，他们缺乏汽油和运输工具，如果不能及时通过空运或海运方式撤退，很可能会在英军追击下损失大量的兵力、物资和装备。

随着非洲装甲集群的状况日益吃紧，托卜鲁克面临的危机阶段已经过去。从 12 月 1 日起，奥金莱克向利比亚境内增派了大批援军。12 月 3 日，新西兰步兵师的第 4、第 6 步兵旅被英军第 22 禁卫旅和印度第 4 步兵师的印度第 5、第 11 步兵旅所取代。12 月 5 日，原先驻防尼罗河三角洲的英军第 1 装甲师抵达埃及边境，加入第 30 军序列。12 月 6 日，驻扎叙利亚和塞浦路斯的一些英联邦部队也被调往利比亚，大大增强了第 8 集团军的实力。与之相比，非洲装甲集群所能获得的全部援军就只有德军第 288 特战队的 3 个连而已（11 月 24 日至 12 月 1 日抵达的黎波里）。至于预定计划中的第 6 防空团第 1 营、第 43 防空团第 1 营、第 102、第 135 防空团团部、第 303、第 304 海岸炮兵连（法制 155 毫米加农炮）等援军部队，要到 12 月中下旬才会全部到达北非。

12 月 4 日，隆美尔决心在更多英军部队到达托卜鲁克之前作最后一搏。德军第 15、第 21 装甲师奉命向英军第 70 步兵师把守的杜达岭发起进攻，但被第 70 步兵师第 14 步兵旅及第 32 集团军属坦克旅的部分单位轻松击退。当形势变得明显不可能获

▲ 12 月 13 日起，英军第 13 军开始攻打加扎拉防线。在北部沿海地区，新西兰第 5 步兵旅和波兰喀尔巴阡独立来复枪旅成功俘获了数百名意军，并击败了前来支援的意军装甲部队。但在南部内陆地区，印度第 4 步兵师的进军却遭遇轴心国的顽强抵抗，致使皇家东肯特步兵团第 1 营及其加强单位在 204 号高地之战中被门尼战斗群击败。图为一名正为意军士兵进行包扎的波兰军医，摄于加扎拉北部战区。

197

胜时，隆美尔命令德军立即脱离战斗，掉头去对付正在杜达岭南面伺机行动的英军第13军和第30军。

## 第二次比尔埃尔古比之战（12月3日至12月6日）

12月3日上午，英军第13军派遣印度第4步兵师的印度第11步兵旅和第1集团军属坦克旅的皇家坦克团第8营攻打比尔埃尔古比，企图切断非洲装甲集群的后方补给通道。这里原本属于意军第132"攻城锤"装甲师的驻地，但自从该师跟随德意志非洲军进军埃及边境之后，当地的防御任务被交给了意军机动军属侦察集团。印度第11步兵旅进攻当天，比尔埃尔古比地区的意大利守军包括了第1和第2"法西斯青年"步兵营、"罗莫洛·杰西"意大利非洲警察营、第32装甲团第1营的10辆L3快速坦克和第52中型坦克营的2辆M13/40中型坦克、10门47毫米反坦克炮、24挺布雷达M37重机枪、12支35型反坦克枪、6支索罗通S-18/100反坦克枪、8门81毫米迫击炮，总兵力近1 500人，指挥官为费迪南多·塔努奇（Ferdinando Tanucci）上校。

▲ 尽管意军高层一直轻视托卜鲁克的战略价值，他们却始终不肯轻易放弃加扎拉防线。这是因为该防线一旦失守，整个意属昔兰尼加就有可能不保。12月16日上午，意军总参谋长乌戈·卡瓦莱罗上将亲自飞抵加扎拉机场与隆美尔见面，试图说服他继续固守加扎拉防线，但未成功（左图）。16日下午，德军南方司令部司令阿尔贝特·凯塞林元帅陪同卡瓦莱罗、甘巴拉和巴斯蒂科飞往加扎拉机场再次试图劝说隆美尔，可后者始终不为所动，坚持一定要在当天夜里从加扎拉地区撤军（右图）。

攻防战爆发前，意军特意加强了他们现有的防御工事，构筑了机枪火力点、反坦克炮掩体并拉起了铁丝网。这些工事使得比尔埃尔古比成为一个完善的防御体系，可以承受来自四面八方的攻击。2辆M13/40坦克中的1辆以及部分L3快速坦克也

第 3 章 德军的反攻（1941 年 10 月至 1942 年 5 月）

被改造成固定火力点，用于支援第 1、第 2 "法西斯青年"步兵营。

12 月 3 日中午 12 点，印度炮兵部队开始轰击意军阵地，给守军造成了一定伤亡，第 1 "法西斯青年"步兵营营长富尔维奥·巴里斯蒂（Fulvio Balisti）上尉在炮击中负伤。当晚，印度第 11 步兵旅成功肃清了比尔埃尔古比外围地区的意军，他们抛下的装备及卡车也被英军缴获。

12 月 4 日清晨，印度第 11 步兵旅调兵向意军的内环防御阵地展开猛攻。女王属卡梅伦高地人团第 2 营的数百名士兵在皇家坦克团第 8 营 B 中

▲ 12 月 16 日晚，英军第 7 装甲师从 204 号高地南面绕过了加扎拉防线，开始向昔兰尼加西部展开快速突击。图为几名英军 AFPU 的战地摄影师正在托卜鲁克西南方的意军公路出口处拍摄纪念照。

队及炮兵弹幕掩护下，不断冲击第 1 "法西斯青年"步兵营的防区。印度第 11 步兵旅的其他 2 个营则在皇家坦克团第 8 营 C 中队支援下冲向北边的第 2 "法西斯青年"步兵营的防区。可惜这两路进攻都遭到意军的强烈抵抗，印度第 11 步兵旅接连抛下数十具尸体向后撤退，但他们毫不气馁，仅用 1 小时不到又再度包围了意军阵地。

4 日下午 14 点，在印度第 11 步兵旅的第三轮攻势下，第 2 "法西斯青年"步兵营第 4 连坚持数小时后，终于在傍晚时放弃 182 号高地，暂时撤至 174 号高地。在激烈的战斗中，意军指挥官费迪南多·塔努西上校负伤，印度第 6 拉杰普塔纳来复枪团第 1 营营长阿尔弗雷德·乔治·巴特勒（Alfred George Butler）中校则当场阵亡。印度部队当天总共先后发起 7 次冲锋，但全都被意军挫败，没能攻占内环防御阵地。然而食物与补给的缺乏也使意军变得越来越虚弱，所有可用坦克均已失去了战斗力，被迫向非洲装甲集群求援。隆美尔于是决定调遣第 15、第

▲ 12 月 19 日，印度第 4 步兵师的印度第 7 步兵旅占领了德尔纳，发现那里早已成为一座空城。图为驻扎在德尔纳郊外的印度士兵。

199

21装甲师前去为比尔埃尔古比解围。

12月5日拂晓，德军第15、第21装甲师的51辆坦克（13辆2号坦克、33辆3号坦克、5辆4号坦克）顺利抵达182号高地。经过一场激烈的交锋，第15装甲师以1辆2号坦克、4辆3号坦克负伤为代价重占182号高地。在此之后，2个德军装甲师径直扑向174号高地。与此同时，意军第132"攻城锤"装甲师与第101"的里雅斯特"摩托化步兵师也奉命驰援比尔埃尔古比，但前者被英军第4装甲旅集群和第7师属支援群所阻，后者则在西进途中迷失了方向，没能及时赶到目的地。

▲12月22日傍晚，在离德尔纳不远的乔瓦尼贝尔塔，印度第7步兵旅发现一辆被遗弃的意军M13/40中型坦克（见图），隶属意军第132"攻城锤"装甲师第132装甲团。

12月5日晚，意军第132"攻城锤"装甲师重新发起进攻，成功突破英军第4装甲旅集群和第7师属支援群的防线。12月6日，意军第132装甲团和第8狙击兵团又积极配合比尔埃尔古比附近的德军装甲部队，共同挫败了英军第22禁卫旅和印度第11步兵旅对174号高地发起的新一轮攻势。至此，交战双方均打得精疲力竭，失去了干劲。德军第15、第21装甲师共有2辆2号坦克、3辆3号坦克无法修复。除坦克损失外，第15装甲师师长瓦尔特·纽曼-西尔科夫少将不幸被英军第22禁卫旅下属的第51野战炮兵团打成重伤，3天后死于德尔纳的一所战地医院。6日夜晚，英军第4装甲旅集群与12月5日开来的第22禁卫旅在174号高地南面会合，使这一地区的英联邦军再度占据了兵力优势（第4装甲旅集群经过休整，可用坦克数已达到126辆）。依据克吕韦尔提交的报告，虽然第15、第21装甲师此时仍有56辆可用坦克（包括14辆2号坦克、32辆3号坦克、10辆4号坦克），但弹药和油料紧缺，需要立

▲印度第11锡克步兵团第4营的士兵经过乔瓦尼贝尔塔入口处的意式拱门（见图）。距上一次澳军第6步兵师占领这座小镇，差不多都已经过去了10个月。

第 3 章 德军的反攻（1941 年 10 月至 1942 年 5 月）

▲ 12 月 23 日，南非第 4 装甲侦察车团沿着海岸公路驶过奇雷内的古城遗址，印度第 5 步兵旅随后也冒雨到达。

即补给才能重新投入战斗。隆美尔意识到情况已刻不容缓，非洲装甲集群唯有放弃围攻托卜鲁克，即刻出发朝着加扎拉方向退去才可。英军第 4 装甲旅集群见德军撤退，随即对第 15 装甲师发起追击，共击毁击伤 10 辆坦克（4 辆 2 号坦克、4 辆 3 号坦克、2 辆 4 号坦克），使隆美尔在 12 月 7 日晚的可用坦克数降至 44 辆（10 辆 2 号坦克、27 辆 3 号坦克、7 辆 4 号坦克）。托卜鲁克解围当天，无人驻守的"瓦尔特"据点和"弗雷迪"据点被英军第 70 步兵师占领。托卜鲁克外围最终只剩下意军第 17 "帕维亚"步兵师的 1 个营继续死守 157 号高地，并给英军多汉姆轻步兵团第 2 营造成了相当惨重的人员伤亡。

## 漫漫归途

12 月 7 日，北非意军总司令巴斯蒂科上将向罗马的意军总参谋长乌戈·卡瓦莱罗上将透露了隆美尔的撤军计划。卡瓦莱罗尽管表面上赞同隆美尔的看法，但他始终坚持非洲装甲集群必须留在昔兰尼加帮助意军对抗英军第 8 集团军。毕竟托卜鲁克对于意大利来说不过是向埃及进军的一处海运中转站，而班加西才是至关重要的大型港口，绝对不能被英军占领。12 月 8 日，巴斯蒂科在与隆美尔会面时爆发了激烈的口角，两人争执得面

▲ 正在搜索古城遗址的第 6 拉杰普塔纳来复枪团第 4 营，由基廷上尉拍摄。

红耳赤互不相让。巴斯蒂科认为德方一味斥责意军的行动不够迅速，是对机动军军长加斯托内·甘巴拉中将的侮辱，更何况在这个节骨眼上弃守昔兰尼加，肯定会动摇意大利在北非的殖民统治。12月9日，在经过又一轮艰难的谈判后，隆美尔与巴斯蒂科终于达成暂时性和解，即非洲装甲集群将继续固守加扎拉防线，意大利方面则允许德军第90轻非洲师和部分意军炮兵部队撤往阿盖拉地区进行休整。12月10日，巴斯

▲ 光是在1938年10月至12月间，意大利政府就向昔兰尼加运送了约20 000名定居者，并建立起26座现代化村镇。图为12月26日当轴心国军撤离昔兰尼加后，巴斯周边地区爆发了大规模的阿拉伯人骚乱。由于担心生命受到威胁，大批意大利居民纷纷逃往位于巴斯和托克拉之间的巴拉卡镇（Barraca）寻求英军庇护。

蒂科把北非意军的指挥权移交给了隆美尔。同日，意军第101"的里雅斯特"摩托化步兵师师长亚历山德罗·皮亚佐尼（Alessandro Piazzoni）少将受命接替甘巴拉中将指挥意军机动军，甘巴拉本人随后从机动军离职，回到巴斯蒂科那里继续担任他的北非意军参谋长职务。

12月10日下午，德军第90轻非洲师离开位于托卜鲁克南面的沙漠营地，撤往阿杰达比亚。夜晚大约7点，师部车队突然遭到一队英军战机的空袭，致使该师师长马克斯·佐默曼少将当场身亡。深夜10点，意军第27"布雷西亚"步兵师和第102"特伦托"摩托化步兵师也先后从阿克罗马启程向西撤退。约2小时后，印度第4步兵师追踪而至将其占领。至此，长达8个月之久的托卜鲁克围城战终于画上了休止符。

托卜鲁克之围虽然已经解除，奥金莱克却依然坚持要把"十字军"行动进行到底，不把非洲装甲集群彻底赶出昔兰尼加就誓不罢休。12月8日至12

▲ 停在瓦尔博德纳堡前稍作歇息的南非马蒙－海灵顿MK2装甲侦察车，这座建于15世纪的堡垒距托克拉以东还不到6千米。

第 3 章 德军的反攻（1941 年 10 月至 1942 年 5 月）

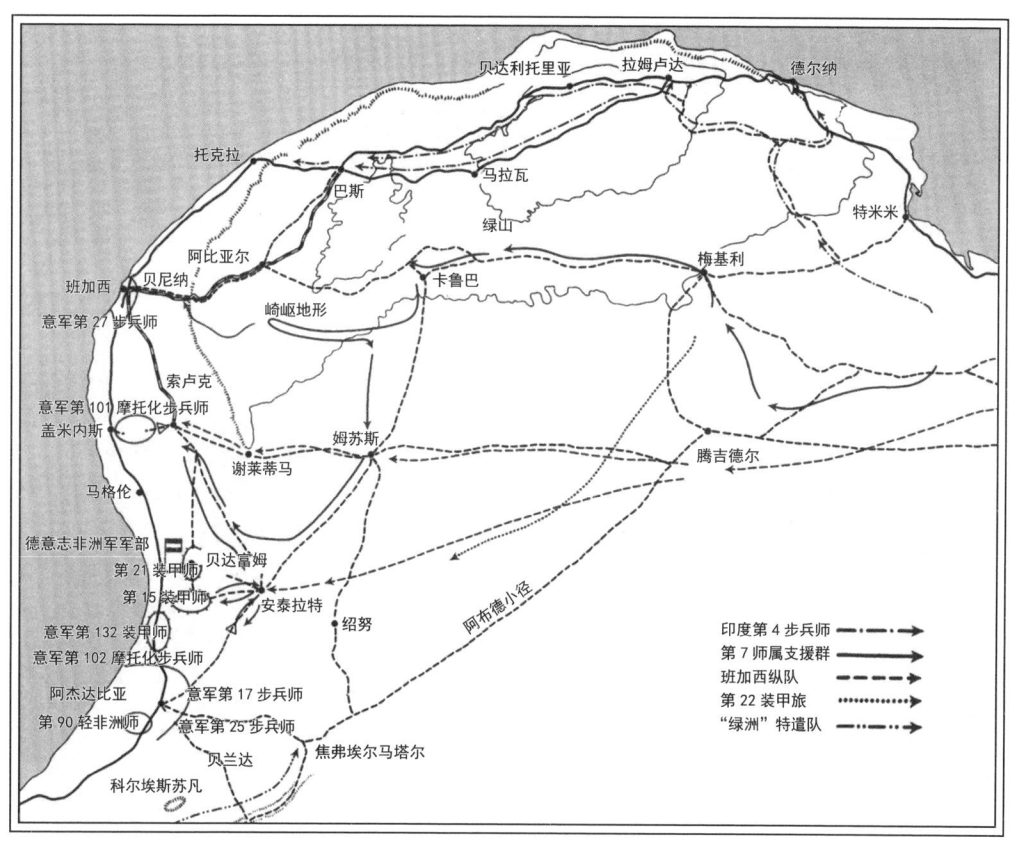

▲ 英军第 13 军追击非洲装甲集群的路线示意图。

月 12 日，英军第 8 集团军为实施追击行动进行了重组。经过改编后，主力进攻任务将由阿尔弗雷德·戈德温－奥斯汀中将的第 13 军负责。其所辖部队包括英军第 7 装甲师、印度第 4 步兵师、新西兰第 5 步兵旅、波兰喀尔巴阡来复枪旅和第 32 集团军属坦克旅。诺里中将的第 30 军已于 12 月 6 日撤回埃及边境，奥金莱克把南非第 1、第 2 步兵师和第 1 集团军属坦克旅拨给了第 30 军，准备用它来消灭塞卢姆和巴蒂亚等地的轴心国部队。

对于奥金莱克的意图，隆美尔自然是心知肚明。但非洲装甲集群已经疲态俱现，直接正面对抗第 8 集团军肯定是行不通的。为巩固意军最高统帅部指定固守的加扎拉防线，隆美尔指示克吕韦尔将德意志非洲军缩编为 2 个独立战斗群。其中的门尼战斗群主要下辖第 15 装甲师和第 5 装甲团，指挥官是第 15 步兵旅旅长埃尔温·门尼（Erwin Menny）上校。而伯切尔战斗群主要由第 21 装甲师的剩余部队组成，指挥官是现任师长卡尔·伯切尔少将。12 月 12 日，非洲装甲集群将加扎拉防线分成南北两个部分。北部沿海地区由意军第 21 军的 3 个师负责把守，南部内陆

> **摘自奥金莱克于 1944 年撰写出版的《虎之杀戮》一书**
>
> 1941 年 12 月 22 日下午 4 点，我军占领了巴斯。那位胖胖的意大利市长爽快地交出城门钥匙，迈着轻松的步伐走了。巷战虽然已经结束，但巴斯还面临着许多麻烦。由于阿拉伯人正在哄抢当地居民的各种生活必需品，我军必须立即对全城实施戒严。所有意大利警察均可保留自己的武器，宪兵队在四处搜捕抢劫犯和杀人犯，试图维持秩序。
>
> 进军班加西的最后 80 千米行程同样充满了各种意外。在离巴斯不远的巴拉卡附近有盗匪集团活动，就连位于沿海断崖上的托克拉小道，也早就被撤退的意军工兵破坏了。天降暴雨，道路又泥泞不堪，我军打算从南面绕行的计划因此受阻，只能供轻型车辆通行。直到 12 月 24 日晚 6 点，中印度骑兵团的首支装甲侦察车中队终于克服艰难险阻进入了班加西城。第二天便是圣诞节，印度第 4 步兵师师长弗兰克·梅瑟利少将收到了如下讯息："班加西已于昨晚被中印度骑兵团占领。舞者们早在 3 小时前便已到达。"电文中的"舞者"指代英军第 1 国王龙骑禁卫团，看来该团要比中印度骑兵团更早抵达班加西，并因此摘得了头彩。
>
> 在班加西的东部和南部城区，我军发现了不少藏有武器弹药的轴心国军火库。从巴斯通往班加西的海岸公路沿途，敌人抛弃了上百辆坦克、卡车和其他运输工具。一份巡逻队递交的报告更是声称他们缴获了大约 1.6 千米长的汽油桶。这显然太过夸张，实际缴获的汽油数量远不如预期。倒是那些从其他地方搞到的食物罐头和酒水，足够官兵们享用一顿无比丰盛的圣诞大餐。不过最令我感到欣慰的还是那些解救英军俘虏的报告，我们之前都认为这些战友全都已经失踪，从没想过会在班加西再次与他们重逢。
>
> 总的来说，12 月 25 日就这么在无比欢乐的气氛中过去了。经过这次 240 千米的长途远征，印度第 4 步兵师不仅夺取了巴斯和班加西，还将轴心国军赶到了阿杰达比亚。昔兰尼加北部的局势已经稳定，意大利定居者和阿拉伯人之间的紧张关系也已缓和下来。看来前景真是一片美好。

地区的防御任务被交给了德意志非洲军和意军机动军。德意联军的可用坦克数量如下：第 15 装甲师 33 辆（8 辆 2 号坦克、22 辆 3 号坦克、3 辆 4 号坦克），第 21 装甲师 21 辆（8 辆 2 号坦克、10 辆 3 号坦克、3 辆 4 号坦克），意军第 132 "攻城锤" 装甲师约有 30 辆 M13/40 中型坦克。

12 日晚，查尔斯·诺里中将率领英军第 30 军切断了埃及边境的轴心国军退路。此刻驻守巴蒂亚的德军第 556 后方指挥部共有 6 600 名意军和 2 200 名德军，位于要塞东南面的塞卢姆地区和哈勒法耶隘口共有 4 200 名意军和 2 100 名德军。其主要作战部队包括意军第 55 "萨沃纳" 步兵师，德军第 104 步兵团第 1 营，德军第 300 "绿洲" 特别营，德军第 200 装甲工兵营，非洲装甲集群的各种炮兵单位、防空单位和后勤补给单位。

12月13日,隆美尔在发给国防军最高统帅部的电报中如此陈述:"经过4个星期的不断苦战,尽管官兵们的个人表现十分英勇,但是部队的战斗力却已经消磨殆尽,尤其是武器和弹药的供应也已经完全枯竭。虽然部队很想固守加扎拉地区,但是如果不在12月16日夜晚之前撤到梅基利和德尔纳的话,我军就有可能被占据优势的敌军迂回歼灭。"

隆美尔的预见是正确的。英军第13军果然在12月13日当天向加扎拉防线展开了全面攻势。北面的沿海地

▲ 围坐在火炉旁享用圣诞大餐的南非第4装甲侦察车团官兵。背景中的绿色圆顶建筑是班加西城的著名地标——班加西天主教堂。

区遭到新西兰第5步兵旅的佯攻,南面的内陆地区遭到印度第4步兵师的袭击。尽管意军第101"的里雅斯特"摩托化步兵师在印度第5步兵旅的侧翼包抄下成功守住了阿雷姆哈姆扎(Alem Hamza),印度第5步兵旅的皇家东肯特步兵团第1营却利用这个机会夺取了距阿雷姆哈姆扎以西约6.4千米的204号高地。在此之后,印度第7步兵旅的第11锡克步兵团第4营和第25野战炮兵团在皇家坦克团第8营A中队(12辆"瓦伦丁"MK3步兵坦克)的支援下,从左翼方向一路向北发起突击。隆美尔火速调遣第15、第21装甲师的39辆坦克和3 000多人设立临时防线试图阻挡这股威胁。要不是英军第7装甲师的动作稍慢,没能积极配合印度第7步兵旅的推进,德军的临时防线可能就会彻底崩溃。约4小时后,德军共有15辆坦克战损(其中2辆2号坦克、4辆3号坦克、2辆4号坦克全损),终于击退了印度第7步兵旅和英军第7装甲师的进攻。

12月14日,意军第132"攻城锤"装甲师调拨12辆M13/40中型坦克反攻204号高地,但被皇家东肯特步兵团第1营及其加强单位轻松击退。

12月15日凌晨3点,意军第21军位于加扎拉北部沿海地区的防线再次受到新西兰第5步兵旅的袭击。虽然奥斯汀中将这次增派了波兰喀尔巴阡独立来复枪旅加入战斗,却依然收效甚微。与此同时,印度第5步兵旅主力攻打208号高地的行动受挫,未能赶走高地上的意军第101"的里雅斯特"摩托化步兵师。

12月15日中午过后,隆美尔见英军攻势陷入停顿,立即率军向204号高地展

## 大漠烽烟急

开了大规模反扑。他首先命令伯切尔战斗群和意军第101"的里雅斯特"摩托化步兵师将印度第5步兵旅主力牵制在阿雷姆哈姆扎，随后派遣门尼战斗群和意军第132"攻城锤"装甲师的第8狙击兵团快速迂回到204号高地东南面，一举将固守高地的皇家东肯特步兵团第1营及其加强单位团团包围。经过大约5个小时的激烈混战，驻守高地的皇家东肯特步兵团第1营、皇家坦克团第8营A中队（10辆"瓦伦丁"MK3步兵坦克）、中印度骑兵团的1个维克斯MK6轻型坦克中队、孟

▲ 在解决昔兰尼加的战事之前，奥金莱克决定首先消灭掉被困埃及边境的轴心国残余部队，于是将这一任务交给了英军第30军的南非第1、第2步兵师和英军第1集团军属坦克旅。图为12月30日，英军第30军军长查尔斯·诺里中将（右）正与南非第2步兵师师长艾萨克·德·维利尔斯少将就攻打巴蒂亚要塞的议题进行洽谈。为能尽快拿下巴蒂亚，英军第30军先后动用了南非第2步兵师的3个步兵旅集群、皇家坦克团第8和第44营、皇家海军的"阿贾克斯"号轻巡洋舰、"蚜虫"号炮舰和皇家空军的大批战机。经过3天的激烈战斗，巴蒂亚最终于1942年1月2日被英军第30军攻陷。

加拉突击工兵部队的1个连、第31野战炮兵团的部分25磅炮、第73反坦克团的部分2磅反坦克炮和第57轻型防空团的部分40毫米高射炮均被门尼战斗群消灭殆尽。英军人员伤亡总数超过了1 000人，被围部队中只有第31野战炮兵团的1个连和71名官兵侥幸脱险。非洲装甲集群之所以能够取得204号高地大捷，无疑与其高超的多兵种协同作战能力是分不开的。而英军方面自然犯了兵力分散、反应迟缓的毛病。但究其根源，其实是因为奥金莱克受"乔克"纵队编制的影响，将炮兵部队下放给各个营级单位所致。炮兵无法集中使用，才是造成这次204号高地战败的主要因素。

▲ 12月21日，大批德意战俘正沿着尚未建成的铁路路基徒步前往托卜鲁克，照片拍摄者是AFPU的战地摄影师威利·范德森中尉。

204号高地之战结束当晚，曾在2天前与德军交手的印度第7步兵旅已渐渐恢复了实力。奥斯汀中将赶紧将该旅调往阿雷姆哈姆扎接替遭受重创的印度第5步兵旅，同时催促英军

## 第 3 章 德军的反攻（1941 年 10 月至 1942 年 5 月）

▲ 1941 年底为了缩短陆上补给行程，意军工兵部队计划在托卜鲁克和埃及边境之间兴建铁路。虽然"十字军"行动迫使意军暂时中断了工程，但随着隆美尔于 1942 年夏率军入侵埃及，这条从托卜鲁克延伸至比尔苏埃西（Bir Suesi）并与英国铁轨相互衔接的铁路干线终于得以完工。图为 2010 年卫星地图上拍摄的托卜鲁克铁路路基留下的痕迹。

第 7 装甲师从 204 号高地南面迂回至门尼战斗群的侧后方向，以便配合友军部队将非洲装甲集群一网打尽。德军第 621 无线电侦听连截获了这一情报，并向隆美尔和克吕韦尔及时发出警告。隆美尔审视了部队状况后，认为加扎拉防线已无法固守，非洲装甲集群应尽快从加扎拉撤军才是明智之举。要知道，德军第 15、第 21 装甲师此时只剩下了 28 辆可用坦克（10 辆 2 号坦克、15 辆 3 号坦克、2 辆 4 号坦克、1 辆指挥坦克），意军第 132 "攻城锤"装甲师只剩下 20 辆 M13/40 中型坦克，如果再不撤的话，很可能便会全军覆没。

驻罗马的意军最高统帅部很快得知了隆美尔弃守加扎拉防线的消息，意军总参谋长卡瓦莱罗上将于 12 月 16 日上午飞往加扎拉机场与隆美尔会面。此次会议上，隆美尔向卡瓦莱罗摊牌，详细说明了非洲装甲集群当前的困境，并一再强调意军部队"已经无力再战"，只有穿越昔兰尼加沙漠撤回的黎波里塔尼亚，他才能保证军队的安全。隆美尔后来在日记中写道："对于我的提议，卡瓦莱罗显得相当不满。但他似乎也想不出别的办法，只好提前返回罗马。"

然而出乎隆美尔所料，卡瓦莱罗并未打算就这么放弃。16 日下午，他又再次搭机飞回梅基利机场。这次陪同而来的居然还有德军南方司令部司令阿尔贝特·凯塞

▲ 12月26日驶入班加西的南非第4装甲侦察车团。

林陆军元帅、巴斯蒂科上将和甘巴拉中将等人。在17点举行的第二轮磋商中，凯塞林支持了巴斯蒂科的意见，要求非洲装甲集群继续留守加扎拉防线，不得后退半步。可隆美尔坚决表示反对，甚至还与巴斯蒂科和甘巴拉发生了激烈争执。隆美尔曾如此质问巴斯蒂科："您作为北非意军统帅，到底要如何去处理目前的局势？"但巴斯蒂科却直接回避了隆美尔的问题，使得会谈最终不欢而散。

12月16日夜晚，隆美尔决定不再坐以待毙，立刻指派意军第27"布雷西亚"步兵师断后，并亲自率领非洲装甲集群悄悄撤离了加扎拉地区。12月17日凌晨3点，追击而来的英军第4装甲旅集群进抵距阿雷姆哈姆扎西北约185千米处，但该旅由于缺乏油料无法继续北上，因而失去了截断非洲装甲集群退路的最佳时机。上午9点30分，奥斯汀中将发觉猎物已从自己的手心里溜走：意军第21军正撤往特米米－德尔纳地区，意军机动军和德意志非洲军正撤往梅基利地区。为彻底击败隆美尔，英军第13军匆忙派出由印度第4步兵师、英军第22装甲旅（现有90辆坦克）、第7师属支援群、"班加西"纵队（Bencol）和"绿洲"特遣队组成的追击部队，命令他们一定要赶在年底之前肃清昔兰尼加境内的非洲装甲集群残部。

12月17日下午，隆美尔收到一份侦察机发来的最新空中侦察报告。令他感到震惊的是，该报告声称在腾杰德尔东北角发现数支英军车队（第7师属支援群的"乔克"纵队）正朝着梅基利方向挺进。看来隆美尔担心的事情终于变成了事实，英军明显是要用1940年围歼意军第10集团军的老办法来消灭非洲装甲集群。他于是赶紧电告克吕韦尔，要他马上带领德意志非洲军和意军机动军沿着梅基利至班加西的道路撤往阿杰达比亚。

没过多久，得知梅基利弃守的巴斯蒂科上将和甘巴拉中将再次向隆美尔提出了严重抗议，可隆美尔仍旧不为所动，迫使两人接受他的决策。17日下午在梅基利北面，意军第21军的3个步兵师正沿着巴尔比亚海岸公路退往班加西，准备在那儿建立临时防线，以便接收一批非洲装甲集群急需的坦克及重型装备。

12月19日，隆美尔提议让意大利海军将困在巴蒂亚、塞卢姆和哈勒法耶隘口的 1.5 万名轴心国军从海上撤至克里特岛。但意大利海军部抱怨说他们已经在封锁北非沿海和后勤保障方面投入了太多精力,实在分不出舰只来承担如此大规模的撤军行动。

随着昔兰尼加的局势不断恶化,轴心国在北非的海上补给状况同样不容乐观。12 月 13 日晚,意军驶往塔兰托,准备前往北非的"法比奥·菲尔齐"号(Fabio Filzi)、"卡洛·德尔·格雷科"号渡轮(Carlo del Greco)被英国皇家海军"正直"号潜艇(HMS

▲ 抵达班加西市政厅前的南非第 4 装甲侦察车团。

Upright)发射的鱼雷击沉,致使第 5 装甲团第 3、第 7 连的 45 辆坦克(11 辆 2 号坦克、34 辆 3 号坦克)全部沉入海底。12 月 18 日晚,英国皇家海军从马耳他岛调集 3 艘轻巡洋舰和 4 艘驱逐舰,企图再次拦截意军船队。可是这支舰队运气不佳,半路上误入意军布设的雷阵,造成"海王星"号轻巡洋舰(HMS Neptune)和"坎大哈"号驱逐舰(HMS Kandahar)沉没,"奥萝拉"号轻巡洋舰和"佩内洛普"号轻巡洋舰重伤。趁英军舰队陷入混乱之际,意军"蒙吉内弗罗"(Monginevro)、"那

▲ 自从塞卢姆北部被南非第 6 步兵旅集群占领后,塞卢姆市区和哈勒法耶隘口守军的淡水供应也因此中断,每晚必须依靠第 1 特别轰炸机联队派出的 4 架容克 52 运输机进行空投补给才能勉强度日,整个空运行动总共损失了 9 架容克 52 运输机。弹尽粮绝之下,意军第 55 "萨沃纳"步兵师师长费代莱·德·乔治斯少将和德军第 104 步兵团第 1 营营长威廉·巴赫少校被迫于 1 月 17 日率部向南非第 6 步兵旅集群投降。图为 1 月 17 日中午,费代莱·德·乔治斯少将乘坐 1 辆意军指挥车前往南非第 2 步兵师的指定受降地点。

209

▲ 费代莱·德·乔治斯少将对受降地点出现英军战地摄影师一事深感吃惊。起初他坚持不愿下车（上图），直到英国方面同意更换会议地点，他才匆匆跳下车来，快步跑向停在一旁的英军指挥车，并让司机迅速驾车离开现场。

波利"号（Napoli）、"韦托·皮萨尼"号渡轮（Vettor Pisani）及时避开英军锋芒驶入的黎波里，为非洲装甲集群运来了第8装甲团第7连的23辆坦克（6辆2号坦克、17辆3号坦克）和数千吨补给物资。不久之后，德军"安卡拉"号渡轮也在班加西顺利靠岸，卸下第8装甲团第3连的22辆坦克（5辆2号坦克、17辆3号坦克）。这是轴心国军自1941年7月以来首次获得补充，数量虽然不多，意义却非同一般。

"我军当下正从昔兰尼加撤出，"隆美尔在12月20日写给妻子的信中坦陈，"我希望我们能够退到一条已经选定的防线。看来今年的圣诞节将要在混乱中度过。"

12月21日，一路向西狂奔的非洲装甲集群终于获得了喘息时机。当天傍晚，德军第90轻非洲师和意军第25"博洛尼亚"步兵师抵达阿杰达比亚，德军第15装甲师抵达贝达富姆，德军第21装甲师抵达盖米内斯，意军第132"攻城锤"装甲师、第101"的里雅斯特"摩托化步兵师和第17"帕维亚"步兵师抵达位于班加西以东的阿比亚尔，意军第102"特伦托"摩托化步兵师抵达托克拉（Tocra），意军第27"布雷西亚"步兵师抵达巴斯。

12月20日，英军第13军指派"绿洲"特遣队抽出部分兵力组成E特遣队，命令他们从昔兰尼加最南端的加拉布绿洲北上前往阿杰达比亚，意图在12月22日晚配合远程沙漠集群夜袭当地的轴心国机场。但由于E特遣队兵力过于薄弱，不仅未能摧毁德军机场，也没能切断焦弗埃尔马塔尔（Giof el Matar）、贝兰达（Belandah）等地通往阿杰达比亚的内陆交通要道。

经过2天左右的休整补充，非洲装甲集群于12月23日离开班加西，继续朝着西南方向撤退。隆美尔在日记中写道："今天的作战很顺利。我们似乎已经逃出了敌人的包围，把主力撤出来了。若是到了圣诞节可以完成任务，那对我来说真是份厚礼。意大利最高统帅的态度迄来转好。"23日夜晚，英军第7师属支援群麾下的第1国王龙骑禁卫团驶入班加西，却发现整座港口已被意军工兵破坏，至少需要2周时间才能让港口重新恢复运作。

第 3 章　德军的反攻（1941 年 10 月至 1942 年 5 月）

12 月 27 日，非洲装甲集群一路撤至位于阿杰达比亚的轴心国营地。克吕韦尔建议隆美尔在此坚守，暂时不用撤往阿盖拉地区。根据第 621 无线电侦听连提供的情报，德国人忽然发现在非洲装甲集群屁股后面紧追不舍的英军第 13 军已渐渐失去了冲劲。他们的部队在沙漠中四处分散开来，从而给隆美尔提供了一个天赐良机。12 月 28 日上午，隆美尔命令第 15、第 21 装甲师派出 42 辆坦克（11 辆 2 号坦克、28 辆 3 号坦克、2 辆 4 号坦克、1 辆指挥坦克）向刚抵达科尔埃斯苏凡（Chores Sufan）不久的英军第 22 装甲旅（55 辆巡洋坦克、35 辆轻型坦克）展开反击。这场战斗最终以第 22 装甲旅损失 37 辆坦克，退往南面的法莱河床（Wadi el Faregh）而告终。德军自身仅有 7 辆坦克战损，当晚仍有 64 辆坦克可用（15 辆 2 号坦克、44 辆 3 号坦克、1 辆 4 号坦克、4 辆指挥坦克）。

为给第 90 轻非洲师的休整补充争取时间，隆美尔于 12 月 30 日下令第 15、第 21 装甲师（14 辆 2 号坦克、44 辆 3 号坦克、4 辆指挥坦克）再次南下袭击英军第 22 装甲旅。结果第 22 装甲旅又一次败北，62 辆可用坦克损失了 23 辆，德军只损失了 7 辆坦克，当晚仍有 58 辆坦克可用（11 辆 2 号坦克、43 辆 3 号坦克、4 辆指挥坦克）。第 22 装甲旅旅长约翰·斯科特 - 科伯恩准将见取胜无望，只得率部向东撤退。

轴心国在阿杰达比亚的胜利让英国人充分感到，隆美尔依然是个十分危险的对手，稍不留神就会被狠狠反咬一口。奥金莱克原打算让英军第 30 军加强对埃及边境的进攻，准备在肃清巴蒂亚、塞卢姆和哈勒法耶隘口之后再集中全力将非洲装甲集群赶出昔兰尼加。然而这一决策却因为隆美尔主动放弃阿杰达比亚而落空。1 月 1 日，非洲装甲集群重返阿盖拉，又回到了一年前的进攻出发地。根据当天记录，德军第 15 装甲师还剩 47 辆可用坦克（6 辆 2 号坦克、38 辆 3 号坦克、3 辆指挥坦克），德军第 21 装甲师还剩 9 辆可用坦克（5 辆 2 号坦克、2 辆 3 号坦克、1 辆 4 号坦克、1 辆指挥坦克），意军第 132 "攻城锤" 装甲师还剩 20 辆 M13/40 中型坦克和 12 辆 L3 快速坦

▲ 图为威廉·巴赫少校（头戴便帽身着大衣的军官）在向南非第 2 步兵师的一名师属工兵指挥官说明哈勒法耶隘口的德军布防和地雷埋设地点。1942 年 12 月 22 日，巴赫因患癌症死于加拿大的一所德军战俘营，后被埋葬在位于安大略基奇纳的沃德兰德公墓第 48B 号墓穴内。

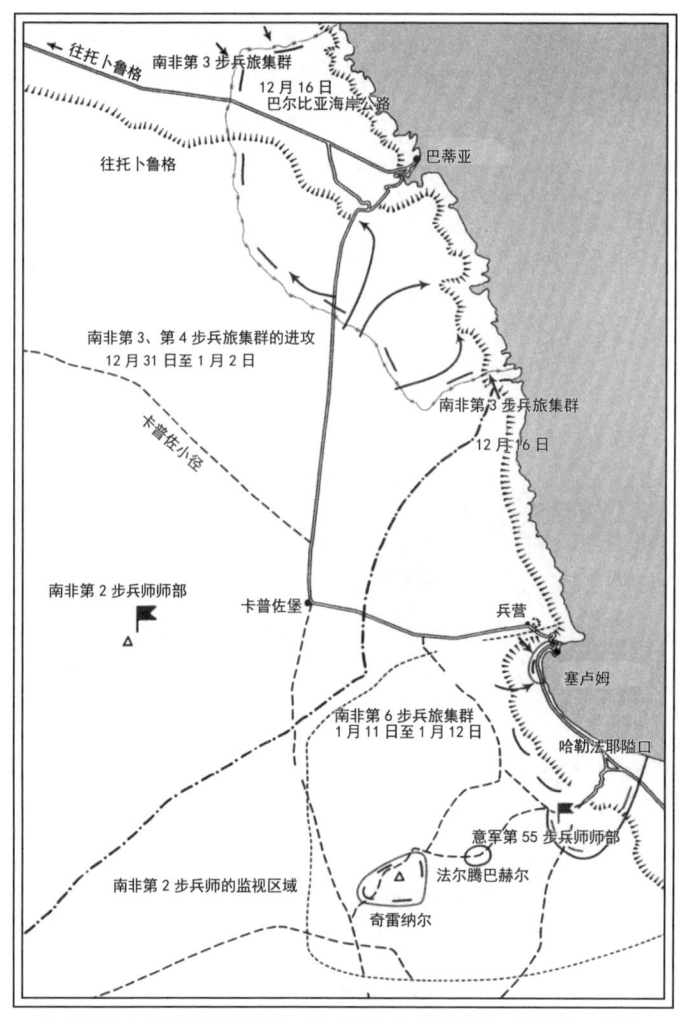

▲ 南非第 2 步兵师进攻巴蒂亚、塞卢姆和哈勒法耶隘口的过程示意图。

克（补充了机动军属侦察集团的剩余坦克）。

既然非洲装甲集群的主力已经逃走，埃及边境轴心国军队的命运也就注定了。12 月 31 日，英国皇家海军派遣"阿贾克斯"号轻巡洋舰（HMS Ajax）和"蚜虫"号炮舰，协助英国皇家空军、南非第 3、第 4 步兵旅集群和皇家坦克团第 8、第 44 营向巴蒂亚要塞发起强攻。至 1 月 2 日为止，除德军第 200 装甲工兵营的部分官兵得以从海上撤离外，德军第 556 后方指挥部司令阿图尔·施米特（Artur Schmidt）少将和 8 500 名德意官兵都成了南非第 2 步兵师的俘虏，同时获得解救的还有被关在要塞内的 1 171 名英联邦军战俘。

巴蒂亚被攻克后不久，意军第 55 "萨沃纳"步兵师师长费代莱·德·乔治斯少将和德军第 104 步兵团第 1 营营长威廉·巴赫少校都决心继续死守各自的防线，发誓要和英军对抗到底。南非第 6 步兵旅集群见宣传感化无效，遂于 1 月 11 日在皇家空军配合下对两地展开围剿。1 月 12 日，驻守塞卢姆北部的 300 名德军在弗里德里希－威廉·恩尼塞鲁斯（Friedrich-Wilhelm Enneccerus）上尉带领下走出工事，向南非第 6 步兵旅集群投降。此举使得塞卢姆的海上逃生通道中断，形势已经岌岌可危。又经过 5 天时间的苦撑，弹尽粮绝的轴心国部队被迫于 1 月 17 日晚宣布停火。1 月 18 日，塞卢姆和哈勒法耶隘口被南非第 6 步兵旅集群占领，费代

▲ 1月17日，在英军押送下离开塞卢姆的德意官兵。

莱·德·乔治斯少将、威廉·巴赫少校和5 500名德意官兵全都成了南非人的阶下囚。隆美尔事后高度赞扬了乔治斯少将的表现，称"假如没有他的英勇奋战，非洲装甲集群就有可能无法甩掉英军回到阿盖拉"。

1942年1月的新年之夜，希特勒向隆美尔发去了慰问电报，以感谢非洲装甲集群在6个星期里的艰苦奋战："谨对在你指挥下的非洲装甲集群全体官兵致以由衷的谢意，我为你们感到骄傲和自豪，祝愿大家新年快乐。"

至此，历经近2个月的"十字军"行动终于落下了帷幕。通过这次胜利，奥金莱克如愿以偿地将轴心国军赶出了昔兰尼加。整场战役中，英军第8集团军共有11.8万人参战，其中17 700人伤亡、失踪或被俘（包括2 900人阵亡，7 300人负伤，7 500人失踪或被俘），约占其总兵力的15%。隆美尔的非洲装甲集群共有11.9万人参战（6.5万名德军，5.4万名意军），其中38 300人伤亡、失踪和被俘（包括1 100名德军和1 200名意军阵亡，3 400名德军和2 700名意军负伤，10 100名德军和19 800名意军失踪或被俘），约占其总兵力的32%（共损失22%的德军和43%的意军）。装甲作战车辆方面，英军第8集团军先后投入1 123辆坦克，至12月底前总共损失了大约200辆步兵坦克、500辆巡洋坦克和100辆轻型坦克。好在英军最终占领了昔兰尼加，大部分车辆都得以修复，全损坦克数降至278辆。非洲装甲集群同样也是如此，他们通过不间断的战场维修，将537辆参战坦克中的400辆战损数（220辆德军坦克和180辆意军坦克）逐步缩减至252辆（135辆德军坦克和117辆意军坦克）。不过需

▲ 1942年1月2日，南非第3、第4步兵旅集群攻占巴蒂亚，解放了被关押在要塞内的1 171名英联邦军战俘。图为一名正巡视巴蒂亚港湾的南非士兵。

要指出的是，400和252这两个数字里并不包括那些被英国皇家海军送进地中海的坦克。据统计，轴心国在11月底至12月中旬共有97辆坦克（45辆德军坦克和52辆意军坦克）随船沉没，对比实际接收的45辆德军坦克，损失率为68%。

非洲装甲集群虽然在"十字军"行动中受挫，隆美尔却通过这场规模空前的装甲会战摸清了奥金莱克的进攻套路。在他看来，非洲装甲集群必须进一步强化多兵种协同作战，才有可能击败实力雄厚的英军第8集团军。为实现这个目标，德军第15、第21装甲师将在未来3个月里逐步扩编装甲团，裁撤步兵团。现有的步兵团将增设团属重武器连和工兵连，第135防空团（下辖第18防空团第1营、第33防空团第1营）将正式配属给第15、第21装甲师。第90轻非洲师除了需要尽快补充人手外，隆美尔许诺为其提供更多的反坦克炮、坦克歼击车和师属支援火炮，用以提升该师在复杂状况下的独立作战能力。参照德军这套模式，北非意军大幅扩充了步兵师的轻武器和反坦克武器数量，并对各师的人数做了削减。

与隆美尔的上述举措相反，奥金莱克因在"十字军"行动中获胜，不仅未能抓住机会调整第8集团军的人事关系（里奇的资历还不如手下军长们来得高），他也没有对下属们那种陈旧落后的作战观念（指挥方式按部就班且很少去前线了解实情）提出任何批评。如今的英军依然醉心于"坦克制胜"准则，只是在这一思想基础上又演化发展出了全新的"旅级集群"概念。按照奥金莱克和里奇等人的看法，未来的英联邦军应该大力提倡以旅为核心的合成化编制。从理论上讲，旅级集群十分注重火力的综合运用，主张将坦克、摩托化步兵和摩托化炮兵全部下放到旅级单位，使各个步兵旅和装甲旅可以脱离师部控制，独立展开快速攻势。"十字军"行动期间，这种全新的编制实际上已经进行了小范围试用，正在逐步推广到全军。然而在隆美尔和不少英军军长眼里，旅级集群尽管赋予了各位旅长和下级军官充分的行动自由，使他们免去了总要向师部请求支援的麻烦，但分散使用炮兵的做法却也严重削弱了英军炮兵的反应速度和炮击力度，实际只会给进攻造成更多的负面影响。例如在"十

▲ 1942年1月初，南非第1步兵师在途经卡普佐堡时发现了2门被德军遗弃的意产105毫米野战炮（上图）。早在11月27日，德军第15装甲师曾派遣第33装甲工兵营、第33炮兵团的1个连和第33装甲歼击营的2个排前来攻打卡普佐堡。11月28日下午，德军在新西兰第23步兵营的顽强抵抗下终于放弃进攻撤回到了巴蒂亚。

第 3 章 德军的反攻（1941 年 10 月至 1942 年 5 月）

字军"行动中，充当突击主力的英军第 30 军居然没有配置任何军属炮兵。反倒是执行后方支援任务的英军第 13 军编有第 64、第 67 中型炮兵团，但这 2 个团的规模较小且火炮型号老旧过时，无论是炮弹射程还是弹药投射量都无法满足作战需求。退一步讲，即使英军师部能够将师属炮兵平均分配给下属的 3 个旅，实战已经证明 1 个旅级集群光靠 1 个团的 25 磅炮仍然无法有效摧毁德军布置的反坦克屏障。相比之下，隆美尔不仅一再提醒各位师长要按需编组战斗群，他也十分重视军属炮兵的作用。例如德意志

▲ 11 月 26 日至 12 月 2 日，托卜鲁克成了英军转运战俘的重要港口之一，所有被俘的德意官兵将从这里被运往设在加拿大的战俘营进行安置。图为一队被押送离港的轴心国军战俘。

非洲军在"十字军"行动中就编有第 104 炮兵指挥部（相当于重型炮兵旅）。而意军除了拥有第 5、第 8 集团军属炮兵集团（相当于混编炮兵旅）和第 15、第 16、第 24 军属炮兵集团（相当于混编炮兵团）外，还有从骑兵师调来的第 1、第 2、第 3 快速炮兵团，可灵活应对各种复杂战局。除此之外，英军装甲师由于规模过于庞大，也给协同作战带来了不少困难。例如战前的第 7 装甲师共编有第 7、第 22 装甲旅、第 4 装甲旅集群和第 7 师属支援群，战后第 7、第 22 装甲旅被改编为装甲旅集群，第 7 师属支援群被撤销并组建新的第 7 摩托化步兵旅集群，导致装甲师的坦克过多而火力支援单位过少，难以平衡兵种间的配置关系。所以不难想象，当北非战役进入第二个年头，英军第 8 集团军在短短 6 个月内就被击溃，其实和旅级集群在攻防能力上不敌轴心国战斗群有着很大的关系。

奥金莱克完全忽视了这些隐藏在深层的危机。他当时正忙着从埃及将更多的部队调往利比亚，根本没有闲工夫来考虑第 8 集团军的前途问题。早在 1941 年秋，奥金莱克就构思了旨在攻占的黎波里的"杂技演员"行动（Operation Acrobat），准备在"十字军"行动成功之后就将其付诸实施。可当时伦敦方面对于在拿下的黎波里之后是否应当北上登陆西西里岛的方案仍持保留态度，所以也就没有批准奥金莱克的计划。如今到了 1942 年 1 月，中东地区司令部又制定了新的"体操家"行动（Operation Gymnast），打算于 1942 年春先占领整个的黎波里塔尼亚，然后再夺取维希法国位于阿尔及利亚的各个港口，将轴心国势力彻底逐出北非。

## "十字军"行动中的轴心国战斗群和埃及边境地区的守军编制情况

韦希马尔集群(伊恩弗里德·冯·韦希马尔中校)

1941年11月18日负责警戒阿布德小径

下辖第3装甲侦察营、第33装甲侦察营

斯特凡战斗群(弗里德里希·斯特凡中校)

1941年11月19日负责攻打英军第4装甲旅集群驻守的加布尔萨利赫

下辖第5装甲团(缺第1装甲连)、第155炮兵团第2营(12门105毫米榴弹炮)、第18防空团第1营第3连(4门88毫米高射炮)

第15装甲师在11月20日组建的3个战斗群

第1战斗群(汉斯·克拉默中校)

下辖第8装甲团(38辆2号、76辆3号、21辆4号、9辆指挥坦克)、第33炮兵团第1营(加强第3营的1个连)、第33防空团第1营第3连(4门88毫米高射炮)、第33装甲歼击营第1连、第33装甲工兵营第3连

第2战斗群(埃尔温·门尼上校)

下辖第115步兵团、第33装甲歼击营第3连、第33炮兵团第2营

第3战斗群(埃里希·盖斯勒中校)

下辖第200特别步兵团、第33装甲歼击营第2连、第33炮兵团第3营(缺1个连)、第33装甲工兵营第1、第2连

伯切尔集群/米克尔集群(卡尔·伯切尔少将/米克尔上校)

1941年11月25日组建,被用于阻止托卜鲁克守军突围,指挥官为原第104炮兵指挥部司令卡尔·伯切尔少将。当伯切尔于12月1日接替被俘的约翰·拉文施泰因少将指挥第21装甲师后,集群指挥权被移交给第155步兵团团长约翰·米克尔上校

下辖德军非洲特别师的第155步兵团、第361非洲团、第900工兵营

盖斯勒战斗群(埃里希·盖斯勒中校)

1941年12月2日组建,用于增援埃及边境的轴心国部队,指挥官为第200特别步兵团团长埃里希·盖斯勒中校

下辖第200特别步兵团团部、第15摩托车营、第33炮兵团的1个半连和第33装甲歼击营的1个半连

克纳贝战斗群(古斯塔夫-格奥尔格·克纳贝中校)

第3章 德军的反攻（1941年10月至1942年5月）

1941年12月2日组建，用于增援埃及边境的轴心国军，指挥官为第104步兵团团长古斯塔夫－格奥尔格·克纳贝中校

下辖第104步兵团第2营、第200装甲工兵营

门尼战斗群（埃尔温·门尼上校）

1941年12月15日在加扎拉防线上加入对印度第5步兵旅的反击，摧毁驻守204号高地的皇家东肯特步兵团第1营及其加强单位，消灭英联邦军1000多人

第8装甲团第2轻型装甲连，加强1个装甲排（5辆2号坦克、16辆3号坦克、2辆4号坦克、2辆指挥坦克）

第5装甲团部分单位（2辆2号坦克、6辆3号坦克、1辆指挥坦克）

第33装甲歼击营第3连（加强，12门50毫米反坦克炮、1门37毫米反坦克炮）

第2机枪营（4个连）、第33炮兵团第2轻型炮兵连（4门105毫米榴弹炮）

第33炮兵团第1、第3轻型炮兵连、第33炮兵团第9重型炮兵连、第155炮兵团第6轻型炮兵连（12门105毫米榴弹炮、4门150毫米榴弹炮）

第33防空团第1营第3、第4、第5连（4门88毫米高射炮、12门20毫米高射炮）

其他支援单位

第115步兵团第2营（3个连，包括1个机枪连、1个重武器连、1个步兵炮连）

第33炮兵团第2营（12门105毫米榴弹炮）

巴蒂亚要塞守军（德军第556后方指挥部司令阿图尔·施米特少将）（1941年12月末）

意军第55"萨沃纳"步兵师第15步兵团第2营

意军第55"萨沃纳"步兵师第16步兵团第2营

意军第25"博洛尼亚"步兵师第40步兵团第3营（加强）

意军第4"杰诺瓦"骑兵团第4中队（装甲侦察车）（加强）

意军第28边防炮兵团

意大利皇家海军的2个岸防炮连（120毫米海军炮）

意军第2"'铁头'埃玛努埃尔菲利贝托一世"快速炮兵团团部

意军第55"萨沃纳"步兵师第12"西拉"炮兵团

德军第21装甲师第200装甲工兵营

非洲装甲集群的后勤补给单位

塞卢姆地区守军（意军第55"萨沃纳"步兵师师长费代莱·德·乔治斯少将）（1941年12月末）

意军第55"萨沃纳"步兵师师部

意军第55"萨沃纳"步兵师第15步兵团第1营

意军第 55 "萨沃纳" 步兵师第 15 步兵团第 3 营

意军第 2 "'铁头'埃玛努埃尔菲利贝托一世" 快速炮兵团第 2 炮兵群

意军海岸民兵炮兵指挥部

德军第 300 "绿洲" 特别营营部

德军第 300 "绿洲" 特别营第 2、第 6、第 12、第 13 连

非洲装甲集群的防空单位和后勤补给单位

哈勒法耶隘口守军（德军第 104 步兵团第 1 营营长威廉·巴赫少校）（1941 年 12 月末）

德军第 15 装甲师第 104 步兵团第 1 营

德军第 300 "绿洲" 特别营第 10 连

意军第 2 "'铁头'埃玛努埃尔菲利贝托一世" 快速炮兵团第 1 炮兵群的 1 个 100 毫米榴弹炮连，第 3 炮兵群的 1 个 75 毫米野战炮连

德军第 33 防空团第 1 营第 1 连（3 门 88 毫米高射炮）

德军第 33 防空团第 1 营第 5 连（8 门 20 毫米高射炮）

1 个德军 105 毫米榴弹炮连

1 个法制 155 毫米加衣炮连

## "十字军" 行动前夕的非洲装甲集群

尽管战后有不少战史学者纷纷指责隆美尔经常不顾意军高层的劝阻盲目扩大北非战事，给轴心国的地中海战略制造了很多不必要的麻烦。但让我们试想一下，假如德意志非洲军没有在 1941 年 4 月积极采取攻势，而是单纯固守的黎波里塔尼亚的话，他们就很难发现部队编制上存在的问题并及时做出调整，甚至会因此丧失战场主动权，和格拉齐亚尼一样被不断增强的英联邦军彻底压垮。到那个时候，即使做出努力，局势也已无可挽回。

"十字军" 行动前夕的北非意军

当德意志非洲军于 1941 年 9 月 1 日扩编为非洲装甲集群后，意军也按照新的整编计划开始为步兵师组建团属支援营和师属支援营，试图通过减少步兵营的方式实现摩托化并增强协同作战能力。但这项工作尚未完成，英军便发起 "十字军" 行动重创了德意联军。从上面的意军作战序列中，不难看出很多意军步兵师的团属支援营和师属支援营均未满编（满编状态下应包括 1 个机枪连、1 个迫击炮连、1 个反坦克连、1 个防空连），第 55 "萨沃纳" 步兵师甚至依然维持 1940 年型编制，多少也从侧面反映了这一事实。

## 第3章 德军的反攻（1941年10月至1942年5月）

德意志非洲军／非洲装甲集群的部队状况分析（1941年）

2月11日：第5轻装甲师的首批部队抵达的黎波里

2月14日：隆美尔率领第3侦察营、第39装甲歼击营奔赴前线

2月21日：德意志非洲军军部正式成立，施特赖希少将接管第5轻装甲师

2月25日至3月10日：共有12 920名德军、4 074辆车辆和10 560吨补给物资运抵的黎波里

3月24日：隆美尔攻占阿盖拉

3月30日：第15装甲师的首批部队抵达的黎波里

3月31日：轴心国军发起首次昔兰尼加攻势

4月10日至4月18日：轴心国军两度强攻托卜鲁克未果，开始在塞卢姆和哈勒法耶隘口设立防线

4月30日至5月3日：轴心国军再次进攻托卜鲁克，依然无法夺取港口。德意志非洲军的人数增至33 549人，共获得车辆11 330辆，补给物资36 332吨

5月15日：英军发起"短促"行动，被轴心国军击败

6月15日：英军发起"战斧"行动，同样被轴心国军击败。从3月至6月，德意志非洲军共损失12 203人，但其中只有3 512人为作战伤亡，其余都是因病退出战斗

7月至10月：由于部分德军伤患从欧洲重返北非，德意志非洲军的非作战损失数字开始下降，坦克数量继续攀升。9月1日，德意志非洲军正式扩编为非洲装甲集群

11月11日：第15装甲师的作战人员包括223名军官、1 274名士官、5 973名士兵（满编状态为335名军官、2 004名士官、9 796名士兵）。该师的武器装备包括315挺轻机枪、79挺重机枪、32门50毫米迫击炮、23门81毫米迫击炮、74支7.92毫米反坦克枪、4支28毫米反坦克枪、24门37毫米反坦克炮、1门缴获的37毫米反坦克炮、28门50毫米反坦克炮、5门75毫米步兵炮、24门105毫米榴弹炮、11门150毫米榴弹炮

11月15日：第21装甲师的作战人员包括203名军官、1 257名士官、5 512名士兵（满编状态为241名军官、1 494名士官、6 104名士兵）。该师的武器装备包括576挺轻机枪、74挺重机枪、21门50毫米迫击炮、18门81毫米迫击炮、91支反坦克枪、10门75毫米步兵炮、2门150毫米步兵炮、30门37毫米反坦克炮、45门50毫米反坦克炮、12门105毫米榴弹炮、32门20毫米高射炮

11月18日：英军发起"十字军"行动，重创轴心国军

11月中旬：非洲特别师的作战人员包括248名军官、1 461名士官、7 310名士兵，另有104名军官、856名士官、2 399名士兵加强自第104步兵团第9连、第200装甲工兵营第2连、第3装甲侦察营、第33装甲侦察营和第155炮兵团第2营。该师的武器装备包括412挺轻机枪、46挺重机枪、91支反坦克枪、48门81毫米迫击炮、15门步兵炮、8门75毫米山炮和21辆1号坦克歼击车

12月5日：隆美尔决定将非洲装甲集群撤往加扎拉

12月15日：第21装甲师的作战人员包括142名军官、694名士官、3 517名士兵（满编状态为179名军官、1 170名士官、4 570名士兵）。该师的武器装备包括216挺轻机枪、31挺重机枪、3门50毫米迫击炮、11门81毫米迫击炮、19支反坦克枪、5门75毫米步兵炮、2门150毫米步兵炮、8门37毫米反坦克炮、30门50毫米反坦克炮、7门105毫米榴弹炮、4门150毫米榴弹炮、25门20毫米高射炮

12月19日：自1941年7月10日之后的首批运输船队抵达班加西和的黎波里，为隆美尔运来了第8装甲团3连（5辆2号坦克、17辆3号坦克）和第7连（6辆2号坦克、17辆3号坦克）。负责运送第5装甲团第3、第7连的运输船则被英军击沉在地中海，总共损失11辆2号坦克和34辆3号坦克

12月29日：第90轻非洲师的作战人员大约为2 000人，武器装备包括177挺轻机枪、29挺重机枪、12门81毫米迫击炮、39支反坦克枪、54门反坦克炮和榴弹炮、20门高射炮、14辆1号坦克歼击车

12月21日：第15装甲师的作战人员包括163名军官、704名士官、3 251名士兵（满编状态为243名军官、1 297名士官、6 128名士兵）。该师的武器装备包括161挺轻机枪、36挺重机枪、7门50毫米迫击炮、12门81毫米迫击炮、37支7.92毫米反坦克枪、2支28毫米反坦克枪、10门37毫米反坦克炮、27门50毫米反坦克炮、3门75毫米步兵炮、12门105毫米榴弹炮、5门150毫米榴弹炮

12月31日：非洲装甲集群放弃阿杰达比亚撤往阿盖拉，终于摆脱了英军第8集团军的追击

**德意志非洲军在12月30日的可用装甲作战车辆数量统计**

|  | 满编 | 实际 | 缺额 |
|---|---|---|---|
| 第475通信营 | | | |
| Sdkfz.251/6 | 1 | 0 | 1 |
| Sdkfz.260 | 1 | 0 | 1 |
| Sdkfz.261 | 6 | 0 | 6 |
| Sdkfz.263 | 6 | 0 | 6 |
| 第605装甲歼击营 | | | |
| 1号坦克 | 4 | 1 | 3 |
| 1号坦克歼击车 | 28 | 14 | 14 |
| 第15装甲师师部 | | | |
| Sdkfz.251/6 | 1 | 0 | 1 |
| 第15步兵旅旅部 | | | |
| Sdkfz.251/6 | 1 | 0 | 1 |
| 第115步兵团 | | | |
| Sdkfz.250 | 2 | 1 | 1 |

## 第3章 德军的反攻（1941年10月至1942年5月）

| | 满编 | 实际 | 缺额 |
|---|---|---|---|
| Sdkfz.251 | 14 | 9 | 5 |
| Sdkfz.261 | 6 | 0 | 6 |
| 第15摩托车营 | | | |
| Sdkfz.261 | 2 | 0 | 2 |
| Sdkfz.251 | 10 | 2 | 8 |
| 第2机枪营 | | | |
| Sdkfz.251 | 10 | 2 | 8 |
| 第200特别步兵团团部 | 2 | 0 | 2 |
| 第33炮兵团 | | | |
| Sdkfz.254 | 22 | 0 | 22 |
| 第33装甲侦察营 | | | |
| Sdkfz.251/7 | 6 | 0 | 6 |
| Sdkfz.222 | 4 | 7 | 0 |
| Sdkfz.223 | 4 | 2 | 2 |
| Sdkfz.231 | 3 | 1 | 2 |
| Sdkfz.232 | 3 | 1 | 2 |
| Sdkfz.247 | 2 | 0 | 2 |
| Sdkfz.260 | 1 | 1 | 0 |
| Sdkfz.261 | 4 | 0 | 4 |
| Sdkfz.263 | 3 | 0 | 3 |
| 第33装甲工兵营 | | | |
| Sdkfz.251/7 | 6 | 0 | 6 |
| Sdkfz.251/6 | 1 | 0 | 1 |
| 2号坦克 | 11 | 0 | 11 |
| 3号坦克 | 1 | 0 | 1 |
| 第33装甲歼击营 | | | |
| Sdkfz.261 | 2 | 0 | 2 |
| 第33装甲通信营 | | | |
| Sdkfz.260 | 2 | 1 | 1 |
| Sdkfz.261 | 12 | 3 | 9 |
| Sdkfz.263 | 10 | 0 | 10 |
| Sdkfz.251/6 | 1 | 0 | 1 |
| Sdkfz.267 | 5 | 1 | 4 |
| Sdkfz.268 | 2 | 0 | 2 |
| 第8装甲团 | | | |
| Sdkfz.251 | 3 | 1 | 2 |

| | 满编 | 实际 | 缺额 |
|---|---|---|---|
| Sdkfz.266 | 4 | 1 | 3 |
| Sdkfz.267 | 2 | 0 | 2 |
| 2号坦克 | 59 | 16 | 43 |
| 3号坦克 | 111 | 47 | 64 |
| 4号坦克 | 30 | 2 | 28 |
| 第21装甲师师部 | | | |
| Sdkfz.251/6 | 1 | 0 | 1 |
| 第8机枪营 | | | |
| Sdkfz.250 | 10 | 3 | 7 |
| 第104步兵团 | | | |
| Sdkfz.250 | 2 | 0 | 2 |
| Sdkfz.251 | 14 | 0 | 14 |
| Sdkfz.261 | 6 | 0 | 6 |
| 第155炮兵团 | | | |
| Sdkfz.254 | 10 | 3 | 7 |
| 第3装甲侦察营 | | | |
| Sdkfz.221 | 10 | 4 | 6 |
| Sdkfz.222 | 14 | 5 | 9 |
| Sdkfz.223 | 4 | 2 | 2 |
| Sdkfz.231 | 3 | 1 | 2 |
| Sdkfz.232 | 3 | 1 | 2 |
| Sdkfz.247 | 2 | 0 | 2 |
| Sdkfz.260 | 1 | 0 | 1 |
| Sdkfz.261 | 4 | 1 | 3 |
| Sdkfz.263 | 3 | 1 | 2 |
| 第200装甲工兵营 | | | |
| Sdkfz.251/6 | 1 | 0 | 1 |
| Sdkfz.251/7 | 6 | 0 | 6 |
| 2号坦克 | 11 | 0 | 11 |
| 3号坦克 | 2 | 0 | 2 |
| 第39装甲歼击营 | | | |
| Sdkfz.261 | 2 | 0 | 2 |
| 第200装甲通信营 | | | |
| Sdkfz.260 | 2 | 0 | 2 |
| Sdkfz.263 | 12 | 0 | 12 |
| Sdfzk.251/6 | 10 | 0 | 10 |

|  | 满编 | 实际 | 缺额 |
|---|---|---|---|
| Sdkfz.267 | 1 | 0 | 1 |
| Sdfkz.268 | 5 | 0 | 5 |
| Sdkfz | 2 | 0 | 2 |
| 第5装甲团 | | | |
| 2号坦克 | 59 | 10 | 49 |
| 3号坦克 | 111 | 10 | 101 |
| 4号坦克 | 30 | 3 | 27 |
| Sdkfz.266 | 4 | 1 | 3 |
| Sdkfz.267 | 2 | 0 | 2 |
| Sdkfz.251 | 1 | 0 | 1 |

**德意志非洲军 / 非洲装甲集群的德军人员损失统计（1941年）**

3月：总人数约14 500人，阵亡24人，负伤41人，失踪2人，生病635人，总损失702人

4月：总人数约19 000人，阵亡158人，负伤565人，失踪388人，生病815人，总损失1 926人

5月：总人数约30 000人，阵亡267人，负伤929人，失踪280人，生病2 516人，总损失3 992人

6月：总人数约33 500人，阵亡131人，负伤459人，失踪268人，生病4 725人，总损失5 583人

7月：总人数约42 000人，阵亡18人，负伤205人，失踪41人，生病7 983人，总损失8 247人

8月：总人数约46 000人，阵亡45人，负伤184人，失踪11人，生病9 890人，总损失10 130人

9月：总人数约48 500人，阵亡61人，负伤179人，失踪14人，生病11 245人，总损失11 499人

10月：总人数约48 500人，阵亡11人，负伤70人，失踪7人，生病11 066人，总损失11 154人

11月：总人数约38 000人，阵亡473人，负伤1 680人，失踪962人，生病5 377人，总损失8 492人

12月：总人数约32 000人，阵亡446人，负伤1 640人，失踪3 081人，生病2 998人，总损失8 165人

## "十字军"行动中的英联邦军作战序列（1941年11月19日）

英军驻中东地区总司令（克劳德·奥金莱克上将）

英军第8集团军（艾伦·坎宁安中将）
1941年8月底至9月初抵达利比亚
1941年12月23日更换为尼尔·里奇中将

英军第30军（查尔斯·诺里中将）
第30军直属单位

英军第7装甲师（威廉·戈特少将）
第7装甲师直属单位
第1国王龙骑禁卫团（3个中队，80辆马蒙-海灵顿装甲侦察车，缺驻守托卜鲁克的C中队）
第11轻骑兵团（3个中队，50辆亨伯MK2轻型侦察车）
第7装甲旅（G.M.O. 戴维准将）
第7装甲旅在11月18日共有168辆可用坦克，包括71辆"十字军"MK2巡洋坦克、97辆A10、A13巡洋坦克
第22装甲旅（约翰·斯科特-科伯恩准将）
第22装甲旅在11月18日共有158辆可用坦克，且全部为"十字军"MK2巡洋坦克
第7师属支援群（约翰·查尔斯·"乔克"·坎贝尔准将）
第4装甲旅集群（亚历山大·休·盖特豪斯准将）
注：第4装甲旅集群在"十字军"行动初期主要负责掩护第30军和第13军的侧翼，后因德军对第30军不断施压而加入第7装甲师
第4装甲旅集群在11月18日共有165辆可用坦克，且全部为M3"斯图亚特"轻型坦克
第22禁卫旅（J.C.O. 马里奥特准将）
1942年1月14日改名为第200禁卫旅
1942年5月25日再度改名为第201禁卫摩托化步兵旅
第12防空旅（集团军属防空单位，用于掩护前线指挥部）

南非第1步兵师（乔治·布林克少将）
南非第1步兵师直属单位
南非第1步兵旅（D.H. 皮埃纳尔准将）

南非第 2 步兵旅（负责驻守马特鲁，未参战）

南非第 5 步兵旅（B.F. 阿姆斯特朗准将）

英军第 13 军（阿尔弗雷德·戈德温－奥斯汀中将）

    第 13 军直属单位

        印度第 4 步兵师（弗兰克·梅瑟利少将）

            印度第 4 步兵师直属单位

            印度第 5 步兵旅（D. 拉塞尔准将）

            印度第 7 步兵旅（哈罗德·罗顿·布里格斯准将）

            印度第 11 步兵旅（A. 安德森准将）

    新西兰步兵师（伯纳德·弗赖伯格少将）

    1942 年 6 月改名为新西兰第 2 步兵师

        新西兰步兵师直属单位

            新西兰第 4 步兵旅（L.M. 英格利斯准将）

            新西兰第 5 步兵旅（詹姆斯·哈格斯特准将）

            新西兰第 6 步兵旅（H.E. 巴罗克拉夫准将）

    第 1 集团军属坦克旅（哈里·沃特金斯准将）

        第 1 集团军属坦克旅在 11 月 18 日共有 155 辆可用坦克，包括 52 辆"瓦伦丁" MK3 步兵坦克、88 辆"玛蒂尔达"MK2 步兵坦克、2 辆"十字军"MK2 巡洋坦克、1 辆 A13 巡洋坦克、12 辆维克斯 MK6 轻型坦克

托卜鲁克守军

    第 70 步兵师（罗纳尔德·斯科比少将）

    第 70 步兵师直属单位

    第 1 乘骑炮兵团（A/E 炮兵连、B/O 炮兵连，32 门 25 磅炮）

    第 104 乘骑炮兵团（第 349、414 炮兵连，16 门 25 磅炮）

    第 107 乘骑炮兵团（第 425、第 426 炮兵连，16 门 25 磅炮）

    第 144 野战炮兵团（第 389 炮兵连，2 门意大利 100 毫米榴弹炮、4 门 18 磅炮，第 390 炮兵连，2 门意大利 100 毫米榴弹炮、2 门 4.5 英寸榴弹炮、2 门 60 磅炮）

    第 17 海岸炮兵团（第 206、第 503 炮兵连，使用缴获的意大利火炮）

    第 149 反坦克团（4 个连，36 门 2 磅反坦克炮）

    第 11 野战工兵中队

    第 2、第 54 野战工兵连

    皇家诺森伯兰燧发枪兵团第 1 营（48 挺维克斯中型机枪）

捷克斯洛伐克第 11 步兵营
第 4 防空旅（J. S. 缪尔黑德准将）
师属后勤支援单位
第 14 步兵旅（B. H. 查普尔准将）
第 16 步兵旅（西里尔·洛马克斯准将）
第 23 步兵旅（C. V. H. 考克斯准将）

第 32 集团军属坦克旅（阿瑟·威尔逊准将）
第 32 集团军属坦克旅在 11 月 18 日共有 126 辆可用坦克，包括 69 辆"玛蒂尔达"MK2 步兵坦克、32 辆 A9、A10、A13 巡洋坦克、25 辆维克斯 MK6 轻型坦克

波兰喀尔巴阡独立来复枪旅（斯坦尼斯拉夫·卡潘斯基少将）
该旅 1942 年 3 月 17 日撤回巴勒斯坦后被并入新组建的第 3 喀尔巴阡步兵师，5 月 3 日正式撤编

"绿洲"特遣队
　　印度第 29 步兵旅集群（德尼斯·赖德准将）
　　1941 年 9 月抽调自驻东非的印度第 5 步兵师

第 8 集团军预备队
　　地中海团（48 挺维克斯中型机枪）
　　南非第 1 野战炮兵团（24 门 25 磅炮）
　　南非第 4 野战炮兵团（24 门 25 磅炮）
　　南非第 2 步兵师（艾萨克·德·维利尔斯少将）
　　师属后勤支援单位
　　南非第 3 步兵旅集群
　　南非第 4 步兵旅集群
　　南非第 6 步兵旅集群

## "十字军"行动后期,英军第 13 军为歼灭昔兰尼加境内的非洲装甲集群组建的 5 支追击部队(1941 年 12 月 16 日)

印度第 4 步兵师(弗兰克·梅瑟利少将)

英军第 22 装甲旅(约翰·斯科特-科伯恩准将)
约有 90 辆坦克

英军第 7 师属支援群(约翰·查尔斯·"乔克"·坎贝尔准将)
已改组为数支"乔克"纵队,并加强有第 1 国王龙骑禁卫团和南非第 4 装甲侦察车团

"班加西"纵队(J.C.O. 马里奥特准将)
 由第 22 禁卫旅改编而成
 第 22 禁卫旅旅部及通讯连
 苏格兰禁卫团第 2 营
 寒溪禁卫团第 3 营
 来复枪旅第 9 营
 第 11 轻骑兵团(58 辆装甲侦察车)
 第 51 野战炮兵团(24 门 25 磅炮)
 第 73 反坦克团的 1 个连(12 门 2 磅反坦克炮,4 门 18 磅炮)
 第 1 轻型防空团的 1 个连(12 门 40 毫米高射炮)
 第 22 禁卫旅属后勤补给单位

E 特遣队(德尼斯·赖德准将)
由"绿洲"特遣队改编而成
 印度第 29 步兵旅旅部(部分)
 南非第 7 侦察营(3 个马蒙-海灵顿装甲侦察车连,缺 1 个连)
 南非第 2 野战炮兵团第 4 炮兵连(8 门 25 磅炮)
 第 73 反坦克团 C 连(12 门 2 磅反坦克炮,4 门 18 磅炮,缺 1 个分队)
 第 2 轻型防空团第 6 防空连(12 门 40 毫米高射炮,缺 1 个分队)
 第 2 旁遮普步兵团第 3 营(缺通用输送车排)
 南非第 6 装甲侦察车团 B 中队(马蒙-海灵顿装甲侦察车)
 绿洲集群(驻加拉布绿洲)
 第 73 反坦克团 C 连的 1 个分队(4 门 2 磅反坦克炮)
 第 2 轻型防空团第 6 防空连的 1 个分队(4 门 40 毫米高射炮)

2 个伪装坦克营

南非第 2 野战炮兵团（缺第 4 炮兵连）

南非第 6 装甲侦察车团的部分单位

伍斯特郡步兵团第 1 营

第 13 边防军来复枪团第 6 营

## "十字军"行动中的英联邦军

  自隆美尔率领德意志非洲军登陆北非起，英军第 8 集团军受对意战争错误观念的影响，始终难以理解自身问题的根源其实在于合成化和多兵种协同能力的不足。无论是惨烈的托卜鲁克攻防战，还是 1941 年夏季的"短促""战斧"行动，英军坦克总喜欢甩开步兵和炮兵轮番冲击轴心国军的反坦克炮和 88 毫米高射炮阵地，结果一次又一次在冲锋途中遭到摧毁。据英国战后的调查报告显示，1941 年全年德军反坦克武器造成的坦克战损率已高达 40%，甚至超过了德军坦克造成的 38% 战损率。除此之外，英军高层的频繁换将，部队缺乏训练和配合，德意联军的积极进攻，步兵坦克低劣的机动性，再加上新式巡洋坦克机械故障频发，无疑拖慢了第 8 集团军的反应速度，使其无暇重新审视部队在编制、战术教条方面存在的种种缺陷，更不用说进行大规模的改组了。例如在"十字军"行动中，作为最高统帅的奥金莱克中将非但没有将第 8 集团军的数量优势发挥出来，反而把各师拆成数个旅级和数个营级规模的"乔克"纵队，企图用 9 个月前对付意大利人的老办法来对付非洲装甲集群。这么做的后果不仅大大削弱了军属炮兵火力，也给隆美尔以可乘之机，令他即使在后撤阶段都能有条不紊地集中力量击垮奥金莱克派来的追兵（1941 年 12 月 15 日加扎拉攻防战期间，印度第 5 步兵旅的皇家东肯特步兵团第 1 营及其支援单位在 204 号高地上遭德军门尼战斗群歼灭就是很好的证明）。如此混乱不堪的局面一直持续到 1942 年 8 月蒙哥马利接替奥金莱克担任第 8 集团军司令为止，才彻底扭转过来。

  1941 年北非轴心国军和英联邦军的人员伤亡对比

  1941 年 3 月 28 日至 4 月 8 日，印度第 3 摩托化步兵旅损失了 1 760 人，澳军第 9 步兵师有 507 人被俘，加上英军第 2 装甲师和澳军第 9 步兵师的其他伤亡，共计 2 300 余人

  从 1941 年 4 月 10 日至 11 月 27 日，英军共有 88 人阵亡，406 人负伤，15 人失踪；澳军共有 744 人阵亡，1 974 人负伤，476 人失踪；印度军共有 1 人阵亡，25 人负伤；波兰军共有 22 人阵亡，82 人负伤，3 人失踪；英军第 70 步兵师共有 2 153 人阵亡、负伤和失踪，最终损失数字为 5 989 人

  澳大利亚官方的损失统计数字略有不同，从 4 月 8 日至 10 月 25 日，澳军共有 746 人阵

第 3 章 德军的反攻（1941 年 10 月至 1942 年 5 月）

> 亡，1 996 人负伤，604 人被俘
> 从 1941 年 2 月 15 日至 11 月 18 日，德军共有 538 人阵亡，1 657 人负伤，681 人失踪；意军共有 1 130 人阵亡，4 255 人负伤，3 851 人失踪，利比亚殖民地部队共有 184 人阵亡

## 隆美尔发动第二次昔兰尼加攻势

1941 年 12 月 7 日晚，在未经宣告之下，远在地球另一端的马来亚突然遭到日军登陆部队的入侵。大约 1 小时后，日本海军机动部队 6 艘航母上的舰载机群又对夏威夷群岛的美国海军驻地珍珠港实施了偷袭。这次偷袭不仅重创美国太平洋舰队，还摧毁了数百架美军战机并造成数千名美军伤亡。12 月 8 日，美国和大不列颠联合王国正式对日宣战。作为对英美同盟的回应，纳粹德国和意大利也在 3 天之后对美宣战。

为了驰援处于日军威胁下的远东地区，英军急忙从中东抽调第 7 装甲旅和第 70 步兵师前往印度支那半岛，一定程度上拯救了在"十字军"行动中受到沉重打击的非洲装甲集群。

在地中海，德国空军自 1941 年 12 月起开始将注意力全部转向马耳他岛。持续不停的空袭有效压制了英国皇家空军，并给英军带来了无比惨重的损失。至 1942 年 4、5 月时，德军第 2 航空军的参谋部认为"来自马耳他岛的空中威胁已经基本消除"。

与此同时，德国海军也加强了针对英国皇家海军的游猎行动。随着更多 U 艇支队被陆续调往地中海，皇家海军的作战损失也在逐步攀升：1941 年 11 月，"皇家方舟"号航空母舰（HMS Ark Royal）和"巴勒姆"

▲ 1942 年 1 月 5 日，一支由 5 艘意大利渡轮组成的船队抵达的黎波里，为非洲装甲集群运去了大批久候多时的物资和装备。图为当天停在的黎波里卡斯泰洛广场上的德军运输车队，车队背后可见到那座在 1938 年打造完成的墨索里尼像。

号战列舰（HMS Barham）先后被德军潜艇击沉；1941年12月，"加拉西亚"号轻巡洋舰（HMS Galathea）遭鱼雷攻击沉没，"海王星"号轻巡洋舰和"坎大哈"号驱逐舰因意外触雷沉没；同月，停泊在埃及亚历山大港的"勇士"号战列舰（HMS Valiant）和"伊丽莎白女王"号战列舰（HMS Queen Elizabeth）又遭意军蛙人部队偷袭严重受损。短短2个月内，辉煌一时的皇家海军H舰队仅剩下了可用1艘的战列舰和1艘轻巡洋舰，使地中海的形势开始朝着有利于轴心国的方向发展。

削弱英国海空军的威胁后，从意大利本土和西西里岛运往北非的物资数量也随之开始攀升。1941年11月，1支由14艘运输船组成的船队为非洲装甲集群送去了30 000吨补给。到12月时，尽管失去了8艘运输船，非洲装甲集群仍设法获得了39 000吨补给。1942年1月5日，意大利海军派遣"卡约·杜伊里奥"号战列舰（Caio Duilio）、"利托里奥"号战列舰（Littorio）、"朱利奥·切萨雷"号战列舰（Giulio Cesare）、"安德烈亚·多里亚"号战列舰（Andrea Doria）以及2艘重巡洋舰、4艘轻巡洋舰和13艘驱逐舰，分批护送"尼诺·比克肖"号（Nino Bixio）、"蒙吉内维罗"号（Monginevro）、"莱里奇"号（Lerici）、"吉诺·阿莱格里"号（Gino Allegri）和"蒙维索"号（Monviso）等5艘大型渡轮驶往的黎波里，为隆美尔运去了144辆坦克（包括54辆德军坦克和90辆意军坦克）、520辆装甲车和运输车（包括意军车辆）、16门中型反坦克炮（包括10门苏制76.2毫米反坦克炮和6辆Sdkfz.6/3"迪安娜"半履带反坦克炮车）、9 535吨燃油、5 844吨润滑油及其他油料、2 417吨弹药、10 242吨给养和901名官兵（补给中的德军部分约占30%）。另外，根据一份非洲装甲集群提供的作战报告，德军第15、第21装甲师至1942年1月为止总共接收了21辆2号坦克、81辆3号坦克和18辆4号坦克；第90轻非洲师至1942年3月为止总共接收了26门苏制76.2毫米反坦克炮、9门苏制76.2毫米野战炮和24门法制75毫米反坦克炮；第605装甲歼击营总共接收了6辆Sdkfz.6/3"迪安娜"半履带反坦克炮车和1辆2号装甲自行火炮（其余3辆Sdkfz.6/3"迪安娜"半履带反坦克炮车和1辆2

▲ 图为正在的黎波里港口完成卸载的Pak36（r）76.2毫米反坦克炮，摄于1月5日。德军第90轻非洲师在1942年1月至3月间接收了不少这种经过改造的苏制师属火炮，极大地增强了部队的反坦克能力。

## 第3章 德军的反攻（1941年10月至1942年5月）

▲ 图为停在的黎波里西西里大道边的德军 Sdkfz.232 装甲侦察车。除了炮塔上的 20 毫米机关炮和 MG34 机枪外，该车还装有大型无线电框架及 8 毫米厚的车首防盾。

号装甲自行火炮要到2月才会运抵的黎波里，前者原计划配属新组建的非洲装甲集团军战斗队，后者原计划配属第605装甲歼击营。到3月8日，第605装甲歼击营和非洲装甲集团军战斗队达成车辆交换协议，第605装甲歼击营将获得全部9辆"迪安娜"，2辆2号装甲自行火炮将被移交给非洲装甲集团军战斗队使用）。"我军的补给状况正变得越来越好，"隆美尔在家信中如此转告他的妻子，结尾还特意补充了一句，"或许好日子就要到了。"

1月12日，在德军第21装甲师师部举行的例行参谋会议上，担任非洲装甲集群作战处处长的西格弗里德·韦斯特法尔中校和担任情报处处长的弗里德里希·冯·梅伦廷少校一致认为，目前德意联军的实力正逐渐超越驻昔兰尼加地区的英联邦军，因此他们建议应趁英方尚未获得更多增援之前就抢先攻打于昔兰尼加西部的阿杰达比亚。对于韦斯特法尔等人的看法，隆美尔起初表现得犹豫不决，但他最终还是决定做一次尝试。为保密起见，隆美尔没有将相关计划通告意军最高统帅部和国防军最高统帅部，只是私下对非洲装甲集群下达了作战令。他在1月12日的日记中写道："从过去的经验中我们都十分清楚，意军高层是无法保守秘密的，凡是发往罗马的电报最后肯定都会落入英国人手中。"（这其实理应归功于英军"超级机密"的出色表现）。到1月15日晚，随着大批作战物资和武器装备被陆续运抵前线，非洲装甲集群的可用坦克已增至172辆（其中包括83辆德军坦克和89辆意军坦克）。除此之外，第11航空军属伞兵教导营、第288特战队和多个空军防空营也将

▲ 图为停在的黎波里天主教堂对面的德军3号G型指挥坦克。从1942年开始，德军装甲师装备的大部分3号坦克都在车体正面加装了附加装甲，以此来提高防护力。

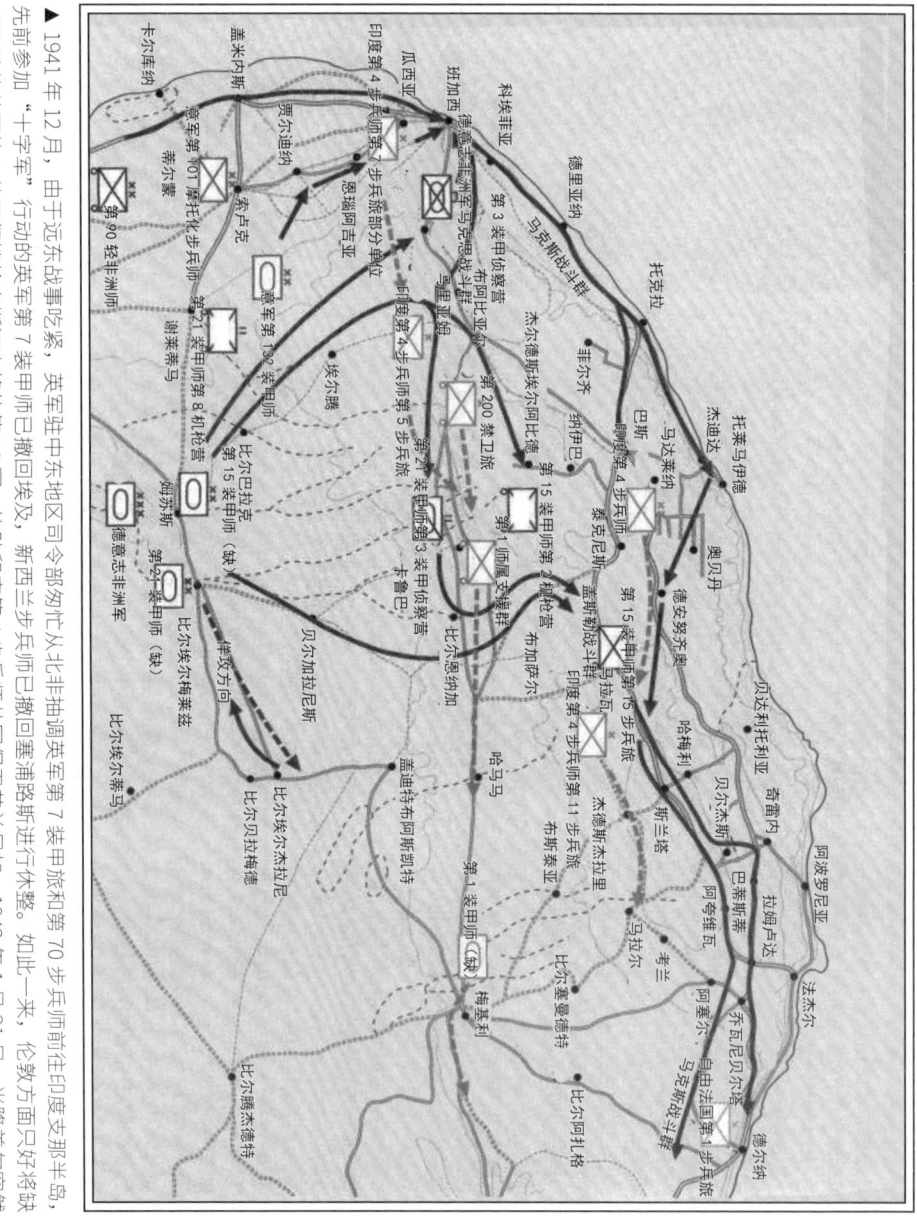

▲ 1941年12月，由于远东战事吃紧，英军驻中东地区司令部匆忙从北非抽调英军第7装甲旅和第70步兵师前往印度支那半岛，先前参加"十字军"行动的英军第7装甲师已撤回埃及，新西兰步兵师已撤回塞浦路斯进行休整。如此一来，伦敦方面只好将缺乏经验的英军第1装甲师拨给奥钦莱克中将的第13军，协助印度第4步兵师共同保卫昔兰尼加。1942年1月21日，当隆美尔突然发起攻势时，奥钦莱克因为严重低估了非洲装甲集群的实力，造成英军第13军在1周之内就丢掉了整个昔兰尼加，被迫退守托卜鲁克附近的加扎拉防线。图为轴心国第二次锡兰尼加攻势的作战过程示意图。

在1月底前陆续抵达北非，主要于承担昔兰尼加后方地区的驻防任务。1月18日，隆美尔将进攻日期定在了1月21日。就在进攻前一天，为表彰非洲装甲集群成功撤出昔兰尼加，德军最高统帅部宣布授予隆美尔一枚宝剑橡叶骑士十字勋章。

从行动细节上看，由隆美尔拟定的进攻方案其实十分简单：德意志非洲军的第15、第21装甲师的部分单位作为右翼突击部队被部署在法雷格河谷（Wadi el Faregh），意军第20军（刚从机动军改回原先的番号）

▲ 德军出色的情报工作使隆美尔在1942年1月的第二次昔兰尼加攻势中占尽先机。图为1942年4月加扎拉战役前夕，升任非洲装甲集团军情报处长的弗里德里希·冯·梅伦廷中校（右臂配带德意志非洲军袖章者）正与隆美尔（中）和德意志非洲军军长瓦尔特·内林中将（右）商议作战计划。原德意志非洲军军长克吕韦尔装甲兵上将因病离职，内林中将便于3月9日临时接管了全军的指挥权。

作为中央突击部队被部署在法雷格河谷北面的荒漠地带，德军第90轻非洲师和第21装甲师的部分单位作为左翼突击部队被部署在巴尔比亚海岸公路附近。至1月20日晚，非洲装甲集群完成了所有战备工作。隆美尔还特意派人在贝雷加的港口和城区点燃火堆，装出一副随时将会撤离的模样，希望借此来迷惑英联邦军。

▲ 为防止军情泄露，隆美尔在第二次昔兰尼加攻势前夕始终守口如瓶，没有将他的作战计划通知意军最高统帅部。意军总参谋长卡瓦莱罗上将直到1月23日上午才得知非洲装甲集群已攻占阿杰达比亚的消息，为此他立即赶往隆美尔设在布雷加的非洲装甲集群司令部，并要求他"立即放弃进攻"。图为正与瓦尔特·内林中将进行交涉的卡瓦莱罗上将。

驻昔兰尼加地区的英军第13军完全没有料到隆美尔竟会挑这个时候对他们发动一场大规模的突袭。由于陆上补给遇到困难，印度第4步兵师仍滞留在昔兰尼加以北，无法及时进驻阿杰达比亚。该师的印度第7步兵旅集群此时正负责驻守班加西，印度第11步兵旅集群负责驻守巴斯。曾在"十字军"行动中充当主力的英军第7装甲师早在1个月前便从托卜鲁克南部撤回了埃及境内，然后进行休整,此时尚未返回昔兰尼加。另外由于远东战事吃紧,伦敦方面被迫于12月16日从埃及马特鲁调来缺乏经验的英军第1装甲师代替第7装甲师驻守昔兰尼加。1月17日晚,第1装甲师的第2装甲旅(仅138辆巡洋坦克和轻型坦克)和第200禁卫旅(原第22禁卫旅)刚从梅基利赶赴安泰拉特,而第22装甲旅(仅70辆巡洋坦克和轻型坦克)当天仍在行军途中,尚未抵达目的地姆苏斯。

尽管隆美尔本人对英军的窘境一无所知,他这次却出人意料地谨慎了起来,严禁非洲装甲集群在战前使用无线电通讯,更不用说向罗马或柏林发送任何机要讯息了。隆美尔的这一决断无疑阻碍了英军"超级机密"对轴心国电文的解读效率,并为之后德意联军在昔兰尼加的出奇制胜奠定了坚实基础。

▲ 在第二次昔兰尼加攻势中屡建战功的德军第21装甲师第104步兵团团长维尔纳·马克斯中校,于2月5日被授予骑士十字勋章。

1月21日上午8点刚过,非洲装甲集群便在重炮支援下向阿杰达比亚一带展开突袭。德意工兵部队迅速在英联邦军布设的雷区中开辟出数条通道,并以最快速度建立起进攻桥头堡。至当天傍晚,轴心国军已深入昔兰尼加腹地约15千米到20千米。要不是德军第15装甲师的河谷包抄行动因受地形限制无法顺利实施,英军第13军的前沿守备队很可能也会被合围歼灭。

1月22日,隆美尔命令非洲装甲集群继续朝着阿杰达比亚方向挺进。由德军第15、第21装甲师联合组建的马克斯战斗群负责掩护第3、第33装甲侦察营沿着巴尔比亚海岸公路一路东进,于上午11点左右从英军第200禁卫旅手中夺下了阿杰达比亚。不久之后,隆美尔亲自赶往阿杰达比亚与克

▲ 1月26日,英军第8集团军司令里奇中将因受德军佯攻行动的蒙蔽,坚持要英军第1装甲师留在梅基利,没有及时前去支援固守班加西的印度第7步兵旅。1月28日中午,德军马克斯战斗群和意军第132"攻城锤"装甲师对索卢克和谢莱蒂马等地展开猛攻,里奇被迫取消所有驰援班加西的计划,并下令印度第7步兵旅连夜撤出班加西。28日夜晚6点,协助马克斯战斗群的德军第33装甲侦察营成功占领了距班加西东北约15千米的科埃菲亚,迫使印度第7步兵旅只好从科埃菲亚南部的荒原地带突围并撤至梅基利。图为一队英军战俘正在德军士兵押解下徒步前往班加西,摄于1月29日。

## 第 3 章 德军的反攻（1941 年 10 月至 1942 年 5 月）

吕韦尔会面，当面宣称他要趁势一口吃掉固守班加西地区的英军装甲部队主力。为达到这个目的，德意志非洲军和意军第 20 军将负责牵制位于班加西西南方向的英军第 2 装甲旅，尽可能吸引他们的注意力，而马克斯战斗群和第 2 机枪营将分别攻打绍努（Saunnu）和安泰拉特，如果能从南北两翼切断英军第 2 装甲旅的后勤补给线，那么就有可能将这个英军装甲旅一网打尽。

1 月 23 日凌晨，马克斯战斗群和第 2 机枪营在德意志非洲军和意军第 20 军的积极配合下提前发起进攻。但当马克斯战斗群突破至绍努东南面的马腾埃尔格拉拉（Maaten el Grara）时，第 21 装甲师的部分单位却由于无线电通讯障碍未能及时前去占领绍努，使得原本应受困于此的英军女王栗色马骑兵团得以摆脱险境，继续朝着东北方向退却。23 日当天，德军第 5 装甲团（13 辆 3 号坦克、3 辆 4 号坦克）曾与英军第 2 装甲旅（约 80 余辆坦克）发生过数次短暂的接触战。德军坦克最后在 88 毫米高射炮和 50 毫米反坦克炮的协助下击退了英军坦克，而自身仅仅损失了 3 辆 3 号坦克和 1 辆 4 号坦克，另有 1 辆 3 号坦克和 2 辆 4 号坦克在中弹后殉爆焚毁。英军第 2 装甲旅在交火中共有 18 辆坦克被毁，余部退却。

当意军总参谋长乌戈·卡瓦莱罗上将得知隆美尔背着他悄悄发起大规模进攻时，都已经是 23 日上午了。卡瓦莱罗立即致电意军最高统帅部，表达了自己对昔兰尼加局势的深深忧虑。随后，他与德军南方司令部司令凯塞林元帅一同飞抵设在贝雷加的非洲装甲集群司令部，试图说服隆美尔放弃进攻。为了给这位德军统帅施加更大压力，卡瓦莱罗甚至还捎来份墨索里尼的口信，提及意大利舰队因受到英国海空军的持续骚扰，无法在短期内为非洲装甲集群提供更多补给，因此要求隆美尔立即撤军，把战线维持在贝雷加至马拉达（Marada）一线。意大利人的说辞无疑激怒了隆美尔，他对卡瓦莱罗斩钉截铁地吼道："只有元首能够改变我的决定，就算面对德军部队单打独斗的局面，我也不会停止目前的行动。"凯塞林见会谈陷入僵局，本想再为卡瓦莱罗多说几句好话，可意军总参谋长马上头也不回地离开了司令部，凯塞林也就只好闭口不言。

在局势尚不明朗的情况下，

▲ 1 月 29 日上午，德军第 3 装甲侦察营兵不血刃地占领了班加西。隆美尔在得知这一消息后，立即陪同一支意军观察团前往当地进行视察。图为当天下午拍摄的照片，图中可见隆美尔和几名意军军官正在商讨后续的进攻计划。

隆美尔于1月24日下令德意志非洲军继续按原计划实施进攻。德军第15、第21装甲师先向东南方向挺进，接着又折回北面，试图追赶已经开始撤出阿杰达比亚－绍努－马腾埃尔格拉拉地区的英军第2装甲旅。

1月25日，德军第15装甲师终于在绍努西北方向捕捉到了英军第2装甲旅主力。据该师的作战日志称："第8装甲团以闪电般的速度直冲敌阵，对方措手不及，以致完全陷入了混乱状态。"德方的这种说法多少有些夸大其词。英军当天的坦克损失数字不详，但第2装甲旅还是甩开了德军，没有被第15装甲师彻底击溃。25日中午，第15装甲师的前锋抵达姆苏斯，却因油料不足无法继续前进。隆美尔命令德意志非洲军暂停追击，准备等部队休整完毕之后再恢复行动。"我军已经4天连战连胜，"他在25日写给妻子的家信中提到，"国内大部分人对此都深表震惊。"

1月25日下午，英军第13军军长阿尔弗雷德·戈德温－奥斯汀中将匆忙召集参谋人员开会，私自决定从昔兰尼加地区撤军。当天夜晚，印度第4步兵师开始撤离班加西，英军第1装甲师则退往梅基利。过了午夜，英军第8集团军司令里奇中将在得知消息后立即致电第13军军部，严令奥斯汀停止撤退，并要求印度第4步兵师必须不惜一切代价守住班加西。

1月26日，隆美尔从第621无线电侦听连获得了十分可靠的情报，基本弄清了班加西至梅基利一线英联邦军的兵力及布防情况。中午过后，刚刚完成补给的非洲装甲集群再度发起攻势。不过，隆美尔这次并不打算照搬1941年4月从昔兰尼加南部包抄英军侧翼的战术，因为他认为在荒漠地带实施大范围迂回实在是太费油料，更别说坦克在上百千米的长途行军中肯定要发生这样那样的机械故障。基于上述考虑，隆美尔下令德军第15、第21装甲师抽出部分兵力朝梅基利方向展开佯攻，以此牵制当面的英军第1装甲师。英军如果上钩的话，马克斯战斗群、第3和第33装甲侦察营将从姆苏斯北上直取班加西。为配合马克斯战斗群的进攻，德军第90轻非洲师、意军第132"攻城锤"装甲师和第101"的里雅斯特"摩托化步兵师届时也将沿着巴尔比亚海岸公路两侧继续

▲ 隆美尔率军收复昔兰尼加后，德意间的矛盾和紧张关系也随之缓和下来。图为4月28日，北非意军总司令巴斯蒂科上将在授予隆美尔殖民之星勋章时拍摄的照片。

## 第3章 德军的反攻（1941年10月至1942年5月）

向北挺进，目的是消灭谢莱蒂马、索卢克和盖米内斯等地的英联邦军，并击溃固守班加西和科埃菲亚（Coefia）的印度第4步兵师。

1月27日，昔兰尼加的天气突然变得恶劣起来，这有效掩盖了轴心国部队的行踪。临近傍晚，英国皇家空军第250战斗机中队的2架P-40"战斧"式战斗机报告说在梅基利西南方发现有车辆活动的迹象。就如隆美尔预料的一样，里奇果

▲ 在隆美尔的果敢指挥下，非洲装甲集群最终以十分微小的伤亡代价赢得了第二次昔兰尼加大捷。根据统计，德军第15、第21装甲师在1月18日共有97辆可用坦克，另有28辆正从后方被运往前线，14辆处于维修状态。从1月21日开战到2月3日英联邦军撤出昔兰尼加为止，第15、第21装甲师的可用坦克仍有106辆之多。图为第15装甲师第8装甲团的2辆2号F型坦克，拍摄者是德意志非洲军宣传连的德尔纳上士。

然上当受骗，指示英军第1装甲师于当天深夜从梅基利前出去对付他所认为的"德军主力"。"敌军正在分散他们的兵力，"里奇在27日的作战日志中写道，"无论是在班加西还是在梅基利，我军都占据了绝对优势。因此我觉得第13军完全有能力在两个方向上同时挫败隆美尔的进攻。"

然而事实很快将会证明里奇的想法是完全错误的。1月28日中午，第8集团军司令部接到印度第4步兵师师长弗朗西斯·塔克（Francis Tuker）少将发来的急电，称"有2支规模庞大的敌军纵队正从南面急速逼近谢莱蒂马和索卢克（指马克斯战斗群和意军第132"攻城锤"装甲师）"。为此他建议里奇立即放弃班加西，获得了后者的批准。28日下午，印度第7步兵旅集群在班加西城内设置了爆破装置，准备趁天黑后撤离当地。可就在夜晚6点左右，德军第33装甲侦察营冲进距班加西东北约15千米的科埃菲亚市区并切断了英军的逃生要道——巴尔比亚海岸公路。为了冲破封锁，印度第7步兵旅集群起初

▲ 就在隆美尔搭乘一架"鹳"式侦察机对英军进行空中侦察时，他的座机曾经遭到一支意军的误击。他后来曾表示："我们十分走运，没被当场击落。但对于那些意大利人，我实在是不愿称赞他们的枪法精确！"图为事后在德尔纳机场成功着陆的隆美尔。

▲ 至1942年1月底，驻利比亚基地的轴心国空军实力已增至515架德意战机，其中约有300多架处于可用状态。图为1941年11月19日，1架意大利皇家空军第12战斗机联队的菲亚特G.50战斗机正在1架德国空军第26驱逐机联队的梅塞施密特110战斗机伴随下前去空袭英军驻守的西迪雷泽机场，拍摄者是德国空军第7宣传连的威廉·施图姆上士。

企图硬闯过关，但没过多久就被迫分作4路逃往位于科埃菲亚南面的荒原地带。在夜色掩护下，该旅最终约有4 000余名官兵成功突围，与英军第1装甲师在梅基利附近会合。

1月29日上午，德军第3装甲侦察营正式宣布攻占班加西。1月30日，马克斯战斗群与盖斯勒战斗群在第3装甲侦察营配合下向巴斯和马拉瓦展开钳形攻势，令英军第200禁卫旅、印度第5步兵旅（隶属印度第4步兵师）、第1师属支援群（隶属英军第1装甲师）随时都有落入德军包围的危险。无奈之下，里奇只好接受了奥斯汀中将提出的行动方案，计划用4天时间将所有英联邦军撤出昔兰尼加。到2月6日为止，英军第1装甲师（包括第2、第22装甲旅、第200禁卫旅、第1师属支援群）、印度第4步兵师（包括印度第5、第7、第11步兵旅）和自由法国第1步兵旅（第13军预备队）总算摆脱德意联军的穷追猛打，抵达了位于托卜鲁克西南面的加扎拉防线。

按照英方统计，英军第13军从1月21日至2月6日总共损失了75辆坦克、300多辆装甲车和运输车辆（大部分被遗弃）、40门火炮和野战炮（大部分被遗弃），另有1 309名官兵阵亡、负伤和失踪（德军战报称共俘虏英军933人）。相比之下，德军仅仅损失了15辆坦克（其中3辆4号坦克全损），另有5人阵亡，10人负伤，25人失踪。

2月2日，里奇因对奥斯汀中将失去信心，下令将其革职。但奥金莱克认为里奇随意撤换

▲ 1941年11月"十字军"行动期间，第14装甲侦察大队第2中队的官兵正为班加西贝尼纳机场的1架梅塞施密特110 C-5（侦察型）安装Rb50/30型照相机，拍摄者是德国空军第7宣传连的爱德华·彼得蒂尔上士。

## 隆美尔第二次昔兰尼加攻势中印度第 7 步兵旅集群从班加西和科埃菲亚撤退时的编制（1942 年 1 月 28 日）

印度第 7 步兵旅集群（哈罗德・罗顿・布里格斯准将）
  印度第 7 步兵旅直属单位
    第 25 野战炮兵团
    第 65 反坦克团
    中印度骑兵团

  印度第 7 步兵旅"黄金"纵队（古尔德中校）
    第 31 野战炮兵团
    第 11 锡克步兵团第 4 营
    中印度骑兵团 A 中队
    第 169 轻型防空连（1 个分队）
    第 171 轻型防空连（1 个分队）
    第 258 反坦克连
    印度第 12 野战工兵连（缺）（后加入）
    第 16 旁遮普步兵团第 4 营（1 个排）（后加入）
    第 25 野战炮兵团（部分车辆）（后加入）
    第 36 野战炮兵团（部分车辆）（后加入）

  印度第 7 步兵旅"白银"纵队（埃文斯中校）
    皇家苏塞克斯步兵团第 1 营
    中印度骑兵团 C 中队
    第 25 野战炮兵团第 31 野战炮兵连
    第 171 轻型防空连（2 个分队）
    第 65 反坦克团第 259 反坦克连
    印度第 7 步兵旅"科埃菲亚"纵队（拉文德中校）
    沃尔克步兵团第 1 营（部分单位）
    第 16 旁遮普步兵团第 4 营（部分单位）
    中印度骑兵团 B 中队
    临时加强的野战工兵单位和补给单位

> **隆美尔第二次昔兰尼加攻势前英军第 2 装甲旅的编制及车辆状况（1941 年 12 月至 1942 年 1 月）**
>
> 英军第 2 装甲旅（雷蒙德·布里格斯准将）（1941 年 12 月 16 日在马特鲁）
>   女王栗色马骑兵团（35 辆"十字军"MK2 巡洋坦克，17 辆 M3"斯图亚特"轻型坦克）
>   第 9 女王皇家枪骑兵团（35 辆"十字军"MK2 巡洋坦克，17 辆 M3"斯图亚特"轻型坦克）
>   第 10 皇家轻骑兵团（35 辆"十字军"MK2 巡洋坦克，17 辆 M3"斯图亚特"轻型坦克）
>   总计 103 辆"十字军"MK2 巡洋坦克、60 辆 M3"斯图亚特"轻型坦克
>
> 英军第 2 装甲旅（雷蒙德·布里格斯准将）（1942 年 1 月 18 日在安泰拉特）
>   女王栗色马骑兵团（44 辆巡洋坦克和轻型坦克，具体型号不明）
>   第 9 女王皇家枪骑兵团（46 辆巡洋坦克和轻型坦克，具体型号不明）
>   第 10 皇家轻骑兵团（48 辆巡洋坦克和轻型坦克，具体型号不明）
>   总计 138 辆巡洋坦克和轻型坦克
>   由此可知第 2 装甲旅从埃及马特鲁至利比亚安泰拉特的行军机械故障率约为 15%，明显优于 1941 年 4 月和 1941 年 11 月期间其他英军装甲部队的行军机械故障率
>
>   注：由于无法获知英军在隆美尔第二次昔兰尼加攻势期间总共接收了多少补充坦克（战前驻扎姆苏斯的英军第 22 装甲旅总共拥有 70 余辆轻型坦克和巡洋坦克，可用于补充前线的作战损失），故英军第 2 装甲旅的实际损失情况只能大致推断为 75 辆巡洋坦克和轻型坦克。其中 35 辆在交战中被击毁，40 辆在撤退时因机械故障而被弃车。

一名军长的做法考虑不周，坚持要让第 7 装甲师师长威廉·戈特少将前来接管这一职务。里奇见奥金莱克主意已定，便同意晋升戈特为中将，由他负责指挥第 13 军。

在轴心国方面，隆美尔于 1 月 30 日升任大将，非洲装甲集群也于同日改名为非洲装甲集团军。该集团军共编有 4 个军，其中德意志非洲军下辖第 15、第 21 装甲师和第 90 轻非洲师，意军第 10 军下辖第 25 "博洛尼亚"步兵师和第 27 "布雷西亚"步兵师，意军第 20 军下辖第 132 "攻城锤"装甲师和第 101 "的里雅斯特"摩托化步兵师，意军第 21 军下辖第 17 "帕维亚"步兵师、第 60 "萨布拉塔"步兵师和第 102 "特伦托"摩托化步兵师。尽管名义上算是 1 个集团军，但隆美尔目前手头的全部兵力只有 3.3 万名德军（其中 1.25 万名步兵）和 3.2 万名意军（其中 2.5 万名步

第 3 章　德军的反攻（1941 年 10 月至 1942 年 5 月）

兵），往后还有很多事情要办。

2 月 4 日，就在隆美尔积极谋划他的下一步行动时，卡瓦莱罗却通过巴斯蒂科向他传达了来自墨索里尼的最高指示：轴心国军当前的主要任务是保卫的黎波里塔尼亚和昔兰尼加，非洲装甲集团军必须立即调派部队回防，严禁向加扎拉方向发动攻击。对于这道命令，隆美尔居然一反常态地表示接受，毕竟非洲装甲集团军眼下也需要时间补充军力，而英国人在短期之内也无力反攻昔兰尼加。自 2 月 6 日起，德意志非洲军的 3 个师被陆续调往比尔腾拉德（Bir Temrad）、西迪布雷吉斯克（Sidi Breghisc）和罗通达塞尼亚利（Rotonda Segnali），目的是监视并抵御加扎拉方向的英联邦军。另外为了弥补昔兰尼加地区的兵力空缺，原先驻守阿盖拉地区的意军第 17"帕维亚"步兵师、第 27"布雷西亚"步兵师和第 60"萨布拉塔"步兵师于 2 月 7 日进驻布雷加、马拉达和班加西，意军第 101"的里雅斯特"摩托化步兵师、第 102"特伦托"摩托化步兵师和第 132"攻城锤"装甲师也奉命离开了索卢克、谢莱蒂马和贾尔迪纳（Giardina），于 2 月 8 日抵达德尔纳、乔瓦尼贝尔塔和梅基利。

▲ 1942 年 1 月 23 日，1 架梅塞施密特 110 C-5 在执行空中侦察任务时被 3 架英军战斗机击成重伤，机长海因里希·鲁道夫中尉试图紧急迫降拉斯努夫之门机场，结果却因飞机翻覆导致机组乘员全部丧生。直到战后，3 人的遗骸才被迁往托卜鲁克的德军阵亡将士墓地重新进行安葬。图为设在城门郊外的德军临时墓地。

在接下来的 3 个月里，北非进入了漫长的休战期，昔兰尼加的战事仿佛已被人遗忘。3 月中旬，北非意军总参谋长甘巴拉中将离职回到了意大利。隆美尔为此感到十分高兴，他后来在写给妻子的信中戏谑地调侃："甘巴拉曾私下对他的下属宣称自己终有一天会成为北非意军总司令，到那时他就可以放开手脚来对付我们。可他现在却被人给赶跑了，实在是颜面丢尽。"3 月 26 日，甘巴拉的继任者库里奥·巴尔巴塞蒂·迪·普鲁恩中将（Curio Barbasetti di Prun）前来向隆美尔报到。"此人给我的印象相当不错。"隆美尔事后表达了自己对普鲁恩的看法，可见他和意军高级将领之间的紧张关系已经缓和下来。4 月 28 日，为表彰隆美尔再次率军光复昔兰尼加，北非意军总司令巴斯蒂科上将特别授予他一枚殖民之星勋章。"这真是枚硕大的银色勋章，比我之前获得的那枚要大得多，上头还挂着红色的绶带和勋表！我觉得自己真是受够了。"隆美尔在当天的日记中坦言，"他还不如多派些军队给我，那样会显得更有意义些。"

---

**隆美尔第二次昔兰尼加攻势中的轴心国战斗群**

马克斯战斗群（第104步兵团团长维尔纳·马克斯中校）
下辖第104步兵团团部、第104步兵团第2营、第115步兵团第1、第2营、第605装甲歼击营和第33防空团第1营的1个重型防空连（4门88毫米高射炮）

盖斯勒战斗群（第200特别步兵团团长埃里希·盖斯勒中校）
下辖第15步兵旅旅部、第200特别步兵团团部、第2机枪营、第15摩托车营

布克哈特战斗群（瓦尔特·布克哈特少校）
即第11航空军属伞兵教导营，1942年1月初抵达北非时共编有4个伞兵连、1个装备LG40无后坐力炮的反坦克分队、1个迫击炮分队和1个工兵分队，总兵力为614人。该营在第二次昔兰尼加攻势期间仅负责承担后方地区的驻防任务，没有参与一线作战。1942年3月31日，第11航空军属伞兵教导营奉命返回了德国本土，但布克哈特却被留下担任隆美尔的空降作战参谋，直到部队于8月底随拉姆克伞兵旅重返北非为止。1942年11月，第11航空军属伞兵教导营最终在第二次阿拉曼战役中被英军部队歼灭，布克哈特本人也在富卡被俘

---

**加扎拉战役中的轴心国战斗群**

基尔战斗群（鲁道夫·基尔上尉），即非洲装甲集团军战斗队
中型装甲连（12辆"十字军"MK2巡洋坦克、2辆M3"斯图亚特"轻型坦克）
装甲歼击/防空连（2辆2号装甲自行火炮、6辆Sdkfz.10/4半履带高射炮车、3门50毫米反坦克炮、3辆缴获的2磅反坦克炮车）
炮兵连（6门缴获的25磅炮）（1942年8月17日加入）

黑克尔战斗群（汉斯·黑克尔上校）
由特战连、突击炮排、重武器连、突击连和工兵连混编而成，原计划从海上登陆加扎拉

后方地区，行动取消后被配属给第 90 轻步兵师，参与进攻釜形地区和比尔哈凯姆

门尼战斗群（埃尔温·门尼上校）
1942 年 6 月 15 日由负责指挥第 90 轻步兵师所有非摩托化步兵团的第 15 步兵旅改编而成，代替消耗过度的第 90 轻步兵师参与托卜鲁克围城战。7 月 1 日起回归第 90 轻步兵师
第 15 步兵旅
  第 200 轻步兵团（埃里希·盖斯勒上校）
  第 361 轻步兵团（阿尔贝特·潘岑哈根中校）

## 加扎拉战役中的英联邦军作战序列（1942 年 5 月 26 日）

英军驻中东地区总司令（克劳德·奥金莱克上将）
英军第 8 集团军（尼尔·里奇中将）
 第 8 集团军直属单位
  印度第 10 步兵旅集群（查尔斯·汉密尔顿·鲍彻准将）（加强自印度第 5 步兵师）
  第 28 野战炮兵团（3 个连，24 门 25 磅炮）
  "兽穴"纵队（加拉布绿洲）
  塞内加尔支队
  摩洛哥支队
  自由法国第 2 步兵旅集群（阿尔弗雷德－莫里斯·卡佐准将）

 英军第 13 军（威廉·戈特中将）
  第 13 军直属单位
   第 1 集团军属坦克旅（哈里·沃特金斯准将）
   "海岸"纵队
   "阻击"纵队
  南非第 1 步兵师（丹·皮纳尔少将）
   南非第 1 步兵师直属单位
   南非第 7 野战炮兵团（3 个连，24 门 25 磅炮）
   南非第 1 反坦克团（4 个连，48 门 2 磅反坦克炮）
   南非第 2 反坦克团（3 个连，36 门 2 磅反坦克炮）
   南非第 1 轻型防空团（4 个连，48 门 40 毫米高射炮）

第 67 中型炮兵团（加强）（2 个连，16 门 4.5 英寸中型野战炮）

第 68 中型炮兵团（加强）（2 个连，16 门 4.5 英寸中型野战炮）

师属后勤支援单位

南非第 1 步兵旅集群（E. P. 哈茨霍恩准将）

南非第 2 步兵旅集群（埃弗雷德·普尔准将）

南非第 3 步兵旅集群（R. J. 帕尔默准将）

南非第 2 步兵师（亨德里克·克洛珀少将），代替 1941 年 12 月撤离的第 70 步兵师驻守托卜鲁克

南非第 2 步兵师直属单位

师属后勤补给单位

南非第 4 步兵旅集群（亚历山大·A. 海顿准将）

南非第 6 步兵旅集群（F. W. 库珀准将）

印度第 9 步兵旅集群（伯纳德·坎贝尔·弗莱彻准将）（加强自印度第 5 步兵师）

印度 11 步兵旅集群（安德鲁·安德森准将）（加强自印度第 4 步兵师）

英军第 50（诺森伯兰）步兵师（威廉·拉姆斯登少将）

第 50 步兵师直属单位

师属后勤补给单位

第 69 步兵旅集群（L. L. 哈索尔准将）

第 150 步兵旅集群（塞西尔·威廉·海登准将）

第 151 步兵旅集群（J. S. 尼科尔斯准将）

第 30 军（查尔斯·诺里中将）

第 30 军直属单位

印度第 3 摩托化步兵旅集群（安东尼·菲洛塞准将）

印度第 29 步兵旅集群（丹尼斯·赖德准将）

英军第 1 装甲师（赫伯特·拉姆斯登少将）

师属后勤补给单位

第 2 装甲旅集群（雷蒙德·布里格斯准将）

第 22 装甲旅集群（卡尔准将）

第 201 禁卫摩托化步兵旅集群（J. C. O. 马里奥特准将）

英军第 7 装甲师（弗兰克·梅瑟维少将），第 7 装甲旅于 1942 年 1 月中旬前往远东支援缅甸境内的撤退行动

师属后勤补给单位

第 4 装甲旅集群（亚历山大·休·盖特豪斯准将）

第 7 摩托化步兵旅集群（伦顿准将）

> 自由法国第 1 步兵旅集群（埃德加·德·拉米纳少将）（加强）
>
> 英军第 8 集团军预备队
>
>     第 1 装甲旅集群（奥卡罗尔准将）
>
>     印度第 5 步兵师（哈罗德·布里格斯少将）
>
>     1942 年 5 月从厄立特里亚调来支援第 8 集团军，先后参加了 1942 年 5 月至 6 月的加扎拉战役、马特鲁之战和 7 月的第一次阿拉曼战役。1942 年 8 月，该师在阿拉姆埃尔哈尔法之战结束后被调往伊拉克驻防，后于 1943 年 6 月前往缅甸参战
>
>         师属后勤补给单位
>
>         印度第 9 步兵旅集群（被加强给南非第 2 步兵师）
>
>         印度第 10 步兵旅集群（作为预备队驻守在甘布特附近）
>
>         印度第 29 步兵旅集群（成为英军第 30 军的直属单位）
>
>         自由法国第 2 步兵旅集群（作为印度第 29 步兵旅的替补加强给印度第 5 步兵师）
>
>     印度第 10 步兵师（托马斯·里斯少将），1942 年 6 月初该师的部分兵力从伊拉克分批调至埃及，负责掩护第 8 集团军后撤，并参加了马特鲁之战
>
>         印度第 10 步兵师直属单位
>
>         师属后勤补给单位
>
>         印度第 20 步兵旅（L. E. 麦格雷戈准将）
>
>         印度第 21 步兵旅（J. J. 珀维斯准将）
>
>         印度第 25 步兵旅（R. G. 芒廷准将）

## 加扎拉战役

1941 年 12 月至 1942 年 4 月，驻地中海战区的德国空军积极投入对马耳他岛的空袭，几乎使该岛完全瘫痪。1942 年 1 月下旬，就连昔兰尼加西部的所有重要机场也都被德军占领，严重削弱了英国海空军对轴心国船队的打击能力。据统计，在 1942 年 4、5 月间，轴心国只损失了 13 艘运输船（其中 1 艘被潜艇击沉），平均每月约有近 8.5 万吨补给和 3.3 万吨油料被安全运抵利比亚，大大加强了轴心国在北非的驻军实力。

1942 年 5 月 1 日，希特勒邀请墨索里尼前往贝希特斯加登会面，一同出席的还有卡瓦莱罗上将和凯塞林元帅。会上，德意两国的领袖们决定在 7 月发起攻占马耳他岛的"大力神"行动（Operation Hercules）。为能赢得这次作战，隆美尔将于 5 月

▲ 1941年11月至12月，由弗朗兹·弗莱舍海军中校指挥的德国海军第2登陆舰队将15艘登陆艇调往北非协助轴心国在利比亚沿海地区的补给作业。1942年4月7日，意军总参谋长卡瓦莱罗上将又与巴斯蒂科上将、克吕韦尔装甲兵上将、林特伦少将和高斯少将等人一同飞往德尔纳进行视察。上图中位于德尔纳港内的德军A型登陆艇约有47米长，6.5米宽，满载时吃水为1.45米（105吨），最大航速为10节，可在8节航速下持续航行约870海里，艇员编制为20人。

或6月初率军攻占托卜鲁克并严守埃及边境，以便德国空军能够协助登陆部队拿下马耳他岛。只有当来自马耳他岛的威胁消除后，国防军最高统帅部才会允许隆美尔进攻埃及。

其实早在4月30日，隆美尔便向北非意军总司令巴斯蒂科上将透露了旨在摧毁比尔埃尔古比－托卜鲁克－艾因埃尔加扎拉（Ain el Gazala）－比尔哈凯姆地区英联邦军的作战计划。5月2日，巴斯蒂科上将亲自前来会见隆美尔。按照非洲装甲集团军作战日志里的说法，"巴斯蒂科完全赞同隆美尔的观点，而且他还承诺将会全力支持这次作战。"

同一天，"安卡拉"号和"蒙维索"号渡轮在班加西靠岸，"莱里奇"号和"尼诺·比克肖"号渡轮在的黎波里靠岸。这4艘船一共为隆美尔运来了20辆坦克、272辆运输车和27门火炮。至于其他运输船将在5月中旬陆续抵达，并为非洲装甲集团军提供更多的兵员、物资和装备。

从1942年2月起，英军驻中东战区司令部就一直在担心马耳他岛会随时遭到德军入侵。英国首相丘吉尔和帝国总参谋长约翰·迪伦上将曾先后致电奥金莱克，要他立即率军收复昔兰尼加，减轻马耳他岛受到的压力。奥金莱克的答复很简单，他需要集结更多的坦克和兵力，这样才能确保对隆美尔形成绝对优势。可惜的是，丘吉尔始终未能理解奥金莱克的

▲ 意军总参谋长卡瓦莱罗上将（中）正与林特伦少将（左）和克吕韦尔装甲兵上将（右）共同商讨北非局势。站在卡瓦莱罗身后的意军将领为3月26日接替甘巴拉出任北非意军总参谋长的巴尔巴塞蒂·普鲁恩中将。

第 3 章 德军的反攻（1941 年 10 月至 1942 年 5 月）

用意，他只是一味地催促第 8 集团军必须尽快发起进攻，奥金莱克却坚持要把进攻日期推迟到 6 月 1 日，这令丘吉尔感到相当不满。3 月 8 日，丘吉尔再度通知开罗方面，责令奥金莱克即刻返回伦敦澄清事实，结果也被奥金莱克断然拒绝："我在 2 月 26 日已经向您详细解释过中东目前的局势，况且我不能就这么抛下手头的工作不管，哪怕只有 10 天的功夫也不行。"

▲ 正在大型指挥车内埋头工作的非洲装甲集团军作战处长西格弗里德·韦斯特法尔中校（右），他后来在 5 月 31 日的加扎拉战役中被一枚迫击炮的弹片击伤进了医院。隆美尔对此在日记里写道："这对整个集团军来说实在是一个极大的损失。因为他总是充满智慧、学识和经验，而且敢于做决定，是我最重要的助手。尽管如此，这场攻势还是得继续进行下去。"

奥金莱克的生硬答复无疑惹恼了丘吉尔，丘吉尔一度想要将他撤职查办。但他最终还是克制住了怒气，改而委派战时内阁的斯塔福德·克里普斯爵士（Sir Stafford Cripps）和帝国副参谋长阿奇博尔德·奈中将（Archibald Nye）前往开罗，试图再次对奥金莱克进行"规劝"。面对两位高官的激烈言辞，奥金莱克依然不为所动。克里普斯爵士和奈中将只得提前结束会谈，神情沮丧地回到伦敦。

这种不愉快的"唇枪舌剑"几乎充斥整个 4 月，即使到了 5 月也没有任何缓和的迹象。5 月 6 日，奥金莱克根据"超级机密"提供的最新情报认为德意联军在坦克数量上仍占有一定优势，因此将作战推迟至 6 月中旬进行。

奥金莱克的看法自然无法得到英国战时内阁的认可，艰难的交涉过程又拖延了 2-3 天。5 月 10 日，丘吉尔对奥金莱克下达了"最后通牒"：要么在 5 月中旬率军发起进攻，要么就辞去中东地区司令的职务。迫于丘吉尔的压力，奥金莱克于 5 月 19 日致电首相官邸，同意接受战时内阁的差遣。第 8 集团军当时已经获得英军第 50 步兵师和印度第 5 步兵师的增援，将会随时候命行动。

尽管奥金莱克口头表示愿意实施进攻，但他早已通过各种情报来源获知隆美尔正在积极扩军备战，并将很快对加扎拉和托卜鲁克等地展开全面攻势。按照第 8 集团军目前的实力，与其盲目地主动出击，不如打一场防守反击战来得妥当。5 月 20 日，奥金莱克在对里奇下达的最新指示中称隆美尔很有可能会从中部或南部攻打加扎拉防线，为此他建议里奇让英军第 1、第 7 装甲师紧靠着阿代姆西面的卡普佐小径和阿布德小径设防。这样的话，无论德意联军从哪个方向来袭，都将遭到英军坦克的有力回击。奥金莱克最后还提醒里奇，千万不要将第1、第7装甲师分散使用，"它们应当就像平时训练的那样，以师为单位投入战斗。"

至1942年5月25日为止，非洲装甲集团军的可用坦克数已达到德军坦克332辆和意军坦克228辆。除了尚未全部抵达的意军第133"利托里奥"装甲师外，德军现有的坦克主要包括50辆2号、223辆3号、19辆3号（长身管）、40辆4号和9辆指挥坦克。意军手头的坦克型号主要为M13/40中型坦克和M14/41中型坦克，另外还有一批负责装甲侦察、工兵突击和火力支援任务的轻型坦克、喷火坦克及自行火炮。

然而就算轴心国使尽了浑身解数，隆美尔的部队其实也没能占到便宜。这是因为英军自1942年初全面引进美制M3"格兰特/李"中型坦克之后（英国人将其划分为巡洋坦克），其坦克的综合性能已大幅超越了德军的3号坦克和4号坦克。德军中恐怕只有少量装备长身管50毫米主炮的3号坦克可与装备75毫米主炮的M3"格兰特/李"一较高下，更何况第8集团军在战役初期的坦克数量上也至少占有3比2的优势，两军的实力差距也就变得更为明显——英方5月16日的统计数字为巡洋坦克424辆、步兵坦克276辆和轻型坦克149辆，但缺少5月25日开战前的统计数字。

在反坦克能力方面，轴心国占有一定优势。德军共有36门88毫米高射炮、32门苏制76.2毫米反坦克炮、28门苏制76.2毫米野战炮、9辆Sdkfz.6/3"迪安娜"半履带反坦克炮车、2辆2号装甲自行火炮及为数众多的50毫米、37毫米反坦克炮。英军共有112门新式的6磅反坦克炮，其中的80门集中在装甲师编制内，剩下的32门用于战斗补充，步兵师

▲ 加扎拉战役爆发前，英军第8集团军一共部署了2个装甲师、4个步兵师、2个集团军属坦克旅和1个独立摩托化步兵旅集群。其中英军第1、第7装甲师的可用坦克数量为257辆"十字军"巡洋坦克、167辆M3"格兰特/李"巡洋坦克和149辆M3"斯图亚特"轻型坦克，英军第1、第32集团军属坦克旅的可用坦克数量为110辆"玛蒂尔达"步兵坦克和166辆"瓦伦丁"步兵坦克。除上述部队外，驻埃及的英军第1装甲旅（76辆M3"格兰特/李"巡洋坦克，64辆M3"斯图亚特"轻型坦克）和驻伊拉克的印度第10步兵师将于6月赶来增援第8集团军。图为在战前演习结束后喜笑颜开的皇家坦克团第5营官兵，看来他们对新式美制坦克的性能感到相当满意。

第3章 德军的反攻（1941年10月至1942年5月）

▲从1942年5月起，英军第8集团军开始全面换装新式的美制M3"格兰特/李"巡洋坦克。该坦克装备的75毫米主炮可从500米距离上有效击穿德军3号和4号坦克的正面装甲。图为6月18日，英军第3伦敦郡义勇骑兵团的坦克手们正在自己的座车旁忙着做饭和刮脸。

则继续使用老式的2磅反坦克炮。

在炮兵支援方面，英军虽然装备了48门新式的4.5英寸中型野战炮，但数量太少且经常被分散使用，无法对轴心国的地面部队构成致命威胁。为解决这个难题，英军重型防空团的部分3.7英寸高射炮开始参与炮兵支援任务，而非参与德军88毫米高射炮那样的对地反坦克任务。

从具体布防情况来看，英军第8集团军的加扎拉防线总长约有65千米，总共部署了第13军、第30军的2个装甲师（英军第1、第7装甲师）、4个步兵师（英军第50步兵师，南非第1、第2步兵师，印度第5步兵师）、2个集团军属坦克旅（英军第1、第32集团军属坦克旅）和1个独立的摩托化步兵旅集群（印度第3摩托化步兵旅集群）。防线的最北端位于濒海小镇艾因埃尔加扎拉，防线的最南端位于南部沙漠中的法军据点比尔哈凯姆。在艾因埃尔加扎拉和比尔哈凯姆之间，里奇一共打造了7个盒形防御阵地，进而将整条防线连为一体。其中的每个阵地都驻有1个步兵旅集群，且阵地四周布满了地雷、铁丝网、反坦克壕和机枪火力点（7个步兵旅集群分别为南非第1、第2、第3步兵旅集群，英军第69、第150、第151步兵旅集群，自由法国第1步兵旅集群）。不仅如此，加扎拉防线的后方还部署了3个装甲旅集群（英军第2、第4、第22装甲旅集群）、2个集团军属坦克旅（英军第1、第32集团军属坦克旅）、3个摩托化步兵旅集群（英军第7摩托化步兵旅集群、英军第201禁

▲5月31日在英军第8集团军的前沿司令部附近，基廷上尉拍到第8集团军司令里奇中将（中）正与第30军军长诺里中将（左）和第13军军长戈特中将（右）商议战况。

249

## 大漠烽烟急

▲ 图为1941年早期担任第7师属支援群指挥官的威廉·戈特准将。戈特初于1939年到达埃及时不过是国王皇家来复枪部队第1营的1名中校营长，但没过多久便飞黄腾达，先是在1941年9月升任少将，负责指挥第7装甲师，后于1942年1月被提拔为中将，负责指挥整个第13军。尽管戈特本人在军中声望极佳，但在南非官方眼里，他不过是个名不副实、只会利用一连串的失利不断获得晋升的指挥官。

卫摩托化步兵旅集群、印度第3摩托化步兵旅集群）、1个步兵旅集群（印度第29步兵旅集群）和3个纵队规模的机动部队（"海岸"纵队、"阻击"纵队、"兽穴"纵队），他们的任务是守住阿克罗马、阿代姆和比尔埃尔古比并粉碎德军装甲部队的进攻。托卜鲁克的防御任务被交给了南非第2步兵师，代替1941年12月前往印度驻防的英军第70步兵师。其麾下同样聚集了3个步兵旅集群（南非第5、第6步兵旅集群，印度第9步兵旅集群）。里奇自己的第8集团军前线司令部设在甘布特以北，由甘布特附近的1个步兵旅集群（印度第10步兵旅集群）充当预备队。

自从在"十字军"行动获胜后，奥金莱克一直没有足够的时间和精力来打理第8集团军。受远东战事及隆美尔第二次昔兰尼加攻势的影响，绝大部分英联邦部队无法常驻北非，严重拖累了部队的整编和训练工作。新式的美制坦克虽然广受好评，可坦克指挥官们都在抱怨训练期过短，无法和车组尽快达成默契。更糟的是，奥金莱克对旅级集群编制上存在的种种缺陷依然认知不足。那时他和里奇都坚持认为，只要将炮兵部队平均分配给步兵旅或装甲旅，他们就能无往不胜，以至于完全忽视了"炮兵应当集中使用"这项原则。

与奥金莱克的错误观念不

▲ 1942年2月，隆美尔在昔兰尼加攻势结束后，利用闲暇四处走访战场，继而进行拍摄。这是德意志非洲军宣传连刊出的一张照片，可见隆美尔正兴致勃勃地为1门被遗弃的3.7英寸高射炮拍照。这种英制高射炮虽然在防空性能上大大超过德制88毫米高射炮，但由于受到设计上的限制，一般不会被用于对地反坦克作战，最多只会作为压制火炮为步兵提供远程火力掩护。

## 第 3 章 德军的反攻（1941 年 10 月至 1942 年 5 月）

同，隆美尔在加扎拉战役前夕不仅强化了非洲装甲集团军的夜战协同训练，还颇有远见地提出了"装甲部队需要在限制步兵数量的基础上进一步提升远程火力"这一口号。依照隆美尔的命令，德军第 5、第 8 装甲团得到扩编，第 200 特别步兵团被移交给了第 90 轻步兵师，所有步兵营均补充了更多的机枪、迫击炮和反坦克炮，第 135 防空团（下辖第 18 防空团第 1 营、第 43 防空团第 1

▲ 加扎拉战役中的另一处战略要地，便是同样位于托卜鲁克西南约 64 千米且连接着卡普佐小径和比尔哈凯姆小径的"骑士桥"路口。此照摄于 1942 年 4 月 3 日，当时克里斯·特拉维斯中士正驾驶 1 辆雪弗莱 C15A 型卡车经过路口，在路标旁边的后勤单位告示牌上绘有英军第 1 装甲师的白色犀牛师徽。

营）被加强给第 15、第 21 装甲师，意军第 8 集团军属炮兵集团被加强给第 104 炮兵指挥部。与此同时，北非意军总司令巴斯蒂科上将也仿效隆美尔，对全军上下进行了整编。

过去曾有不少战史学者总把轴心国在加扎拉的胜利完全归功于隆美尔，但近期的研究结果却表明，除了隆美尔的战术天分外，德军的战前情报工作同样也是功不可没。1942 年 4 月，德军第 621 无线电侦听连已不再拘泥于破译英军内部的无线电通讯，而是将目标转移到了美国驻开罗大使馆的军事观察员邦纳·弗兰克·费勒斯（Bonner Frank Fellers）上校身上。通过分析费勒斯发往华盛顿的中东战况分析报告，

▲ 图为位于托卜鲁克西南约 64 千米的比尔埃尔哈马特（意为"金字塔之井"），即将在加扎拉战役中成为双方共同关注的焦点。过去的古埃及人为了标注掘水地点，的确在此建造过一座小金字塔，但如今该塔早已化作了历史的陈迹，再也见不到了。

隆美尔极有可能知晓了英军第 8 集团军的战前布防情况（到底了解多少则不得而知）。根据第 621 无线电侦听连所掌握的情报，隆美尔拟定了一个大规模的侧翼包抄计划，准备用来突破加扎拉防线。从具体内容来看，这次作战大致上分为如下几个步骤：

5 月 26 日傍晚，由克吕韦尔装甲兵上将指挥，部署在沿

▶ 隆美尔为突破加扎拉防线而制定的区域性迂回计划示意图。

第3章 德军的反攻（1941年10月至1942年5月）

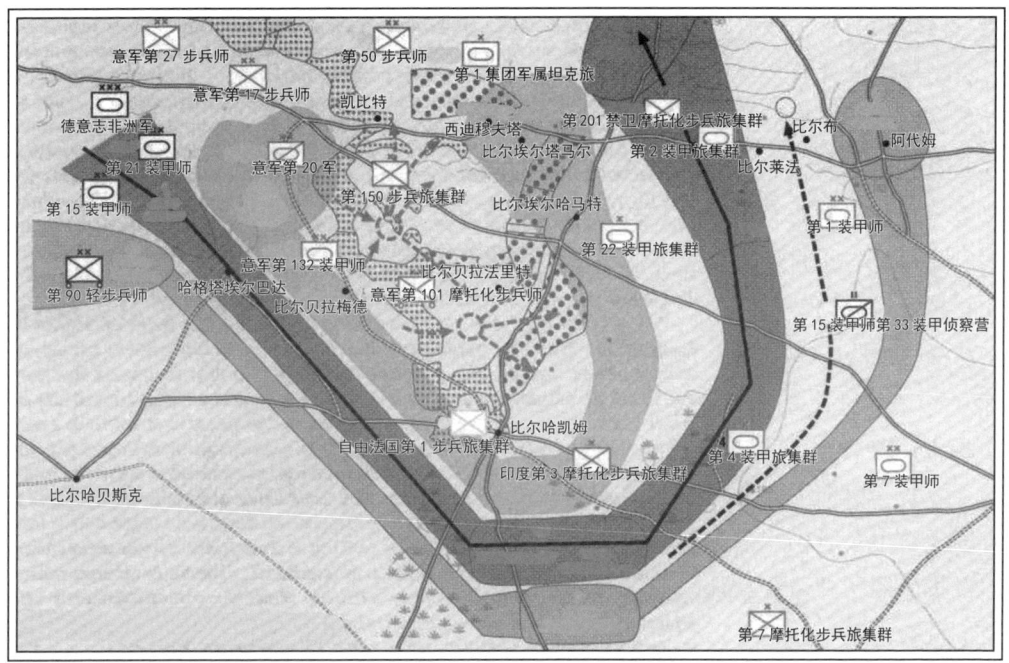

▲隆美尔在1942年5月26日夜晚的区域性迂回计划具体步骤及时间表。尽管表面看来很简单，但德意联军却是在经过整整1年时间的磨练后，才有能力实施如此大规模的夜战协同攻势。

海地区至阿布德小径的德军第15步兵旅（下辖第200轻步兵团、第361轻步兵团及各种支援单位）、意军第21军（下辖第60"萨布拉塔"步兵师、第102"特伦托"摩托化步兵师）、意军第10军（下辖第17"帕维亚"步兵师、第27"布雷西亚"步兵师），将在德军第104炮兵指挥部和意军第8集团军属炮兵集团的支援下牵制住英军第8集团军，防止他们向防线南部增兵。

5月26日深夜，由隆美尔亲自指挥，部署在罗通达塞利亚利（Rotonda Segnali）至卡普佐小径的德军第90轻步兵师（下辖第155轻步兵团、第288特战队和师属支援单位）、德意志非洲军（下辖第15、第21装甲师）、意军第20军（下辖第132"攻城锤"装甲师、第101"的里雅斯特"摩托化步兵师），将在德军第3、第33装甲侦察营和第580侦察连的支援下从南面悄悄绕过加扎拉防线，接着再掉头朝着阿克罗马、阿代姆和贝尔哈梅德等地快速进军，目的是协助克吕韦尔的部队从东西两个方向共同夹击英军第8集团军。

一旦上述行动获得成功，德军黑克尔战斗群将从海上登陆，切断托卜鲁克守军与英军第8集团军之间的通讯联络，并为之后的攻城战做好准备。

按照隆美尔的设想，他总共需要4天时间来完成这次攻势。非洲装甲集团军的后勤单位必须提前准备好足够部队行进500千米所需的油料及3天作战所需的弹药、口粮和淡水。但晚些时候获得的情报显示，加扎拉防线最南端的比尔哈凯姆附近有英军机动部队活动的迹象。隆美尔因此修改了行动方案，把攻打比尔哈凯姆的任务交给了意军第132"攻城锤"装甲师。

当一切准备就绪之后，非洲装甲集团军终于在5月26日傍晚发起了进攻。整整数小时内，德军第104炮兵指挥部和意军第8集团军属炮兵集团不断炮击英军的前沿阵地。与此同时，克吕韦尔中将指挥德军第15步兵旅和意军第10、第21军向加扎拉防线展开佯攻。他们刻意制造了大量烟尘，其目的是要让英国人误以为隆美尔从沿海地区实施主攻，并将第1、第7装甲师调往北方。

5月26日夜晚9点，隆美尔向德意志非洲军军部发布了代号"威尼斯"的行动暗号。时任军长的瓦尔特·内林（Walther Nehring）中将后来回忆："在月光照映下，我和我的参谋人员紧紧跟随军部纵队，投入了这场规模巨大的装甲对决。远方的天空中不时闪现出灿烂夺目的光芒，那很可能是德国空军为了空袭比尔哈凯姆而投掷的照明弹。我承认自己当时的心情是既兴奋又焦躁，敌人对此会如何反应？他们现在又都在做什么？一个又一个的问题不断冲击着我的脑门。恐怕只有到了明早，一切才会有个分晓。"

实际上，隆美尔的诱敌策略只取得了部分成功。在阿布德小径南面巡逻的南非第4装甲侦察车团于午夜时意外发现了正在快速南下的轴心国坦克集群，但第8集团军的情报部门却忽视了这一重要情报，认为这不过是隆美尔惯常使用的声东击西手法，其真正的目标是从北部突破加扎拉

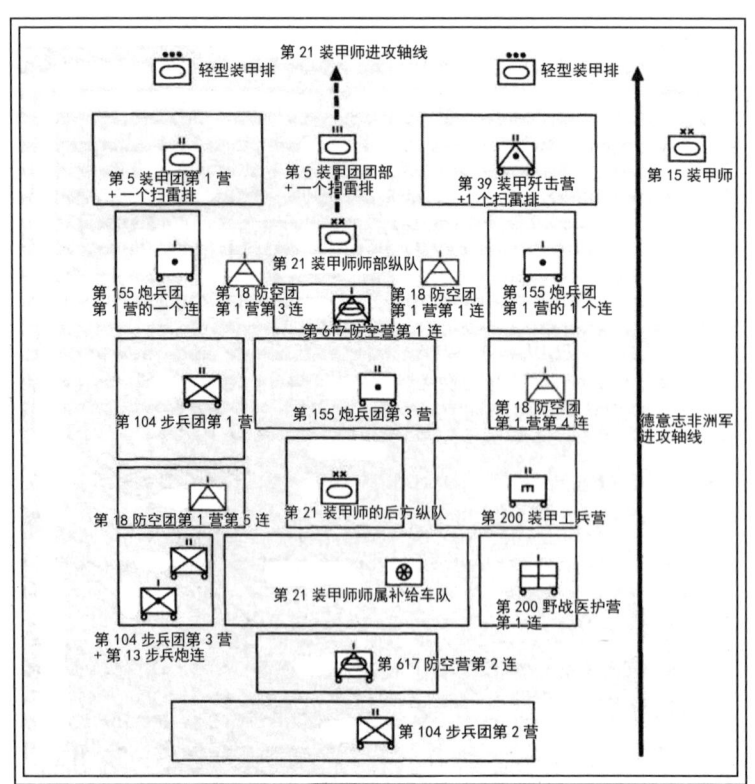

▲ 德军第21装甲师在1942年5月26日晚的行军阵型示意图。

## 第3章 德军的反攻（1941年10月至1942年5月）

防线。

5月27日凌晨4点30分，由隆美尔指挥的德意联军在越过阿克罗马－比尔哈凯姆道路后迅速左转90度，开始向北进发。上午6点30分，德军第21装甲师和意军第132"攻城锤"装甲师的部分坦克径直闯入印度第3摩托化步兵旅集群设在171号高地南面的防御阵地。仅仅1小时不到的工夫，印度第3摩托化步兵旅集群就被彻底击溃，共有440名官兵被俘。上午7点30分，英军第4装甲旅集群在行军途中遭到德军第15装甲师的袭击。激战中，第8国王皇家爱尔兰轻骑兵团的2个M3"格兰特/李"巡洋坦克中队几乎全灭，只有1个M3"斯图亚特"轻型坦克中队幸免于难。稍后前来支援的皇家坦克团第3营也严重受创，全营仅剩10辆M3"格兰特/李"巡洋坦克可用。差不多同一时段，德军第90轻步兵师顺利攻占了雷特马（Retma），第7摩托化步兵旅集群驱赶到了比尔埃尔古比。负责承担侧翼掩护任务的德军第33装甲侦察营更是表现非凡，他们的一支侦察车队在比尔博伊德（Bir Beuid）郊外俘虏了外出勘察战况的英军第7装甲师师长弗兰克·梅瑟维少将。要不是梅瑟维在被俘时匆忙摘除了自己军服上的肩章和领章，德国人很可能就会认出他来。5月27日晚，梅瑟维和2名随从趁看守不注意偷偷逃进了荒漠。等他们步行到达25千米外的比尔埃尔古比时，都已经是5月28日下午了。英军第7装甲师在师长被俘的18小时里一直处于指挥失灵状态，给部队的协同作战带来了极大的负面影响。

在27日的最初交锋中，

▲ 5月27日清晨，德意志非洲军在隆美尔的指挥下，从比尔哈凯姆南面悄悄绕过了加扎拉防线。与此同时，英军第4装甲旅集群麾下的第8国王皇家爱尔兰轻骑兵团正在距比尔埃尔哈姆特东南约10千米的荒漠地区生火造饭。上午7点30分，德军第15装甲师突然从南方出现，径直朝着轻骑兵团疾驰而来。形势危急之下，英军官兵们匆忙抛下食物跳上坦克参战，但德军坦克很快便从右翼包抄了轻骑兵团，并以迅雷不及掩耳之势袭击了位于防区最南面的A中队。短短15分钟内，A中队就被打得几乎全军覆没，只有1辆M3"格兰特/李"巡洋坦克侥幸脱险。大约10分钟后，防区西北面的B中队也遭到了同样的命运，中队的大部分M3"格兰特/李"巡洋坦克都在交战中损毁，可用坦克仅剩1辆。混战中，装备M3"斯图亚特"轻型坦克的C中队在最后关头退出了战场，导致轻骑兵团团长布拉德·基尔凯利中校不幸被俘。首战获胜的第15装甲师随后继续挥师北上，很快又与前来支援的英军皇家坦克团第3营爆发激战。上午10点，当皇家坦克团第3营最终得以突围返回驻地时，全营只剩下了10辆M3"格兰特/李"巡洋坦克和M3"斯图亚特"轻型坦克。图为第8国王皇家爱尔兰轻骑兵团A中队的"阿利斯洛珀"号M3"格兰特"巡洋坦克残骸，车名取自30年代英国的一匹著名赛马。

### 大漠烽烟急

▲ 5月29日,负责指挥加扎拉北部德意联军的克吕韦尔装甲兵上将在搭机飞往意军第10军军部时被英军地面防空火力击落。飞行员在紧急迫降时不幸阵亡,上将本人被俘。图为克吕韦尔在被遣送至后方地区时,正爬出1辆英军装甲指挥车。

里奇并没有因为后方遇袭而惊慌失措。直到梅瑟维失踪的消息传到英军第8集团军司令部,他才意识到自己又一次中了隆美尔的诡计。在无从知晓德军动向的情况下,里奇于8点45分将驻守比尔埃尔哈马特(Bir el Harmat)的英军第22装甲旅集群首先派往南部战场。大约10点左右,第22装甲旅集群进入比尔哈凯姆–比尔博伊德地区,等待它的却是早已恭候多时的德军第15、第21装甲师。短短半小时内,第22装甲旅集群就损失了30辆坦克和部分支援火炮,被迫撤往距托卜鲁克西南约40千米的"骑士桥"路口。当败报传到第8集团军司令部后,里奇为此懊恼不已——他如今只剩下了1个可用的装甲旅集群,而对方手头至少还有2个完整的装甲师!为避开德军锋芒,里奇这次没再让英军第2装甲旅集群去和隆美尔硬碰硬,而是命令他们留在比尔莱法(Bir lefa)附近,协助英军201禁卫摩托化步兵旅集群和"骑士桥"路口的第22装甲旅集群余部一同固守卡普佐小径。英军的这一策略果然奏效,德军毕竟远道而来,连续不断的战斗早已令他们疲态俱现。中午12点前,第15、第21装甲师被来自卡普佐小径的密集反坦克火力击退,英军终于阻止了轴心

---

**以下对话摘自英军第8集团军的官方新闻**

5月27日上午,德军第33装甲侦察营的一支侦察车队在前往比尔博伊德途中成功俘虏了英军第7装甲师师长弗兰克·梅瑟维少将。但颇有意思的是,前来为英军战俘检查伤势的德国军医居然没能识破梅瑟维的真实身份:

"对于一直在沙漠服役的人来说,你看上去显得老了点。"那名德国军医说。

"我又不是小孩,"梅瑟维冷冷地回答,"况且我的身体也很健康。"

"你的实际年龄肯定比我大,"德国军医继续盘问,"我已经35了。"

"是啊,是啊!"梅瑟维显得有些不耐烦,"我大概比你大个1、2岁吧。"(他其实有55岁了。)

第 3 章　德军的反攻（1941 年 10 月至 1942 年 5 月）

国的第一阶段攻势。

5 月 27 日夜晚，隆美尔对当前的局势深感不快：第 15 装甲师油料和弹药不足，急需获得补充；第 90 轻步兵师已独自推进至阿代姆南面，与主力部队脱了节；意军第 132 "攻城锤"装甲师首战比尔哈凯姆失利，被法军击毁了 32 辆坦克，只好暂时转移到比尔埃尔哈马特过夜；意军第 101 "的里雅斯特"摩托化步兵师由于前晚误闯雷区，至今仍被困在比尔哈凯姆西北面的某处无法脱身。更糟糕的是，这些部队现在都分散开来，其中有些单位甚至还与英联邦军相互交错在了一

▲ 1942 年，英军东约克郡步兵团第 5 营的 22 岁列兵约翰·弗里德里克·布里尔在巴蒂亚的一所军官餐厅绘制了著名的"巴蒂亚壁画"（见图）。布里尔在入伍前曾就读皇家艺术学院，并先后参加过法国战役和敦刻尔克撤退。他于 1941 年 4 月随全团前往中东，经塞浦路斯和伊拉克到达利比亚，加入了英军第 13 军。一年后的 4 月 21 日，布里尔应皇家陆军勤务部队之邀，为巴蒂亚的军官餐厅创作了这幅题为"贪婪的乐趣与艺术的乐趣"的壁画（原名"一位士兵的故乡梦"）。他本打算在 5 月继续完成另一幅壁画"最后的晚餐"，结果却因为隆美尔率军攻打加扎拉而作罢。1942 年 7 月 1 日，布里尔在第一次阿拉曼战役中不幸阵亡，如今被埋葬在阿拉曼英联邦战争墓地的 12 区 H 排第 13 号墓穴中。

起。"英国人的摩托化集群一直在穿插我军防区，明显是想要切断我们的后勤补给线。"隆美尔在 27 日的日记中写道，"他们的装甲部队虽然遭受了重创，却仍具有相当的战斗力。"

5 月 28 日，隆美尔不顾下属的反对，执意率军继续北进。第 21 装甲师在接替第 15 装甲师后，向位于阿克罗马西面的埃卢埃泰塔马尔（Eluet et Tamar）展开猛攻。该师的前锋部队最远突破到了 209 号高地附近，但被南非第 1 步兵旅集群的 1 个营给赶了回来。与此同时在阿代姆至"骑士桥"路口一带，英军第 2、第 4、第 22 装甲旅集群牢牢钳制住了德军第 15 装甲师、第 90 轻步兵师和意军第 132 "攻城锤"装甲师，不让他们有机会从南部战场脱身。

5 月 29 日一大清早，隆美尔亲自率领基尔战斗群和数支补给车队离开比尔埃尔哈马特，为正在前线奋战的德意志非洲军运去了大批油料和补给品。上午 9 点，整补完毕的德军第 15、第 21 装甲师在沙暴掩护下分别从西面和西南位置冲向"骑士桥"路口。幸好第 22 装甲旅集群的 2 个装甲团带着部分 25 磅炮及时赶到战场，第 2 装甲旅集群才没有被德军坦克赶跑。当夜幕降临时，双方均打得精疲力竭，纷纷撤出了战斗。

257

大漠烽烟急

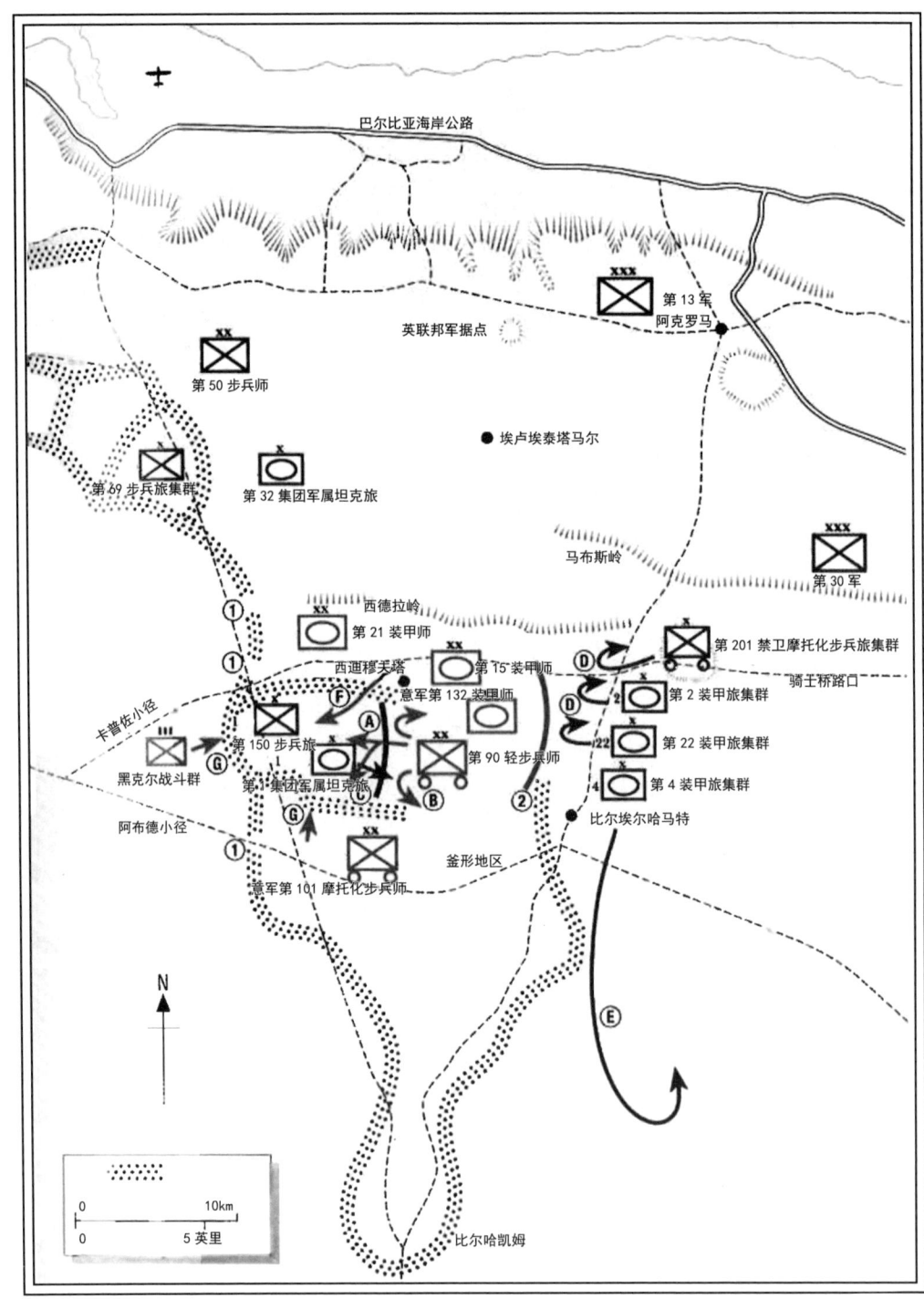

▲5月30日至6月1日，隆美尔为了打通釜形地区西侧的补给线，包围并歼灭了英军第150步兵旅集群。以下为作战示意图的图例说明：

## 第 3 章 德军的反攻（1941 年 10 月至 1942 年 5 月）

1. 雷区之间的缺口
2. 德军第 135 防空团及其加强单位设置的反坦克屏障
A. 5 月 30 日清晨，德军第 90 轻步兵师在穿越雷区时遭遇了英军第 150 步兵旅集群
B. 5 月 30 日上午，德军第 15、第 21 装甲师尝试突破英军第 150 步兵旅集群的盒形防御阵地，共有 11 辆坦克被毁
C. 德军第 90 轻步兵师随后遭到英军皇家坦克团第 44 营的反击，暂时撤退
D. 5 月 30 日下午，英军第 30 军军长诺里中将认为隆美尔的部队已被困在釜形地区，便命令"骑士桥"路口的英军第 1 装甲师从背后袭击意军第 132 "攻城锤"装甲师，但在德军凶猛的反坦克火力面前，英军的 2 次尝试均告失败
E. 英军第 7 装甲师在接到比尔哈凯姆方向出现德军装甲部队的报告后，派出第 4 装甲旅集群向南展开搜索，发现是次误报之后匆忙收兵
F、G、H. 5 月 31 日，德军第 90 轻步兵师和意军第 101 "的里雅斯特"摩托化步兵师又从东、南两个方向对英军第 150 步兵旅集群发动攻势，可进展依然十分缓慢。当天晚上，隆美尔连夜将德军第 15、第 21 装甲师调往北面，黑克尔战斗群也在西面就位。英军对此毫无察觉，没能及时巩固脆弱的西北防线。6 月 1 日，在大批俯冲轰炸机的支援下，4 个轴心国师和黑克尔战斗群再次向英军第 150 步兵旅集群展开强攻，并最终将其击溃。

通过 29 日的战况报告，里奇和奥金莱克乐观地认为战线已经稳固，轴心国至少损失了 200 辆坦克，第 8 集团军只需凭借数量优势便能够一举击败隆美尔，重新收复梅基利和班加西。

面对英军的重重施压，隆美尔决定放弃北进并暂时收兵。德军首先要做的就是让右翼的第 90 轻步兵师从阿代姆一带撤回位于西德拉岭（Sidra Ridge）南面的主防线（英军称之为釜形地区），第 135 防空团随后在主防线东面设置反坦克屏障，准备用来抵挡英军装甲部队的突击。除此之外，原计划从海上登陆托卜鲁克的黑克尔战斗群正从大后方连夜赶来支援前线。隆美尔同时还催促第 15、第 21 装甲师尽快从主防线西面的英军雷场中开辟出一条连接意军第 10 军与西迪穆夫塔（Sidi Muftah）的通道，一来可以改善后勤，二来也可在最坏情况下为部队的撤退提供便利。

然而 5 月 29 日注定将会是不平静的一天。上午早些时候，克吕韦尔装甲兵上将乘坐的"鹳"式观测机在飞往意军第 10 军军部的途中，因意方未能如约发射信号弹，导致座机偏离航向并被英军地面防空火力击落，飞行员身亡，上将本人被俘。当非洲装甲集团军司令部得知这一消息后，第 15 装甲师又发来电报称师长古斯塔夫·冯·韦尔斯特（Gustav von Vaerst）少将在前线指挥战斗时不幸被炮弹弹片击伤退场。接连丧失 2 员大将的隆美尔只好求助德军南方司令部，最后还是凯塞林元帅和瓦尔特·内林中将先后出马接替克吕韦尔，隆美尔再委派爱德华·克拉泽曼（Eduard Crasemann）上校执掌第 15 装甲师，这场人事风波才终于画上了句号。

**加扎拉战役中的轴心国作战序列（1942年5月）**

北非意军总司令埃雷托·巴斯蒂科上将

意军第25"博洛尼亚"步兵师（亚历山德罗·格洛里亚少将），正在突尼斯休整，未参战
全师在1941年11月28日的剩余兵力为1 820人，1942年2月1日为3 897人，1942年5月中旬为4 500人，共有60门反坦克炮、63门野战炮

意军第133"利托里奥"装甲师（杰尔瓦西奥·比托西少将），1942年1月至3月抵达的黎波里，5月初部署在梅基利附近，6月21日派遣少数兵力参战

非洲装甲集团军（埃尔温·隆美尔大将），1942年9月1日升格为德意志－意大利装甲集团军
  非洲装甲集团军直属单位
  第8集团军属炮兵集团（摩托化）（临时加强给非洲装甲集团军）

  非洲装甲集团军直属后勤补给单位，1942年9月1日升格为德意志－意大利装甲集团军直属后勤补给单位
  德军第90轻步兵师（乌利希·克勒曼少将）
  1942年7月13日更换为卡尔－汉斯·隆格斯豪森上校
  1942年7月26日再度改名为第90轻非洲师
  1942年8月10日更换为乌利希·克勒曼少将
  1942年9月8日更换为赫尔曼·拉姆克少将
  1942年9月17日更换为赫尔曼·舒尔特－霍伊豪斯上校
  全师总兵力约12 500人
  师部（摩托化）
  第155轻步兵团（摩托化）
    第288特战队（摩托化）（奥托·蒙通上校）（加强）
    第200轻步兵团（埃里希·盖斯勒上校），该团在加扎拉战役期间被配属给第15步兵旅，1942年7月1日归建
    第361轻步兵团（阿尔贝特·潘岑哈根中校），该团在加扎拉战役期间被配属给第15步兵旅，1942年7月1日归建
    第190炮兵团（摩托化），1942年5月在德国组建，8月抵达的黎波里并收编第361炮兵营

## 第 3 章 德军的反攻（1941 年 10 月至 1942 年 5 月）

德意志非洲军（路德维希·克吕韦尔装甲兵上将），1942 年 5 月 29 日更换为瓦尔特·内林中将，后晋升为装甲兵上将

  德意志非洲军直属单位

德军第 15 装甲师（古斯塔夫·冯·韦尔斯特少将）

1942 年 5 月 29 日更换为爱德华·克拉泽曼上校

1942 年 7 月 15 日更换为海因茨·冯·兰多少将

1942 年 8 月 25 日更换为古斯塔夫·冯·韦尔斯特少将

全师总兵力约 11 000 人

  第 8 装甲团（维利·特格中校），1942 年 7 月更换为维尔纳·米尔德布拉特中校，维利·特格中校于 10 月复职

  第 115 步兵团（摩托化）（恩斯特-京特·巴德上校）

  第 33 炮兵团（摩托化）

德军第 21 装甲师（格奥尔格·冯·俾斯麦少将）

全师总兵力约 11 000 人

  第 21 装甲师直属单位

  第 5 装甲团（格哈德·米勒上校）

  第 104 步兵团（摩托化）（埃韦特上校）

  第 155 炮兵团（摩托化）

意军第 10 军（本韦努托·焦达中将）

  第 10 军直属单位

  意军第 17 "帕维亚"步兵师（阿尔图罗·托里亚诺少将），全师在 1941 年 11 月 28 日的剩余兵力为 3 400 人，1942 年 2 月 1 日为 4 651 人，1942 年 5 月中旬为 4 400 人，共有 36 门反坦克炮、37 门野战炮和高射炮

    第 27 步兵团

    第 28 步兵团

    第 26 "鲁比孔"炮兵团

  意军第 27 "布雷西亚"步兵师（贾科莫·隆巴尔迪少将），全师在 1941 年 12 月 28 日的剩余兵力为 3 810 人，1942 年 2 月 1 日为 4 108 人，1942 年 5 月中旬为 4 700 人，共有 36 门反坦克炮、40 门野战炮、榴弹炮和高射炮

    第 19 步兵团

    第 20 步兵团

    第 1 "萨伏依的欧根亲王"快速炮兵团（摩托化）

    师属后勤补给单位

意军第20军(埃托雷·巴尔达萨雷中将)

  第20军直属单位

  意军第132"攻城锤"装甲师(朱塞佩·德·斯特凡尼斯少将),全师在1941年11月28日的剩余兵力为1 500人,1942年2月1日为5 707人,1942年5月中旬为6 600人,共有137辆中型、轻型坦克、36辆装甲侦察车可用,还有237门反坦克炮、45门野战炮、榴弹炮和高射炮

   第132装甲团

   第8狙击兵团(摩托化)

   第132炮兵团(摩托化)

   师属后勤补给单位

  意军第101"的里雅斯特"摩托化步兵师(阿纳尔多·阿齐少将),全师在1941年11月28日的剩余兵力为2 200人,1942年2月1日为6 795人,1942年5月中旬为6 700人,共有29辆中型坦克、31辆装甲侦察车可用,还有88门反坦克炮、55门野战炮、榴弹炮和高射炮

   第65步兵团

   第66步兵团

   第21"波河"炮兵团(摩托化)

   师属后勤补给单位

意军第21军(埃内亚·纳瓦里尼中将)

  第21军直属单位

  意军第60"萨布拉塔"步兵师(马里奥·索尔达雷尼少将),全师在1942年2月1日共有5 084人,1942年5月中旬为3 500人,共有35门反坦克炮、18门野战炮和榴弹炮

1942年7月25日撤编

   第85步兵团

   第86步兵团

   第3"奥斯塔公爵阿梅代奥亲王"快速炮兵团(摩托化)

   师属后勤补给单位

  意军第102"特伦托"摩托化步兵师(卡洛·戈蒂少将),全师在1941年12月28日的剩余兵力为4 220人,1942年2月1日为4 518人,1942年5月中旬为5 000人,共有64门反坦克炮、44门野战炮、榴弹炮和高射炮

   第61步兵团

   第62步兵团

   第46"特伦托"炮兵团(摩托化)

   师属后勤补给单位

第 3 章 德军的反攻（1941 年 10 月至 1942 年 5 月）

**加扎拉战役中的英联邦军**

在 1941 年 11 月 18 日展开的"十字军"行动中，由奥金莱克指挥的英军第 8 集团军尽管战胜了隆美尔率领的非洲装甲集群，将轴心国军全部赶回了的黎波里塔尼亚，但此战却依然暴露出英联邦军战术组织方面的种种缺陷，并给装甲部队造成了众多伤亡。从具体表现来看，作为进攻主力的第 7 装甲师显得过于臃肿，导致师部难以同时指挥 3 个装甲旅。不仅如此，该师的师属支援群还老是与坦克部队相互脱节，根本不存在任何协作性。通过数次交手，隆美尔很快摸清了奥金莱克的套路。他经常趁英军步兵和炮兵尚未跟进的时候集中所有的反坦克火炮全力阻击那些以密集队形冲向其主防线的装甲旅，将绝大部分坦克打成了冒烟的钢铁残骸。例如 11 月 19 日爆发的比尔古比之战中，意军以 34 辆 M13/40 中型坦克为代价消灭了第 22 装甲旅的 52 辆"十字军"巡洋坦克。又比如 11 月 22 日至 23 日在西迪雷泽，执行防御任务的第 8 国王皇家爱尔兰轻骑兵团、第 22 装甲旅和南非第 5 步兵旅由于缺乏炮兵和反坦克火力掩护，结果先后被德军第 15、第 21 装甲师击败。面对日益严峻的坦克损失报告，奥金莱克被迫于 1942 年 1 月中旬正式下令撤销第 7 装甲师的师属支援群，开始为装甲师和步兵师组建全新的装甲旅集群和步兵旅集群，打算以此全面提高坦克、步兵、炮兵三个兵种的战术协同能力。根据战史记载，北非战场最早接受旅级集群改编的英联邦部队是参加"十字军"行动的英军第 4 装甲旅、印度第 29 步兵旅和南非第 2 步兵师。奥金莱克认为效果不错，便决定把旅级集群逐步推广到全军。从理论上讲，这种新式编制的实质其实是给装甲旅或步兵旅配属各种火力支援单位，使它们能够脱离师级单位独立执行作战任务。于是从 1942 年 2 月起，奥金莱克利用 2 个多月的休战期对第 8 集团军进行了首次大规模改组，具体内容如下：

1942 年初的英军美制坦克装甲团编制

每个装甲团下辖 1 个轻型坦克中队和 2 个巡洋坦克中队

每个轻型坦克中队下辖 4 个分队，每个分队下辖 4 辆 M3"斯图亚特"轻型坦克

中队指挥分队下辖 4 辆 M3"斯图亚特"轻型坦克

每个巡洋坦克中队下辖 3 个分队，每个分队下辖 3 辆 M3"格兰特 / 李"巡洋坦克

中队指挥分队下辖 3 辆 M3"格兰特 / 李"巡洋坦克

团部中队下辖 4 辆 M3"斯图亚特"轻型坦克

全团共计 44 辆坦克

1942 年初的英军混编坦克装甲团编制

每个装甲团下辖 1 个 M3"格兰特 / 李"巡洋坦克中队和 2 个"十字军"MK2 巡洋坦克中队

每个 M3"格兰特 / 李"巡洋坦克中队下辖 3 个分队，每个分队下辖 3 辆 M3"格兰特 / 李"巡洋坦克

中队指挥分队下辖 3 辆 M3"格兰特 / 李"巡洋坦克

每个"十字军"MK2 巡洋坦克中队下辖 4 个分队，每个分队下辖 4 辆"十字军"MK2 巡洋

坦克

  中队指挥分队下辖 4 辆"十字军"MK2 巡洋坦克

  团部中队下辖 4 辆"十字军"MK2 巡洋坦克

  全团共计 56 辆坦克

1942 年的英军集团军属坦克旅编制

  每个坦克旅下辖 3 个坦克营，每个坦克营下辖 3 个中队，每个中队下辖 4-5 个分队，每个分队下辖 3 辆步兵坦克

  中队指挥分队下辖 1 辆步兵坦克和 2 辆近距离支援坦克（或 3 辆全部为近距离支援坦克）

  营部下辖 3-4 辆步兵坦克

  旅部下辖 4 辆巡洋坦克

  全旅共计 142-160 辆坦克

1942 年初的英军摩托化步兵营编制（3 连制）

  每个摩托化步兵营下辖 1 个营部、1 个营属反坦克排和 3 个摩托化步兵连

  营部下辖通信单位和行政单位，共有 6 挺布伦轻机枪、4 支反坦克枪

  营属反坦克排下辖 4 门 2 磅反坦克炮或 6 磅反坦克炮

  每个摩托化步兵连下辖 1 个连部、1 个侦察排、1 个机枪排、1 个摩托化步兵排、1 个反坦克排，共有 12 挺布伦轻机枪、3 挺维克斯中型机枪、1 门 81 毫米迫击炮、4 门 2 磅或 6 磅反坦克炮、10 支反坦克枪、8 辆搭载布伦轻机枪的通用输送车

1942 年初的英军摩托化步兵营编制（4 连制）

  每个摩托化步兵营下辖 1 个营部和 4 个摩托化步兵连

  营部下辖通信单位和行政单位，共有 6 挺布伦轻机枪、4 支反坦克枪

  每个摩托化步兵连下辖 1 个连部、1 个侦察排、1 个机枪排、1 个摩托化步兵排、1 个反坦克排，共有 16 挺布伦轻机枪、3 挺维克斯中型机枪、1 门 81 毫米迫击炮、4 门 2 磅或 6 磅反坦克炮、13 支反坦克枪、8 辆搭载布伦轻机枪的通用输送车

1942 年初的英军装甲师编制

  每个装甲师下辖

  师部及通信团

  1 个骑兵团（3 个装甲侦察车中队）

  1 个装甲旅集群（3 个装甲团、1 个摩托化步兵营、1 个野战炮兵团、1 个反坦克连、1 个防空连、1 个野战工兵分队、1 个行政单位指挥部）

  1 个摩托化步兵旅集群（3 个摩托化步兵营、1 个野战炮兵团、1 个反坦克连、1 个防空

连、2个野战工兵分队、1个包括各种后勤补给单位的行政指挥部)

师属炮兵指挥部(负责指挥2个野战炮兵团、1个反坦克团、1个轻型防空团)

师属工兵指挥部(负责指挥野战工兵中队和野战军械安置中队)

师属行政指挥部(负责指挥各个集群的后勤补给单位)

实战中旅级集群的编制并不完全固定,其他英联邦国家的部队编制可能会与英军有所差异

1942年初的英军步兵营编制

每个步兵营下辖1个营部、1个指挥连和4个步兵连

营部共有1辆通用输送车、1挺轻机枪

指挥连下辖1个通信排、1个防空排、1个迫击炮排、1个搭载布伦轻机枪的通用输送车排、1个反坦克排、1个行政排,共有22挺布伦轻机枪、4挺双联装布伦防空机枪、6门81毫米迫击炮、8门2磅反坦克炮、23支反坦克枪、20辆通用输送车

每个步兵连下辖1个连部、3个步兵排,共有2门2英寸迫击炮、9挺布伦轻机枪

1942年初的英军步兵师编制

每个步兵师下辖

师部及通信团

1个装甲侦察车团/师属骑兵团(3个装甲侦察车中队或1个轻型坦克中队、2个通用输送车中队)

3个步兵旅集群(每个步兵旅集群下辖3个步兵营、1个野战炮兵团、1个反坦克连、1个防空连、1个野战工兵连、1个包括各种后勤补给单位的行政指挥部)

师属炮兵指挥部(负责指挥3个野战炮兵团、1个反坦克团、1个轻型防空团)

师属工兵指挥部(负责指挥野战工兵连和野战军械安置连)

师属行政指挥部(负责指挥各个集群的后勤补给单位)

然而现实情况却远没有奥金莱克预想的那般顺利,无论是1941年冬季的"十字军"行动,还是1942年初的日军突袭远东,都极大地消耗了英联邦军的兵力,迫使他们将澳军第9步兵师和新西兰步兵师撤往塞浦路斯进行休整,第7装甲师撤往埃及进行休整,第7装甲旅和第70步兵师则被派往缅甸和印度战区协助当地的治安及撤退行动。作为交换,英国陆军部从本土调来第1装甲师(重建)和第50步兵师,从东非调来印度第5步兵师,从印度调来印度第10步兵师,从叙利亚调来印度第3摩托化步兵旅(重建)和自由法国第1步兵旅,并把这些部队陆续分配给第13军和第30军进行训练。但由于派遣过程匆忙,奥金莱克几乎没有空余时间对这些援军进行全面整编。2个多月下来,第1装甲师仍旧维持着2个装甲旅的庞大编制,新式的6磅反坦克炮也只装备了112门,远远达不到大多数步兵营和摩托化步兵营的作战需求。而且就算是在第8集团军内部,奥金莱克的旅级集群编制也颇受争议。很多中

下级军官纷纷提出质疑，认为这种改编手法又一次违反了"集中使用炮兵"的原则。所以当隆美尔于5月26日发起"威尼斯"行动时，第8集团军的部队要么不断重复坦克冲击反坦克阵地的自杀策略，要么只能依靠事先建立的盒形防御阵地来打消耗战。一旦装甲旅集群的反击失利，被孤立的步兵旅集群往往因为缺少支援火炮，无法有效压制轴心国的合成化战斗群，更别说阻止对手的各种迂回攻势了。6月16日至6月22日，第8集团军司令里奇中将又提出了以25磅炮为核心的"乔克"纵队、以25磅炮为核心的步兵师属旅级战斗群、以25磅炮为核心的步兵师属前沿守备队和后方机动队等多种编制方式，最终全部因为时间不够而被弃用。奥金莱克最后只好忍痛下令放弃加扎拉-托卜鲁克防线，开始向埃及全线撤退。

**加扎拉战役中英军第8集团军的损失情况**

第8集团军5月16日的总兵力为117 653人，共有424辆M3"格兰特/李"巡洋坦克及"十字军"MK2巡洋坦克、276辆"瓦伦丁"MK3步兵坦克及"玛蒂尔达"MK2步兵坦克、149辆M3"斯图亚特"轻型坦克和500门各型火炮。驻中东地区的英国皇家空军共有420架各型战机，其中190架部署在离加扎拉较近的各个机场。

第8集团军在加扎拉战役和第一次阿拉曼战役中总共投入了403辆M3"格兰特/李"巡洋坦克、543辆"十字军"MK2巡洋坦克、429辆M3"斯图亚特"轻型坦克、482辆"瓦伦丁"MK3步兵坦克和174辆"玛蒂尔达"MK2步兵坦克，共计2 031辆坦克。

第8集团军的维修单位在加扎拉战役和第一次阿拉曼战役中总共接收了108辆M3"格兰特/李"巡洋坦克（26.8%）、189辆"十字军"MK2巡洋坦克（34.8%）、148辆M3"斯图亚特"轻型坦克（34.5%）、53辆"瓦伦丁"MK3步兵坦克（11%）和43辆"玛蒂尔达"MK2步兵坦克（24.7%），共计541辆坦克。

至7月25日为止，第8集团军的可用坦克数量为：71辆M3"格兰特/李"巡洋坦克、126辆"十字军"MK2巡洋坦克、145辆M3"斯图亚特"轻型坦克、119辆"瓦伦丁"MK3步兵坦克、9辆"玛蒂尔达"MK2步兵坦克，共计470辆坦克。

至7月25日为止，第8集团军需要维修的坦克数量为：26辆M3"格兰特/李"巡洋坦克、48辆"十字军"MK2巡洋坦克、26辆M3"斯图亚特"轻型坦克、23辆"瓦伦丁"MK3步兵坦克、5辆"玛蒂尔达"MK2步兵坦克，共计128辆坦克。

由此可以推断，第8集团军在加扎拉战役和第一次阿拉曼战役中的坦克损失大致上包括198辆M3"格兰特/李"巡洋坦克（49.1%）、180辆"十字军"MK2巡洋坦克（33.1%）、110辆M3"斯图亚特"轻型坦克（25.6%）、287辆"瓦伦丁"MK3步兵坦克（59.5%）、117辆"玛蒂尔达"MK2步兵坦克（67.2%），共计892辆坦克。

第8集团军在加扎拉战役中共有1 121人阵亡，2 692人负伤，12 605人失踪（其中11 523人被俘），另有32 220人在托卜鲁克陷落后被俘（其中包括19 000名英国人、10 720名南非人和2 500名印度人）。

第8集团军在马特鲁之战中约有2 000人阵亡、负伤和失踪，6 000人被俘。

第 3 章　德军的反攻（1941 年 10 月至 1942 年 5 月）

第 8 集团军在第一次阿拉曼战役中共有 13 250 人阵亡、负伤和失踪。其中新西兰第 2 步兵师损失了 4 000 人，印度第 5 步兵师损失了 3 000 人，澳大利亚第 9 步兵师损失了 2 552 人，剩下的为英军伤亡。

加扎拉战役中英军装甲师和装甲旅的损失情况

在 1942 年 5 月 26 日至 6 月 22 日进行的加扎拉战役中，由奥金莱克指挥的英军第 8 集团军遭隆美尔率领的轴心国军重创，托卜鲁克失守。包括第 1 装甲师和第 1 集团军属坦克旅在内的英军装甲部队伤亡惨重，被迫随着第 8 集团军主力一起撤往埃及。

以下是 6 月至 7 月的部队概况

第 1 集团军属坦克旅到 6 月 13 日为止仅剩 31 辆可用坦克，6 月 17 日奉命撤至埃及。7 月起被改编为支援步兵作战的"蝎"式扫雷坦克中队。

第 1 装甲师到 6 月 13 日为止仅剩 50 辆可用坦克，经过补充之后参加了 6 月 26 日至 6 月 29 日的马特鲁之战。6 月 30 日，第 1 装甲师撤至阿拉曼，其师部被第 8 集团军指定为装甲作战司令部，负责统一指挥埃及境内的所有英军装甲旅。7 月 21 日由于未能及时攻占鲁韦萨特岭，奥金莱克下令第 1 装甲师撤回埃及休整。

与第 1 装甲师相比，第 7 装甲师的状况同样非常糟糕。其第 4 装甲旅集群和印度第 3 摩托化步兵旅集群伤亡过半，从后方赶来的第 1 装甲旅集群因此被拆散用于补充前线的损失。只有在南线防御的第 7 摩托化步兵旅集群基本保持完好，于 7 月参加了第一次阿拉曼战役。

以下是 8 月至 9 月的部队状况

第 1 装甲师在休整期间为第 2 装甲旅重新换装了 90 辆新式的 M4 "谢尔曼"巡洋坦克和 70 辆 "十字军" MK2/3 巡洋坦克（其中近半数搭载有 6 磅炮），第 22 装甲旅则被交给第 7 装甲师，用于换取第 7 摩托化步兵旅。

第 7 装甲师的第 4 装甲旅被改编为第 4 轻装甲旅，并增加了第 22 装甲旅（来自第 1 装甲师）和第 131 步兵旅（来自第 44 步兵师）。

第 8 装甲师于 1940 年 11 月在英国本土组建，1942 年 4 月奉命开赴中东支援第 8 集团军。途中由于负责运送第 24 装甲旅的运输船队引擎意外发生故障，第 23 装甲旅和第 8 师属支援群便于 6 月中旬先行抵达埃及，7 月起作为独立单位被分批投入第一次阿拉曼战役。然而面对经验丰富的德意联军，初上战场的第 23 装甲旅很快丢掉了 87 辆坦克，无奈之下只得抽调第 24 装甲旅的乘员和车辆进行重建。当蒙哥马利就任第 8 集团军司令后，他觉得没有必要继续保留第 8 装甲师，于是下令将其师部改组为装甲兵训练机构，第 24 装甲旅被拆出用于补充第 10 装甲师，第 23 装甲旅则被改编为独立装甲旅。1943 年 1 月 1 日，第 8 装甲师正式解散。

第 10 装甲师于 1941 年 11 月由驻防巴勒斯坦的第 1 骑兵师改编而成，原本只有第 8 装甲旅一个作战单位。1942 年 8 月被蒙哥马利调至埃及，通过补充第 24 装甲旅和第 133 步兵旅的方式重新恢复战斗力，并在阿拉姆埃尔哈尔法之战和第二次阿拉曼战役中短暂亮相。1942 年 11 月初，第 10 装甲师返回埃及成为一支训练单位，1944 年 5 月 16 日撤编。

## 本书参考资料

The Rats of Tobruk,Captain John Devine,Halstead Press,1943.
African Trilogy,Alan Moorehead,Hamish Hamilton,1944.
I was an Eighth Army soldier,Robert Crawford,Victor Gollancz,1944.
The Tiger kills,published by His Majesty's Stationery Office,1944.
Alamein to Zem Zem,Keith Douglas,Editions Poetry London,1946.
El Alamein to the River Sangro,FieldMarshal the Viscount Montgomery of Alamein,Hutchinson & Co,1949.
The Rommel Papers,Edited by Sir Basil Liddell Hart,Collins,1953.
History of the Second World War,The Mediterranean and Middle East,volumes I,II,III and IV,MajorGeneral Ian Playfair,Her Majesty's Stationery Office,1954–1966.
Geoffrey Keyes of the Rommel Raid,Elizabeth Keyes,George Newnes,1956.
Northwest Afica:Seizing the Initiative in the West,George F.Howe,US Army in World War II,1957.
The Sidi Rezegh battles,John AgarHamilton and L.C.C.Turner,Oxford University Press,1957.
Alamein and the desert war,edited by Derek Jewell,Sphere Books,1967.
Desert Rats at war,George Forty,Purnell Book Services,1975.
Mit Rommel in der Wuste,Volkmar Kuhn,Motorbuch Verlag,1975.
Rommel,Richard D.Law & Craig W.Luther,James Bender Publishing,1980.
The Privite Afrikakorps Photogragh,Collection of Fritz Bayerlein,Patricia Spayd and Fritz DittmarBayerlein,Schiffer Military History,2004.
Afrikakorps in Colour,Bernd Peitz,Schiffer Military History,2005.
Tre Anni di Guerra in Africa Settentrionale,Gabriele Angelini and Andrea Santangelo,Angelini Editor,2007.
Battle Orders 020Rommel's ArmiesTobruk to El Alamein,Ospery Publishing,2006.
Battle Orders 023Desert Raiders:Axis and Allied Special Forces 1940–1943,Osprey Publishing,2007.
Battle Orders 028Desert Rats British 8th Army in North Africa 1941–1943,Osprey Publishing,2007.
Battle Orders 017US Army Infantry Divisions 1942–1943,Osprey Publishing,2006.
Battle Orders 021US Armored Units in the North African and Italian Campaigns 1942–1945,Osprey Publishing,2006.
Campaign 073 Operation Compass 1940,Osprey Publishing,2000.
Campaign 080 Tobruk 1941,Osprey Publishing,2001.
Campaign 152 Kasserine Pass 1943,Osprey Publishing,2005.
Campaign 158 El Alamein 1942,Osprey Publishing,2005.
Campaign 196 Gazala 1942,Osprey Publishing,2008.
Campaign 220 Operation Crusader 1941,Osprey Publishing,2010.
Campaign 250 The Mareth Line 1943,Osprey Publishing,2012.
AAWSArmor of the Deutsches Afrikakorps,Concord Publishing,2000.
AAWSPanzers in North Africa,Concord Publishing,2004.
Panzer Truppen Volume 1:the Complete Guide to the Creation & Combat Employment of Germany's Tank Force 1933–1942,Schiffer Military History,1996.
Panzer Truppen Volume 2: the Complete Guide to the Creation & Combat Employment of Germany's Tank Force 1943–1945,Schiffer Military History,1996.
The National Archives of the United States,Microfilm.
T78R398,T78R404,T78R405,T78R406,T313R418,T313R423,T315R664,T315R668,T315R767,T315R768,T315R1157,T315R1474,T315R2276,T315R2277,T315R2278.

图书在版编目（CIP）数据

大漠烽烟急：隆美尔非洲军团征战录 / 潘学基著
． — 上海：上海社会科学院出版社，2020
　ISBN 978-7-5520-3307-6

Ⅰ．①大… Ⅱ．①潘… Ⅲ．①第二次世界大战战役－史料－北非　Ⅳ．①E195.2

中国版本图书馆 CIP 数据核字（2020）第 175705 号

## 大漠烽烟急——隆美尔非洲军团征战录

著　　者：潘学基
责任编辑：霍　覃
封面设计：舒正序
出版发行：上海社会科学院出版社
　　　　　上海市顺昌路 622 号　邮编 200025
　　　　　电话总机 021-63315947　销售热线 021-53063735
　　　　　http://www.sassp.cn　E-mail:sassp@sassp.cn
印　　刷：上海普顺印刷包装有限公司
开　　本：720 毫米 ×1000 毫米　1/16
印　　张：17.5
字　　数：310 千字
版　　次：2020 年 11 月第 1 版　2020 年 11 月第 1 次印刷

ISBN 978-7-5520-3307-6/E・032　　　　　　　定价：69.80 元

版权所有　翻印必究